21世纪应用型本科会计系列规划教材

本教材荣获省级社会科学优秀成果奖二等奖

U0791037

Accounting of Real Estate Enterprises Theory and Practice 5th edition

房地产企业会计

理论与实务 第五版

唐振达　李保婵　主　编

苏　艺　陈　竞　罗义宝　副主编

东北财经大学出版社 Dongbei University of Finance & Economics Press　大连

图书在版编目（CIP）数据

房地产企业会计：理论与实务 / 唐振达，李保婵主编．—5版．—大连：东北财经大学出版社，2025.8．—（21世纪应用型本科会计系列规划教材）．—ISBN 978-7-5654-5750-0

Ⅰ. F293.342

中国国家版本馆CIP数据核字第2025LT7442号

房地产企业会计：理论与实务

FANGDICHAN QIYE KUAIJI：LILUN YU SHIWU

东北财经大学出版社出版

（大连市黑石礁尖山街217号　邮政编码　116025）

网　　址：http://www.dufep.cn

读者信箱：dufep@dufe.edu.cn

大连市东晟印刷有限公司印刷　东北财经大学出版社发行

幅面尺寸：185mm×260mm　字数：424千字　印张：18.75

2025年8月第5版　2025年8月第1次印刷

责任编辑：石真珍　孙晓梅　责任校对：何　群

封面设计：原　皓　版式设计：原　皓

书号：ISBN 978-7-5654-5750-0　定价：49.00元

教学支持　售后服务　联系电话：（0411）84710309

版权所有　侵权必究　举报电话：（0411）84710523

如有印装质量问题，请联系营销部：（0411）84710711

第五版前言

房地产行业作为我国的支柱产业，在我国经济社会发展中起着十分重要的作用。一方面，房地产行业的商品和劳动具有双重性，房地产既是人民生活的基本要素，又是社会生产的基本要件；另一方面，房地产是一种特殊商品、一个特殊产业，与普通商品和产业具有本质差别。因此，房地产企业的财务人员必须坚持正确的政治方向、正确的价值导向，具有良好的职业素养，同时应恪守“诚信为本，操守为重，遵循准则，不做假账”的职业道德，严格执行房地产行业的法规制度，系统掌握房地产企业会计核算的基本理论、技术方法和操作技能。为及时反映我国房地产行业的政策和法律法规变化，满足我国经济新常态和房地产企业供给侧结构性改革的需要，我们再次对本教材进行了修订。

本次修订在保持本教材基本结构不变的前提下，围绕全面提升我国房地产企业人才培养质量这一核心点，将课程思政元素融入教材中，力争实现全程育人、全方位育人。同时，立足于国家一流课程“高阶性、创新性和挑战度”的基本要求，细化教学目标与内容，将“价值塑造、知识体系和能力培养”融为一体，体现“理论清、实务全、学得会、用得上”的应用型本科会计人才培养目标，帮助学生塑造正确的世界观、人生观、价值观。

本次修订主要集中在以下方面：根据法律法规的变化和会计核算的最新要求，对房地产企业流动资产、收入等内容进行了更新，具体涉及“应交税费”“收入”等核算内容；对所有章节的教学案例进行了迭代升级，并在章后提供了即测即评和案例分析题；重构了课程思政内容，新增党的二十大精神和“职业道德与诚信教育、法治意识与风险防控、文化自信与行业规范”等课程思政元素；新增了“东盟财税专栏”，系统梳理了东盟代表国（越南、新加坡、马来西亚、泰国）会计准则差异和税负体系差异比较，助力共建“一带一路”复合型会计人才培养；在保证学生掌握必要专业理论的基础上，突出了案例教学，在“案例引入”栏目中增加了GX高新产业建设开发集团有限公司的真实案例，构建了校企合作特色模块；同时，把注册会计师考试要求的知识、技能与能力融入教材中，帮助学生掌握更全面的知识。

本教材于2020年被广西壮族自治区人民政府评为广西第十六次社会科学优秀成果奖二等奖，特别适合财经类本科院校会计学、审计学、财务管理和资产评估专业教学使用，也可供我国房地产企业会计从业人员学习参考。

在本教材的编写和修订过程中，我们参考和引用了大量文献，但由于不具备广泛且深入地查询馆藏资料的条件，以及电子数据资源的覆盖范围有限，可能在脚注和参考文献中没有列全资料来源或者所列的资料来源有误，请相关作者谅解并与我们联系。在此，编者向所有的相关作者表示衷心的感谢。

由于时间限制，加之修订人员水平有限，本教材难免存在不完善之处，恳请各位读者批评指正，以便在日后再次修订中进一步补充、拓展和完善。

编　者

2025年5月

目录

第一章　房地产企业会计的基础理论

【教学目标】

1.价值塑造

（1）熟悉《中华人民共和国会计法》(2024)。

（2）培养诚信守法的职业素养。

2.知识体系

（1）掌握房地产企业会计的概念、核算内容。

（2）熟悉房地产企业会计的核算要求。

（3）了解我国房地产企业会计核算法规体系。

3.能力培养

（1）培养法治意识和严谨的科学精神。

（2）培养对房地产企业会计基础理论的认知能力。

（3）培养对房地产企业会计要素、会计假设、核算方法、计量属性和会计科目的分析能力。

【思政专栏】

《中华人民共和国会计法》(以下简称《会计法》)于2024年6月28日经第十四届全国人民代表大会常务委员会第十次会议《关于修改〈中华人民共和国会计法〉的决定》第三次修正，自2024年1月1日起施行。

党的二十大报告指出："坚持依法治国、依法执政、依法行政共同推进，坚持法治国家、法治政府、法治社会一体建设，全面推进科学立法、严格执法、公正司法、全民守法。"

诚信守法是会计职业的生命线。在会计核算中，会计人员应严格依据真实交易记录数据，不伪造、变造会计凭证，拒绝参与企业通过"阴阳合同""账外账"等方式隐瞒收入或虚增费用的行为。会计人员发现企业存在偷税漏税、挪用资金、私设"小金库"等行为时，应依据《会计法》主动提出纠正建议，必要时向监管部门报告。会计人员不仅是数字的记录者，更是经济秩序的守护者。每一笔分录都应以法律为尺、以诚信为基，在服务企业发展中践行党的二十大精神，筑牢社会主义市场经济诚信基石。

【案例引入】

GX高新产业建设开发集团有限公司（以下简称“GX高新”）于1992年成立，是一家专注于房地产开发及销售的大型企业集团。在多年的专业开发中，GX高新培养了以商品住宅开发销售为主、经营性物业开发持有为辅的综合开发能力；GX高新还积极拓展土地使用权租赁、土地整治服务、园区管理服务、工程管理服务、供应链管理服务、物业管理、建筑装饰材料销售、建筑材料销售、新材料技术推广服务等相关行业，形成了以房地产开发为主、相关行业稳步发展的业务格局。GX高新2024年全年实现营业收入24亿元（未经审计），同比上升10%；实现归母净利润1.29亿元，同比下降6%。

GX高新的财务人员必须了解、熟悉和掌握房地产企业会计核算的基本理论、核算要求、科目设置和法规体系等知识。

本章主要介绍房地产企业会计的核算内容、核算要求、科目设置和法规体系等基本知识。

第一节　房地产企业会计的核算内容

一、房地产企业会计的定义

房地产企业会计是在城市建设综合开发、土地有偿使用和住房商品化的经济条件下，为适应房地产企业经营管理的需要而发展起来的一门专业会计。

房地产企业和其他企业一样，是自负盈亏的经济组织，必须以会计为管理工具，对房地产开发经营的经济活动和与之相关的管理活动进行反映、监督和控制，为房地产企业内部管理和对外报告提供会计信息。房地产企业会计就是运用企业会计准则和核算方法，以货币为主要计量单位，连续、系统地对房地产开发经营的经济活动和与之相关的管理活动进行反映、监督和控制的过程。

二、房地产企业会计的内容

房地产企业会计的内容就是房地产企业在开发经营过程中所发生的经济业务。从会计核算的特点来讲，就是对房地产企业的资产、负债及所有者权益的增减变动进行核算，以及随着开发经营业务的进行，对其形成的收入、费用、利润及分配进行核算。房地产企业会计的内容包括如下几类：

（一）资产

房地产企业从事的经济业务就是房地产开发经营活动。在房地产开发经营活动中，除了要有人这个决定性因素外，还要有材料、施工机械、运输设备等生产资料，即财产物资，这些财物称为房地产企业的资产。

房地产企业的资产是指由过去的交易或事项所形成，并由房地产企业拥有或者控制的资源，该资源预期会给企业带来经济利益。按其在开发经营过程中的流动性，资产分为流动资产和非流动资产。其中，非流动资产又包括固定资产、无形资产、长期投资等。

1.流动资产

房地产企业的流动资产包括货币资金、结算资金、交易性金融资产、存货等。

属于货币资金的有：库存现金、银行存款和其他货币资金。

属于结算资金的有：各项应收款项和预付款项。

属于交易性金融资产的有：能随时变现、持有时间不超过一年的各种股票、债券等投资。

属于存货的有：材料、物资、设备等生产储备，以及正在开发中的未完工开发产品、商品土地、商品房、周转房等开发产品。在房地产企业会计中，未完工开发产品称为“在建开发产品”。劳动对象经过开发过程后，大都改变了原有的物质形态，并把它们自身融入所开发的产品中。

2.非流动资产

房地产企业的非流动资产包括固定资产、无形资产和长期投资等。

（1）固定资产。

房地产企业的固定资产同时具有：①为生产商品、提供劳务、出租或经营管理而持有；②使用寿命超过一个会计年度。它包括房地产企业所有的机械设备等劳动资料和非开发经营性房屋、设备。它能在较长时期内发挥效能，并在许多开发周期中一直保持原有的物质形态，其本身的价值则随着使用而逐渐损耗，通过折旧方式将损耗的价值转移到开发的产品中去，形成开发产品成本的一部分，然后从开发产品的销售收入中得到补偿。

（2）无形资产。

房地产企业的无形资产是指房地产企业拥有或者控制的、没有实物形态的可辨认非货币性资产，如以专利技术、商标等形式存在的非货币性非流动资产。它与固定资产的相似之处是其价值要在有效年限内分期摊入开发产品的成本。

（3）长期投资。

房地产企业的长期投资包括：①房地产企业能够对被投资单位实施控制的权益性投资，即对子公司的投资；②房地产企业与其他合营方一同对被投资单位实施共同控制的权益性投资，即对合营房地产企业的投资；③房地产企业对被投资单位具有重大影响的权益性投资，即对联营房地产企业的投资；④房地产企业对被投资单位不具有共同控制或重大影响，并且在活跃市场中没有报价、公允价值不能可靠计量的权益性投资。

（二）负债

房地产企业的负债是指由房地产企业过去的交易或者事项形成的、预期会导致经济利益流出房地产企业的现时义务。房地产企业的负债按债务偿还期限的长短，分为流动负债和非流动负债。

1.流动负债

房地产企业的流动负债是指在一年或一年以内必须偿还的有息债务和无息债务。它包括：向银行借入的短期贷款；在开发经营过程中暂时取得或占用的各种应付及预收款项，如应付账款、应付票据、预收账款、其他应付款、应付职工薪酬、应交税费、应付利润等。

2.非流动负债

房地产企业的非流动负债是指房地产企业向银行借入的期限在一年以上的各种借款，以及为筹集长期资金而向房地产企业债券持有人确认的应付债券等。

(三) 所有者权益

房地产企业的所有者权益是指房地产企业资产扣除负债后，由房地产企业所有者享有的剩余权益。公司制房地产企业的所有者权益又称为股东权益。房地产企业的所有者权益是房地产企业所有者对资产的剩余索取权，是房地产企业资产扣除债权人权益后应由所有者享有的部分，包括实收资本、资本公积、其他综合收益、盈余公积和未分配利润。

1.实收资本

实收资本是指投资者作为资本投入房地产企业中的财产物资的价值。更确切地说，实收资本就是房地产企业的实有资本额。关于实收资本与注册资本的关系，我国要求两者应一致，但是实际上，两者的数额并非在每一时期都相等，只有当投资各方按合同或公司章程的规定缴足其认缴的出资额后，房地产企业的实收资本才等于注册资本。实收资本在股份有限公司中叫作股本。

2.资本公积

房地产企业的资本公积是指属于资本性质，但不能作为实收资本，而是将它记作实收资本的资本溢价或股本的股本溢价、其他资本公积等。

3.其他综合收益

房地产企业的其他综合收益是指房地产企业根据其他会计准则的规定，未在当期损益中确认的各项利得和损失。房地产企业在计算利润表中的其他综合收益时，应当扣除所得税影响；在计算合并利润表中的其他综合收益时，除了要扣除所得税影响外，还需要分别计算归属于母公司所有者的其他综合收益和归属于少数股东的其他综合收益。除利润表和合并利润表的列报需要做上述调整以外，房地产企业还应当在财务报表附注中详细披露其他综合收益各项目及其所得税影响，以及原计入其他综合收益、当期转入损益的金额等信息。

4.盈余公积

房地产企业的盈余公积是指房地产企业按规定从净利润中提取的、有特定用途的房地产企业积累资金，包括法定盈余公积、任意盈余公积等。

5.未分配利润

房地产企业的未分配利润是指房地产企业尚未分配的净利润。未分配利润是指企业实现的净利润经过弥补亏损、提取盈余公积和向投资者分配利润后留存在企业的历年结存的利润。相对于所有者权益的其他部分来说，企业对于未分配利润的使用有较大的自主权，受国家法律法规的限制较少。其计算公式为：

未分配利润=期初未分配利润+本期实现的净利润-本期提取的盈余公积-本期给投资者分配的利润

（四）收入

收入是指房地产企业在日常活动中形成的、会导致所有者权益增加的、与所有者投入资本无关的经济利益的总流入。

房地产企业的收入具有三个特征：（1）收入是在日常活动中形成的，非日常活动所形成的经济利益流入应当计入利得，不能确认为收入；（2）收入是与所有者投入资本无关的经济利益的总流入，所有者投入的资本应当直接计入所有者权益，不能确认为收入；（3）收入会导致所有者权益增加，不会导致所有者权益增加的经济利益流入不能确认为收入，如从银行借入款项，虽然企业的经济利益增加了，但是应当确认为负债，而不能确认为收入。

房地产企业的收入确认既要符合收入的定义，也应满足以下三个条件：（1）与收入相关的经济利益很可能流入企业；（2）经济利益流入企业的结果会导致资产增加或负债减少；（3）经济利益流入额能够可靠地计量。

房地产企业的收入包括：有偿转让商品性建设场地和商品房的收入，结算代建工程款收入，提供装修装饰、售后服务等劳务收入，转让无形资产使用权等所形成的让渡资产使用权收入。房地产企业的收入是房地产企业持续经营的基本条件，只有取得收入，才能补偿开发过程中的各种耗费，并实现利润。

（五）费用

费用是指房地产企业在日常活动中发生的、会导致所有者权益减少的、与向所有者分配利润无关的经济利益的总流出。

房地产企业的费用具有三个特征：（1）费用是在日常活动中发生的，非日常活动所发生的经济利益流出应当计入损失，不能确认为费用；（2）费用是与向所有者分配利润无关的经济利益的总流出，企业向所有者分配利润应当作为所有者权益减少，不能确认为费用；（3）费用会导致所有者权益减少，不会导致所有者权益减少的经济利益流出不能确认为费用，如用银行存款偿还银行借款或应付账款，虽然企业的经济利益减少了，但是不能确认为费用，只能反映负债的减少。

房地产企业的费用确认既要符合费用的定义，也应满足以下三个条件：（1）与费用相关的经济利益很可能流出企业；（2）经济利益流出企业的结果会导致资产减少或者负债增加；（3）经济利益的流出额能够可靠地计量。

房地产企业日常活动中发生的经济利益流出包括：开发、销售商品性建设场地及商品房，提供装修装饰、售后服务等劳务，转让无形资产使用权等活动中所发生的各种耗费，如耗费的原材料、动力，支付的职工薪酬，发生的机器设备折旧费及修理费等。费用的一部分与收入有因果关系，如已实现收入的商品房及商品性建设场地的成本；另一部分是期间费用，如管理费用、财务费用和销售费用等。

（六）利润

利润是房地产企业在一定会计期间的经营成果。利润是评价房地产企业管理层业绩的重要指标，也是投资者进行投资决策的重要依据。利润包括收入减去费用后的净额（即日常经营活动中实现的营业利润）、直接计入当期利润的利得和损失。利润的确认依赖收入、费用、利得和损失的确认。

第二节　房地产企业会计的核算要求

一、会计核算前提

房地产企业会计核算前提是房地产企业会计确认、计量和报告的基础，是对房地产企业会计核算所处时间、空间环境等所做的合理设定。房地产企业会计核算前提包括会计主体、持续经营、会计分期和货币计量四个假设。

（一）会计主体

会计主体是指房地产企业会计确认、计量和报告的空间范围。

在会计主体假设下，房地产企业应当对其本身发生的交易或者事项进行会计确认、计量和报告，反映房地产企业从事的各项开发经营活动。此假设的提出是开展会计确认、计量和报告工作的重要前提。

凡是有经济业务的独立实体，实行独立核算，都可以成为一个特定的会计主体，如一个房地产企业、房地产企业内部的一个单位或房地产企业中的一个特定部门（房地产企业分公司、房地产企业设立的营业部）、几个房地产企业组成的房地产企业集团。但是，会计主体不同于法律主体。一般来说，法律主体往往是会计主体，而会计主体不一定是法律主体。如一个房地产企业母公司拥有若干个子公司，对母公司和每个子公司来说，它们既是法律主体，又是会计主体。但是，作为母、子公司合并财务报表的房地产企业集团来说，它仅是一个会计主体，而不是法律主体。

（二）持续经营

持续经营是指在可以预见的将来，会计主体将会按当前的规模和状态无限期地经营下去的会计基本假设。

在持续经营假设下，房地产企业进行会计确认、计量和报告应当以房地产企业持续、正常的生产经营活动为前提。此假设的提出为会计核算的开展提供了时间界定。

明确持续经营这个前提，会计主体所持有的资产将按照预定的用途在正常经营过程中被耗用、转让或出售，它所承担的债务也将如期获得清偿。会计人员可以在此基础上选择会计政策和估计方法。

（三）会计分期

会计分期是指将房地产企业持续不断的生产经营活动划分为一个个连续的、长短相同的期间。会计分期的目的是定期反映房地产企业的财务状况、经营成果和现金流量以及其他财务情况的信息，从而满足信息使用者决策的需要。

会计期间分为年度和中期。年度和中期均按公历起讫日期确定。中期是指短于一个完整的会计年度的报告期间。

明确会计分期假设，对房地产企业的会计核算有重要影响。由于有了会计分期，才产生了本期与非本期的区别，出现了权责发生制和收付实现制两种计算损益的会计基础，也使不同类型的会计主体有了记账的基准，进而出现了折旧、摊销等账务处理方法。

（四）货币计量

货币计量是指房地产企业在进行会计确认、计量和报告时，以货币作为计量单位，反映房地产企业的财务状况、经营成果和现金流量。

在货币计量假设下，房地产企业会计应当以货币进行计量。只有采用货币量度，才能全面反映房地产企业的生产经营和业务收支情况，不同房地产企业的会计信息以及一个房地产企业不同期间的会计信息相互比较、分析、评价才有可能。

货币计量假设也有一定的局限性，有些影响房地产企业财务状况、经营成果的信息，如房地产企业的研发能力、产品市场的占有率等，因难以用货币计量而不能提供给信息使用者，但这些非财务信息对使用者的决策非常重要。对此，房地产企业可以在财务报告中通过补充披露非财务信息的方式来弥补货币计量假设的不足。

二、会计核算基础

房地产企业会计的确认、计量和报告应当以权责发生制为基础。它要求：凡是当期已经实现的收入和已经发生或应当负担的费用，无论款项是否收付，都应当作为当期的收入和费用处理；凡是不属于当期的收入和费用，即使款项已在当期收付，也不应当作为当期的收入和费用处理。

权责发生制以收入和费用的实际发生及影响作为房地产企业会计确认、计量和报告的基础，其目的是更加准确地反映房地产企业特定会计期间真实的财务状况和经营成果。

三、会计信息质量

会计信息质量是对房地产企业财务报告所提供的会计信息质量的基本要求，是使财务报告所提供的会计信息对使用者决策有用所应具备的基本特征。我国房地产企业会计信息质量要求包括可靠性、相关性、可理解性、可比性、实质重于形式、重要性、谨慎性和及时性。

（一）可靠性

可靠性要求房地产企业以实际发生的交易或者事项为依据进行会计确认、计量和报告，如实反映符合确认和计量要求的各项会计要素及其他相关信息，保证会计信息真实可靠、内容完整。

可靠性包括三个要素：客观性、真实性和完整性。客观性是指房地产企业应当以实际发生的交易或者事项为依据进行会计确认、计量和报告；真实性是指房地产企业应当如实反映其所应反映的交易或者事项；完整性是指房地产企业应当在符合重要性和成本效益原则的前提下，保证会计信息的完整性。可靠性是充分发挥会计信息作用的重要保证，也是对会计核算工作和会计信息的基本品质要求。

（二）相关性

相关性要求房地产企业提供的会计信息与财务报告使用者的经济决策需要相关，有助于财务报告使用者对房地产企业过去、现在或者未来的情况做出评价或者预测。

会计信息的价值在于与决策相关，有助于决策或者提高决策水平。这里所说的相关性，主要是指会计信息的反馈价值和预测价值。会计信息的反馈价值是指有助于信息使用者评价房地产企业过去的决策，证实或者修正过去的有关预测；会计信息的预测价值是指有助于信息使用者根据财务报告所提供的会计信息预测房地产企业未来的财务状况、经营成果和现金流量。相关性与可靠性是会计信息两个主要的品质特征，因为会计信息只有与决策相关才是有质量的，会计信息只有具有可靠性才能使信息使用者做出正确的决策。当然，相关性与可靠性之间也存在一定的矛盾，这就需要会计人员权衡两者的重要性。

（三）可理解性

可理解性要求房地产企业提供的会计信息清晰明了，便于财务报告使用者理解和使用。

可理解性是决策者和信息有用性的连接点。房地产企业编制财务报告、提供会计信息的主要目的是让使用者能够有效地使用会计信息，这就要求会计人员在保证会计信息质量的前提下，使会计信息简明易懂，以提高会计信息的有用性。同时，由于会计信息是一种专业性较强的信息产品，会计信息使用者要尽可能学习、了解和掌握一定的会计专业知识，以便更有效地利用会计信息做出科学合理的决策。

（四）可比性

可比性要求房地产企业提供的会计信息具有可比性。可比性具体包括以下两个方面的要求：

（1）对于同一房地产企业不同时期发生的相同或者相似的交易或者事项，应当采用一致的会计政策，不得随意变更；确需变更的，应当在附注中说明。当然，满足会计信息可比性的要求，并不是不允许房地产企业变更会计政策，当房地产企业按照规定或者会计政策变更后可以提供更可靠、更相关的会计信息时，就有必要变更会计政策，以向使用者提供更有用的信息。

（2）对于不同房地产企业同一会计期间发生的相同或者相似的交易或者事项，应当采用一致的会计政策，确保会计信息口径一致、相互可比，使不同房地产企业按照一致的确认、计量和报告基础提供有关会计信息。

（五）实质重于形式

实质重于形式要求房地产企业按照交易或者事项的经济实质进行会计确认、计量和报告，不应仅以交易或者事项的法律形式为依据。

实质重于形式从制度层面确保了会计信息的真实性。在实务中，交易或者事项的法律形式并不总能完全真实地反映其实质内容，当法律形式不能准确表达交易或者事项的经济实质时，应透过法律形式，按交易或者事项的经济实质进行核算。例如，融资租入的固定资产应视同自有固定资产进行确认、计量和报告，这就体现了实质重于形式的要求。

（六）重要性

重要性要求房地产企业提供的会计信息反映与房地产企业财务状况、经营成果和现金流量等有关的所有重要交易或者事项。

重要交易或者事项的认定有赖于职业判断。一般而言，房地产企业应当根据其所处的环境和实际情况，从项目的性质和金额的大小两个方面来判断信息的重要性，进而做出相应的账务处理。

（七）谨慎性

谨慎性要求房地产企业对交易或者事项进行会计确认、计量和报告时保持应有的谨慎，不应高估资产或者收益、低估负债或者费用。

由于房地产企业的生产经营活动在市场经济环境中充满风险和不确定性，因此，在会计核算中，会计人员在对房地产企业所面临的不确定因素进行职业判断时，应当保持必要的谨慎，既不能多计资产或收益，也不能少计负债或费用。例如，在会计实务中，资产减值准备的计提、加速折旧法的运用、或有事项的处理等都是谨慎性要求的具体体现。

谨慎性反映了会计人员对其所承担的责任的一种态度，可以在一定程度上降低房地产企业管理层对经营活动持过于乐观态度导致的风险。当然，如果房地产企业故意低估资产或收益，或是故意高估负债或费用，将对谨慎性的要求变为调整利润和成本、计提秘密准备金的手段，将违背会计信息的可靠性和相关性要求，使会计信息失真，误导信息使用者，使其做出错误的决策，这是企业会计准则所不允许的。

（八）及时性

及时性要求房地产企业对于已经发生的交易或者事项及时进行会计确认、计量和报告，不得提前或者延后。

根据及时性要求，房地产企业在保证会计信息可靠性和相关性的基础上，还要保证会计信息的时效性，以便会计信息能够被及时、准确、有效地利用。要达到及时性要求，应当从三个方面入手：一是收集会计信息要及时；二是处理会计信息要及时；三是传递会计信息要及时。这就意味着会计的日常核算工作和报表资料的提供要按规定的时限来进行。

四、会计计量属性

会计计量是指房地产企业为了在账户记录和财务报表中确认、计量有关财务报表要素，而以货币或其他计量单位确定其货币金额或其他数量的过程。房地产企业应当按照规定的会计计量属性进行计量，以确定其金额。

计量属性是指所予以计量的某一要素的特性方面，反映的是会计要素金额的确定基础，主要包括历史成本、重置成本、可变现净值、现值和公允价值等。

（一）历史成本

在历史成本计量下，资产按照购置时支付的现金或者现金等价物的金额，或者按照购置资产时所付出的对价的公允价值计量。负债按照因承担现时义务而实际收到的款项或者资产的金额，或者承担现时义务的合同金额，或者按照企业日常活动中为偿还负债预期需要支付的现金或者现金等价物的金额计量。

（二）重置成本

在重置成本计量下，资产按照现在购买相同或者相似资产所需支付的现金或者现金等价物的金额计量。负债按照现在偿付该项债务所需支付的现金或者现金等价物的金额计量。

（三）可变现净值

在可变现净值计量下，资产按照其正常对外销售所能收到的现金或者现金等价物的金额扣减该资产至完工时估计将要发生的成本、估计的销售费用以及相关税费后的金额计量。

（四）现值

在现值计量下，资产按照预计从其持续使用和最终处置中所产生的未来净现金流入量的折现金额计量。负债按照预计期限内需要偿还的未来净现金流出量的折现金额计量。

（五）公允价值

在公允价值计量下，资产和负债按照在公平交易中，熟悉情况的交易双方自愿进行资产交换或者债务清偿的金额计量。

房地产企业在对会计要素进行计量时，一般应采用历史成本计量属性。比如，房地产企业购置机器设备、购买原材料等存货类物资等，应当以购入资产时发生的实际成本作为资产计量的基础。当然，历史成本计量属性在满足会计信息相关性要求上存在一定的缺陷，这就有必要采用公允价值等其他计量属性进行会计计量，以提高会计信息的有用性。由于重置成本、可变现净值、现值、公允价值等计量属性在应用中需要依赖估计，因此，为了不影响会计信息的可靠性，企业会计准则规定，除历史成本以外的其他计量属性，在应用中应当保证所确定的会计要素金额能够取得并能可靠计量。

第三节　房地产企业会计的科目设置

根据房地产企业资金构成的内在联系和资金运动的特点，将房地产企业会计科目分为资产类、负债类、共同类、所有者权益类、成本类和损益类。房地产开发企业除了按企业会计准则的通用会计科目设置以外，还应该根据房地产企业开发经营活动的特点，设置“开发产品”“开发成本”“开发间接费用”等专用会计科目，以满足房地产企业管理的需要。

一、会计科目的设置原则

（一）统一编号

会计科目必须统一编号，以便编制会计凭证、登记账簿、查阅账目、实行会计电算化，企业不应该随意打乱重编。某些会计科目之间应留有空号，供增设会计科目之用。

（二）会计科目的设置可在遵循企业会计准则的基础上自行确定

房地产企业应按企业会计准则的规定，设置和使用会计科目。在不影响会计核算要求和财务报表指标汇总，以及对外提供统一的财务报告的前提下，房地产企业可以根据实际情况自行增设、减少或合并某些会计科目。关于明细科目的设置，除企业会计准则已有规定者外，在不违反企业会计准则中确认、计量和报告规定的前提下，房地产企业可以根据需要自行确定。

（三）根据企业具体情况设置科目名称

对于会计科目名称，房地产企业可以根据本企业的具体情况，在不违背会计科目使用原则的基础上，确定适合本企业的会计科目名称。

二、会计科目的详细设置

根据企业会计准则对会计核算的一般要求，结合房地产企业生产经营活动所涉及的一般会计核算内容，设置统一的会计科目，主要解决和满足房地产企业一般核算的需要。至于房地产企业内部二级核算或三级核算所需要的会计科目以及特殊业务所需要的会计科目，由房地产企业自行补充。另外，对于某些属于阶段性或过渡性财税政策引起的经济业务，其核算所用会计科目应采取特殊处理办法，即补充规定的办法，而不应将其作为相对固定、统一的会计科目。

房地产企业会计科目的设置主要参考《企业会计准则——应用指南》的规定，具体会计科目及编号如下：

（一）资产类

1.1001库存现金

房地产企业应当设置现金日记账，根据收付款凭证，按照业务发生顺序逐笔登记；有内部周转使用备用金的，可以单独设置“备用金”科目。

2.1002银行存款

按照开户银行和其他金融机构、存款种类等，分别设置银行存款日记账。

3.1012其他货币资金

设置外埠存款、银行汇票存款、银行本票存款、信用卡存款、信用证保证金存款、存出投资款等明细科目。

4.1101交易性金融资产

按照交易性金融资产的类别和品种，分别“成本”“公允价值变动”等进行明细核算。

5.1121应收票据

按照开出、承兑商业汇票的单位进行明细核算，并设置“应收票据备查簿”，逐笔登记商业汇票的种类、号数、出票日、票面金额、交易合同号、付款人、承兑人、背书人的姓名或单位名称、到期日、背书转让日、贴现日、贴现率和贴现净额、收款日和收回金额、退票情况等资料。商业汇票到期结清票款或退票后，应当在备查簿内逐笔注销。

6.1122应收账款

按照开发项目及债务人进行明细核算。

7.1123预付账款

按照开发项目及供应单位、施工单位进行明细核算。

8.1131应收股利

按照被投资单位进行明细核算。

9.1132应收利息

按照借款人或被投资单位进行明细核算。

10.1221其他应收款

按照开发项目及其他应收款的项目和对方单位（或个人）进行明细核算。

11.1231坏账准备

按照应收账款的类别进行明细核算。

12.1321代理业务资产

按照有无风险和委托单位、资产管理类别（如定向、集合和专项资产管理业务）、贷款对象，分别“成本”“已实现未结算损益”等进行明细核算。

13.1402在途物资

按照开发项目及供应单位进行明细核算。

14.1403原材料

按照开发项目及材料的保管地点（仓库）、材料的类别、品种和规格等进行明细核算。

15.1405开发产品

按照开发项目，分别开发产品的种类（商铺、住宅等）进行明细核算。

16.1406发出商品

按照购货单位及商品类别和品种进行明细核算。

17.1408委托加工物资

按照加工合同、受托加工单位以及加工物资的品种等进行明细核算。

18.1411周转材料

按照周转材料的种类（如低值易耗品、包装物等），同时还应分别“库存”“摊销”进行明细核算。

19.1471存货跌价准备

按照存货项目和类别进行明细核算。

20.1501债权投资

按照债权投资的类别和品种，分别“投资成本”“利息调整”“应计利息”等进行明细核算。

21.1502债权投资减值准备

按照债权投资类别和品种进行明细核算。

22.1503其他债权投资

按照其他债权投资类别或品种进行明细核算。

23.1511长期股权投资

按照被投资单位进行明细核算。长期股权投资核算采用权益法的，应当分别“投资成本”“损益调整”“其他权益变动”等进行明细核算。

24.1512长期股权投资减值准备

按照被投资单位进行明细核算。

25.1521投资性房地产

按照投资性房地产类别和项目进行明细核算，采取公允价值计量的，还应分别“成本”“公允价值变动”等进行明细核算。

26.1531长期应收款

按照承租人或购货单位（接受劳务单位）等进行明细核算。

27.1532未实现融资收益

按照未实现融资收益项目进行明细核算。

28.1601固定资产

按照固定资产类别或项目进行明细核算。

29.1602累计折旧

按照固定资产类别或项目进行明细核算。

30.1603固定资产减值准备

按照固定资产类别或项目进行明细核算。

31.1604在建工程

核算房地产企业开发的自有工程，按照“建筑工程”“安装工程”“在安装设备”“待摊支出”以及单项工程进行明细核算。在建工程发生减值的，应在本科目设置“减值准备”明细科目进行核算。

32.1606固定资产清理

按照被清理的固定资产项目进行明细核算。

33.1701无形资产

按照无形资产项目进行明细核算。

34.1702累计摊销

按照无形资产项目进行明细核算。

35.1703无形资产减值准备

按照无形资产项目进行明细核算。

36.1711商誉

商誉发生减值的，应在本科目设置“减值准备”明细科目进行核算，也可以单独设置“商誉减值准备”科目进行核算。

37.1801长期待摊费用

按费用项目进行明细核算。

38.1811递延所得税资产

按照可抵扣暂时性差异等项目进行明细核算，根据税法的规定可用以后年度税前利润弥补的亏损产生的所得税资产，也在本科目核算。

39.1901待处理财产损溢

按盘盈、盘亏的资产种类和项目进行明细核算。

（二）负债类

1.2001短期借款

按照借款种类和贷款人进行明细核算。

2.2101交易性金融负债

按照交易性金融负债类别，分别“本金”“公允价值变动”等进行明细核算。

3.2201应付票据

按照债权人进行明细核算，同时应当设置“应付票据备查簿”，详细登记商业汇票的种类、号数、出票日期、到期日、票面余额、交易合同号、收款人姓名或单位名称、付款日期和金额等资料。应付票据到期结清时，应当在备查簿内逐笔注销。

4.2202应付账款

按照开发项目，分别不同的债权人（如供应单位、施工单位等）进行明细核算。

5.2205预收账款

按照开发项目，按购房单位或个人进行明细核算。

6.2206合同负债

合同负债是指房地产企业已收或应收客户对价而应向客户转让商品的义务，应按合同进行明细核算。

7.2211应付职工薪酬

按照“工资”“职工福利”“社会保险费”“住房公积金”“工会经费”“职工教育经费”“解除职工劳动关系补偿”等应付职工薪酬项目进行明细核算。

8.2221应交税费

按照应交税费的税种进行明细核算，如增值税、消费税、所得税、资源税、土地增值税、城市维护建设税、房产税、城镇土地使用税、车船税、教育费附加等。企业代扣代缴的个人所得税，也通过本科目核算。企业不需要预计应交数所缴纳的税金，如印花税、耕地占用税等，不在本科目核算。

9.2231应付利息

按照存款人或债权人进行明细核算。

10.2232应付股利

按照投资者进行明细核算。

11.2241其他应付款

按照开发项目，分别其他应付款的项目和对方单位（或个人）进行明细核算。

12.2314代理业务负债

按照有无风险和委托单位、资产管理类别（如定向、集合和专项资产管理业务）等进行明细核算。

13.2801预计负债

按照预计负债项目进行明细核算，如对外提供担保、未决诉讼、产品质量保证、重组义务以及固定资产和矿区权益弃置义务等。

14.2401递延收益

按照政府补助的种类进行明细核算。

15.2501长期借款

按照贷款单位和贷款种类，分别“本金”“利息调整”“应计利息”等进行明细核算。

16.2502应付债券

按照“面值”“利息调整”“应计利息”等进行明细核算。企业发行的可转换公司债券，应在本科目设置“可转换公司债券”明细科目进行核算。

17.2701长期应付款

按照长期应付款的种类和债权人进行明细核算。

18.2702未确认融资费用

按照未确认融资费用项目进行明细核算。

19.2711专项应付款

按照拨入资本性投资项目的种类进行明细核算。

20.2901递延所得税负债

按照应纳税暂时性差异项目进行明细核算。

（三）共同类

1.3101衍生工具

按照衍生金融工具类别，分别“成本”“公允价值变动”等进行明细核算。

2.3201套期工具

按照套期工具类别进行明细核算。

3.3202被套期项目

按照被套期项目类别进行明细核算。

（四）所有者权益类

1.4001实收资本

按照投资者进行明细核算。

2.4002资本公积

分别“资本溢价”（或“股本溢价”）、“其他资本公积”进行明细核算。

3.4003其他综合收益

核算房地产企业未在当期损益中确定的各项利得和损失。

4.4101盈余公积

分别“法定盈余公积”“任意盈余公积”进行明细核算。

5.4103本年利润

核算企业当期实现的净利润（或发生的净亏损）。

6.4104利润分配

分别“提取法定盈余公积”“提取任意盈余公积”“应付现金股利或利润”“转作股本的股利”“盈余公积补亏”“未分配利润”等进行明细核算。

7.4201库存股

核算企业收购、转让、注销的本公司股份金额。

（五）成本类

1.5001开发成本

按照开发产品分别成本项目（土地取得费、前期工程费、建筑安装工程费、基础设施费、配套设施费、开发间接费）进行明细核算。

2.5101开发间接费用

按照开发产品分别费用项目（职工薪酬、折旧修理费、差旅交通费、办公费、水电费、劳动保护费、周转房摊销费、利息支出、其他费用）进行明细核算。

3.5201劳务成本

按照提供劳务种类进行明细核算。

4.5301研发支出

按照研究开发项目，分别“费用化支出”“资本化支出”进行明细核算。

5.5401工程施工

按照建造合同，分别“合同成本”“间接费用”“合同毛利”等进行明细核算。

6.5402 工程结算

按照建造合同进行明细核算。

（六）损益类

1.6001主营业务收入

按照房地产企业业务种类进行明细核算。

2.6051其他业务收入

按照其他业务收入种类进行明细核算，如出租固定资产、出租无形资产、出租包装物和商品、销售材料等实现的收入。

3.6101公允价值变动损益

按照交易性金融资产、交易性金融负债、投资性房地产等进行明细核算。

4.6111投资收益

按照投资项目进行明细核算。

5.6117 其他收益

核算总额法下与日常活动相关的政府补助以及其他与日常活动相关且应直接计入其他收益的项目，记入本科目的政府补助可以按照类型进行明细核算。

6.6301营业外收入

按照非货币性资产交换利得、债务重组利得、罚没利得、政府补助利得、确实无法支付而按规定程序经批准后转作营业外收入的应付款项等进行明细核算。

7.6401营业成本

按照房地产企业业务种类进行明细核算。

8.6402其他业务成本

按照其他业务成本种类进行明细核算，如销售材料的成本、出租固定资产的累计折旧、出租无形资产的累计摊销、出租包装物的成本或摊销额、采用成本模式计量的投资房地产的累计折旧或累计摊销等。

9.6403税金及附加

核算企业经营活动发生的消费税、城市维护建设税、资源税、教育费附加及房产税、城镇土地使用税、车船税、印花税等相关税费。

10.6601销售费用

按照开发项目，分别费用项目进行明细核算，如保险费、包装费、展览费和广告费、商品维修费、预计产品质量保证损失、运输费、装卸费等以及为销售本企业商品而专设的销售机构（含销售网点、售后服务网点等）人员的职工薪酬、业务费、折旧费等经营费用。

11.6602管理费用

按照费用项目进行明细核算，如企业的董事会和行政管理部门在企业的经营管理中发生的或者应由企业统一负担的公司经费（包括行政管理部门职工薪酬、修理费、物料消耗、低值易耗品摊销、办公费和差旅费等）、工会经费、董事会费（包括董事会成员津贴、会议费和差旅费等）、聘请中介机构费、咨询费（含顾问费）、诉讼费、业务招待费、房产税、车船税、城镇土地使用税、技术转让费、研发费用等。

12.6603财务费用

按照费用项目进行明细核算，如利息支出（减利息收入）、汇兑差额以及相关的手续费、企业发生的现金折扣或收到的现金折扣。

13.6701资产减值损失

按照资产减值损失的13个项目进行明细核算，如坏账准备、存货跌价准备、长期股权投资减值准备、债权投资减值准备、固定资产减值准备、在建工程——减值准备、工程物资——减值准备、生产性生物资产——减值准备、无形资产减值准备、商誉——减值准备、贷款损失准备、抵债资产——跌价准备、损余物资——跌价准备。

14.6711营业外支出

按照营业外支出项目进行明细核算，如非货币性资产交换损失、债务重组损失、罚款支出、捐赠支出、非常损失。

15.6801所得税费用

按照“当期所得税费用”“递延所得税费用”进行明细核算。

16.6901以前年度损益调整

核算企业本年度发生的调整以前年度损益的事项以及本年度发现的重要前期差错更正涉及调整以前年度损益的事项。

会计科目和主要账务处理依据企业会计准则中确认和计量的规定进行，涵盖了各类企业的交易或事项。在不违反企业会计准则中确认、计量和报告规定的前提下，房地产企业可以根据本企业的实际情况自行增设、分拆、合并会计科目。企业不存在的交易或者事项，可以不设置相关的会计科目。对于明细科目，房地产企业可以比照相关规定自行设置。会计科目编号供房地产企业填制会计凭证、登记会计账簿、查阅会计账目、采用会计软件系统时参考，房地产企业可以结合本企业的实际情况自行确定会计科目编号。

第四节　房地产企业会计的法规体系

自我国建立社会主义市场经济体制以来，我国的会计核算法规也经历了一系列多层次、全方位的改革。尤其是2006年以来，我国经过多年摸索，推出了新的企业会计准则体系，使得我国的会计核算标准逐步与国际惯例接轨。目前，我国已经初步形成了以《会计法》为核心、以企业会计准则和企业会计制度为主体的比较完整的会计核算法规体系。

一、历史演变

我国房地产企业会计核算所依据的核算规范，自1993年以来经历过三次阶段性变革，具体如下：

第一阶段为1993—2001年的行业会计制度阶段。由于不同的房地产企业在管理体制、会计核算范围、费用结算办法等各方面存在较大的差异，财政部制定了《房地产开发企业会计制度》（财会〔1993〕2号），该制度于2015年12月16日废止（财会〔2015〕3号）。

第二阶段为2001—2006年的企业会计制度阶段。按照《会计法》的要求，财政部于2001年制定了不分行业的、统一的会计制度——《企业会计制度》。由于该制度规定过于笼统，忽略了各个行业在会计核算中的特点，后来财政部又颁布了一批行业财务管理制度，配合《企业会计制度》对房地产企业进行会计核算。

第三阶段为2007年开始的新企业会计准则阶段。尽管我国企业会计准则的颁布与实施已有十余年的历史，但是这些企业会计准则还是比较零散的，只是就某一事项所做的规定，而且各项企业会计准则的适用范围仅限一部分企业，尚没有构成一个基本完整的体系。自2007年起，财政部陆续颁布和修订了企业会计准则，包括基本准则和41项具体准则及应用指南，从2007年1月1日开始在上市公司中实行，逐渐推广到其他大型企业，成为我国房地产企业会计核算的基本规范。本书阐述的主要内容就是房地产企业如何按照企业会计准则的要求，进行房产、地产、配套设施的开发、建设、销售业务的会计核算。

二、会计法

为适应我国社会主义市场经济发展和深化会计改革的需要，《会计法》于1985年1月21日第六届全国人民代表大会常务委员会第九次会议通过，并于1993年12月29日第八届全国人民代表大会常务委员会第五次会议《关于修改〈中华人民共和国会计法〉的决定》第一次修正，在1999年10月31日第九届全国人民代表大会常务委员会第十二次会议修订，在2017年11月4日第十二届全国人民代表大会常务委员会第三十次会议《关于修改〈中华人民共和国会计法〉等十一部法律的决定》第二次修正，在2024年6月28日第十四届全国人民代表大会常务委员会第十次会议《关于修改〈中华人民共和国会计法〉的决定》第三次修正。

《会计法》是我国会计工作的根本大法，它在我国的会计规范体系中处于最高层次，是制定其他会计规范的基本依据。《会计法》对我国会计工作的主要方面做出规定，涉及我国会计工作的各个领域，用法律形式确定了会计工作的地位和作用，对我国会计管理体制、会计核算和会计监督的对象及内容，会计机构、会计人员的职责和权限以及有关法律责任做出了明确的规定。这些规定是我国进行会计工作的基本依据。

三、会计制度

会计制度是在《会计法》和会计准则的基础上制定的具体会计方法和程序的总称。我国的会计制度是国家财政部门通过一定的行政程序制定的、具有一定强制性的会计规范的总称。其中，会计核算制度是重要的组成部分。自1992年以来，我国先后颁布并实施了《房地产开发企业会计制度》等13个行业会计制度以及《股份有限公司会计制度》和《外商投资企业会计制度》等会计核算制度，按行业制定是这一会计核算制度体系的最大特点。

2024年修订的《会计法》要求企业保证会计资料的真实、完整，并且规定了国家实行统一的会计制度。财政部为了贯彻落实《会计法》《企业财务会计报告条例》以及其他有关法律法规，适应社会主义市场经济的要求，在继续制定企业会计准则的同时，也对会计核算制度进行了改革，确立了建立国家统一的，打破行业、所有制界限的会计核算制度的总体思路，包括会计要素的确认、计量、记录和报告全过程的会计核算标准。

根据我国会计制度改革思路，国家统一的企业会计核算制度体系分为三个层次：第一层次是按照企业的性质和规模，分别建立企业会计准则、金融企业会计准则和小企业会计准则所应遵循的一般原则；第二层次是在第一层次的基础上，分别建立操作性较强的，有关会计科目的设置、具体账务处理及财务报告的编制和对外报送办法；第三层次是在上述两个层次的基础上，对于各行业企业专业性较强的会计核算，陆续以专业会计核算办法的形式发布。

除了上述专业性会计规范外，影响房地产企业财务会计核算工作的还有其他一些相关法规，如公司法、税收法规、证券法规、金融法规等。

四、会计准则

会计准则亦称会计标准，是制定会计核算制度和组织会计核算的基本规范。会计准则最早出现在20世纪30年代的美国，此后一些西方国家也相继制定了本国的会计准则。20世纪70年代，一些西方国家的职业会计团体发起成立了国际会计准则委员会，制定并发布国际会计准则。

我国的会计准则始于1988年，1992年11月我国发布了第一个会计准则，自1993年7月1日起施行。此后，财政部陆续颁布了“现金流量表”“资产负债表日后事项”“收入”“债务重组”“建造合同”“投资”“会计政策、会计估计变更和会计差错更正”“关联方关系及交易的披露”“非货币性交易”“或有事项”“无形资产”“借款费用”“租赁”“存货”“固定资产”“中期财务报告”等多项具体会计准则。这些会计准则只是选择性地在部分房地产企业中实施，一直与企业会计准则并行使用。应该说，这一时期是我国实施会计准则的探索期。

2006年是我国会计法规和国际惯例接轨最为关键的一年。2006年2月15日，财政部发布了1项基本准则和38项具体准则；2006年11月7日，财政部发布了《企业会计准则——应用指南》，这标志着我国新的会计准则体系得以全面建立。它具体包括三个层次：一是基本准则，在整个准则体系中起统驭作用，主要规范会计目标，会计假设，会计信息质量要求，会计要素的确认、计量和报告原则等。基本准则的作用是指导具体准则的制定和为尚未有具体准则规范的会计实务问题提供处理原则。二是具体准则，包括存货、固定资产、无形资产等38项，主要规范房地产企业发生的具体交易或者事项的账务处理，为房地产企业处理会计实务问题提供具体而统一的标准。三是应用指南，主要包括具体准则解释和会计科目、主要账务处理等，为房地产企业执行会计准则提供操作性规范。2014年，财政部制定了3项新准则，并修订了多项准则。截止到2025年4月，财政部已经发布和修订了《企业会计准则——基本准则》（2014年修订）和41项具体准则及应用指南。

东盟财税专栏

表1-1　　中国—东盟主要国家会计准则制定机构及人员比较①

项目	中国	越南	泰国	马来西亚	新加坡
制定机构	中国财政部	越南财政部	泰国会计职业联盟（FAP）	马来西亚会计准则委员会（MASB）	新加坡会计准则委员会（ASC）
性质	政府机构	政府机构	半官方机构	半官方机构	政府机构
成立时间	1949年12月12日成立财政部会计司，负责制定中国会计准则	1999年成立会计准则发展指导委员会，负责制定越南会计准则	2004年成立会计职业联盟，负责编制与颁布泰国会计准则	1997年成立，与财务报告基金会（FRF）组成制定财务报告的组织框架	2007年8月成立，负责制定新加坡会计准则
机构成员	财政部会计司的专职工作人员	成员由财政部副部长任命，包括财政部会计政策处处长、财政部相关部门官员、各行业会计协会主席、会计职业团体成员、大学学者等	根据泰国会计职业法令，FAP成员共17名，其中主席1名、6名当然委员、5名特定会计职业委员会委员、3名专家以及2名其他委员会委员	成员由马来西亚财政部任命，包括MASB主席、总会计师、6名其他成员以及分别来自证券委员会、Negara银行、公司委员会的3名顾问，共11人	成员由新加坡财政部任命，除主席外，成员包括会计专业人员、会计信息的编辑者和使用者、学术界和政府人员等14人
权威性	官方机构制定的会计准则具有行政法规的特质，有强制性效力	官方机构制定的会计准则具有行政法规的特质，有强制性效力	结合了官方制定与民间机构制定两种模式的特点	具有行政法规的特点，但不具有强制性效力，体现对各方利益平衡的特质	官方机构制定的会计准则具有行政法规的特质，有强制性效力

① 刘卫．中国—东盟自由贸易区环境下会计准则趋同与发展研究［M］．西南财经大学出版社，2019：51-52.

即测即评

第一章单项选择题　　第一章多项选择题　　第一章判断题

案例分析题

锦绣房地产开发公司原董事长、法定代表人李某因涉嫌提供虚假财务报告罪，被司法机关依法予以追诉。此前，该公司其他涉嫌犯罪的相关责任人已分别被司法机关依法追究刑事责任。该公司上市前采取虚提返利、少计费用、费用跨期入账等手段，虚增利润1 908万元，并据此制作了虚假上市申报材料；上市后3年采取虚提返利、费用挂账、无依据冲减成本及费用、费用跨期入账等手段，累计虚增利润14 390万元。另外，该公司还存在股本金不实、上市报告书有重大遗漏，年报信息披露有虚假记载、误导性陈述或重大遗漏等问题。该公司的行为已触犯《中华人民共和国刑法》第一百六十一条之规定，涉嫌提供虚假财务报告罪，李某作为该公司的董事长、法定代表人负有直接责任，应当依法予以追诉。重新制作的财务报表显示盈利为9 369万元。

要求：从会计法律法规和会计职业道德角度，分析该公司存在哪些违法行为？其违反《会计法》和会计职业道德的哪些内容？

第一章案例分析题参考答案

第二章 房地产企业的流动资产

【教学目标】

1.价值塑造

（1）培养依法管控预售资金的职业素养，严守现金管理要求。

（2）培养分类确认与动态监管存货的职业判断力。

2.知识体系

（1）掌握房地产企业应收票据、坏账损失、应收债权融资、材料和设备核算的账务处理。

（2）熟悉房地产企业货币资金的多种结算方式，以及应收账款、预付账款和其他应收款的核算流程；深入理解存货的初始计量、发出和期末计价规则；掌握交易性金融资产、委托加工物资、低值易耗品、周转房的核算方法。

（3）了解房地产企业库存现金、银行存款的管理模式与要点，明确存货的分类依据和确认条件。

3.能力培养

（1）强化企业内部控制意识，培养在流动资产会计核算中主动防范风险的能力。

（2）加强对房地产企业流动资产会计核算的理解与认知，能够准确判断并进行各类流动资产的核算工作。

（3）提高对房地产企业货币资金、交易性金融资产、应收账款、存货的分析能力，通过财务数据了解企业运营状况。

【思政专栏】

党的二十大报告明确提出："加强和完善现代金融监管，强化金融稳定保障体系，依法将各类金融活动全部纳入监管，守住不发生系统性风险底线。"这一重要论述为房地产企业货币资金管理提供了根本遵循和行动指南。在货币资金管理中，无论是库存现金的收支规范、银行存款账户的开立与使用，还是各类银行结算方式的严格执行，都与国家金融监管体系紧密相连。以银行结算方式为例，企业必须严格遵守现金管理相关规定，规范使用银行汇票、商业汇票、支票等结算工具，这不仅是企业内部控制的要求，更是维护国家金融秩序的重要环节。此外，党的二十大报告强调"推动经济社会发展绿色化、低碳化"。在房地产企业货币资金管理中，合理规划资金使用，将资源投向绿色建筑、节能技术研发等领域，助力实现碳达峰碳中和目标，体现企业的社会责任担当，也是对国家发展战略的积极响应。

【案例引入】

GX高新2024年资产负债表显示，该公司流动资产项目期末余额为858 559.90万元，比期初减少了556 033.1133万元，降幅为6.41%。其中，货币资金项目为96 716.06万元，应收账款项目为282 974.93万元，应收账款融资项目为819.25万元，预付款项项目为7 914.10万元，其他应收款项目为40 412.91万元，存货项目为416 577.51万元，其他流动资产项目为13 145.15万元。

GX高新的财务人员必须了解、熟悉和掌握该公司的流动资产确认、计量、核算等理论知识和实务操作技能。

房地产企业的流动资产是可以在一年内或者超过一年的一个开发周期内变现或耗用的资产，包括房地产企业的货币资金、交易性金融资产、应收款项、存货等。

第一节　房地产企业的货币资金

一、确认

（一）库存现金的确认

现金是交易的媒介物和清偿各种债务的支付手段，是对其他资产和负债项目进行计量和账务处理的基础。作为流动性最强的资产，现金是不受任何契约限制的。

现金有广义和狭义之分。狭义的现金仅指库存现金（纸币和硬币）。广义的现金是指房地产企业的库存现金以及可以随时用于支付的存款，包括活期存款以及其他被普遍接受的流通手段，如房地产企业因交易而取得的个人支票、旅行支票、银行汇票、银行本票、邮政汇票、保付支票等。房地产企业持有的远期支票、各种借据等都不属于现金的范围，应将它们分别归入应收票据、其他应收款等。

在会计实务中，现金是一个狭义的概念，仅指库存现金。库存现金、银行存款和其他货币资金分别通过“库存现金”“银行存款”“其他货币资金”三个科目进行核算。

库存现金是指房地产企业存放在财会部门、由出纳人员管理的现金。库存现金作为货币资金的重要组成部分，具有以下特征：

1.货币性

货币性是指现金具有货币属性，即它起着交易媒介、价值衡量尺度、会计记录货币单位的作用。

2.通用性

通用性是指现金可以被房地产企业直接用来支付各项费用或者偿还各项债务。

3.流动性

流动性是指现金的使用一般不受任何限制，可以在约定范围内自由流动。现金是房地产企业中流动性最强的货币资产。资产流动性主要是指资产转换成现金或负债到期清偿所需的时间，亦指房地产企业资源及负债接近现金的程度。

（二）银行存款的确认

银行存款是指房地产企业存放在银行或其他金融机构的货币资金。按照国家有关规定，凡是独立核算的单位都必须在当地银行或其他金融机构开设账户，以办理银行存款的存入、取出和转账结算业务。

1.银行存款的管理

银行存款账户分为基本存款账户、一般存款账户、临时存款账户和专用存款账户。基本存款账户是房地产企业办理日常转账结算和现金收付的账户，房地产企业的工资、奖金等现金的支取必须通过基本存款账户办理。一般存款账户是房地产企业基本存款账户以外的银行借款转存、与房地产企业不在同一地点的附属非独立核算单位开立的账户，房地产企业可以通过该账户办理转账结算和现金缴存业务，但是不能办理现金支取业务。临时存款账户是房地产企业因临时经营活动需要开立的账户，房地产企业可以通过该账户办理转账结算和符合现金管理规定的现金收付业务。专用存款账户是房地产企业因特定用途需要而开立的账户。

一家房地产企业只能选择一家银行的一个营业机构开立一个基本存款账户，不得在多家银行的营业机构开立基本存款账户，也不得在同一家银行的几个分支机构开立一般存款账户。

房地产企业收入的款项，应当在国家规定的时间内送存开户银行；支出的款项，除规定可以用现金支付的以外，应当按照银行的规定，通过银行办理转账结算。房地产企业支付款项时，银行存款账户内必须有足够的资金。

2.银行结算方式的种类及确认

（1）银行汇票。银行汇票是汇款人将款项交存当地出票银行，由出票银行签发的，由其在见票时按照实际结算金额无条件支付给收款人或持票人的票据。银行汇票具有使用灵活、票随人到、兑现性强等特点。

银行汇票的主要种类分为记名汇票、不记名汇票、约期汇票（按约定日期付款）、批期汇票（付款人按票据批准的付款日期付款）四种。目前我国的银行汇票一律记名，适用于单位和个人的各种异地款项结算，尤其适用于房地产企业先收款后发货或钱货两讫的商品交易。

银行汇票可以用于转账，填明“现金”字样的银行汇票也可以支取现金。银行汇票的付款期限为自出票日起一个月内。超过付款期限提示付款而未获付款的，持票人须在票据权利时效内向出票银行做出说明，并提供本人身份证件或单位证明，持银行汇票和解讫通知向出票银行请求付款。

房地产企业支付购货款等款项时，应向出票银行填写“银行汇票申请书”，填明收款人名称、支付金额、申请人、申请日期等事项并签章，签章为其预留银行的印鉴。银行受理“银行汇票申请书”，收妥款项后签发银行汇票，并用压数机压印出票金额，然后将银行汇票和解讫通知一并交给汇款人。

申请人取得银行汇票后即可持银行汇票向填明的收款单位办理结算。银行汇票的收款人可以将银行汇票背书转让给他人。背书转让以不超过出票金额的实际结算金额为限，未填写实际结算金额或实际结算金额超过出票金额的银行汇票不得背书转让。

收款房地产企业收到付款单位送来的银行汇票时，应在出票金额以内，根据实际需要的款项办理结算，并将实际结算金额和多余金额准确、清晰地填入银行汇票和解讫通知的有关栏内。银行汇票的实际结算金额低于出票金额的，其多余金额由出票银行退交申请人。收款房地产企业还应填写进账单并在汇票背面“持票人向银行提示付款签章”处签章，签章应与其预留银行的印鉴相同，然后将银行汇票和解讫通知、进账单一并交开户银行办理结算；银行审核无误后，办理转账。

（2）银行本票。银行本票是银行签发的，承诺自己在见票时无条件支付确定的金额给收款人或者持票人的票据。

银行本票由银行签发并保证兑付，而且见票即付，具有信誉高、支付功能强等特点。用银行本票购买材料物资，销货方可以见票付货，购货方可以凭票提货；债权债务双方可以凭票清偿；收款人将银行本票交存银行，银行即可为其入账。无论单位还是个人，在同一票据交换区域支付各种款项，都可以使用银行本票。

银行本票分为定额本票和不定额本票。定额本票面值分别为1 000元、5 000元、10 000元和50 000元。在票面划去转账字样的，为现金本票。

银行本票的付款期限为自出票日起最长不超过2个月，在付款期内，见票即付。超过提示付款期限未获付款的，在票据权利时效内向出票银行做出说明，并提供本人身份证件或单位证明，可持银行本票向银行请求付款。

房地产企业支付购货款等款项时，应向银行提交“银行本票申请书”，填明收款人名称、申请人名称、支付金额、申请日期等事项并签章。申请人或收款人为单位的，银行不予签发现金银行本票。出票银行受理“银行本票申请书”，收妥款项后签发银行本票。不定额银行本票用压数机压印出票金额，出票银行在银行本票上签章后交给申请人。

申请人取得银行本票后，即可向填明的收款单位办理结算。收款单位可以根据需要在票据交换区域内背书转让银行本票。

收款房地产企业收到银行本票时，应该在提示付款期限内在银行本票背面“持票人向银行提示付款签章”处加盖其预留银行的印鉴，同时填写进账单，连同银行本票一起交开户银行转账，根据银行盖章退回的进账单第一联和有关原始凭证确认“银行存款”增加。

（3）商业汇票。商业汇票是出票人签发的，委托付款人在指定日期无条件支付确定的金额给收款人或者持票人的票据。

在银行开立存款账户的法人以及其他组织之间须具有真实的交易关系或债权债务关系，才能使用商业汇票。同城或异地均可以使用商业汇票。商业汇票的付款期限由交易双方商定，但是最长不得超过6个月。商业汇票的提示付款期限为自汇票到期日起10日内。

存款人领购商业汇票，必须填写“票据和结算凭证领用单”并加盖其预留银行的印鉴。存款账户结清时，必须将剩余的空白商业汇票全部交回银行注销。商业汇票可以由付款人签发并承兑，也可以由收款人签发交由付款人承兑。定日付款或者出票后定期付款的商业汇票，持票人应当在汇票到期日前向付款人提示承兑；见票后定期付款的汇票，持票人应当自出票日起一个月内向付款人提示承兑。商业汇票未按规定期限提示承兑的，持票人丧失对其前手的追索权。付款人应当自收到提示承兑商业汇票之日起3日内承兑或者拒绝承兑。付款人拒绝承兑的，必须出具拒绝承兑的证明。

商业汇票可以背书转让。符合条件的商业汇票的持票人可持未到期的商业汇票，连同贴现凭证，向银行申请贴现。

商业汇票按承兑人不同，分为商业承兑汇票和银行承兑汇票两种。

商业承兑汇票由银行以外的付款人承兑。商业承兑汇票按交易双方的约定，由销货房地产企业或购货房地产企业签发，由购货房地产企业承兑。承兑时，购货房地产企业应在商业汇票正面记载“承兑”字样和承兑日期并盖章。承兑不得附有条件，否则视为拒绝承兑。商业汇票到期时，购货房地产企业的开户银行凭票将票款划给销货房地产企业或贴现银行。销货房地产企业应在提示付款期限内通过开户银行委托收款或直接向付款人提示付款。对异地委托收款的，销货房地产企业可匡算邮程，提前通过开户银行委托收款。商业汇票到期时，如果购货房地产企业的存款不足以支付票款，开户银行应将汇票退还销货房地产企业，银行不负责付款，由购销双方自行处理。

银行承兑汇票由银行承兑，由在承兑银行开立存款账户的存款人签发。承兑银行按票面金额向出票人收取5‰的手续费。商业汇票到期时，收款人应填制进账单，连同商业汇票、解讫通知一并送交银行办理。

购货房地产企业应于商业汇票到期前将票款足额交存其开户银行，以便承兑银行在商业汇票到期日或到期日后的见票当日支付票款。销货房地产企业应在商业汇票到期时，将商业汇票连同进账单送交开户银行，以便转账收款。承兑银行凭商业汇票将承兑款项无条件转给销货房地产企业，如果购货房地产企业于商业汇票到期日未能足额交存票款，承兑银行除凭票向持票人无条件付款外，对出票人尚未支付的汇票金额按照每天5‰计收罚息。

购货房地产企业在收到银行支付到期商业汇票的付款通知时，确认“银行存款”减少；销货房地产企业在汇票到期，将汇票及进账单送交开户银行办理转账时，确认“银行存款”增加。

（4）支票。支票是单位或个人签发的，委托办理支票存款业务的银行在见票时无条件支付确定的金额给收款人或者持票人的票据。

支票结算方式在同城结算中应用比较广泛。单位和个人在同一票据交换区域的各种款项结算均可以使用支票。支票由银行统一印制，支票上印有“现金”字样的为现金支票；支票上印有“转账”字样的为转账支票，转账支票只能用于转账；未印有“现金”或“转账”字样的为普通支票，普通支票既可以支取现金，也可以用于转账。在普通支票左上角划两条平行线的，为划线支票，划线支票只能用于转账，不得支取现金。

支票的提示付款期限为自出票日起10日内，中国人民银行另有规定的除外。超过提示付款期限的，持票人开户银行不予受理，付款人不予付款。转账支票可以根据需要在票据交换区域内背书转让。存款人领购支票，必须填写“票据和结算凭证领用单”并加盖其预留银行的印鉴。存款账户结清时，必须将剩余的空白支票全部交回银行注销。

房地产企业财会部门在签发支票之前，出纳人员应该认真查明银行存款的账面余额，防止签发超过存款余额的空头支票。签发支票时，应使用蓝黑墨水或碳素墨水，将支票上的各要素填写齐全，并在支票上加盖预留银行的印鉴。出票人预留银行的印鉴是银行审核支票付款的依据。银行也可以与出票人约定使用支付密码，作为银行审核支付支票金额的条件。

房地产企业在签发支票时，应根据支票存根及有关原始凭证确认“银行存款”减少；收款人收到外单位签发的支票后，应在有效期内，填写进账单，连同支票送交银行，根据银行盖章退回的进账单第一联和有关原始凭证，确认“银行存款”增加。

（5）信用卡。信用卡是商业银行向个人和单位发行的，凭卡向特约单位购物、消费和向银行存取现金，且具有消费信用的特制载体卡片。

信用卡按使用对象分为单位卡和个人卡，按信誉等级分为金卡和普通卡。凡在中国境内金融机构开立基本存款账户的单位，可以申领单位卡。单位卡可以申领若干张，持卡人资格由申领单位法定代表人或其委托的代理人书面指定和注销，持卡人不得出租或转借信用卡。单位卡账户的资金一律从其基本存款账户转账存入，在使用过程中，需要向其账户续存资金的，也一律从其基本存款账户转账存入，不得交存现金，不得将销货收入的款项存入其账户。单位卡一律不得用于10万元以上的商品交易、劳务供应款项的结算，不得支取现金。

信用卡在规定的限额和期限内允许善意透支。根据《支付结算办法》的规定，金卡最高透支额不得超过10 000元，普通卡最高透支额不得超过5 000元，透支期限最长为60天。在实际操作中，银行会根据持卡人的信用状况、收入水平等因素综合评定，确定具体的透支额度，通常普通卡额度小于10 000元，金卡额度为50 000元以内，白金卡额度高于50 000元。《银行卡业务管理办法》规定，同一持卡人单笔透支发生额个人卡不得超过2万元（含等值外币），单位卡不得超过5万元（含等值外币）。同一账户月透支余额个人卡不得超过5万元（含等值外币），单位卡不得超过发卡银行对该单位综合授信额度的3%。无综合授信额度可参照的单位，其月透支余额不得超过10万元（含等值外币）。超过规定限额或规定期限，并且经发卡银行催收无效的透支行为称为恶意透支，持卡人使用信用卡不得发生恶意透支。

单位或个人申领信用卡，应按规定填制申请表，连同有关资料一并送交发卡银行。符合条件并按银行的要求交存一定金额的备用金后，银行为申领人开立信用卡存款账户，并发给信用卡。房地产企业取得信用卡时，应根据有关凭证确认“银行存款”减少。

（6）汇兑。汇兑是汇款人委托银行将款项汇给外地收款单位或个人的结算方式。它是付款单位主动付款的一种结算方式，用于异地之间各种款项的结算，如资金调拨、清理旧欠、购进商品验收无误后的主动付款及先款后货的交易等。汇兑结算方式按凭证传递方法不同，分为信汇和电汇两种。

汇款人采用汇兑结算方式委托银行汇出款项时，应填写“汇兑委托书”，详细填明汇入地点、行名、收款人名称及用途等内容，送交开户银行，委托其将款项汇往收汇银行。收汇银行收妥汇款后，转送汇款凭证一联，通知收款人收款。收汇银行对于超过2个月无法交付的汇款，可主动办理退汇。未在银行开立账户的收款人凭信汇或电汇取款通知向汇入银行支取款项，支取时应交验本人的身份证件或汇入地有关单位盖章以证明收款人身份的证明，并在“收款人盖章处”盖章或签名。

房地产企业采用这一结算方式汇出款项时，应填写银行印发的汇款凭证，列明收款单位名称、汇款金额及汇款的用途等项目，送交开户银行，委托银行将款项汇往收汇银行。收汇银行将汇款收进单位存款户后，向收款单位发出收款通知。

房地产企业委托开户银行汇款后，根据取回的汇款凭证回单联，确认“银行存款”减少。房地产企业为了便于异地采购，可通过银行将款项汇入异地银行并以收款人姓名开设临时存款账户。这种临时存款可分次支取，只付不收、不计利息、付完清户。会计上将其称为外埠存款，列为“其他货币资金”。

（7）委托收款。委托收款是收款人委托银行向付款人收取款项的一种结算方式。它适用于在银行或其他金融机构开立账户的双方商品交易、劳务供应以及其他款项的结算。委托收款按款项划回方式不同，分为邮寄划回和电报划回两种。同域和异地的结算均可办理，不受金额起点限制，结算中如有争议由双方自行处理。

房地产企业委托开户银行向付款单位收取款项时，应填制一式五联委托收款凭证，写明收付款单位名称、账号及开户行、委托收取的金额、款项内容及附寄单证张数等，连同发票、运单等单据一并送交开户银行。收款单位开户银行收到上述凭证并审核无误后，将委托收款凭证（第三、四、五联）同其他凭证寄交付款单位开户银行，由付款单位开户银行审核后填明收到日期和付款期（规定付款期为3天，如遇节假日顺延），并将委托收款凭证（第五联）连同其他凭证一并及时通知付款单位。付款期满，付款单位未向银行提出异议的，银行视作同意，在付款期满的次日将款项转账付给收款单位开户银行。付款单位在付款期满时，如无足够的存款支付全部款项，付款单位开户银行即向付款单位发函索回单证，付款单位应在银行发出索回单证通知的次日起2日内，退回全部单证，由付款单位开户银行寄交收款单位开户银行；如果付款单位逾期不退回单证，其开户银行除按规定处以罚款外，还会暂停付款单位委托银行办理结算业务，至退回单证时为止。

付款单位审查有关单证后，如决定全部拒付或部分拒付，应在规定付款期内填制拒付理由书，连同第五联委托收款凭证以及所附单证一并送交开户银行。银行不负责审理拒付理由书，由收付单位自行处理。如果是部分拒付，银行对于未被拒付的款项部分，仍办理款项划转。

付款单位在付款期满后，根据收到的银行转来的委托收款凭证的付款通知及有关原始凭证确认“银行存款”减少。如果是全部拒付，不作账务处理；如果是部分拒付，根据银行盖章退回的拒付理由书第一联，编制部分付款凭证。委托收款单位接到银行转来款项收妥通知后，确认“银行存款”增加。

（8）异地托收承付。异地托收承付是销货单位根据经济合同发货后委托银行向异地购货单位收取货款和代垫的运杂费，购货单位根据经济合同核对单证确认货物已发运在途或验收入库后，向银行承付款项的一种结算方式。

采用异地托收承付结算方式应具备以下条件：第一，购销双方必须签订符合《中华人民共和国民法典》的经济合同；第二，购销双方有较好的商业信用，能够按照合同的规定进行商品交易；第三，货物确已发运，并能提供已发运货物的凭证和其他有关证件。办理异地托收承付仅限于商品交易以及因商品交易所引起的劳务供应款项，且每笔金额起点为10 000元。代销、寄销、赊销商品的款项，不可以办理托收承付。

采用托收承付结算方式的购销双方，应在签订的购销合同上注明采用托收承付结算方式。销货单位按照购销合同发运商品后，填写托收承付结算凭证，连同发运证件、交易单证及其他有关证明送交开户银行办理托收手续。开户银行将托收承付结算凭证回单联退给托收房地产企业，并将其他结算凭证寄往购货单位开户银行，由购货单位开户银行通知购货单位承付货款。购货单位根据合同，在验单或验货无误后予以承付。《支付结算办法》规定，采用验单付款的承付期为3天，从购货单位开户银行发出承付通知的次日算起（遇节假日顺延）；采用验货付款的承付期为10天，从运输部门向购货单位发出提货通知的次日算起（遇节假日顺延）。在承付期内，购货单位未向银行表示拒绝付款的，银行即视作承付，在承付期满的次日（遇节假日顺延）上午，将款项主动从购货单位的存款户内划出。如果购货单位在验单或验货中发现发票或货物与合同规定不符等，可向银行提出全部或部分拒付。购货单位提出拒绝付款时，应填写拒付理由书，说明拒绝付款理由，向开户银行办理拒绝付款手续。

购货单位承付后，根据托收承付结算凭证和所附发票、账单等单据，确认“银行存款”减少；销货单位在收到银行转来的收款通知后，根据收款通知及有关原始凭证，确认“银行存款”增加。

房地产企业所生产商品的特殊性决定其不会使用托收承付结算方式收取货款。一般情况下，房地产企业在购入货物，按照合同规定支付货款时使用托收承付结算方式。

（9）信用证。信用证是国际结算的一种主要方式。经中国人民银行批准经营结算业务的商业银行总行以及经商业银行总行批准开办信用证业务的分支机构，可以办理国内房地产企业之间商品交易的信用证结算业务。

采用信用证结算方式，收款单位收到信用证后，即备货装运，签发有关发票、账单，连同运输单据和信用证，送交银行，根据退还的信用证确认“银行存款”增加；付款单位在接到开证行的通知时，根据付款的有关单据确认“银行存款”减少。

房地产企业所生产商品的特殊性决定其不会使用信用证结算方式收取货款。一般情况下，房地产企业在购入货物，按照合同规定支付货款时使用信用证结算方式。

（三）其他货币资金的确认

其他货币资金是房地产企业所拥有的除库存现金、银行存款以外的其他各种货币资金，包括房地产企业的银行本票存款、银行汇票存款、外埠存款、在途货币资金，以及境外结算业务的信用证存款等。

为了总括反映和监督其他货币资金的收支和结存情况，房地产企业应设置“其他货币资金”科目，同时，应按其他货币资金的种类分设“银行本票存款”“银行汇票存款”“外埠存款”“信用证存款”“信用卡存款”“在途资金”等明细科目。

1.银行本票存款的确认

银行本票存款是房地产企业为取得银行本票而按照规定存入银行的款项。

房地产企业申请办理银行本票，应向银行提交“银行本票申请书”，并将款项交存银行。房地产企业根据银行盖章后退回的“银行本票申请书”存根联，确认“其他货币资金——银行本票存款”增加。房地产企业进行采购等付出银行本票时，应根据取得的发票等凭证，确认“其他货币资金——银行本票存款”减少。房地产企业取得银行本票只办理全额结算，如结算中有多余，收款方在收妥银行本票后可采用支票等方式将多余款项退回房地产企业；房地产企业因银行本票超过付款期等原因要求退款时，应填制一式两联进账单，并连同银行本票一并送交签发银行，房地产企业根据银行盖章退回的第一联进账单，确认“其他货币资金——银行本票存款”减少。

收款单位收到银行本票后，连同进账单送交开户银行办理转账收款，根据进账单回单及发票记账联等凭证，确认“银行存款”增加；如果收款单位收到银行本票准备转让而未向开户银行办理转账手续，应确认“其他货币资金——银行本票存款”增加。

2.银行汇票存款的确认

银行汇票存款是房地产企业为取得银行汇票，按规定存入银行的款项。房地产企业申办银行汇票应填写“银行汇票申请书”，并将款项交存银行。取得银行汇票后，根据银行盖章后退回的“银行汇票申请书”存根联，确认“其他货币资金——银行汇票存款”增加。房地产企业在使用银行汇票后，根据取得的发票、账单和开户银行转来的银行汇票第四联等凭证，确认“其他货币资金——银行汇票存款”减少。

3.外埠存款的确认

外埠存款是房地产企业到外地进行临时或零星采购时，汇往采购地银行开立采购专户的款项。房地产企业将款项委托当地银行汇往采购地开立专户时，应填写“汇款委托书”。房地产企业根据汇款凭证，确认“其他货币资金——外埠存款”增加；外出采购员以外埠存款支付采购货款予以报销时，房地产企业根据发票等凭证，确认“其他货币资金——外埠存款”减少。采购完毕，如外埠存款尚有结余，可转回当地银行。房地产企业收到银行的收款通知，确认“银行存款”增加、“其他货币资金——外埠存款”减少。

4.信用卡存款的确认

信用卡存款是房地产企业为取得信用卡而存入银行信用卡专户的款项。房地产企业按规定填制申请表，并按银行要求交存备用金后，银行开立信用卡存款账户，发给信用卡。房地产企业根据银行盖章退回的交存备用金的进账单，确认“其他货币资金——信用卡存款”增加。房地产企业在使用信用卡支付有关费用时，应根据特约单位退还的信用卡签购单第一联及发票等凭证，确认“其他货币资金——信用卡存款”减少。

5.在途资金的确认

在途资金是房地产企业同所属单位之间和上下级之间的汇、解款项业务中，到月终时尚未到达的汇入款项。

房地产企业根据汇入单位的通知，确认“其他货币资金——在途资金”增加；收到汇款时，根据银行通知，确认“其他货币资金——在途资金”减少。

二、计量与核算

（一）库存现金核算

为了总括地反映房地产企业库存现金的收入、支出和结存情况，房地产企业应当设置“库存现金”科目，借方登记库存现金的增加，贷方登记库存现金的减少，期末余额在借方，反映房地产企业实际持有的库存现金的金额。房地产企业内部各部门周转使用的备用金，可以单独设置“备用金”科目进行核算。

房地产企业应当设置库存现金总账和库存现金日记账，分别进行房地产企业库存现金的总分类核算和明细分类核算。库存现金日记账由出纳人员根据收付款凭证，按照业务发生顺序逐笔登记。每日终了，应当在库存现金日记账上计算出当日的现金收入合计额、现金支出合计额和余额，并将库存现金日记账的账面余额与实际库存现金额核对，保证账实相符；月度终了，库存现金日记账的余额应当与库存现金总账的余额核对，做到账账相符。

房地产企业应当按规定进行现金的清查，一般采用实地盘点法，对清查的结果应当编制现金盘点报告单。如果有挪用现金、白条顶库的情况，应及时予以纠正；对于超限额留存的现金，应及时送存银行。如果账实不符，发现有待查明原因的现金短缺或溢余，应先通过“待处理财产损溢”科目归集，等按管理权限报经批准后，分别以下情况处理：

（1）如为现金短缺，属于应由责任人赔偿或保险公司赔偿的部分，记入“其他应收款”科目；属于无法查明原因的，记入“管理费用”科目。

（2）如为现金溢余，属于应支付给有关人员或单位的，记入“其他应付款”科目；属于无法查明原因的，记入“营业外收入”科目。

（二）银行存款核算

为了全面反映银行存款收、支、存情况，房地产企业应设置银行存款总账和银行存款日记账，分别进行银行存款的总分类核算和明细分类核算。房地产企业可按开户银行和其他金融机构、存款种类等设置银行存款日记账，根据收付款凭证，按照业务的发生顺序逐笔登记。每日终了，应结出余额。

房地产企业收到往来单位通过银行转来的款项以及房地产企业将款项存入银行或其他金融机构时，应借记“银行存款”科目，贷记有关科目；房地产企业从银行存款户中支付款项或从银行提取现金时，应借记有关科目，贷记“银行存款”科目。

银行存款日记账应定期与银行对账单核对，至少每月核对一次。房地产企业银行存款账面余额与银行对账单余额之间如有差额，应编制银行存款余额调节表进行调节；如果没有记账错误，调节后的双方余额应相等。银行存款余额调节表的编制只是为了核对账目，并不能作为调整银行存款账面余额的记账依据。

【例2-1】锦绣房地产开发公司20×5年4月30日银行存款日记账余额为83 500元，银行对账单余额为67 000元。经逐笔核对，双方记账均无差错，但有下列未达账项：

（1）4月28日，该公司收到转账支票一张，计18 000元，已作存款收入入账，但银行未收妥该笔款项，银行尚未入账。

（2）4月29日，该公司开出转账支票一张，计4 000元，用来支付供货单位账款，该公司已作存款付出入账，但支票尚未到达银行，银行尚未入账。

（3）4月30日，银行计算应付给该公司存款利息500元，银行已登记入账，作为该公司存款的增加，而该公司未收到收款通知，尚未入账。

（4）4月30日，银行代该公司支付水电费3 000元，银行已登记入账，作为该公司存款的减少，而该公司尚未收到付款通知，尚未入账。

根据以上未达账项，编制银行存款余额调节表，见表2-1。

表2-1 银行存款余额调节表

账户： 20×5年4月30日 单位：元

项目	金额	项目	金额
银行存款日记账余额	83 500	银行对账单余额	67 000
加：银行已收，房地产企业未收款	500	加：房地产企业已收，银行未收款	18 000
减：银行已付，房地产企业未付款	3 000	减：房地产企业已付，银行未付款	4 000
调节后余额	81 000	调节后余额	81 000

本例反映了房地产企业银行存款账面余额与银行对账单余额之间的不一致是因为存在未达账项。发生未达账项的情况有四种：一是房地产企业已收款入账，银行尚未收款入账；二是房地产企业已付款入账，银行尚未付款入账；三是银行已收款入账，房地产企业尚未收款入账；四是银行已付款入账，房地产企业尚未付款入账。

（三）其他货币资金核算

为了反映和监督其他货币资金的收支和结存情况，房地产企业应当设置“其他货币资金”科目，借方登记其他货币资金的增加数，贷方登记其他货币资金的减少数，期末余额在借方，反映房地产企业实际持有的其他货币资金。本科目应按其他货币资金的种类设置明细科目。

1.银行汇票存款

房地产企业填写“银行汇票申请书”并将款项交存银行时，借记“其他货币资金——银行汇票存款”科目，贷记“银行存款”科目；房地产企业持银行汇票购货，收到有关发票、账单时，借记“材料采购”或“原材料”“库存商品”“应交税费——应交增值税（进项税额）”等科目，贷记“其他货币资金——银行汇票存款”科目；采购完毕收回剩余款项时，借记“银行存款”科目，贷记“其他货币资金——银行汇票存款”科目。房地产企业收到银行汇票，填制进账单到开户银行办理款项入账手续时，根据进账单及销货发票等，借记“银行存款”科目，贷记“主营业务收入”“应交税费——应交增值税（销项税额）”等科目。

2.银行本票存款

房地产企业填写“银行本票申请书”并将款项交存银行时，借记“其他货币资金——银行本票存款”科目，贷记“银行存款”科目；房地产企业持银行本票购货，收到有关发票、账单时，借记“材料采购”或“原材料”“库存商品”“应交税费——应交增值税（进项税额）”等科目，贷记“其他货币资金——银行本票存款”科目。房地产企业收到银行本票，填制进账单到开户银行办理款项入账手续时，根据进账单及销货发票等，借记“银行存款”科目，贷记“主营业务收入”“应交税费——应交增值税（销项税额）”等科目。

3.信用卡存款

房地产企业填制“信用卡申请表”，连同支票和有关资料一并送交发卡银行，根据银行盖章后退回的进账单第一联，借记“其他货币资金——信用卡存款”科目，贷记“银行存款”科目；房地产企业用信用卡购物或支付有关费用，收到开户银行转来的信用卡存款的付款凭证及所附发票、账单时，借记“管理费用”等科目，贷记“其他货币资金——信用卡存款”科目。房地产企业的信用卡在使用过程中，需要向其账户续存资金的，借记“其他货币资金——信用卡存款”科目，贷记“银行存款”科目。房地产企业的持卡人如果不需要继续使用信用卡，应持信用卡到发卡银行办理销户。销户时，单位卡余额转入房地产企业基本存款户，不得提取现金，借记“银行存款”科目，贷记“其他货币资金——信用卡存款”科目。

4.信用证保证金存款

房地产企业填写“信用证申请书”，将信用证保证金交存银行时，应根据银行盖章后退回的“信用证申请书”回单，借记“其他货币资金——信用证保证金存款”科目，贷记“银行存款”科目。房地产企业接到开证行通知，根据供货单位信用证结算凭证及所附发票、账单，借记“材料采购”或“原材料”“库存商品”“应交税费——应交增值税（进项税额）”等科目，贷记“其他货币资金——信用证保证金存款”科目；将未用完的信用证保证金存款余额转回开户银行时，借记“银行存款”科目，贷记“其他货币资金——信用证保证金存款”科目。

5.存出投资款

房地产企业向证券公司划出资金时，按实际划出的金额，借记“其他货币资金——存出投资款”科目，贷记“银行存款”科目；购买股票、债券等时，借记“交易性金融资产”等科目，贷记“其他货币资金——存出投资款”科目。

6.外埠存款

房地产企业将款项汇往外地时，应填写“汇款委托书”，委托开户银行办理汇款。汇入地银行以汇款单位名义开立临时采购账户，该账户的存款不计利息、只付不收、付完清户，除了采购人员可以从中提取少量现金外，一律采用转账结算。房地产企业将款项汇往外地开立采购专用账户时，根据汇出款项凭证，编制付款凭证，进行账务处理，借记“其他货币资金——外埠存款”科目，贷记“银行存款”科目；收到采购人员转来供应单位发票、账单等报销凭证时，借记“材料采购”或“原材料”“库存商品”“应交税费——应交增值税（进项税额）”等科目，贷记“其他货币资金——外埠存款”科目；采购完毕收回剩余款项时，根据银行的收账通知，借记“银行存款”科目，贷记“其他货币资金——外埠存款”科目。

第二节 房地产企业的交易性金融资产

房地产企业的金融资产属于房地产企业流动资产的重要组成部分。金融资产是指企业持有的现金、其他方的权益工具以及符合下列条件之一的资产：

(1) 从其他方收取现金或其他金融资产的合同权利。

(2) 在潜在有利条件下，与其他方交换金融资产或金融负债的合同权利。

(3) 将来须用或可用企业自身权益工具进行结算的非衍生工具合同，且企业根据该合同将收到可变数量的自身权益工具。

(4) 将来须用或可用企业自身权益工具进行结算的衍生工具合同，但以固定数量的自身权益工具交换固定金额的现金或其他金融资产的衍生工具合同除外。其中，企业自身权益工具不包括应当按照《企业会计准则第37号——金融工具列报》分类为权益工具的可回售工具或发行方仅在清算时才有义务向另一方按比例交付其净资产的金融工具，也不包括本身就要求在未来收取或交付企业自身权益工具的合同。

企业应当根据其管理金融资产的业务模式和金融资产的合同现金流量特征，将金融资产划分为以下三类：

(1) 以摊余成本计量的金融资产；

(2) 以公允价值计量且其变动计入其他综合收益的金融资产；

(3) 以公允价值计量且其变动计入当期损益的金融资产。

同时，企业应当结合自身业务特点和风险管理要求，对金融负债进行合理的分类。对金融资产和金融负债的分类一经确定，不得随意变更。本节主要讲解以公允价值计量且其变动计入当期损益的金融资产，应收款项在本章第三节讲解，以摊余成本计量的金融资产与以公允价值计量且其变动计入其他综合收益的金融资产在第三章第二节讲解。

一、确认

除企业分类为以摊余成本计量的金融资产和以公允价值计量且其变动计入其他综合收益的金融资产外，其他金融资产应当分类为以公允价值计量且其变动计入当期损益的金融资产。通常情况下，以下投资产品应作此分类：

(1) 股票。股票的合同现金流量源自收取被投资企业未来股利分配以及清算时获得剩余收益的权利。由于股利及获得剩余收益的权利均不符合本金和利息的定义，因此股票不符合本金加利息的合同现金流量特征。

(2) 基金。常见的基金有股票型基金、债券型基金、货币基金或混合基金，基金一般情况下不符合本金加利息的合同现金流量特征。

(3) 可转换债券。可转换债券除按一般债权类投资的特性到期收回本金、获取约定利息或收益外，还嵌入了一项转股权。通过嵌入衍生工具，企业获得的收益在基本借贷安排的基础上，会产生基于其他因素变动的不确定性。由于可转换债券不符合本金加利息的合同现金流量特征，企业持有的可转换债券应当分类为以公允价值计量且其变动计入当期损益的金融资产。

二、计量与核算

（一）账户设置

为了核算交易性金融资产的公允价值及变动，房地产企业应设置“交易性金融资产”账户，并按交易性金融资产的类别和品种，分别“成本”和“公允价值变动”设置明细账进行明细核算。

（二）交易性金融资产的初始计量与核算

房地产企业主要以购买方式取得交易性金融资产。在初始确认时，交易性金融资产应按公允价值计量，相关的交易费用直接计入当期损益。交易费用是指可以直接归属于购买、发行或处置金融工具的增量费用，包括支付给代理机构、咨询公司、券商、证券交易所、政府有关部门等的手续费、佣金、相关税费的手续费和佣金及其他必要支出，不包括债券溢价、折价、融资费用、内部管理成本和持有成本等与交易不直接相关的费用。

需要注意的是，房地产企业取得交易性金融资产所支付的价款中包含的已宣告但尚未发放的现金股利或已到付息期但尚未领取的债券利息，应当单独确认为应收股利或应收利息，不得计入交易性金融资产的初始成本。

房地产企业取得交易性金融资产时，应当按照该金融资产取得时的公允价值作为其初始确认金额，记入“交易性金融资产——成本”科目。取得交易性金融资产所支付的价款中包含的已宣告但尚未发放的现金股利或已到付息期但尚未领取的债券利息，应当单独确认为应收项目，记入“应收股利”或“应收利息”科目。取得交易性金融资产所发生的相关交易费用应当在发生时计入当期损益。

【例 2-2】20×4 年 1 月 20 日，锦绣房地产开发公司委托某证券公司从上海证券交易所购入 A 上市公司股票 1 000 000 股，并将其划分为交易性金融资产。该笔股票投资在购买日的公允价值为 10 000 000 元，另支付相关交易费用 25 000 元。锦绣房地产开发公司应做如下账务处理：

1.20×4 年 1 月 20 日，购买 A 上市公司股票时：

借：交易性金融资产——成本　　　　10 000 000

　贷：其他货币资金——存出投资款　　　　10 000 000

2. 支付相关交易费用时：

借：投资收益　　　　25 000

　贷：其他货币资金——存出投资款　　　　25 000

在本例中，取得交易性金融资产所发生的相关交易费用 25 000 元应当在发生时计入投资收益。

（三）交易性金融资产持有期间的再计量和核算

房地产企业持有交易性金融资产期间，对于被投资单位宣告发放的现金股利或房地产企业在资产负债表日按分期付息、一次还本债券投资的票面利率计算的利息收入，应当确认为应收项目，记入“应收股利”或“应收利息”科目，并计入投资收益。

【例2-3】20×4年1月8日，锦绣房地产开发公司购入丙公司发行的公司债券，该债券于20×3年7月1日发行，面值为25 000 000元，票面利率为4%，债券利息按年支付。锦绣房地产开发公司将其划分为交易性金融资产，支付价款26 000 000元（其中包含已宣告但尚未发放的债券利息500 000元），另支付交易费用300 000元。20×4年2月5日，锦绣房地产开发公司收到该债券利息500 000元。20×5年2月10日，锦绣房地产开发公司收到该债券利息1 000 000元。锦绣房地产开发公司应做如下账务处理：

1.20×4年1月8日，购入丙公司发行的公司债券时：

借：交易性金融资产——成本　　25 500 000

　　应收利息　　500 000

　　投资收益　　300 000

　贷：银行存款　　26 300 000

2.20×4年2月5日，收到购买价款中包含的已宣告但尚未发放的债券利息时：

借：银行存款　　500 000

　贷：应收利息　　500 000

3.20×4年12月31日，确认丙公司的公司债券利息收入时：

借：应收利息　　1 000 000

　贷：投资收益　　1 000 000

4.20×5年2月10日，收到持有的丙公司债券利息时：

借：银行存款　　1 000 000

　贷：应收利息　　1 000 000

在本例中，取得交易性金融资产所支付价款中包含的已宣告但尚未发放的债券利息500 000元应当记入“应收利息”科目，不记入“交易性金融资产”科目。

（四）交易性金融资产的期末计量与核算

资产负债表日，交易性金融资产应当按照公允价值计量，公允价值与账面余额之间的差额计入当期损益。房地产企业应当在资产负债表日按照交易性金融资产公允价值与其账面余额的差额，借记或贷记“交易性金融资产——公允价值变动”科目，贷记或借记“公允价值变动损益”科目。

【例2-4】承【例2-2】，假定20×4年6月28日，锦绣房地产开发公司购买的A上市公司股票市价为10 300 000元；20×4年12月31日，A上市公司股票市价为10 100 000元。

锦绣房地产开发公司应做如下账务处理：

1.20×4年6月28日，确认该股票的公允价值变动损益时：

借：交易性金融资产——公允价值变动　　300 000

　贷：公允价值变动损益　　300 000

2.20×4年12月31日，确认该股票的公允价值变动损益时：

借：公允价值变动损益　　200 000

　贷：交易性金融资产——公允价值变动　　200 000

在本例中，20×4年6月28日，该股票的公允价值为10 300 000元，账面余额为10 000 000元，公允价值大于账面余额300 000元，应记入“公允价值变动损益”科目的贷方；20×4年12月31日，该股票的公允价值为10 100 000元，账面余额为10 300 000元，公允价值小于账面余额200 000元，应记入“公允价值变动损益”科目的借方。

（五）交易性金融资产的处置与核算

房地产企业出售交易性金融资产时，应将该金融资产出售时的公允价值与其初始入账金额之间的差额确认为投资收益，同时调整公允价值变动损益。

房地产企业应按实际收到的金额，借记“银行存款”等科目，按该金融资产的账面余额，贷记“交易性金融资产”科目，按其差额，贷记或借记“投资收益”科目。

【例2-5】承【例2-4】，假定20×5年1月15日，锦绣房地产开发公司出售了所持有的全部A上市公司股票，售价为10 150 000元。不考虑相关税费及其他因素，锦绣房地产开发公司应做如下账务处理：

借：银行存款	10 150 000	
贷：交易性金融资产——成本		10 000 000
——公允价值变动		100 000
投资收益		50 000

第三节　房地产企业的应收款项

房地产企业的应收款项是房地产企业流动资产的一个重要组成部分，属于结算资产，体现为结算过程中产生的债权，包括日常生产经营活动中产生的应收账款、应收票据和其他应收款等债权，以及预付款项。其中，应收款项的收取对象是货币资金，预付款项的收取对象是有关货物或劳务。

房地产企业的应收款项是会计核算的重要内容，具有以下特征：

（1）结算属性。应收款项是基于商业信用，在企业结算过程中形成的债权。

（2）财务风险。应收款项虽然是房地产企业的债权，但受债务人经营状况、市场环境等因素影响，应收款项的收回具有不确定性；另外，在实际业务中，债务的偿还主动权往往由债务人掌握，导致应收款项存在财务风险。

为了准确反映和监督应收款项业务，房地产企业应当设置“应收票据”“应收账款”“预付账款”“其他应收款”“坏账准备”等会计科目进行核算。

一、确认

（一）应收账款确认

房地产企业的应收账款是指房地产企业因销售商品房、产品或提供劳务等，应向购货或接受劳务单位收取的款项。它主要包括销售价款、代购货方垫付的运杂费等。

应收账款的确认时间与赊销业务的营业收入确认时间一致，需同时满足以下条件：

（1）房地产企业已将商品所有权上的主要风险和报酬转移给购货方；

（2）房地产企业既没有保留通常与所有权相联系的继续管理权，也没有对已售出的商品继续实施控制；

（3）与交易相关的经济利益能够流入房地产企业；

（4）相关的收入和成本能够可靠地计量。

（二）应收票据确认

应收票据是房地产企业应收款项的重要组成部分，指企业持有的、尚未到期兑现的商业票据。我国现行商业票据主要为商业汇票。

按承兑人不同，商业汇票可以分为商业承兑汇票和银行承兑汇票。商业承兑汇票是由债务人签发并承兑，或由债权人签发交由债务人承兑的商业票据；银行承兑汇票是由债务人签发，银行承兑的商业票据。

房地产企业在收到商业汇票时，确认应收票据，并通过"应收票据"科目核算。

（三）预付账款确认

房地产企业的预付账款是指按照合同的规定，预付给工程承包单位的工程款、备料款，以及按照购货合同的规定预付给供应单位的购货款。

房地产企业预付账款是短期债权，在管理上要注意以下几点：

（1）房地产项目通常采用招标方式发包给施工企业；

（2）建筑安装工程周期长、资金需求大，施工企业常需向发包方预收资金；

（3）房地产企业应在开工前与承包单位签订工程进度合同，明确预付款比例、扣回时间及金额；

（4）若施工企业预收款项后未按约开工，发包方有权收回预付款；

（5）预付材料款在结算时可抵作货款；若购货方违约，供货方有权按合同索赔或没收预付款。

当房地产企业按照合同的约定预付工程款或货款，并取得银行结算凭单时，确认预付账款。

（四）其他应收款确认

房地产企业的其他应收款是指除应收票据、应收账款、预付账款以外的其他各种应收、暂付款项。其主要包括：

（1）应收的各种赔款（如因职工失职赔偿、保险理赔等）；

（2）应收的各种罚款；

（3）存出保证金（如租入包装物押金）；

（4）备用金（拨付给内部机构的周转资金）；

（5）应向职工收取的各种垫付款项（如水电费、医药费等）。

房地产企业通过"其他应收款"科目核算其增减变动及余额，按资产确认条件进行初始确认。

二、计量

（一）应收账款计量

房地产企业在初始确认应收账款时，应当按照公允价值计量。公允价值是指在公平交易中，熟悉情况的交易双方自愿进行资产交换或者债务清偿的金额。在公平交易中，交易双方应当是持续经营的房地产企业，不打算或不需要进行清算、重大缩减经营规模，或在不利条件下仍进行交易。

在确认应收账款的入账价值时，应当考虑有关的折扣和折让因素。

1.商业折扣

商业折扣是销货房地产企业为了鼓励客户多购商品房而在商品房标价上给予的扣除。例如，房地产企业可以规定，购买2套以上商品房给予客户5%的折扣；房地产企业为了尽快出售一些残次、陈旧、冷背的商品房，也可能降价（打折）销售，如9折销售等。由于商业折扣在销售发生时即已发生，房地产企业只需按扣除商业折扣后的净额确认销售收入和应收账款。

2.现金折扣

现金折扣是房地产企业为了鼓励客户提前偿付货款而向客户提供的债务扣除。现金折扣一般用符号“折扣/付款期限”来表示。例如，“2/10，1/20，N/30”表示买方在10天内付款，销货房地产企业将按商品房售价给客户2%的折扣；买方在20天内付款，销货房地产企业可按商品房售价给客户1%的折扣；房地产企业允许的最长付款期限为30天，但客户在21~30天内付款，将不能享受现金折扣。

现金折扣使房地产企业应收账款的实际数额随客户的付款时间而异，其应收账款价值的确定有两种方法：一种是总价法；另一种是净价法。

（1）总价法：是将未扣减现金折扣前的实际售价（即总价）作为应收账款的入账价值，把实际发生的现金折扣视为销货房地产企业为了尽快回笼资金而发生的理财费用（在现金折扣实际发生时计入财务费用）。总价法可以较好地反映房地产企业销售的总过程，但可能因客户享受现金折扣而高估应收账款和销售收入。例如，期末结账时，有些应收账款还没有超过折扣期限，销货房地产企业无法知道客户是否会享受现金折扣。如果有一部分客户享受现金折扣（即客户实际按扣除折扣后的净价付款），房地产企业的应收账款和销售收入就会因为入账时按总价确认而虚增。

（2）净价法：是将扣减现金折扣后的金额（即净价）作为应收账款的入账价值。这种方法把客户取得现金折扣视为正常现象，认为客户一般会提前付款。销货房地产企业将客户超过折扣期限而多付的金额视为给客户提供信用的收入，于收到账款时入账，冲减财务费用。净价法可以避免总价法的不足，但在客户没有享受现金折扣而全额付款时，必须再查对原销售总额。期末结账时，对已超过期限尚未收到的应收账款，需按客户未享受的现金折扣进行调整，操作起来比较麻烦。

（二）应收票据计量

商业汇票按是否计息，分为不带息商业汇票和带息商业汇票。不带息商业汇票是指商业汇票到期时，承兑人只能按票面金额向收款人或背书人支付款项的汇票。带息商业汇票是指商业汇票到期时，承兑人必须按票面金额加上应计利息向收款人或背书人支付票款的汇票。无论商业汇票的类型如何，取得时均按票面金额确认入账价值。

（三）预付账款计量

房地产企业初始确认预付账款时，应当按照公允价值计量，即按照房地产企业实际预付给对方的金额记账。

（四）其他应收款计量

其他应收款的初始计量与预付账款一致，按实际发生金额入账。

三、核算

（一）应收账款核算

为了反映和监督应收账款的增减变动及结存情况，房地产企业应设置“应收账款”科目。不单独设置“预收账款”科目的房地产企业，预收的账款通过“应收账款”科目核算。“应收账款”科目的借方登记应收账款的增加，贷方登记应收账款的收回及确认的坏账损失，期末余额一般在借方，反映房地产企业尚未收回的应收账款；如果期末余额在贷方，则反映房地产企业预收的账款。

房地产企业销售产品或材料等发生应收款项时，借记“应收账款”科目，贷记“主营业务收入”“其他业务收入”等科目；收回款项时，借记“银行存款”等科目，贷记“应收账款”科目。

【例2-6】锦绣房地产开发公司向万达公司销售一幢商品房，规定现金折扣的条件为2/10，1/20，N/30。货款为10 000 000元，已办理托收手续，不考虑相关税费。锦绣房地产开发公司账务处理如下：

借：应收账款——万达公司　　10 000 000

　贷：主营业务收入　　10 000 000

锦绣房地产开发公司接到银行收款通知，根据购货房地产企业是否得到现金折扣的情况入账。如果上述货款在10天内收到，应做如下账务处理：

借：银行存款　　9 800 000

　　财务费用　　200 000

　贷：应收账款——万达公司　　10 000 000

如果超过了现金折扣的最后期限，则应做如下账务处理：

借：银行存款　　10 000 000

　贷：应收账款——万达公司　　10 000 000

房地产企业应收账款改用应收票据结算，在收到承兑的商业汇票时，借记“应收票据”科目，贷记“应收账款”科目。

【例2-7】锦绣房地产开发公司收到万达公司交来的商业汇票一张，面值10 000 000元，用以偿还其前欠货款。锦绣房地产开发公司应做如下账务处理：

借：应收票据　　10 000 000

　贷：应收账款　　10 000 000

（二）坏账及坏账损失核算

坏账是指房地产企业无法收回或收回的可能性极小的应收账款。由于发生坏账而产生的损失，称为坏账损失。

1.坏账损失确认

房地产企业确认坏账时，应按照财务报告的目标和会计核算的基本原则，具体分析各笔应收账款的特性、金额的大小、信用期限、债务人的信誉和当时的经营情况等。一般来讲，房地产企业的应收账款符合下列条件之一的，应确认为坏账：

（1）债务人死亡，以其遗产清偿后仍然无法收回；

（2）债务人破产，以其破产财产清偿后仍然无法收回；

（3）债务人较长时期内未履行其偿债义务，并有足够的证据表明无法收回或收回的可能性极小。

房地产企业应当定期或至少于年度终了对应收账款进行检查，并预计可能发生的坏账损失。对预计可能发生的坏账损失，计提坏账准备。房地产企业计提坏账准备的方法由房地产企业自行确定。房地产企业应当制定计提坏账准备的政策，明确计提坏账准备的范围、提取方法、账龄的划分和提取比例，按照法律、行政法规的规定报有关各方备案，并备置于房地产企业所在地。坏账准备提取方法一经确定，不得随意变更；如需变更，应当在财务报表附注中予以说明。

在确定坏账准备的计提比例时，房地产企业应当根据以往的经验、债务单位的实际财务状况和现金流量等相关信息予以合理估计。除有确凿证据表明该应收账款不能收回或收回的可能性不大外（如债务单位已撤销、破产、资不抵债、现金流量严重不足、发生严重的自然灾害等导致停产而在短时间内无法偿付债务等，以及3年以上的应收款项），下列各种情况不能全额提取坏账准备：

（1）当年发生的应收款项；

（2）计划进行重组的应收款项；

（3）与关联方发生的应收款项；

（4）其他已逾期，但无确凿证据表明不能收回的应收款项。

需要指出的是，已确认为坏账的应收账款，并不意味着房地产企业放弃了追索权，一旦重新收回，应及时入账。

2.坏账损失账务处理

按照企业会计准则的规定，对于房地产企业的坏账损失，应采用备抵法。备抵法是按期估计坏账损失，形成坏账准备，当某一应收账款全部或者部分被确认为坏账时，应根据其余额冲减坏账准备，同时转销相应的应收账款金额。采用这种方法，一方面按期估计坏账损失，记入“信用减值损失”科目；另一方面设置“坏账准备”科目，待实际发生坏账时冲销坏账准备和应收账款金额，使资产负债表上的应收账款反映扣减估计坏账后的净值。

备抵法要按期估计坏账损失。估计坏账损失主要有三种方法：应收账款余额百分比法、账龄分析法和销货百分比法。

在实际工作中，房地产企业常采用应收账款余额百分比法。应收账款余额百分比法是根据会计期末应收账款的余额乘以估计坏账率，即当期应估计的坏账损失，据此提取坏账准备的方法。估计坏账率可以按照以往的数据资料确定，也可以根据规定的百分率计算。从理论上讲，这一比例应按坏账占应收账款的概率计算，房地产企业发生的坏账较多，比例相应就高些；反之，则低些。会计期末，房地产企业应提取的坏账准备大于其账面余额的，按其差额追加提取坏账准备；应提取的坏账准备小于其账面余额的，按其差额冲回坏账准备。

提取坏账准备时，借记“信用减值损失”科目，贷记“坏账准备”科目；发生坏账损失时，借记“坏账准备”科目，贷记“应收账款”科目；已确认并转销的坏账又收回时，借记“应收账款”科目，贷记“坏账准备”科目，同时借记“银行存款”科目，贷记“应收账款”科目。

【例2-8】锦绣房地产开发公司20×3年年末应收账款余额为1 000 000元，坏账准备的提取比例为5%，坏账准备年初余额为0。该公司各年应收账款余额、坏账的情况以及账务处理如下：

（1）20×3年年末提取坏账准备的账务处理为：

借：信用减值损失　　50 000

　贷：坏账准备　　50 000

（2）20×4年实际发生坏账损失70 000元。确认坏账损失时，应做如下账务处理：

借：坏账准备　　70 000

　贷：应收账款　　70 000

（3）20×4年年末应收账款余额为1 200 000元，“坏账准备”科目应保持的贷方余额为60 000元（1 200 000×5%）；“坏账准备”科目的实际余额为借方20 000元（50 000-70 000），所以年末应计提坏账准备80 000元（20 000+60 000）。账务处理如下：

借：信用减值损失　　80 000

　贷：坏账准备　　80 000

（4）20×5年3月27日收到20×4年已转销的坏账40 000元，已存入银行，应做如下账务处理：

借：应收账款　　40 000

　贷：坏账准备　　40 000

借：坏账准备　　40 000

　贷：信用减值损失　　40 000

借：银行存款　　40 000

　贷：应收账款　　40 000

（5）锦绣房地产开发公司20×5年年末应收账款余额为1 100 000元。“坏账准备”账户应保持的贷方余额为55 000元（1 100 000×5%），现有贷方余额60 000元（60 000+40 000-40 000），所以年末应冲减坏账准备5 000元（55 000-60 000）。账务处理如下：

借：坏账准备　　5 000

　贷：信用减值损失　　5 000

（三）应收票据核算

1.取得应收票据和收回到期票款

应收票据的取得原因不同，其账务处理亦有所区别。因债务人抵偿前欠货款而取得的应收票据，借记“应收票据”科目，贷记“应收账款”科目。因房地产企业销售商品、提供劳务等而收到开出、承兑的商业汇票，借记“应收票据”科目，贷记“主营业务收入”科目；商业汇票到期收回款项时，按实际收到的金额，借记“银行存款”科目，贷记“应收票据”科目。

【例2-9】锦绣房地产开发公司20×5年4月1日向三星公司销售一套商品房，销售价为1 700 000元，款项尚未收到，已办妥托收手续。商品房控制权已转移，增值税税率为9%。锦绣房地产开发公司应做如下账务处理：

借：应收账款　　1 853 000

　贷：主营业务收入　　1 700 000

　　应交税费——应交增值税（销项税额）　　153 000

6月16日，锦绣房地产开发公司收到三星公司寄来的一张3个月期商业承兑汇票，面值为1 853 000元，抵付所欠房款。锦绣房地产开发公司应做如下账务处理：

借：应收票据　　1 853 000

　贷：应收账款　　1 853 000

9月16日，锦绣房地产开发公司上述应收票据到期，收回票面金额1 853 000元存入银行。锦绣房地产开发公司应做如下账务处理：

借：银行存款　　1 853 000

　贷：应收票据　　1 853 000

2.转让应收票据

在实务中，房地产企业可以将自己持有的商业汇票背书转让。背书是指在票据背面或者粘单上记载有关事项并签章的票据行为。背书转让的，背书人应当承担票据责任。房地产企业将持有的商业汇票背书转让以取得所需物资时，按应计入取得物资成本的金额，借记“材料采购”或“原材料”“库存商品”等科目，按商业汇票的票面金额，贷记“应收票据”科目；如有差额，借记或贷记“银行存款”等科目。

【例2-10】承【例2-9】，假定锦绣房地产开发公司于20×5年7月16日将上述应收票据背书转让，以取得水泥一批，金额为1 639 823元，适用的增值税税率为13%。锦绣房地产开发公司应做如下账务处理：

借：原材料　　1 639 823

　　应交税费——应交增值税（进项税额）　　213 177

　贷：应收票据　　1 853 000

3.应收票据贴现

房地产企业持有的应收票据在到期前，如果出现资金短缺，可以持未到期的商业汇票向其开户银行申请贴现，以获得所需资金。贴现是指票据持有人将未到期的票据背书后送交银行，银行受理后从票据到期价值中扣除按银行贴现率计算确定的贴现利息，然后将余额付给持票人，作为银行对房地产企业的短期贷款。可见，票据贴现实质上是房地产企业融通资金的一种形式。有关计算公式如下：

票据到期价值=票据面值×（1+年利率×票据到期天数÷360）

或

票据到期价值=票据面值×（1+年利率×票据到期月数÷12）

对于无息票据来说，票据到期价值就是其面值。

贴现利息=票据到期价值×贴现率×贴现天数÷360

贴现天数=贴现日至票据到期日实际天数-1

贴现所得金额=票据到期价值-贴现利息

按照《支付结算办法》的规定，实付贴现金额按票面金额扣除贴现日至汇票到期前一日的利息计算。承兑人在异地的，贴现利息的计算应另加3天的划款日期。

房地产企业持未到期的应收票据向银行贴现，应按扣除贴现利息后的净额，借记“银行存款”科目，按贴现利息部分，借记“财务费用”科目，按应收票据的面值，贷记“应收票据”科目。如为带息应收票据，按实际收到的金额，借记“银行存款”科目，按应收票据的账面价值，贷记“应收票据”科目，按其差额，借记或贷记“财务费用”科目。

应收票据一般不计提坏账准备，待不能收回转入应收账款后，再计提坏账准备。

（四）预付账款核算

房地产企业发生的预付账款通过“预付账款”科目核算。在“预付账款”科目下设置“预付承包单位款”和“预付供应单位款”两个明细科目，并在明细科目下分别按工程承包单位和物资供应单位的名称设置明细账进行明细核算。

1.预付承包单位款账务处理

“预付账款——预付承包单位款”科目核算房地产企业按照出包工程合同的规定预付给施工单位的工程进度款；如果房地产企业按照出包工程合同的规定，需要向施工房地产企业预付备料款，也通过“预付账款——预付承包单位款”科目核算。

房地产企业预付给承包单位的工程款和备料款，借记“预付账款——预付承包单位款”科目，贷记“银行存款”科目；房地产企业拨付承包单位抵作备料款的材料，借记“预付账款——预付承包单位款”科目，贷记“原材料”等科目；房地产企业与承包单位结算工程款时，根据承包单位提交的工程价款结算账单承付工程款，借记“开发成本”科目，贷记“应付账款——应付工程款”科目，同时，从应付工程款中扣回预付的工程款和备料款，借记“应付账款——应付工程款”科目，贷记“预付账款——预付承包单位款”科目。

【例2-11】20×5年1月2日，锦绣房地产开发公司按合同的规定，预付承包施工房地产企业工程款1 000 000元、备料款300 000元；20×5年4月30日，承包施工房地产企业转来工程价款结算账单和增值税专用发票，要求结算已完工程款1 500 000元和增值税税额。

（1）20×5年1月2日，根据有关凭证，做账务处理如下：

借：预付账款——预付承包单位款	1 300 000	
贷：银行存款		1 300 000

（2）20×5年4月30日，收到结算账单，做账务处理如下：

借：开发成本	1 500 000	
应交税费——应交增值税（进项税额）	195 000	
贷：应付账款——应付工程款		1 695 000
借：应付账款——应付工程款	1 300 000	
贷：预付账款——预付承包单位款		1 300 000

2.预付供应单位款账务处理

“预付账款——预付供应单位款”科目核算房地产企业购买材料物资，根据购销双方签订的合同，在收到货物以前预付给供应单位的购货定金和部分货款。房地产企业根据购销合同的规定向销货方预付货款时，借记“预付账款——预付供应单位款”科目，贷记“银行存款”科目。房地产企业收到所购货物时，根据有关发票、账单金额，借记“原材料”等科目，贷记“预付账款——预付供应单位款”科目。当预付货款小于采购货物的货款及增值税时，应将不足部分补付，借记“预付账款——预付供应单位款”科目，贷记“银行存款”科目；当预付货款大于采购货物的货款及增值税时，对收回的多余款项，应借记“银行存款”科目，贷记“预付账款——预付供应单位款”科目。

【例2-12】20×5年6月2日，锦绣房地产开发公司向西乡塘物资公司采购材料1 000千克，单价200元，货款总额为200 000元，增值税为26 000元。锦绣房地产开发公司按照合同规定，向西乡塘物资公司预付货款的50%，验收货物后补付其余款项。有关账务处理如下：

（1）预付50%的货款时：

借：预付账款——预付供应单位款　　113 000

　贷：银行存款　　113 000

（2）收到西乡塘物资公司发来的1 000千克材料，验收无误，有关发票记载的货款为200 000元、增值税为26 000元，据此以银行存款补付不足款项时：

借：原材料　　200 000

　　应交税费——应交增值税（进项税额）　　26 000

　贷：预付账款——预付供应单位款　　226 000

借：预付账款——预付供应单位款　　113 000

　贷：银行存款　　113 000

预付货款不多的房地产企业，可以不设“预付账款”科目，而是并入“应付账款”科目核算。

（五）其他应收款核算

1.日常业务的账务处理

房地产企业发生其他应收款时，借记“其他应收款”科目，贷记“库存现金”“银行存款”“营业外收入”等科目；收回备用金以外的其他应收款时，借记“库存现金”“银行存款”“应付职工薪酬”等科目，贷记“其他应收款”科目。

【例2-13】锦绣房地产开发公司以银行存款代职工李刚垫付应由其个人负担的住院医药费500元，拟从其工资中扣回。账务处理如下：

（1）垫付时：

借：其他应收款——李刚　　500

　贷：银行存款　　500

（2）扣款时：

借：应付职工薪酬——垫付医药费　　500

　贷：其他应收款——李刚　　500

【例2-14】20×5年4月1日，锦绣房地产开发公司租入包装物一批，以银行存款向出租方支付押金8 000元；20×5年4月30日，将租入包装物按期如数退回，收到出租方退还的押金8 000元，已存入银行。

（1）20×5年4月1日，支付押金的账务处理如下：

借：其他应收款——押金	8 000	
贷：银行存款		8 000

（2）20×5年4月30日，收到出租方退还的押金，账务处理如下：

借：银行存款	8 000	
贷：其他应收款——押金		8 000

2.其他应收款坏账损失的核算

房地产企业其他应收款的期末处理与应收账款相同，应当定期或者至少于每年年度终了，对其他应收款进行检查，预计其可能发生的坏账损失，并计提坏账准备。房地产企业对于不能收回的其他应收款应当查明原因，追究责任。对确实无法收回的，按照房地产企业的管理权限，经股东大会或董事会，或经理（厂长）会议或类似机构批准作为坏账损失，冲销提取的坏账准备。

经批准作为坏账的其他应收款，借记“坏账准备”科目，贷记“其他应收款”科目。已确认并转销的坏账损失，如果以后又收回，按实际收回的金额，借记“其他应收款”科目，贷记“坏账准备”科目；同时，借记“银行存款”科目，贷记“其他应收款”科目。

（六）应收债权融资的核算

一般情况下，应收账款和应收票据都是到期收回，并从账簿中注销，然而，在商业信用盛行的市场经济中，房地产企业为了加速应收账款的资金回收，可以将应收账款或应收票据转让给别的公司，以获得所需资金。发生这种转让主要有以下原因：

第一，出于竞争原因，许多行业的企业向客户提供销售融资，这实际上成为了一种强制性行为。在耐用品销售中，如汽车、工业设备、电脑及器械等，大多数销售采取分期收款销售方式。这些行业的许多大公司成立了专门从事应收款项融资业务的全资子公司，如通用汽车承兑公司、克莱斯勒财务公司等。

第二，房地产企业资金紧张，难以从常规信用渠道融到资金，而其他融资方式成本太高，只有通过出售应收账款或应收票据来筹措资金才比较划算。

第三，应收账款的收账过程耗时长、费力且需花费较高成本，一些公司不得不将应收账款出售以求节约。

第四，根据国际惯例，许多国家的立法对债权人利益的保护优于对股东利益的保护，这也促使一些房地产企业购买应收账款。

第五，银行和其他金融机构在资金充裕、贷款业务不足的情况下，也乐于购买房地产企业的应收账款和应收票据，以赚取一定的手续费和利息差。

向第三方转让应收款项的交易通常有两种方式：抵押借款和让售。

1.抵押借款

应收账款时常被用作借款的抵押品。贷款人常常要求借款人以其应收账款作为贷款的保证。双方通常应签订协议，规定可借款金额占用作抵押的应收账款的最高比例（视房地产企业的财务状况而定）。实际借款时，借款人往往还应出具应付票据。如果贷款到期未偿还，贷款人有权将应收账款转化为现金，即有权直接向欠款客户收取应收账款。

【例2-15】20×5年3月1日，锦绣房地产开发公司以800 000元应收账款作为抵押，并开出一张600 000元、期限为2个月的票据向银行借款。假设双方签订的协议规定，账款仍由锦绣房地产开发公司负责收回且不通知欠款客户，银行按抵押应收账款的1%收取融资费用，票据利率为12%，从抵押应收账款上收回的款项每月结算一次。锦绣房地产开发公司关于此项应收账款抵借业务的会计分录如下：

（1）20×5年3月1日，以应收账款抵押并开具票据借款：

借：银行存款 520 000

　　财务费用 80 000

　贷：应付票据 600 000

（2）假设20×5年3月31日，锦绣房地产开发公司收回500 000元抵借应收账款：

借：银行存款 500 000

　贷：应收账款 500 000

（3）20×5年4月1日，将3月收款500 000元含应计利息5 000元（500 000×12%÷12）付给银行：

借：应付票据 495 000

　　财务费用 5 000

　贷：银行存款 500 000

（4）假设20×5年4月30日，锦绣房地产开发公司将10 000元未收回的抵借应收账款确认为坏账，其余290 000元（800 000-500 000-10 000）全部收回：

借：银行存款 290 000

　　坏账准备 10 000

　贷：应收账款 300 000

（5）假设20×5年5月1日，将应付票据未付部分105 000元连同应计利息1 050元（105 000×12%÷12）付给银行：

借：应付票据 105 000

　　财务费用 1 050

　贷：银行存款 106 050

2.让售

让售是应收账款持有人将应收账款的所有权转让给代理商等机构的一种融资行为。比较常见的让售形式是将应收账款让售给某一代理商。代理商是指从房地产企业购买应收账款，并从中收取一定的手续费，然后直接向欠款客户收取应收账款的金融公司或银行。

采用应收账款让售方式融资，其基本做法是：（1）客户向房地产企业订货；（2）房地产企业发货前请求代理商对本房地产企业的信用进行审查；（3）代理商认可房地产企业的信用，并与房地产企业签订让售合同；(4) 代理商按双方确定的比例扣除手续费及必要的预留款后预付房地产企业现金；(5) 房地产企业向客户发货，并通知客户其账款已让售给代理商，代理商有权直接向其收取货款；(6) 客户（购货人）向代理商支付货款；(7) 代理商与房地产企业清算。

应收账款让售分为两种：

第一，无追索权让售。无追索权让售是指应收账款购买者（代理商）在购买应收账款后，完全承担应收账款发生坏账的风险和损失，即当该应收账款无法收回时，购买者无权向让售方追索账款；让售方的责任仅限于承担销售折扣、折让及销货退回等损失。

在账务处理上，让售方应按实际收到的款额借记“库存现金”或“银行存款”科目，按支付的手续费借记“财务费用”科目，按应收账款账面价值贷记“应收账款”科目。

第二，有追索权让售。有追索权让售是指应收账款购买者在购买应收账款后，如果应收账款的债务人到期无法偿付，让售方应承担向购买者偿付的责任，即应将相应让售款退还购买者。显然，这种方式的信用风险是由让售方承担的。

有追索权让售的账务处理按借款业务进行，即在交易发生时贷记一个负债科目，而不注销应收账款；同时，将代理商收取的手续费作为递延融资成本（利息费用），在应收账款持有期内摊销。

第四节　房地产企业的存货

一、含义及种类

房地产企业的存货是指在房地产开发经营过程中，为销售或耗用而储存的各种资产。它们处于不断被购置、被耗用和重置的过程中，属于房地产企业流动资产的范畴。对于自行开发并建设的房地产企业，其存货包括各种原材料、库存设备、低值易耗品、委托加工材料、在建开发产品、开发产品、出租开发产品和周转房等。对于不承担施工项目的房地产开发公司，其存货内容就比较简单，主要是在建开发产品和开发产品。此外，在固定资产标准以下的工具、设备、用品、器皿等低值易耗品，也属于存货。

存货的特点是具有流动性，处于不断被购置、被耗用和重置过程中。其价值随着实物的耗用而转移，随着销售的实现而及时得到补偿。

房地产企业的存货种类繁多，按其用途可分为以下几类：

1.原材料

原材料指房地产企业用于房地产开发经营而存放在仓库的各种材料，包括主要材料、结构件、机械配件和其他材料等。

(1) 主要材料，指用于工程施工或产品生产并构成工程或产品实体的各种材料，包括黑色金属材料（如钢材）、有色金属材料（如铜材、铝材）、木材、硅酸盐材料（如水泥、砖瓦、石灰、砂、石等）、小五金材料、电器材料、化工原料（如油漆材料等）。

（2）结构件，指经过吊装、拼砌或安装即能构成房屋建筑物实体的各种金属的、钢筋混凝土的和木质的结构物和构件，如钢窗、木门、钢筋混凝土预制件等。

（3）机械配件，指施工过程中使用的施工机械、生产设备、运输设备等替换、维修用的各种零件和配件，以及为机械设备准备的各种备品备件，如曲轴、活塞、轴承、齿轮、阀门等。

（4）其他材料，指不构成工程或产品实体，但有助于工程或产品形成或便于施工生产进行的各种材料，如燃料、油料、催化剂等。

2.低值易耗品

低值易耗品指使用期限较短、单位价值较低、不作为固定资产核算的各种用具物品，如铁锹、铁镐、手推车等生产工具，工作鞋、工作帽、安全带等劳保用品，办公桌椅等管理用品。

3.设备

设备指房地产企业在开发产品的过程中作为劳动对象使用的各种通用设备，如变压器、电梯、通风设备、照明设备等。

4.委托加工物资

委托加工物资指房地产企业因技术和经济原因而委托外单位代为加工的各种物资。

5.开发产品

开发产品指房地产企业已经开发完成并已验收合格，可以按照合同规定的条件移交购货单位，或者可以作为商品对外销售的产品。

6.分期收款开发产品

分期收款开发产品指房地产企业以分期收款方式销售的开发产品。

7.出租开发产品

出租开发产品指房地产企业已经开发完成并用于出租经营的土地和房屋。

8.周转房

周转房指房地产企业已经开发完成并用于安置拆迁居民周转使用的房屋。

9.在建开发产品

在建开发产品指房地产企业正在开发建设过程中的开发产品。

二、确认

确认存货的基本原则是：凡是在盘存日期，法定所有权属于房地产企业所有的一切货品，不论其存放地点，都应视为房地产企业的存货。如依照销售合同已经售出，其所有权已转让的物品，不论其是否已离开房地产企业，均不应该包括在房地产企业的存货中；反之，如物品的所有权尚未转让给对方，即使物品已离开房地产企业，仍属于房地产企业的存货，都应列入房地产企业的存货之中。

某一项资产项目要作为存货加以确认，首先需要符合存货的定义，其次应同时符合以下确认条件：

1.与该存货有关的经济利益很可能流入房地产企业

房地产企业在确认存货时，需要判断与该存货相关的经济利益是否很可能流入房地产企业。在实务中，主要通过判断与该存货所有权相关的风险和报酬是否转移到了房地产企业来确定。其中，与存货所有权相关的风险，是指由于经营情况发生变化造成的相关收益的变动，以及由于存货滞销、毁损等原因造成的损失；与存货所有权相关的报酬，是指在该存货出售或经过进一步加工取得其他存货时获得的收入，以及处置该存货实现的利润等。

通常情况下，取得存货的所有权是与存货相关的经济利益很可能流入房地产企业的一个重要标志。例如，根据销售合同已经售出（取得现金或收取现金的权利）的存货，其所有权已经转移，与其相关的经济利益已不能再流入房地产企业，此时，即使该存货尚未运离房地产企业，也不能再确认为房地产企业的存货。又如委托代销商品，由于其所有权并未转移至受托方，因而委托代销商品仍应当确认为委托房地产企业存货的一部分。总之，房地产企业在判断与存货相关的经济利益能否流入房地产企业时，主要结合该存货所有权的归属情况进行分析。

2.该存货的成本能够可靠地计量

作为房地产企业资产的组成部分，要确认存货，就必须能够对其成本进行可靠的计量。存货的成本能够可靠地计量必须以取得确凿、可靠的证据为依据，并且具有可验证性。如果其成本不能可靠地计量，则不能确认为一项存货。例如，房地产企业承诺的订货合同，由于并未实际发生，不能可靠地确定其成本，因此就不能确认为房地产企业的存货。又如，房地产企业预计发生的开发费用，由于并未实际发生，不能可靠地确定其成本，因此也不能确认为存货。

三、计量

（一）存货初始计量

存货初始计量又称存货入账价值的确定，是确定房地产企业取得各项存货的实际成本。《企业会计准则第1号——存货》规定，存货应当按照成本进行计量。存货成本包括采购成本、加工成本和其他成本三个组成部分。

1.外购存货的成本

房地产企业外购的存货主要包括原材料和商品。外购存货的成本即存货的采购成本，指房地产企业的物资从采购到入库前发生的全部支出，包括购买价款、相关税费、运输费、装卸费、保险费以及其他可归属于存货采购成本的费用。

（1）购买价款，是指房地产企业购入的材料或商品的发票上列明的价款，但不包括按规定可以抵扣的增值税税额。

（2）相关税费，是指房地产企业购买、自制或委托加工存货发生的进口关税、消费税、资源税和不能抵扣的增值税进项税额等应计入存货采购成本的税费。

（3）其他可归属于存货采购成本的费用，即采购成本中除上述各项以外可归属于存货采购成本的费用，如在存货采购过程中发生的仓储费、包装费、运输途中的合理损耗、入库前的挑选整理费用等。这些费用能分清负担对象的，应直接计入存货的采购成本；不能分清负担对象的，应选择合理的分配方法，分配计入有关存货的采购成本，可按所购存货的数量或采购价格比例进行分配。

对于采购过程中发生的物资毁损、短缺等，除合理的途中损耗应当作为存货的其他可归属于存货采购成本的费用计入采购成本外，应区别不同情况进行账务处理：一是从供货单位、外部运输机构等收回的物资短缺或其他赔款，应冲减所购物资的采购成本；二是因遭受意外灾害发生的损失和尚待查明原因的途中损耗，暂作为待处理财产损溢进行核算，待查明原因按照管理权限报经批准后计入管理费用或营业外支出。

2. 自制存货的成本

自制存货的实际成本包括自制过程中发生的直接材料费、直接人工费、其他直接费用和应分摊的间接制造费用。

3. 委托外单位加工的存货成本

委托外单位加工完成的存货，包括加工后的原材料、包装物、低值易耗品、半成品、产成品等，以实际耗用的原材料或者半成品、加工费、运输费、装卸费等费用以及按规定应计入成本的税金，作为实际成本。

4. 其他方式取得的存货成本

（1）投资者投入存货的成本，应当按照投资合同或协议约定的价值确定，但合同或协议约定价值不公允的除外。在投资合同或协议约定价值不公允的情况下，将该存货的公允价值作为其入账价值。

（2）盘盈的存货应按其重置成本作为入账价值，并通过“待处理财产损溢”科目进行账务处理，按管理权限报经批准后冲减当期管理费用。

（3）通过提供劳务取得的存货，其成本按劳务提供人员的直接人工和其他直接费用以及可归属于该存货的间接费用确定。

（4）接受捐赠的存货，按以下规定确定其实际成本：

① 捐赠方提供了有关凭据（如发票、报关单、有关协议）的，按凭据上标明的金额加上应支付的相关税费，作为实际成本。

② 捐赠方没有提供有关凭据的，按如下顺序确定其实际成本：第一，同类或类似存货存在活跃市场的，按同类或类似存货的市场价格估计的金额，加上应支付的相关税费，作为实际成本；第二，同类或类似存货不存在活跃市场的，按该接受捐赠的存货的预计未来现金流量现值，作为实际成本。

（5）通过非货币性资产交换取得的存货成本。非货币性资产交换同时满足下列两个条件的，应当以公允价值和应支付的相关税费作为换入存货的成本：一是该项交换具有商业实质；二是换入资产或换出资产的公允价值能够可靠地计量。

① 支付补价的，应当以换出资产的公允价值加上支付的补价（即换入资产的公允价值）和应支付的相关税费作为换入存货的成本。换入存货成本与换出资产账面价值加支付的补价、应支付的相关税费之和的差额，应当计入当期损益。

② 收到补价的，应当以换入资产的公允价值（或换出资产的公允价值减去补价）和应支付的相关税费作为换入资产的成本。换入资产成本加上收到的补价之和与换出资产账面价值加上应支付的相关税费之和的差额，应当计入当期损益。

在涉及补价的情况下，对于支付补价方而言，作为补价的货币性资产构成换入资产所放弃对价的一部分；对于收到补价方而言，作为补价的货币性资产构成换入资产的一部分。

（6）通过债务重组方式取得的存货，应当按其公允价值入账。

5.不计入存货成本的相关费用

下列费用不应当计入存货成本，而应当在其发生时计入当期损益：

（1）非正常消耗的直接材料、直接人工及制造费用，应计入当期损益，不得计入存货成本。例如，房地产企业超定额的废品损失以及由自然灾害而发生的直接材料、直接人工及制造费用，由于这些费用的发生无助于使该存货达到目前场所和状态，不应计入存货成本，而应计入当期损益。

（2）仓储费用，指房地产企业在采购入库后发生的储存费用，应计入当期损益。但是在生产过程中为达到下一个生产阶段所必需的仓储费用则应计入存货成本。

（3）不能归属于使存货达到目前场所和状态的其他支出，不符合存货的定义和确认条件，应在发生时计入当期损益，不得计入存货成本。

（4）房地产企业采购用于广告营销活动的特定产品，向客户预付货款而未取得商品时，应作为预付账款进行账务处理，待取得相关商品时计入当期损益（销售费用）。房地产企业提供广告营销性质的服务比照该原则进行处理。

（二）发出存货计量

房地产企业应当根据各类存货的实物流转方式、房地产企业管理的要求、存货的性质等实际情况，合理选择发出存货的计量方法，以合理确定当期发出存货的实际成本。对于性质和用途相似的存货，应当采用相同的成本计算方法确定发出存货的成本。房地产企业在确定发出存货的成本时，可以采用先进先出法、移动加权平均法、月末一次加权平均法和个别计价法等方法。房地产企业不得采用后进先出法确定发出存货的成本。

1.先进先出法

先进先出法是以先购入的存货应先发出（销售或耗用）这样一种存货实物流动假设为前提，对发出存货进行计价的方法。采用这种方法，先购入的存货成本在后购入的存货成本之前转出，据此确定发出存货和期末存货的成本。

具体方法是：收入存货时，逐笔登记收入存货的数量、单价和金额；发出存货时，按照先进先出的原则逐笔登记存货的发出成本和结存金额。

先进先出法可以随时结转存货发出成本，但较烦琐。如果存货收发业务较多，且存货单价不稳定，工作量较大。在物价持续上升时，期末存货成本接近市价，而发出成本偏低，会高估房地产企业当期利润和库存存货价值；反之，会低估房地产企业存货价值和当期利润。

2.移动加权平均法

移动加权平均法是指以每次进货的成本加上原有库存存货的成本，除以每次进货数量与原有库存存货的数量之和，据以计算加权平均单位成本，作为在下次进货前计算各次发出存货成本依据的成本计算方法。计算公式如下：

存货单位成本=（原有库存存货的实际成本+本次进货的实际成本）÷（原有库存存货数量+本次进货数量）

本次发出存货的成本=本次发出存货数量×本次发货前存货单位成本

本月月末库存存货成本=月末库存存货的数量×本月月末存货单位成本

采用移动加权平均法，能使房地产企业管理层及时了解存货的结存情况，计算的平均单位成本以及发出和结存的存货成本比较客观。但是由于每次收货都要计算一次平均单价，计算工作量较大，对收发货频繁的房地产企业不适用。

3.月末一次加权平均法

月末一次加权平均法是指以当月全部进货数量加上月初存货数量作为权数，去除当月全部进货成本加上月初存货成本，计算出存货的加权平均单位成本，以此为基础计算当月发出存货成本和期末存货成本的方法。其计算公式如下：

$$\text{加权平均存货单位成本}=\left(\text{月初库存存货的实际成本}+\text{本月各批次进货的实际成本之和}\right)\div\left(\text{月初库存存货数量}+\text{本月各批次进货数量之和}\right)$$

本月发出存货成本=本月发出存货的数量×加权平均存货单位成本

本月月末库存存货成本=月末库存存货的数量×加权平均存货单位成本

或

$$\text{本月月末库存存货成本}=\text{月初库存存货的实际成本}+\text{本月收入存货的实际成本}-\text{本月发出存货的实际成本}$$

采用月末一次加权平均法，只在月末一次计算加权平均单价，比较简单，有利于简化成本计算工作。但是由于平时无法从账上提供发出和结存存货的单价及金额，因此不利于对存货成本的日常管理与控制。

4.个别计价法

个别计价法亦称个别认定法、具体辨认法、分批实际法，其特征是注重所发出存货具体项目的实物流转与成本流转之间的联系，逐一辨认各批发出存货和期末存货所属的购进批别或生产批别，分别按其购入或生产时所确定的单位成本计算各批发出存货和期末存货的成本。把每一种存货的实际成本作为计算发出存货成本和期末存货成本的基础。对于不能替代使用的存货、为特定项目专门购入或制造的存货以及提供的劳务，通常采用个别计价法确定发出存货的成本。在实际工作中，越来越多的房地产企业采用计算机信息系统进行账务处理，个别计价法可以广泛应用于发出存货的计价。个别计价法确定的存货成本最为准确。

（三）存货期末计量

1.存货期末计量原则

资产负债表日，存货应当按照成本与可变现净值孰低原则计量。资产负债表日，当存货成本低于其可变现净值时，存货按成本计量；当存货成本高于其可变现净值时，应当计提存货跌价准备，计入当期损益。其中，可变现净值是指在日常活动中，存货的估计售价减去至完工时估计将要发生的成本、估计的销售费用以及相关税费后的金额；存货成本是指期末存货的实际成本。如果房地产企业在存货成本的日常核算中采用计划成本法等简化核算方法，则成本应为调整后的实际成本。

房地产企业预计的销售存货现金流量并不完全等于存货的可变现净值。存货在销售过程中可能发生的销售费用和相关税费，以及为达到预定可销售状态还可能发生的加工成本等相关支出，构成现金流入的抵减项目。房地产企业预计的销售存货现金流量扣除这些抵减项目后，才能确定存货的可变现净值。

房地产企业应以确凿证据为基础，计算确定存货的可变现净值。

2.存货期末计量方法

（1）存货减值迹象判断。存货存在下列情况之一的，通常表明存货的可变现净值低于成本：

① 该存货的市场价格持续下跌，并且在可预见的未来无回升的希望。

② 房地产企业使用该原材料生产的产品的成本高于产品的销售价格。

③ 房地产企业因产品更新换代，原有库存原材料已不适应新产品生产的需要，而该原材料的市场价格又低于其账面成本。

④ 因房地产企业所提供的商品或劳务过时或消费者偏好改变而使市场的需求发生变化，导致市场价格逐渐下跌。

⑤ 其他足以证明该存货实质上已经发生减值的情形。

存货存在下列情形之一的，通常表明存货的可变现净值为零：

① 已霉烂变质的存货。

② 已过期且无转让价值的存货。

③ 生产中已不再需要，并且已无使用价值和转让价值的存货。

④ 其他足以证明已无使用价值和转让价值的存货。

（2）可变现净值的确定。

①房地产企业在确定存货的可变现净值时应考虑的因素。房地产企业在确定存货的可变现净值时，应当以取得的确凿证据为基础，并且考虑持有存货的目的、资产负债表日后事项的影响等因素。

第一，存货可变现净值的确凿证据是指对确定存货的可变现净值有直接影响的客观证明。存货的采购成本、加工成本和其他成本及以其他方式取得的存货的成本，应当以取得的外来原始凭证、生产成本资料、生产成本账簿记录等，产成品或商品的市场销售价格、与产成品或商品相同或类似商品的市场销售价格、销售方提供的有关资料等作为确凿证据。

第二，由于房地产企业持有存货的目的不同，确定存货可变现净值的计算方法也不同。如用于出售的存货和用于继续加工的存货，其可变现净值的计算就是不同的。因此，房地产企业在确定存货的可变现净值时，应考虑持有存货的目的。一般来说，房地产企业持有存货的目的有两个：一是持有以备出售，如商品、产成品，其中又分为有合同约定的存货和没有合同约定的存货；二是将在生产过程或提供劳务过程中耗用的存货，如材料等。

第三，在确定资产负债表日存货的可变现净值时，不仅要考虑资产负债表日与该存货相关的价格和成本波动，而且应考虑未来的相关事项。也就是说，不能仅限于财务报告批准报出日之前发生的相关价格和成本波动，还应考虑以后期间发生的相关事项。

②不同情况下存货可变现净值的确定。

第一，产成品、商品等直接用于出售的商品存货，没有销售合同约定的，其可变现净值应当为在正常生产经营过程中，产成品或商品的一般销售价格（即市场销售价格）

减去估计的销售费用和相关税费等后的金额。

第二，用于出售的材料等，应当以市场价格减去估计的销售费用和相关税费等后的金额作为其可变现净值。这里的市场价格是指材料等的市场销售价格。

第三，需要经过加工的材料存货，如原材料、在产品、委托加工材料等，由于持有这些材料的目的是生产产成品，而不是出售，材料存货的价值将体现在用其生产的产成品上，因此，在确定需要经过加工的材料存货的可变现净值时，需要以其生产的产成品的可变现净值与该产成品的成本进行比较，如果该产成品的可变现净值高于其成本，则这些材料应当按照其成本计量。

第四，为执行销售合同或者劳务合同而持有的存货，其可变现净值应当以合同价格（而不是估计售价）减去估计的销售费用和相关税费等后的金额确定。

四、核算

（一）按实际成本计价的材料收发的核算

1.应设置的会计科目及核算内容

按实际成本计价进行物资采购收发的总分类核算时，应设置“原材料”“在途物资”“应付账款”“预付账款”等总分类科目。

“原材料”科目核算房地产企业库存的各种原材料（包括主要材料、结构件、机械配件、外购半成品、修理用备件、辅助材料、燃料等）的实际成本。借方反映房地产企业因各种途径增加并已验收入库的原材料成本，贷方反映房地产企业因各种原因减少的原材料成本，期末借方余额反映原材料的成本。本科目应按材料的类别、品名和规格，设置数量金额式明细账进行核算。

“在途物资”科目核算房地产企业购入但尚未运到房地产企业或尚未验收入库的各种存货（包括库存材料、库存设备、低值易耗品等）的实际成本。借方登记已支付货款或已开出承兑商业汇票而尚未到达或尚未验收入库的各种存货的实际成本，贷方登记已验收入库的各种存货的实际成本，期末借方余额反映已经付款或已开出承兑商业汇票但尚未验收入库的在途物资。

“应付账款”科目核算房地产企业与供应单位之间的结算款项。

“预付账款”科目核算房地产企业按照合同的规定预付给供应单位的货款。

2.取得外购材料的核算

由于采购地点不同、货款结算方式不同，因而可能出现材料入库与货款结算日期有时一致、有时不一致的情况，对此应区分不同情况进行账务处理。

（1）结算凭证和材料同时到达。房地产企业在本地采购的材料，采用同城结算的方式付款后，材料可随即收到；从外地采购的材料，有时付款和收料的时间也很接近。在这些情况下，货款、增值税及采购费用的支付及材料的验收工作可在较短的时间内完成，应根据银行结算凭证及发票、运杂费等单据和收料单等凭证，填制付款和收料的记账凭证。

【例2-16】20×5年6月，锦绣房地产开发公司从外地购入防水材料一批，买价为500 000元，支付运费10 000元，按防水材料购价的13%缴纳增值税65 000元，按运费的9%缴纳增值税900元，均已取得增值税专用发票。货款、运费以及增值税已通过银行支付，材料验收入库。账务处理如下：

借：原材料　510 000

　　应交税费——应交增值税（进项税额）　65 900

　贷：银行存款　575 900

（2）已付款，材料尚未到达。房地产企业所购物资若款项已支付而材料尚未运到，为了反映和监督已经付款但尚未入库的材料情况，应通过"在途物资"科目进行核算。

【例2-17】20×5年6月，锦绣房地产开发公司购入机械配件一批，货款为50 000元，按货款的13%缴纳增值税，已取得增值税专用发票。货款以及增值税通过银行支付，机械配件尚未入库。根据银行结算凭证及所附发票单据，做如下账务处理：

借：在途物资　50 000

　　应交税费——应交增值税（进项税额）　6 500

　贷：银行存款　56 500

待机械配件验收入库时，根据在途物资明细账的记录和收料单，做如下账务处理：

借：原材料　50 000

　贷：在途物资　50 000

（3）材料已入库，尚未付款。外购材料在运输较顺畅而结算手续办理不够及时或传递时间过长时，会出现材料先到而结算凭证未到的情况；有时也会出现材料先到并验收入库，而房地产企业因存款不足或其他原因暂时不能付款的情况。对此，应区别不同情况进行账务处理。

①材料已收到，结算凭证也已到达，房地产企业因存款不足暂未付款。出现这种情况时，由于双方的购销关系已经确立，房地产企业购入了材料，应承担偿还供应单位货款的义务，因此，应通过"应付账款"科目进行核算。若房地产企业与供货方达成协议，采用商业汇票形式延期付款，则应通过"应付票据"科目进行核算。

【例2-18】20×5年6月，锦绣房地产开发公司购进水泥一批，货款为200 000元，对方代垫运杂费2 000元。另外，按货款的13%计算增值税26 000元，按运费的9%计算增值税180元，均已取得增值税专用发票。材料已验收入库，该公司因存款不足尚未付款。账务处理如下：

借：原材料　202 000

　　应交税费——应交增值税（进项税额）　26 180

　贷：应付账款　228 180

待以后支付该批材料的款项时，做如下账务处理：

借：应付账款　228 180

　贷：银行存款　228 180

若对方同意延期付款，开出并承兑商业汇票抵付上述应付账款时，做如下账务处理：

借：应付账款　228 180

　贷：应付票据　228 180

②材料已收到，但结算凭证未到。遇到这种情况时，通常几天之内即可收到结算凭证，因此可以先不进行总分类核算，待结算凭证到达并支付款项后再据以编制付款和收料记账凭证。但是月末结算时若凭证仍未到达，为了如实反映房地产企业月末资产的结存情况和负债情况，对这批材料可先按照合同价格或计划价格暂估入账，并通过"应付账款"科目下设的"暂估应付账款"明细科目进行核算。

【例2-19】20×5年6月，锦绣房地产开发公司从某预制件厂购入预制件一批，根据通知办理提货手续，并验收入库，月末结算凭证仍未到达，按合同价格100 000元暂估入账。账务处理如下：

借：原材料　　100 000

　贷：应付账款——暂估应付账款　　100 000

待下月初，用红字金额冲销上述分录：

借：原材料　　100 000（红字）

　贷：应付账款——暂估应付账款　　100 000（红字）

收到该批材料的结算凭证后，实际支付预制件材料买价100 000元，实际支付增值税13 000元（已取得增值税专用发票），应做如下账务处理：

借：原材料　　100 000

　　应交税费——应交增值税（进项税额）　　13 000

　贷：银行存款　　113 000

（4）预付货款，收料后再结算。房地产企业按照订货合同的规定，预付一定比例的货款给供货单位，供货单位根据合同规定的期限和批量发货，发货后双方再结算货款。

【例2-20】20×5年6月，锦绣房地产开发公司向某电线电缆厂订购电线一批，货款为300 000元，按合同规定预付货款200 000元。支付预付款时，应做如下账务处理：

借：预付账款　　200 000

　贷：银行存款　　200 000

收到某电线电缆厂按合同规定的数量和期限发来的电线时，该批电线的全部货款为300 000元，按货款的13%计算增值税39 000元，已取得增值税专用发票。账务处理如下：

借：原材料　　300 000

　　应交税费——应交增值税（进项税额）　　39 000

　贷：预付账款　　339 000

结清款项时，扣除该公司已预付的200 000元，余额通过银行存款付清。账务处理如下：

借：预付账款　　139 000

　贷：银行存款　　139 000

3.自制并验收入库的材料核算

自制并验收入库的材料，按实际成本，借记"原材料"科目，贷记"辅助生产成本"科目。若房地产企业辅助生产车间加工的产品或结构件，除自用外，还部分对外销售，应视为生产产品，还应进行相应的增值税核算。

【例 2-21】锦绣房地产开发公司自制水泥预制件50件，每件成本为1 000元，已经验收入库。账务处理如下：

借：原材料　　50 000

　贷：辅助生产成本　　50 000

4.投资者投入的材料核算

投资者投入的材料，其实际成本按投资各方确认的价值，借记“原材料”科目，贷记“实收资本”（或“股本”）等科目。

【例 2-22】20×5 年 6 月，锦绣房地产开发公司接受某投资商投入的钢材一批，实际成本为400 000元，增值税税率为13%，已取得增值税专用发票。账务处理如下：

借：原材料　　400 000

　应交税费——应交增值税（进项税额）　　52 000

　贷：实收资本　　452 000

5.房地产企业接受捐赠的材料核算

房地产企业接受捐赠的材料，按实际成本，借记“原材料”科目，按照确定的实际成本与现行税率计算的未来应交的增值税，贷记“营业外收入”科目。

【例 2-23】20×5 年 6 月，锦绣房地产开发公司接受捐赠水泥一批，实际成本为100 000元，增值税税率为13%，已取得增值税专用发票。账务处理如下：

借：原材料　　100 000

　应交税费——应交增值税（进项税额）　　13 000

　贷：营业外收入　　113 000

6.通过非货币性资产交换取得的原材料核算

《企业会计准则第7号——非货币性资产交换》规定，非货币性资产交换具有商业实质且公允价值能够可靠计量的，应当以换出资产的公允价值和应支付的相关税费作为换入资产的成本，除非有确凿证据表明换入资产的公允价值比换出资产的公允价值更加可靠。

在以公允价值计量的情况下，不论是否涉及补价，只要换出资产的公允价值与其账面价值不同，就一定会涉及损益的确认，因为非货币性资产交换损益通常是换出资产公允价值与换出资产账面价值的差额，通过非货币性资产交换予以实现。

非货币性资产交换的账务处理，视换出资产的类别不同而有所区别。

（1）换出资产为存货的，应当视同销售处理，根据《企业会计准则第14号——收入》的规定，应按照公允价值确认销售收入，同时结转销售成本，相当于按照公允价值确认的收入和按账面价值结转的成本之间的差额，也即换出资产公允价值和换出资产账面价值的差额，在利润表中作为营业利润的构成部分予以列示。

（2）换出资产为固定资产、无形资产的，换出资产公允价值和换出资产账面价值的差额计入营业外收入或营业外支出。

（3）换出资产为长期股权投资、其他债权投资的，换出资产公允价值和换出资产账面价值的差额计入投资收益。

换入资产与换出资产涉及相关税费的，如换出固定资产、无形资产视同转让应缴纳的增值税等，按照相关税收规定计算确定。

第一，不涉及补价的情况。

【例2-24】20×5年6月，锦绣房地产开发公司以生产经营过程中使用的一台设备交换海螺水泥厂生产的一批水泥。海螺水泥厂为增值税一般纳税人，适用的增值税税率为13%。设备的账面原价为100 000元，在交换日的累计折旧为35 000元，公允价值为75 000元。水泥的账面价值为80 000元，在交换日的公允价值为75 000元，计税价格等于公允价值。锦绣房地产开发公司已取得增值税专用发票。

假设锦绣房地产开发公司此前没有为该设备计提资产减值准备，在整个交易过程中，除支付清理费1 500元外，没有发生其他相关税费。假设海螺水泥厂此前也没有为库存商品计提存货跌价准备，在整个交易过程中没有发生除增值税以外的其他税费。

锦绣房地产开发公司的账务处理如下：

借：固定资产清理　　65 000
　　累计折旧　　35 000
　贷：固定资产　　100 000

借：固定资产清理　　1 500
　贷：银行存款　　1 500

借：原材料　　75 000
　　应交税费——应交增值税（进项税额）　　9 750
　贷：固定资产清理　　66 500
　　　营业外收入　　18 250

第二，涉及补价的情况。

【例2-25】20×5年6月，锦绣房地产开发公司以一批结构件换入一批钢材。该批结构件实际成本为200 000元，市场价格为250 000元，没有计提存货跌价准备。换入的钢材的市场价格为280 000元，假设该公司已通过银行支付补价33 900元，并且交易过程中没有发生其他税费。双方均已开出增值税专用发票，锦绣房地产开发公司应做如下账务处理：

（1）换出存货视同销售：

借：原材料——钢材　　280 000
　　应交税费——应交增值税（进项税额）　　36 400
　贷：主营业务收入　　250 000
　　　银行存款　　33 900
　　　应交税费——应交增值税（销项税额）　　32 500

（2）结转换出存货成本：

借：主营业务成本　　200 000
　贷：原材料——结构件　　200 000

7.有关材料购入短缺和毁损的核算

对于库存材料短缺和毁损，房地产企业应及时查明原因，分别不同情况进行处理。对于运输途中的合理损耗和无法收回的超定额损耗，应计入材料采购成本。若是供应单位的责任，在付款前发现的，应拒付短缺部分的货款；在付款后发现的，应将短缺金额作为债权记入“应付账款”科目的借方，并向供应单位追索损失。若是运输部门或其他过失人造成的损失以及可以向保险公司索赔的损失，应将损失金额作为债权通过“其他应收款”科目核算，同时要求运输部门、过失人、保险公司等赔偿损失。若是自然灾害造成的损失，应将扣除残料价值和保险公司赔偿后的净损失，作为非常损失记入“营业外支出”科目。

8.材料发出的核算

房地产企业日常材料领发应根据领发料凭证随时登记材料明细账，以反映各种材料的发出数和结存数。这样做比较烦琐，为了简化总分类核算工作，在实际工作中，一般是将领发料凭证定期按领用材料的部门和用途归类与汇总，编制“发料凭证汇总表”，月末据以进行发出材料的总分类核算。账务处理如下：

借：开发成本

　　开发间接费用

　　管理费用

　　委托加工物资

　　销售费用

　贷：原材料

（二）按计划成本计价的材料收发的核算

1.应设置的会计科目和核算内容

“原材料”科目是按计划成本计价反映各种材料的收发及增减变动的资产类科目。为了核算购入材料的实际成本与计划成本以及自制和委托加工收回的入库材料的成本差异额，还应设置“材料采购”和“材料成本差异”科目。

“材料采购”科目核算房地产企业购入的各种物资（包括库存设备、原材料、低值易耗品等）的采购成本。该科目的借方登记购入材料的买价、运杂费和采购费用，结转入库材料的实际成本低于计划成本的节约差异额；贷方登记结转入库材料的计划成本以及入库材料实际成本高于计划成本的差异额。月末，将入库材料实际成本高于计划成本的差额，由该科目的贷方转入“材料成本差异”科目的借方；将入库材料实际成本低于计划成本的差额，由本科目的借方转入“材料成本差异”科目的贷方。本科目借方余额为月末在途物资的实际成本。该科目按材料品种、规格、类别设置明细账。

“材料成本差异”科目核算房地产企业各种外购、自制、委托加工入库材料（包括低值易耗品、周转材料）的实际成本与计划成本的差异额，是各材料科目的调整科目。该科目的借方登记入库材料实际成本高于计划成本的超支差异额，贷方登记入库材料实际成本低于计划成本的节约差异额及月末分配转出的发出材料应负担的差异额，该科目月末余额可能在借方也可能在贷方，表示月末结存材料应负担的超支或节约的差异额。该科目按材料类别设置明细账户。

2.取得外购材料的核算

（1）结算凭证和材料同时到达。房地产企业外购材料的货款及发生的采购费用，在取得和审核有关凭证后，在货款已付、材料验收入库的情况下，应按实际数额借记“材料采购”科目，贷记“银行存款”科目；材料验收入库时，结转入库材料的计划成本，借记有关材料科目，贷记“材料采购”科目，并结转入库材料的成本差异。实际成本低于计划成本的差异额，借记“材料采购”科目，贷记“材料成本差异”科目；实际成本高于计划成本的差异额，借记“材料成本差异”科目，贷记“材料采购”科目。

【例2-26】20×5年6月，锦绣房地产开发公司从外地购入水泥100吨，每吨单价500元，随货款一起支付增值税4 500元。结算凭证已到，货款、运杂费及增值税通过银行存款支付，水泥入库100吨，每吨计划单价480元。锦绣房地产开发公司已取得增值税专用发票。

（1）支付材料的货款、运费和增值税时，应做如下账务处理：

借：材料采购	50 000	
应交税费——应交增值税（进项税额）	4 500	
贷：银行存款		54 500

（2）材料验收入库，材料收料单上注明实收数量和计划单价，应做如下账务处理：

借：原材料	48 000	
材料成本差异	2 000	
贷：材料采购		50 000

（2）已付款，材料未到。这具体有两种情况：一是发票及结算凭证已经到达，货款已付，材料尚未到达或未验收入库。这种情况应在支付货款时先做付款分录，借记“材料采购”科目，贷记“银行存款”等科目，待材料验收入库后再按计划成本编制入库分录，借记“原材料”科目，贷记“材料采购”科目。二是按照合同要求预付货款，这时发票、账单及材料都没有收到，应借记“预付账款”科目，贷记“银行存款”科目。

【例2-27】20×5年6月，锦绣房地产开发公司从某砖厂购入砖1 000 000块，货款200 000元，随货款一起支付增值税26 000元。收到结算凭证，材料尚未到达，货款以银行存款支付。锦绣房地产开发公司已取得增值税专用发票。

（1）根据结算凭证，做如下账务处理：

借：材料采购	200 000	
应交税费——应交增值税（进项税额）	26 000	
贷：银行存款		226 000

（2）材料到达并入库时，砖的计划成本为0.24元/块，根据收料单和计划成本，做如下账务处理：

借：原材料	240 000	
贷：材料采购		200 000
材料成本差异		40 000

如果上述材料月末尚未到货，其实际支付的买价和运杂费仍保留在“材料采购”科目中，作为在途物资，待以后月份材料到货并验收入库后，再按计划成本进行结转入库

的账务处理。

【例2-28】20×5年6月2日，锦绣房地产开发公司向某水泥厂订购水泥，根据合同的规定，通过银行预先信汇购水泥款100 000元。根据付款凭证，应做如下账务处理：

借：预付账款　　100 000

　贷：银行存款　　100 000

20×5年6月10日，收到某水泥厂按期发来的水泥，货款200 000元，补付该批货款及对方代垫的运费和按货款的13%计算的增值税。锦绣房地产开发公司已取得增值税专用发票，应做如下账务处理：

借：材料采购　　200 000

　　应交税费——应交增值税（进项税额）　　26 000

　贷：预付账款　　226 000

借：预付账款　　126 000

　贷：银行存款　　126 000

水泥入库，计划成本为204 000元，应做如下账务处理：

借：原材料　　204 000

　贷：材料采购　　200 000

　　　材料成本差异　　4 000

3.材料发出的总分类核算

（1）领用材料实际成本的确定。核算工程或产品中的材料费用采用实际成本计价。按计划成本组织材料物资日常核算的房地产企业，平时领用材料按计划成本计价，所以必须将领用材料的计划成本调整为实际成本。领用材料的实际成本由领用材料的计划成本和领用材料应负担的材料成本差异组成。其计算公式为：

领用材料的实际成本=领用材料的计划成本±领用材料应负担的材料成本差异额

领用材料的计划成本=计划单位成本×领用数量

领用材料应负担的材料成本差异额=领用材料的计划成本×材料成本差异率

材料成本差异率是材料成本差异额占材料计划成本的比率，可根据各房地产企业的具体情况和要求，按材料品种、类别或科目等进行计算。材料成本差异率的计算公式为：

$$\text{材料成本差异率}=\left(\frac{\text{期初结存}}{\text{材料的成本差异}}+\frac{\text{本期验收入库}}{\text{材料的成本差异}}\right)\div\left(\frac{\text{期初结存}}{\text{材料的计划成本}}+\frac{\text{本期验收入库}}{\text{材料的计划成本}}\right)\times 100\%$$

为了及时计算领用材料的实际成本，材料成本差异率也可以按照上月差异率计算，其计算公式为：

期初材料成本差异率=期初结存材料的成本差异÷期初结存材料的计划成本×100%

（2）领用材料的账务处理。采用计划成本进行材料物资采购日常核算的房地产企业，领用材料时应根据领料部门和用途，按实际成本借记有关科目，其中开发建设项目耗用材料应记入“开发成本”科目、管理部门领用材料应记入“管理费用”科目、对外销售各种材料应记入“其他业务成本”科目，按计划成本贷记“原材料”科目，按材料成本差异额贷记或借记“材料成本差异”科目。

【例2-29】锦绣房地产开发公司材料存货采用计划成本记账，20×5年6月，“原材料”科目某类材料的期初余额为1 000 000元，“材料成本差异”科目期初贷方余额为10 000元；本月入库材料计划成本为3 000 000元，成本差异为超支40 000元；本月开发建设项目领用材料2 500 000元，行政管理部门领用材料20 000元。

（1）工程部门（开发建设项目）、行政管理部门领用材料时，账务处理如下：

借：开发成本	2 500 000	
管理费用	20 000	
贷：原材料		2 520 000

（2）本月材料成本差异率=（-10 000+40 000）÷（1 000 000+3 000 000）×100%=0.75%

工程部门应负担的材料成本差异额=2 500 000×0.75%=18 750（元）

行政管理部门应负担的材料成本差异额=20 000×0.75%=150（元）

账务处理如下：

借：开发成本	18 750	
管理费用	150	
贷：材料成本差异		18 900

（三）低值易耗品的核算

1.低值易耗品的内容

（1）低值易耗品的概念。低值易耗品是不作为固定资产核算的各种用具、物品，如工具、管理用具、劳动用品等。

低值易耗品按其在生产过程中所起的作用来看属于劳动资料，它可以多次参加周转并不改变其原有的实物形态，在使用过程中需要进行维护、修理，报废时也有一定的残值。但在实际工作中，由于低值易耗品价值较低，且易于损坏，需要经常更换，其购入和领用业务较频繁。为了便于核算和管理，在会计上把它归入存货类，视同存货进行实物管理。在核算上，由于其本身的特点，低值易耗品的核算既有和材料核算相似之处，又有和固定资产核算相似之处。

（2）低值易耗品的分类。房地产企业低值易耗品包括的具体物品很多，为了加强对低值易耗品的核算与管理，必须按一定的划分标准，对低值易耗品进行分类管理。低值易耗品按其用途可以分为以下六类：

① 一般工具，指开发经营过程中使用的通用工具，如刃具、量具、模具和各种辅助工具等。

② 专用工具，指专门用于开发某一特定项目或用于某一特定工序的工具，如专用模具、钢印等。

③ 替换设备，指容易磨损或为开发不同产品需要替换使用的各种设备、装置和零件等。

④ 管理用具，指房地产企业在管理过程中使用的各种家具、办公用具等。

⑤ 劳动保护用品，指为了保障劳动安全而发给职工的用品，如工作服、工作帽、工作鞋等。

⑥ 其他，指不属于以上各类的低值易耗品。

2.低值易耗品的核算方法

低值易耗品的价值随其实物形态的磨损而逐渐转移，对于其逐渐转移的价值应采用合理的方法计入各工程成本或费用中。目前，房地产企业低值易耗品的摊销方法有以下三种：

（1）一次摊销法，即在领用时，将其全部价值一次性计入成本费用。现行制度规定，对于价值较小、使用期限短的低值易耗品，可在领用时一次性计入成本费用。玻璃器皿等易碎物品，不论价值大小，在领用时均应一次性计入成本费用。

（2）五五摊销法，即领用时摊销50%，报废时再摊销50%。现行制度规定，对于价值较大、使用期限较长的低值易耗品，可以采用五五摊销法。

（3）分期摊销法，即把低值易耗品的价值按预计使用期限分期摊入成本费用。其计算公式为：

低值易耗品每月摊销额=低值易耗品原价×（1-残值率）÷预计使用月数

现行制度规定，对价值大、使用期限长的低值易耗品可以采用分期摊销法。

低值易耗品的摊销方法由房地产企业根据具体情况自行规定，不同的低值易耗品可以采用不同的摊销方法。摊销方法确定之后，不应随意改变。

3.低值易耗品核算的账务处理

购入低值易耗品和库存低值易耗品的核算，与材料核算基本相同。

（1）采用一次摊销法核算低值易耗品，领用时，借记“管理费用”“开发成本”等科目，贷记“周转材料”科目；低值易耗品报废时收回残料价值，作为当月低值易耗品摊销额的减少，冲减有关的成本费用，借记“原材料”等科目，贷记“开发成本”“管理费用”等科目。

【例2-30】锦绣房地产开发公司本月管理部门领用一次摊销的管理用具一批，计划成本为30 000元，当月材料成本差异率为1%。

（1）根据领料凭证，做如下账务处理：

借：管理费用　　30 000

　贷：周转材料——在库低值易耗品　　30 000

（2）月末，分配其应负担的材料成本差异，做如下账务处理：

借：管理费用　　300

　贷：材料成本差异　　300

（2）采用五五摊销法核算低值易耗品，领用时，按所领用低值易耗品的实际成本或计划成本，借记“低值易耗品——在用低值易耗品”科目，贷记“周转材料——在库低值易耗品”科目，同时将其50%价值借记“管理费用”“开发成本”等科目，贷记“周转材料——低值易耗品摊销”科目。在报废时，应按收回的残料价值，借记“原材料”等科目，按摊余的50%价值扣除收回残料价值的差额，借记“管理费用”“开发成本”等科目，贷记“周转材料——低值易耗品摊销”科目，同时冲销“在用低值易耗品”和“低值易耗品摊销”明细科目。按计划成本进行低值易耗品核算的房地产企业，在报废低值易耗品的月末，应分摊成本差异，借记或贷记“管理费用”“开发成本”等科目，贷记或借记“材料成本差异”科目。

【例2-31】锦绣房地产开发公司采用五五摊销法核算低值易耗品，本月管理部门领用管理用具一件，计划成本为2 000元。账务处理如下：

（1）领用时：

借：周转材料——在用低值易耗品　　2 000

　贷：周转材料——在库低值易耗品　　2 000

（2）当月摊销50%的价值时：

借：管理费用　　1 000

　贷：周转材料——低值易耗品摊销　　1 000

【例2-32】承【例2-31】8个月后，该批管理用具报废，收回残料作价80元，当月材料成本差异率为5%。

（1）收回残料，同时摊销余下的50%价值（扣除回收价值）时，做如下账务处理：

借：原材料　　80

　　管理费用　　920

　贷：周转材料——低值易耗品摊销　　1 000

（2）冲销“在用低值易耗品”和“低值易耗品摊销”明细科目，做如下账务处理：

借：周转材料——低值易耗品摊销　　2 000

　贷：周转材料——在用低值易耗品　　2 000

（3）月末，分摊已报废低值易耗品应负担的成本差异100元（2 000×5%），做如下账务处理：

借：管理费用　　100

　贷：材料成本差异　　100

（3）采用分期摊销法对低值易耗品的核算与五五摊销法相似。

【例2-33】锦绣房地产开发公司为生产领用分期摊销的生产工具一批，计划成本为60 000元，按12个月摊销；报废时收回残料价值2 000元，报废低值易耗品应负担的成本差异率为2%。

（1）领用时，做如下账务处理：

借：周转材料——在用低值易耗品　　60 000

　贷：周转材料——在库低值易耗品　　60 000

（2）按月计提摊销额时（每月摊销额=60 000÷12=5 000（元）），做如下账务处理：

借：开发成本　　5 000

　贷：周转材料——低值易耗品摊销　　5 000

（3）使用12个月后报废时，回收残料入库，扣除残值补提摊销额3 000元（60 000÷12-2 000），做如下账务处理：

借：开发成本　　3 000

　　原材料　　2 000

　贷：周转材料——低值易耗品摊销　　5 000

(4) 冲销“在用低值易耗品”和“低值易耗品摊销”明细科目，做如下账务处理：

借：周转材料——低值易耗品摊销　　60 000

　贷：周转材料——在用低值易耗品　　60 000

(5) 月末，结转报废低值易耗品分摊的材料成本差异，做如下账务处理：

借：开发成本　　1 200

　贷：材料成本差异　　1 200

(四) 设备的核算

房地产企业对用于开发工程的设备的核算，通常应由会计部门、供应部门及所属设备仓库进行。一般情况下，供应部门负责编制设备供应计划、签订合同和检查合同的执行情况，设备仓库负责设备的收、发、保管、清查盘点等工作，会计部门负责设备价款的结算、设备成本的计算、设备收发价值的核算。

1.设备采购、收发的总分类核算

设备的日常收发按实际成本计价并核算。为了核算设备的采购成本并总括反映和考核设备采购、收、发、结存情况，在总分类核算上，要设置“在途物资——设备”和“库存设备”科目。“在途物资——设备”科目用来核算房地产企业购入各种设备的采购成本，“库存设备”科目用来核算房地产企业所有库存设备的实际成本。

房地产企业在购入各种设备时，应根据发票、账单将设备的买价和运杂费记入“在途物资——设备”科目的借方，将可抵扣的增值税记入“应交税费——应交增值税（进项税额）”科目。例如，购入电梯2台，买价为600 000元，增值税为54 000元，所有款项均以银行存款支付，应做如下账务处理，并记入设备入库单：

借：在途物资——设备　　600 000

　　应交税费——应交增值税（进项税额）　　54 000

　贷：银行存款　　654 000

房地产企业对于验收入库的设备，应根据设备入库单将登记的设备实际成本记入“库存设备”科目的借方和“在途物资——设备”科目的贷方。该例中，验收入库电梯的实际成本为600 000元，应做如下账务处理：

借：库存设备　　600 000

　贷：在途物资——设备　　600 000

“在途物资——设备”科目的借方余额表明价款已经支付或承付，但设备尚未到达，或虽已到达但尚未验收入库的在途设备的买价和运杂费，在月终编制资产负债表时，应并入库存设备在“存货”项目反映。

设备发出交付安装时，应根据设备出库单将设备的实际成本自“库存设备”科目的贷方转入“开发成本”科目的借方。如将上述2台电梯交付安装公司安装时，应做如下账务处理：

借：开发成本　　600 000

　贷：库存设备　　600 000

对于已经验收入库但发票、账单尚未收到的设备，为了简化核算手续，在月份内可暂不入账，等发票、账单到达后再入账。但是，如果到月终发票、账单仍未到达，要先按合同价格或预算价格暂估入账，记入“在途物资——设备”科目的借方和“应付账款——暂估应付账款”科目的贷方；下月发票、账单到达付款时，再用红字将前记暂估数冲销，另按发票、账单实际支付数入账。

2.设备采购、收发的明细分类核算

设备采购的明细分类核算，在“在途物资——设备”明细分类账中进行。“在途物资——设备”明细分类账的格式，除贷方应按实际成本核算外，基本上与“在途物资——材料”明细分类账的格式相同。“在途物资——设备”明细分类账中的采购记录，根据供货单位发票、账单记入，付款记录根据银行结算凭证记入。借方登记设备的实际成本，由于设备日常收发按照实际成本计价，相应的采购保管费应在设备验收入库时分配记入；贷方登记验收入库设备的实际成本，根据设备入库单记入。月末借方余额，表示尚未验收入库设备的采购成本。

设备的明细分类核算，应在按每一设备名称、型号、规格开设的设备卡片中进行。为了简化手续，设备卡片可用印有出库数量、结存数量、金额栏的“设备入库单”代替(即设备入库单代替设备卡片)。

对于登记的设备卡片，最好分别放在两个卡片箱（或夹）内。一个是库存箱（或夹），放置库存设备卡片；另一个是出库箱（或夹），放置已经出库的设备卡片。对于库存、出库的设备卡片，也可再按需用开发工程项目来区分。库存设备出库时，将它的卡片自库存箱（或夹）内抽出放入出库箱（或夹）内。如果库存设备卡片中设备只发出一部分，尚有剩余部分没有发出，则仍将设备卡片留存库存箱（或夹）内。

季度或年度终了，应对库存箱（或夹）内设备卡片的结存金额加总，与“库存设备”科目的余额核对，以保证账卡相符。

（五）委托加工物资的核算

1.委托加工物资的概念

房地产企业购入的材料，有时需要经过加工后才能使用。委托其他房地产企业加工的物资叫作委托加工物资。对于委托其他房地产企业加工的物资，其虽仍属于房地产企业所有，但是不存放于房地产企业的仓库中，所以不能在“库存材料”科目中核算。为了反映委托其他房地产企业加工材料的成本以及有关加工、运输费用，要设置“委托加工物资”科目，并按加工合同设置明细分类账，以便核算各批加工材料的实际成本，并及时清理结算。

由于委托其他房地产企业加工的材料可能在当月加工完成入库，在材料日常收发按计划价格计价时，就必须在月末计算材料成本差异以前，确定发给其他房地产企业加工材料的实际成本，而这在实际工作中是难以做到的。因此，对于发出加工材料，在材料日常收发按计划价格计价时，一般就按计划成本计算，并不分摊材料成本差异。如要负担成本差异，可按上月材料成本差异率分摊计算。

2.委托加工物资的账户设置

委托加工物资的核算主要包括委托加工物资发出的核算、加工过程中发生各项支出的核算、加工完成验收入库的核算等。房地产企业应设置“委托加工物资”科目，进行总分类核算，同时，还应按加工合同编号和委托加工单位名称设置明细科目，进行明细分类核算。

“委托加工物资”科目的借方核算发出加工物资的实际成本以及支付的加工费和运杂费等，贷方核算加工完成验收入库物资的实际成本以及退回剩余物资的实际成本，借方余额表示房地产企业存放于加工房地产企业处、还在加工过程中的材料的成本和运输费。在编制财务报表时，应将其列入“存货”项目，以反映委托加工材料资金的实际占用额。

3. 委托加工物资的核算及账务处理

（1）房地产企业发出委托加工物资时，应由供应部门根据加工合同填制“委托加工发料单”通知仓库发料。“委托加工发料单”一式五份：一份由仓库发料后留存，据以登记“材料卡片”或“材料明细分类账”；一份连同加工材料交给加工房地产企业；一份交还供应部门，据以考核加工合同的执行情况；两份送交会计部门。

会计部门收到两份“委托加工发料单”后，应以一份印有“加工费”、“运输费”和“实际成本合计”的三栏表代替委托加工材料明细分类账。另一份作为发料凭证，据以记账，按实际成本，借记“委托加工物资”科目，贷记“原材料”科目。按计划成本核算的房地产企业，按计划成本，借记“委托加工物资”科目，贷记“原材料”科目，同时结转成本差异，借记或贷记“委托加工物资”科目，贷记或借记“材料成本差异”科目。

（2）房地产企业支付加工费、运杂费等时，借记“委托加工物资”科目，贷记“银行存款”科目。

（3）房地产企业收到加工完成的材料时，需要收料仓库验收后填制盖有“外部加工”字样的“收料单”，会计部门根据“收料单”代替委托加工明细分类账的“委托加工发料单”，结算该批加工材料的实际成本，借记“原材料”等科目，贷记“委托加工物资”科目。按计划成本核算的房地产企业，按加工收回物资的计划成本和剩余物资的计划成本，借记“原材料”等科目，按加工收回物资的实际成本和剩余物资的实际成本，贷记“委托加工物资”科目，按计划成本与实际成本的差异，借记（超支差异）或贷记（节约差异）“材料成本差异”科目。

【例2-34】20×5年4月1日，锦绣房地产开发公司发出原木4m^3，委托明秀门窗加工厂加工纱窗300m^2，原木单价为1 200元/m^3；4月8日，收到明秀门窗厂加工账单，锦绣房地产开发公司以银行存款支付加工费3 200元以及增值税416元，并取得增值税专用发票，同时支付窗纱费用1 300元；4月10日，收到加工完毕的纱窗300m^2，并验收入库，纱窗计划价格为30元/m^2。

（1）4月1日，发出委托加工物资时，做如下账务处理：

借：委托加工物资	4 800	
贷：库存材料		4 800

（2）4月8日，支付材料费、加工费，做如下账务处理：

借：委托加工物资	4 500	
应交税费——应交增值税（进项税额）	416	
贷：银行存款		4 916

（3）4月10日，纱窗加工完成并验收入库，做如下账务处理：

借：库存材料　　9 000

　　材料成本差异　　300

　贷：委托加工物资　　9 300

（六）开发产品的核算

开发产品是指房地产企业已经完成全部开发过程，并已验收合格，合乎设计标准，可以按照合同规定的条件移交购货单位，或者可以作为商品对外销售的产品，包括已开发完成的土地、房屋、配套设施和代建工程等。

开发产品按其用途的不同可分为以下几类：

1.土地

土地是房地产企业为出租或有偿转让而开发的商品性建设场地。房地产企业为建设商品房、出租房、周转房而开发的自用建设场地属于房地产企业的中间产品，不能列入开发产品。但如果房地产企业开发完工的自用建设场地近期不使用，可以暂时视同最终产品。

2.房屋

房屋包括为销售而开发建设的商品房、为出租而开发建设的出租房、为安置拆迁居民周转使用而开发建设的周转房和受其他单位委托代为开发的房屋。

3.配套设施

配套设施是指城市建设规划中的大型配套设施。其具体包括：（1）开发项目外为居民服务的给排水、供电、供暖、供气的增容及交通道路；（2）开发项目内的营业性公共配套设施，如银行、商店、邮局等；（3）开发项目内非营业性公共配套设施，如中小学、医院、文化站等。

4.代建工程

代建工程是房地产企业接受其他单位委托，代为开发建设的各种工程，包括建设场地、房屋及其他工程等。

开发产品的核算方法将在第六章“房地产企业的成本与费用”中详细讲解。

（七）周转房的核算

1.周转房的核算方法

房地产企业的周转房是房地产企业用于安置拆迁居民周转使用、产权归房地产企业所有的各种房屋。其具体包括：（1）在开发建设过程中已明确其为安置拆迁居民周转使用的房屋；（2）房地产企业开发完成的商品房，在尚未销售以前用于安置拆迁居民周转使用的房屋；（3）房地产企业搭建的用于安置拆迁居民周转使用的临时性简易房屋。

周转房的核算包括周转房的摊销、周转房的修理和周转房的销售等，其核算方法与出租开发产品的核算方法基本相同。

2.周转房核算的账户设置

为了核算房地产企业安置拆迁居民周转使用的房屋的实际成本，应设置“周转房”科目，同时，应设置“在用周转房”和“周转房摊销”明细科目，分别核算周转房的实际成本和损耗价值摊销。“周转房——在用周转房”科目借方登记周转房的实际成本，贷方登记将周转房转为销售时抵消的周转房原价。“周转房——周转房摊销”科目借方登记将周转房转为销售时抵消的产品摊销总额，贷方登记周转房摊销额。期末两者的差额即周转房余额，反映周转房摊销余额。房地产企业应根据周转房的具体情况，按周转房栋号（或楼层、房间号等）进行明细核算，并建立“周转房卡片”，详细记录周转房的坐落地点、结构、层次、面积、租金单价等情况。

3.周转房投入使用的核算

房地产企业开发完成用于安置拆迁居民周转使用的周转房和临时性简易房屋，应将其实际开发成本先从“开发成本——房屋开发成本”科目的贷方转入“开发产品——房屋”科目的借方。在将各种用于安置拆迁居民周转使用的房屋投入使用时，再从“开发产品——房屋”科目的贷方将其实际开发成本转入“周转房——在用周转房”科目的借方。

4.周转房摊销的核算

周转房的损耗价值应计入土地、房屋的开发成本。周转房损耗价值的摊销应根据周转房的结构、使用情况，分别采用平均年限摊销法和周转使用次数摊销法。对临时性简易周转房，由于周转使用次数有限，一般可采用周转使用次数摊销法，按预计周转使用次数（即安置拆迁居民次数）计提每周转使用一次的摊销额。对非临时性简易周转房，由于使用年限较长，可采用平均年限摊销法按使用期限计提每月摊销额。

采用周转使用次数摊销法计提周转房损耗价值时，每次摊销额的计算公式如下：

每次摊销额=周转房原值×（1-预计净残值率）÷预计周转使用次数

采用平均年限摊销法计提周转房损耗价值时，月摊销额的计算公式如下：

月摊销额=周转房原值×月摊销率

月摊销率=年摊销率÷12

年摊销率=（1-预计净残值率）÷预计摊销年限×100%

式中：周转房原值即周转房开发成本。预计摊销年限可比照同类结构房屋的折旧年限。预计净残值率一般为周转房原值的3%~5%。

周转房损耗价值的摊销额应在“周转房——周转房摊销”科目核算，每次或每月计提的周转房摊销额应计入土地、房屋的开发成本或开发间接费用，贷记“周转房——周转房摊销”科目，借记“开发成本——商品土地开发成本”“开发成本——房屋开发成本”“开发间接费用”等科目。

凡能确定其为某土地或房屋开发项目负担的周转房摊销额的，应记入“开发成本——商品土地开发成本”或“开发成本——房屋开发成本”科目的借方；凡不能确定其为某开发项目负担的周转房摊销额的，应记入“开发间接费用”科目的借方。

5.周转房修理费用的核算

房地产企业的周转房在供拆迁居民使用过程中发生的修理费用，如果属于经常性维修费用，可作为当期的开发成本，记入“开发成本——商品土地开发成本”“开发成本——房屋开发成本”“开发间接费用”等科目的借方。

由于周转房大修理间隔期在一年以上，因此应将周转房大修理费用先记入“长期待摊费用”科目，然后分期摊入有关开发成本。记入“长期待摊费用”科目的周转房大修理费用，应按以下公式计算各月摊销额：

月摊销额=周转房大修理费用÷摊销月数

按月摊销的周转房大修理费用，应自“长期待摊费用”科目的贷方转入“开发成本——商品土地开发成本”“开发成本——房屋开发成本”“开发间接费用”等科目的借方。

6.周转房销售的核算

房地产企业在将周转房改变用途对外销售时，应视同商品房销售进行核算。周转房在销售以前，往往要对其进行改装修复。改装修复时发生的各项费用，按照现行会计制度的规定，应作为销售费用，记入“销售费用”科目的借方。

周转房在改装修复后对外销售时，应办理房屋交接手续，并根据账单价款记入“应收账款”“银行存款”等科目的借方和“主营业务收入——商品房销售收入”等科目的贷方，同时，应结转对外销售周转房的销售成本。在结转周转房销售成本时，应扣除周转房累计摊销额，按“周转房——在用周转房”科目的原值减去“周转房——周转房摊销”科目的累计摊销额后的净值，记入“主营业务成本——商品房销售成本”科目的借方，同时，注销周转房的原值和累计摊销额，将周转房原值记入“周转房——在用周转房”科目的贷方，周转房累计摊销额记入“周转房——周转房摊销”科目的借方。

【例2-35】20×2年2月1日，锦绣房地产开发公司建成用于安置拆迁居民周转使用的住宅一批，已交付使用，其实际成本为5 000 000元，预计使用年限为50年，预计净残值率为4%。20×3年1月，锦绣房地产开发公司对该周转房进行局部维修，支付修理费60 000元，修理费分24个月摊销。20×5年2月1日，锦绣房地产开发公司将此周转房转作商品房销售，售价为8 000 000元（不含税），款项已收回，已开出增值税专用发票。账务处理如下：

（1）20×2年2月交付使用时：

借：周转房——在用周转房　　5 000 000

　贷：开发产品——房屋　　5 000 000

（2）每月摊销额=5 000 000×（1-4%）÷50÷12=8 000（元）

借：开发间接费用　　8 000

　贷：周转房——周转房摊销　　8 000

（3）20×3年1月维修，支付修理费用时：

借：长期待摊费用　　60 000

　贷：银行存款　　60 000

按月分摊修理费时（以后各月相同）：

借：开发间接费用　　2 500

　贷：长期待摊费用　　2 500

（4）20×5年2月转作商品房销售时：

借：银行存款　　8 720 000

　贷：主营业务收入——商品房销售收入　　8 000 000

　　应交税费——应交增值税（销项税额）　　720 000

同时：

借：主营业务成本——商品房销售成本　　4 712 000

　周转房——周转房摊销　　288 000

　贷：周转房——在用周转房　　5 000 000

（八）存货跌价准备的计提与转回

1.存货跌价准备的计提

资产负债表日，存货的可变现净值低于成本，房地产企业应当计提存货跌价准备。

房地产企业通常应当按照单个存货项目计提存货跌价准备，即在资产负债表日，房地产企业将每个存货项目的成本与其可变现净值逐一进行比较，按较低者计量存货成本。其中可变现净值低于成本的，两者的差额就是应计提的存货跌价准备。房地产企业计提的存货跌价准备应计入当期损益。

对于数量繁多、单价较低的存货，可以按照存货类别计提存货跌价准备。如果某一类存货的数量繁多并且单价较低，房地产企业可以按存货类别计量成本与可变现净值，即将存货类别的成本总额与可变现净值的总额进行比较，每个存货类别均取较低者确定存货期末价值。

与在同一地区生产和销售的产品系列相关、具有相同或类似最终用途或目的，且难以与其他项目分开计量的存货，可以合并计提存货跌价准备。存货具有相同或类似最终用途或目的，并在同一地区生产和销售，意味着存货所处的经济环境、法律环境、市场环境等是相同的，具有相同的风险和报酬，因此可以对其合并计提存货跌价准备。

【例 2-36】锦绣房地产开发公司的有关资料及存货期末计量见表 2-2，假设此前没有对存货计提跌价准备，不考虑相关税费和销售费用。

表 2-2　**按存货类别计提存货跌价准备**

20×4 年 12 月 31 日　　金额单位：元

商品	数量	成本		可变现净值		按存货类别确定的账面价值	由此计提的存货跌价准备
		单价	金额	单价	金额		
第一组：水泥							
P.O42.5	400	295	118 000	310	124 000		
P.C42.5	500	350	175 000	340	170 000		
合计			293 000		294 000	293 000	
第二组：钢筋							
HRB400	1 000	4 150	4 150 000	4 090	4 090 000		
合计			4 150 000		4 090 000	4 090 000	60 000

账务处理如下：

借：资产减值损失——钢筋　　60 000

　贷：存货跌价准备——钢筋　　60 000

2.存货跌价准备转回的处理

（1）资产负债表日，房地产企业应当确定存货的可变现净值。房地产企业确定存货的可变现净值应当以资产负债表日的状况为基础，既不能提前确定存货的可变现净值，也不能延后确定存货的可变现净值，并且在每一个资产负债表日都应当重新确定存货的可变现净值。

（2）房地产企业的存货在符合条件的情况下可以转回计提的存货跌价准备。存货跌价准备转回的条件是以前减记存货价值的影响因素已经消失，而不是在当期造成存货可变现净值高于成本的其他影响因素。

（3）当符合存货跌价准备转回的条件时，应在原已计提的存货跌价准备的金额内转回，即在对该存货、该类存货或该合并存货已计提的存货跌价准备的金额内转回。转回的存货跌价准备与计提该准备的存货项目或类别应当存在直接对应关系，但转回的金额以将存货跌价准备的余额冲减至零为限。

【例2-37】续【例2-36】，20×5年6月30日，钢筋的账面成本为4 150 000元，由于钢筋市场价格有所上升，钢筋的可变现净值预计为4 125 000元；20×5年12月31日，钢筋的账面成本为4 150 000元，由于钢筋市场价格进一步上升，钢筋的可变现净值预计为4 180 000元。

（1）20×5年6月30日，由于钢筋市场价格上升，钢筋的可变现净值有所增加，应计提的存货跌价准备为25 000元（4 150 000-4 125 000），当期应冲减已计提的存货跌价准备35 000元（60 000-25 000），冲减额小于已计提的存货跌价准备60 000元，因此，应转回的存货跌价准备为35 000元。会计分录为：

借：存货跌价准备——钢筋　　35 000

　贷：资产减值损失——钢筋　　35 000

（2）20×5年12月31日，钢筋的可变现净值又有所增加，应冲减的存货跌价准备为30 000元（4 180 000-4 150 000），但是对钢筋已计提的存货跌价准备的余额仅为25 000元，因此，当期应转回的存货跌价准备为25 000元而不是30 000元（即以将对钢筋已计提的存货跌价准备的余额冲减至零为限）。会计分录为：

借：存货跌价准备——钢筋　　25 000

　贷：资产减值损失——钢筋　　25 000

（九）存货盘亏或毁损的账务处理

存货发生的盘亏或毁损应作为“待处理财产损溢”进行核算，按管理权限报经批准后，根据造成存货盘亏或毁损的原因，分别以下情况进行处理：

（1）属于计量收发差错和管理不善等原因造成的存货短缺，应先扣除残料价值、可以收回的保险赔偿和过失人赔偿，将净损失记入“管理费用”科目。

（2）属于自然灾害等非常原因造成的存货毁损，应先扣除处置收入（如残料价值）、可以收回的保险赔偿和过失人赔偿，将净损失记入“营业外支出”科目。

东盟财税专栏

存货作为资产的重要组成部分，在企业资产中占有很大比重，存货的确认和计量正确与否将直接影响资产负债表中资产的真实性和相关性。表2–3对中国和马来西亚的存货会计准则进行了比较。

表2–3　**中国和马来西亚存货会计准则比较**①

存货准则	中国	马来西亚
存货确认	存货是指企业在日常活动中持有以备出售的产成品或商品、处在生产过程中的在产品、在生产过程或提供劳务过程中耗用的材料和物料等	存货是用于贸易的库存，包含原材料、在产品和产成品，并分类为流动资产
存货计量	应当按照成本进行初始计量，包括采购成本、加工成本和其他成本。资产负债表日，存货应当按照成本与可变现净值孰低计量。可变现净值是指在日常活动中，存货的估计售价减去至完工时估计将要发生的成本、估计的销售费用以及相关税费后的金额	应以成本与可变现净值两者中的较低者来计量。存货成本包括所有使存货达到目前场所和状态而发生的成本，包括采购成本、加工成本、其他成本。可变现净值指企业正常生产过程中估计销售价格减去估计的完工成本和达到销售发生的必要成本
存货披露内容	各类存货的期初与期末账面价值；确定发出存货成本所采用的方法；存货可变现净值的确定依据、存货跌价准备的计提方法、当期计提的存货跌价准备金额、当期转回的存货跌价准备金额，以及计提和转回的有关情况；用于担保的存货账面价值	存货计量所采用的会计政策，含所使用的成本计算公式；每类存货的入账价值；以公允价值减去销售成本计价的存货的入账成本；确认为费用的金额；转回的金额；导致转回的情况及事项；保证安全的存货的入账价值

即测即评

第二章单项选择题　　第二章多项选择题　　第二章判断题

案例分析题

1.房地产企业货币资金的核算。20×5年，锦绣房地产开发公司到乙房地产企业采购A材料，发生下列经济业务：

（1）5月3日，填制“银行汇票申请书”并交存银行38 000元，银行已受理。

（2）5月7日，向乙房地产企业购进材料一批，货款为30 000元，增值税税额为3 900元，一并以上述银行汇票付讫，材料已经验收入库，余款尚未退回。

（3）5月11日，银行转来多余款收账通知，金额为4 100元，系本月3日签发的银行汇票使用后的余额。

① 参见《企业会计准则第1号——存货》、马来西亚《财务报告准则第102号——存货》。

要求：不考虑其他因素，根据以上资料编制会计分录。

2.房地产企业应收账款的核算。锦绣房地产开发公司在20×5年6月1日销售一套商品房给丁公司，不含税售价为1 000 000元，规定的现金折扣条件为“2/10，1/20，N/30”，产品交付并办妥托收手续。

根据以上业务，不考虑相关税费及其他因素，完成下列任务：

（1）办妥托收手续时，锦绣房地产开发公司应做的账务处理。

（2）如果丁公司在10日内付款，锦绣房地产开发公司应做的账务处理。

（3）如果丁公司在20日内付款，锦绣房地产开发公司应做的账务处理。

（4）如果丁公司超过了现金折扣的最后期限付款，锦绣房地产开发公司应做的账务处理。

3.房地产企业坏账损失的核算。锦绣房地产开发公司第一年年末应收账款的余额为1 000 000元，提取坏账准备的比例为0.4%；第二年发生了坏账损失5 000元，年末应收账款余额为1 100 000元；第三年已冲销款项又收回了3 000元，期末应收账款的余额为1 200 000元。

要求：根据以上资料编制会计分录。

4.房地产企业设备的核算。锦绣房地产开发公司20×5年4月21日与甲房地产企业签订购买设备合同一份。合同规定，预付账款为50 000元，余额在设备验收入库后支付。合同总金额为200 000元。其他具体业务如下：

（1）20×5年4月21日，通过银行预付账款50 000元。

（2）20×5年6月20日，收到设备，并另外支付运杂费5 000元，同时向甲房地产企业开出支票一张，支付余款150 000元。设备已验收入库。

（3）20×5年7月15日，发出该设备，用于开发工程。

要求：不考虑相关税费及其他因素，根据以上资料编制会计分录。

5.交易性金融资产的核算。20×5年3—5月，锦绣房地产开发公司发生的交易性金融资产业务如下：

（1）3月1日，向D证券公司划出投资款1 000万元，款项已通过开户行转入D证券公司银行账户。

（2）3月2日，委托D证券公司购入A上市公司股票100万股，每股8元，另发生相关交易费用0.4万元，将该股票划分为交易性金融资产。

（3）3月31日，该股票在证券交易所的收盘价格为每股7.70元。

（4）4月30日，该股票在证券交易所的收盘价格为每股8.10元。

（5）5月10日，将所持有的该股票全部出售，取得价款825万元，已存入银行。

要求：不考虑相关税费及其他因素，根据以上资料编制会计分录。

第二章案例分析题参考答案

第三章　房地产企业的非流动资产

【教学目标】

1. 价值塑造

（1）深度认知《中华人民共和国城市房地产管理法》，明确其在规范房地产市场、保障行业健康发展中的重要作用，树立依法依规经营的理念，强化法治意识与职业操守。

（2）熟悉《企业会计准则第4号——固定资产》，理解其在企业资产管理中的规范作用，培养严谨、规范的财务工作态度，为企业合规运营奠定理论基础。

2. 知识体系

（1）掌握房地产企业固定资产的确认条件、初始计量、后续支出及处置核算；债权投资、其他债权投资和长期股权投资的特征和分类，初始计量与后续计量核算。

（2）熟悉房地产企业固定资产折旧方法、无形资产使用寿命的确定原则和处置核算；投资性房地产的特征、范围、确认条件、初始计量、后续支出及后续计量核算；无形资产的确认条件、初始计量，以及研究与开发支出的确认条件。

（3）了解房地产企业投资性房地产转换的核算和无形资产摊销原则。

3. 能力培养

（1）强化社会责任意识，引导学生认识房地产企业在社会经济发展中的责任与使命，将社会责任融入企业资产运营理念。

（2）提升房地产企业非流动资产会计核算实操能力，从理论到实践，实现认知与操作的统一，确保学生能独立、准确处理相关业务。

（3）提高对固定资产、无形资产、债权投资、长期股权投资、投资性房地产的综合分析能力，洞察资产运营状况，为企业资产管理提供科学决策依据，提升学生在房地产财务领域的综合竞争力。

【思政专栏】

党的二十大报告强调“加快建立多主体供给、多渠道保障、租购并举的住房制度”。2022年12月，中央经济工作会议首次提出“推动房地产业向新发展模式平稳过渡”。《中华人民共和国城市房地产管理法》是落实这一国家战略部署的重要法治保障。它通过加强对城市房地产的管理，维护房地产市场秩序，切实保障房地产权利人的合法权益，促进房地产业健康发展，与党的二十大报告中“坚持房子是用来住的、不是用来炒的定位”高度契合，彰显了国家以人民为中心，致力于解决人民群众的住房问题、推动房地产市场平稳健康发展的决心与行动，为房地产企业依法依规经营提供了坚实的法律遵循，促使企业积极响应国家政策导向，为实现人民住有所居、提升居住品质贡献力量。

【案例引入】

GX高新2024年度资产负债表显示，该公司非流动资产项目期末余额为1 889 326.99万元，比期初增加了247 935.18万元，增幅为13.12%。其中，债权投资项目为4 161.32万元，长期股权投资项目为3 798.06万元，其他权益工具投资项目为40 634.83万元，投资性房地产项目为1 168 164.04万元，固定资产项目为99 752.10万元，在建工程项目为550 226.12万元，使用权资产项目为8 041.53万元，无形资产项目为1 708.43万元，商誉项目为233.38万元，递延所得税资产项目为2 329.88万元。

GX高新的财务人员必须了解、熟悉和掌握房地产企业非流动资产确认、计量、核算和披露等方面的理论知识和实务操作技能。

房地产企业的非流动资产包括固定资产、债权投资、其他债权投资、长期股权投资、投资性房地产和无形资产等。

第一节　房地产企业的固定资产

一、确认

房地产企业的固定资产是从事房地产开发经营的重要物质基础，是房地产企业产生效益的源泉，关系到房地产企业的运营与发展。

房地产企业的固定资产是同时具有下列特征的有形资产：（1）为生产商品、提供劳务、出租或经营管理而持有；（2）使用寿命超过一个会计年度。

（一）固定资产的特征

从固定资产的定义来看，固定资产具有以下三个特征：

1.固定资产为生产商品、提供劳务、出租或经营管理而持有

房地产企业持有固定资产的目的是生产商品、提供劳务、出租或经营管理。这意味着房地产企业持有的固定资产是房地产企业的劳动工具或手段，用于开发经营活动，而不是直接出售的产品。其中，“出租”的固定资产是指用来出租的机器设备类固定资产，不包括以经营租赁方式出租的建筑物，后者属于房地产企业的投资性房地产，不属于固定资产。这一特征是区别固定资产与商品房、出租房、周转房等开发产品的重要

标志。

房地产开发经营的特点决定了出租房、周转房和商品房三者之间用途的不确定性。房地产企业可以根据自身的开发经营情况、资金情况以及房地产市场等情况，决定这些开发产品的用途。在房地产市场被普遍看好的情况下，可将出租房变为商品房对外出售；在房地产市场疲软、租房盛行时，可将商品房转为出租房对外出租；当商品房暂时未出售之前，可临时用于安置动迁户作为周转房，待动迁户回迁或安置完毕之后，再将空出的周转房作为出租房或商品房用于对外出租或出售。

2.固定资产的使用寿命超过一个会计年度

固定资产的使用寿命，是指房地产企业使用固定资产的预计期间，或者该固定资产所能生产产品或提供劳务的数量。通常情况下，固定资产的使用寿命是指使用固定资产的预计期间，如自用房屋建筑物的使用寿命或使用年限。某些机器设备或运输设备等固定资产，其使用寿命往往以该固定资产所能生产产品或提供劳务的数量来表示，如发电设备按其预计发电量估计使用寿命、汽车按其预计行驶里程估计使用寿命。

3.固定资产为有形资产

固定资产具有实物特征，这一特征将固定资产与无形资产区别开来。有些无形资产可能同时符合固定资产的其他特征，如无形资产为生产商品、提供劳务而持有，使用寿命超过一个会计年度，但是，由于其没有实物形态，所以不属于固定资产。房地产企业所持有的模板、挡板、架料等周转材料，尽管具有固定资产的某些特征，如使用期限超过一年，也能够带来经济利益，但是由于数量多、单价低，考虑到成本效益原则，在实务中，通常将其确认为存货；符合固定资产定义和确认条件的，应当确认为固定资产。对于构成固定资产的各组成部分，如果各自具有不同使用寿命或者以不同方式为房地产企业提供经济利益，适用不同的折旧率或折旧方法，各组成部分实际上是以独立的方式为房地产企业提供经济利益，因此，房地产企业应当分别将各组成部分确认为单项固定资产。房地产企业由于安全或环保要求购入的设备等，虽然不能直接给房地产企业带来经济利益，但是有助于房地产企业从其他相关资产的使用中获得未来经济利益，也应确认为固定资产。

由于固定资产具有以上特征，它在计价、核算等方面都有别于流动资产。固定资产必须随着使用时间和工作强度，在其使用年限内计提折旧，逐渐将其损耗价值转入成本、费用。这不仅使房地产企业将来有重置资产的财力，保证房地产的再开发，而且可以把购置固定资产的支出分配于各个受益期，实现收入与费用的正确配比。

（二）固定资产的确认条件

固定资产在同时满足以下两个条件时，才能予以确认：

1.与该固定资产有关的经济利益很可能流入房地产企业

资产最基本的特征是预期能给房地产企业带来经济利益，如果某一项目预期不能给房地产企业带来经济利益，就不能确认为资产。对固定资产的确认来说，如果某一固定资产预期不能给房地产企业带来经济利益，就不能确认为房地产企业的固定资产。在实务中，需要判断该固定资产所包含的经济利益是否很可能流入房地产企业。如果该固定资产包含的经济利益不是很可能流入房地产企业，即使其满足固定资产确认的其他条件，房地产企业也不应将其确认为固定资产；如果该固定资产包含的经济利益很可能流入房地产企业，又同时满足固定资产确认的其他条件，房地产企业应将其确认为固定资产。

判断固定资产包含的经济利益是否很可能流入房地产企业，主要依据与该固定资产所有权相关的风险和报酬是否转移给了房地产企业。其中，与固定资产所有权相关的风险，是由于经营情况变化造成相关收益的变动，以及由于资产闲置、技术陈旧等原因造成的损失；与固定资产所有权相关的报酬，是在固定资产使用期内直接使用该资产而获得的收入以及处置该资产所实现的利得等。通常情况下，取得固定资产的所有权是判断与固定资产所有权相关的风险和报酬转移给房地产企业的一个重要标志。只要所有权已属于房地产企业，不论房地产企业是否收到或持有该固定资产，均可作为房地产企业的固定资产；反之，如果没有取得所有权，即使存放在房地产企业的固定资产，也不能作为房地产企业的固定资产。有时某一固定资产的所有权虽然不属于房地产企业，但是，房地产企业能够控制该固定资产所包含的经济利益流入房地产企业。在这种情况下，可以认为与固定资产所有权相关的风险和报酬实质上已经转移给房地产企业，也可以作为房地产企业的固定资产加以确认。

2.该固定资产的成本能够可靠地计量

成本能够可靠地计量，是资产确认的一个基本条件。固定资产作为房地产企业资产的重要组成部分，为取得该固定资产而发生的支出也必须能够可靠地计量。如果固定资产的成本能够可靠地计量，并同时满足其他确认条件，就可以进行确认；否则，房地产企业不应进行确认。

房地产企业在确定固定资产的成本时，有时需要根据所获得的最新资料，对固定资产的成本进行合理估计。比如，房地产企业对于已达到预定可使用状态的固定资产，在尚未办理竣工决算前，需要根据工程预算、工程造价或者工程实际发生的成本等资料，按暂估价值确定固定资产的成本，待办理竣工决算后，再按实际成本调整原来的暂估价值。

在实务中，对固定资产进行确认时，还需要注意以下两个问题：一是固定资产的各组成部分具有不同使用寿命或者以不同方式为房地产企业提供经济利益，适用不同的折旧率或折旧方法的，应当分别将各组成部分确认为单项固定资产。二是与固定资产有关的后续支出，满足固定资产确认条件的，应当计入固定资产成本；不满足固定资产确认条件的，应当在发生时计入当期损益。

（三）固定资产分类

房地产企业的固定资产种类繁多、规格不一，根据不同的管理需要和核算要求以及不同的分类标准，可以对固定资产进行不同的分类。

1.按经济用途分类

固定资产按经济用途，可分为生产经营用固定资产和非生产经营用固定资产。

（1）生产经营用固定资产，是指直接服务于房地产企业生产经营过程的各种固定资产，如生产经营用的房屋、建筑物、机器、设备、器具、工具等。

（2）非生产经营用固定资产，是指不直接服务于生产经营过程的各种固定资产，如职工宿舍等使用的房屋、设备和其他固定资产等。

按照固定资产的经济用途分类，可以归类反映和监督房地产企业生产经营用固定资产和非生产经营用固定资产之间的组成和变化情况，以及生产经营用各类固定资产之间的组成和变化情况，借以考核、分析房地产企业固定资产的利用情况，促使房地产企业合理配备固定资产，充分发挥其效用。

2.综合分类

固定资产按经济用途和使用情况，可分为以下六大类：

（1）生产经营用固定资产。

（2）非生产经营用固定资产。

（3）租出固定资产，指在经营租赁方式下出租给外单位使用的固定资产。

（4）不需用固定资产。

（5）未使用固定资产。

（6）土地，指过去已经估价单独入账的土地。因征地而支付的补偿费，应计入与土地有关的房屋、建筑物的价值内，不单独作为土地价值入账。房地产企业取得的土地使用权，应作为无形资产管理，不作为固定资产管理。

由于房地产企业的经营性质不同、经营规模各异，对固定资产的分类不可能完全一致。在实际工作中，房地产企业大多采用综合分类方法作为编制固定资产目录、进行固定资产核算的依据。

二、计量

（一）初始计量

1.外购固定资产

房地产企业外购固定资产的成本，包括购买价款、相关税费、使固定资产达到预定可使用状态前发生的可归属于该项资产的运输费、装卸费、安装费和专业人员服务费等。

2.自行建造固定资产

自行建造固定资产的成本，由建造该项资产达到预定可使用状态前发生的必要支出构成，包括工程用物资成本、人工成本、缴纳的相关税费、应予以资本化的借款费用以及应分摊的间接费用等。

房地产企业自行建造固定资产包括自营建造和出包建造两种方式。无论采用何种方式，所建工程都应当按照实际发生的支出确定其工程成本。

3.投资者投入固定资产

接受固定资产投资的房地产企业，在办理了固定资产移交手续之后，应按投资合同或协议约定的价值加上应支付的相关税费作为固定资产的入账价值，但合同或协议约定的价值不公允的除外。

（二）后续计量

后续计量主要包括对固定资产计提折旧、减值损失的确定，以及后续支出的计量。

1.固定资产折旧

房地产企业应对所有的固定资产计提折旧，已提足折旧仍继续使用的固定资产和单独计价入账的土地除外。

固定资产应当按月计提折旧。固定资产应自达到预定可使用状态时开始计提折旧，终止确认时或划分为持有待售非流动资产时停止计提折旧。当月增加的固定资产，当月不计提折旧，从下月起计提折旧；当月减少的固定资产，当月仍计提折旧，从下月起不计提折旧。

固定资产提足折旧后，不论能否继续使用，均不再计提折旧，提前报废的固定资产也不再补提折旧。所谓提足折旧，是指已经提足该固定资产的应计折旧额。

已达到预定可使用状态但尚未办理竣工决算的固定资产，应当按照暂估价值确定其成本，并计提折旧；待办理竣工决算后，再按实际成本调整原来的暂估价值，但不需要调整原已计提的折旧额。

房地产企业应当根据与固定资产有关的经济利益的预期实现方式合理选择折旧方法。可选用的折旧方法包括年限平均法、工作量法、双倍余额递减法和年数总和法等。房地产企业选用不同的固定资产折旧方法，将影响固定资产使用寿命期间不同时期的折旧费用。因此，固定资产的折旧方法一经确定，不得随意变更。

（1）年限平均法，又称直线法，是将固定资产的应计折旧额平均分摊到固定资产预计使用寿命内的一种方法。采用这种方法计算的每期折旧额均相等。计算公式如下：

年折旧率=（1-预计净残值率）÷预计使用寿命（年）×100%

月折旧率=年折旧率÷12

月折旧额=固定资产原价×月折旧率

（2）工作量法，是根据实际工作量计算每期应提折旧额的一种方法。计算公式如下：

单位工作量折旧额=固定资产原价×（1-预计净残值率）÷预计总工作量

某固定资产月折旧额=该固定资产当月工作量×单位工作量折旧额

（3）双倍余额递减法，是在不考虑固定资产预计净残值的情况下，根据每期期初固定资产原价减去累计折旧后的金额和双倍的直线法折旧率计算固定资产折旧的一种方法。应用这种方法计算折旧额时，由于每年年初固定资产净值没有扣除预计净残值，所以在计算固定资产折旧额时，应在其折旧年限到期前两年内，将固定资产净值扣除预计净残值后的余额平均摊销。计算公式如下：

年折旧率=2÷预计使用寿命（年）×100%

月折旧率=年折旧率÷12

月折旧额=固定资产原价×月折旧率

月折旧额（最后两年）=（固定资产原价-预计净残值-累计折旧）÷2

（4）年数总和法，又称年限合计法，是将固定资产的原价减去预计净残值后的余额，乘以一个以固定资产尚可使用寿命为分子、以预计使用寿命逐年数字之和为分母的逐年递减的分数计算每年折旧额的一种方法。计算公式如下：

年折旧率=尚可使用年限÷预计使用寿命的年数总和×100%

月折旧率=年折旧率÷12

月折旧额=（固定资产原价−预计净残值）×月折旧率

固定资产应当按月计提折旧，计提的折旧应通过“累计折旧”科目核算，并根据用途计入相关资产的成本或者当期损益。例如，房地产企业自行建造固定资产过程中使用的固定资产，计提的折旧应计入在建工程成本；管理部门使用的固定资产，计提的折旧应计入管理费用；销售部门使用的固定资产，计提的折旧应计入销售费用；经营租出的固定资产，计提的折旧应计入其他业务成本。

固定资产在使用过程中，其所处的经济环境、技术环境以及其他环境有可能对固定资产的使用寿命和预计净残值产生较大影响。例如，固定资产使用强度比正常情况大大加强，致使固定资产的使用寿命大大缩短；替代该固定资产的新产品出现，致使其实际使用寿命缩短，预计净残值减少。为了真实反映固定资产为房地产企业提供经济利益的期间及每期实际的资产消耗，房地产企业至少应当于每年年度终了，对固定资产使用寿命和预计净残值进行复核。如有确凿证据表明，固定资产使用寿命预计数与原先估计数有差异，应当调整固定资产使用寿命；固定资产预计净残值预计数与原先估计数有差异，应当调整预计净残值。

固定资产使用过程中所处的经济环境、技术环境以及其他环境的变化也可能使与固定资产有关的经济利益的预期实现方式发生重大改变，房地产企业也应相应改变固定资产的折旧方法。

固定资产使用寿命、预计净残值和折旧方法的改变应作为会计估计变更。

2.固定资产的后续支出

固定资产的后续支出是指固定资产使用过程中发生的更新改造支出、修理费用等。后续支出的处理原则为：符合固定资产确认条件的，应当计入固定资产成本，同时将被替换部分的账面价值扣除；不符合固定资产确认条件的，应当计入当期损益。

（1）资本化的后续支出。固定资产发生可资本化的后续支出时，房地产企业一般应将该固定资产的原价、已计提的累计折旧和减值准备转销，将固定资产的账面价值转入在建工程，并停止计提折旧。发生的后续支出，通过“在建工程”科目核算。在固定资产发生的后续支出完工并达到预定可使用状态时，再从在建工程转为固定资产，并按重新确定的使用寿命、预计净残值和折旧方法计提折旧。

房地产企业发生的一些固定资产后续支出可能涉及替换原固定资产的某组成部分，当发生的后续支出符合固定资产确认条件时，应将其计入固定资产成本，同时将被替换部分的账面价值扣除。这样可以避免将替换部分的成本和被替换部分的成本同时计入固定资产成本，导致固定资产成本重复计算。房地产企业对固定资产进行定期检查发生的大修理费用，有确凿证据表明符合固定资产确认条件的部分，可以计入固定资产成本；不符合固定资产确认条件的，应当费用化，计入当期损益。固定资产在定期大修理间隔期间，照提折旧。

（2）费用化的后续支出。与固定资产有关的修理费用等后续支出，不符合固定资产确认条件的，应当根据不同情况分别在发生时计入当期管理费用或销售费用。

三、核算

（一）外购固定资产

外购固定资产是否达到预定可使用状态，需要根据具体情况进行分析判断。如果购入不需要安装的固定资产，购入后即可发挥作用，所以购入后即可达到预定可使用状态。如果购入需要安装的固定资产，只有安装调试后达到设计要求或合同规定的标准，该固定资产才能发挥作用，所以购入后要经过安装调试才能达到预定可使用状态。

1.购入不需要安装的固定资产

房地产企业购入不需要安装的固定资产，应按实际支付的购买价款、相关税费以及使固定资产达到预定可使用状态前发生的可归属于该项资产的运输费、装卸费和专业人员服务费等，作为固定资产成本，借记“固定资产”科目，贷记“银行存款”等科目。

2.购入需要安装的固定资产

房地产企业购入需要安装的固定资产，应在购入固定资产取得的成本的基础上，加上安装调试成本等，作为购入固定资产的成本，先通过“在建工程”科目核算，待安装完毕达到预定可使用状态时，再由“在建工程”科目转入“固定资产”科目。

房地产企业购入需要安装的固定资产时，按实际支付的购买价款、运输费、装卸费和其他相关税费等，借记“在建工程”科目，贷记“银行存款”等科目；支付安装费用等时，借记“在建工程”科目，贷记“银行存款”等科目；安装完毕达到预定可使用状态时，按其实际成本，借记“固定资产”科目，贷记“在建工程”科目。

房地产企业基于产品价格等因素的考虑，可能以一笔款项购入多项没有单独标价的固定资产。如果这些资产均符合资产的定义，并满足固定资产的确认条件，应将各项资产单独确认为固定资产，并按各项固定资产公允价值的比例对总成本进行分配，分别确定各项固定资产的成本。

【例3-1】20×5年4月，为了降低采购成本，锦绣房地产开发公司向乙公司一次性购入三套不同型号且不同用途的A、B、C设备。锦绣房地产开发公司为该批设备共支付货款7 800 000元、增值税进项税额1 014 000元（假设按税法的规定可以抵扣）、包装费42 000元，全部以银行存款支付；假定A、B、C设备分别满足固定资产的确认条件，公允价值分别为3 084 900元、3 790 020元和1 939 080元；锦绣房地产开发公司实际支付的货款等于计税价格，不考虑其他相关税费。账务处理如下：

（1）确定应计入固定资产成本的金额，包括购买价款、包装费：

7 800 000+42 000=7 842 000（元）

（2）确定A、B、C的价值分配比例：

A设备应分配的固定资产价值比例=3 084 900÷（3 084 900+3 790 020+1 939 080）×100%=35%

B设备应分配的固定资产价值比例=3 790 020÷（3 084 900+3 790 020+1 939 080）×100%=43%

C设备应分配的固定资产价值比例=1 939 080÷（3 084 900+3 790 020+1 939 080）×100%=22%

（3）确定A、B、C设备各自的成本：

A设备的成本=7 842 000×35%=2 744 700（元）

B设备的成本=7 842 000×43%=3 372 060（元）

C设备的成本=7 842 000×22%=1 725 240（元）

（4）进行账务处理：

借：固定资产——A　　2 744 700
　　　　　　——B　　3 372 060
　　　　　　——C　　1 725 240
　　应交税费——应交增值税（进项税额）　　1 014 000
　贷：银行存款　　8 856 000

房地产企业在购买固定资产时，通常在正常信用期限内付款，但也会发生超过正常信用条件购买固定资产的经济业务事项，如采用分期付款方式购买资产，且在合同中规定付款期限比较长，超过了正常信用条件。在这种情况下，该类购货合同实质上具有融资租赁性质，购入资产的成本不能以各期付款额之和确定，而应以各期付款额的现值之和确定。购入固定资产时，按购买价款的现值，借记"固定资产"或"在建工程"科目，按应支付的金额，贷记"长期应付款"科目，按其差额，借记"未确认融资费用"科目。固定资产购买价款的现值，应当按照各期支付的购买价款选择恰当的折现率进行折现后的金额确定。折现率是反映当前市场货币时间价值和延期付款债务特定风险的利率。该折现率实质上是房地产企业给予供货企业的必要报酬率。各期实际支付的价款与购买价款的现值之间的差额，符合资本化条件的，应当计入固定资产成本，其余部分应当在信用期间内确认为财务费用，计入当期损益。

【例3-2】20×5年1月2日，锦绣房地产开发公司与乙公司签订了购货合同，从乙公司购入一台需要安装的大型机器设备。合同约定，锦绣房地产开发公司采用分期付款方式支付价款。该设备价款共计900 000元，首期款项150 000元于20×5年1月2日支付，取得的增值税专用发票上注明的税额为19 500元，其余款项在20×5年至20×9年的5年间平均支付，每年的付款日期为当年12月31日。

20×5年1月2日，该机器设备如期运抵锦绣房地产开发公司并开始安装，发生运费160 000元，取得的增值税专用发票上注明的税额为14 400元，已用银行存款付讫。20×5年2月28日，该机器设备达到预定可使用状态，发生安装费40 000元，已用银行存款付讫。

锦绣房地产开发公司按照合同的约定，用银行存款如期支付了款项。假定折现率为10%。

（1）购买价款的现值=150 000+150 000×（P/A，10%，5）
　　=150 000+150 000×3.7908=718 620（元）

20×5年1月2日，锦绣房地产开发公司的账务处理如下：

借：在建工程　　718 620
　　未确认融资费用　　181 380
　贷：长期应付款　　900 000

借：长期应付款　　150 000
　　应交税费——应交增值税（进项税额）　　19 500
　贷：银行存款　　169 500

借：在建工程　　160 000

　　应交税费——应交增值税（进项税额）　　14 400

　　贷：银行存款　　174 400

（2）确定信用期间未确认融资费用的分摊额，见表3-1。

表3-1　**锦绣房地产开发公司未确认融资费用分摊额**

20×5年1月2日　　单位：元

日期	分期付款额	确认的融资费用	应付本金减少额	应付本金余额
①	②	③=期初⑤×10%	④=③-②	期末⑤=期初⑤-④
20×5.1.2				568 620*
20×5.12.31	150 000	56 862	93 138	475 482
20×6.12.31	150 000	47 548.20	102 451.80	373 030.20
20×7.12.31	150 000	37 303.02	112 696.98	260 333.22
20×8.12.31	150 000	26 033.32	123 966.68	136 366.51
20×9.12.31	150 000	13 633.46**	136 366.54**	0
合计	750 000	181 380	568 620	

注：*568 620=718 620-150 000；**尾数调整：13 633.46-150 000=136 366.54，为期初应付本金余额。

（3）20×5年1月2日至20×5年2月28日为该机器设备的安装期间，未确认融资费用的分摊额符合资本化条件，计入固定资产成本，锦绣房地产开发公司的账务处理如下：

借：在建工程　　9 477

　　贷：未确认融资费用　　9 477

借：在建工程　　40 000

　　贷：银行存款　　40 000

借：固定资产　　928 097

　　贷：在建工程　　928 097

固定资产的成本=718 620+160 000+9 477+40 000=928 097（元）

（4）20×5年3月1日至20×5年12月31日，该机器设备已经达到预定可使用状态，未确认融资费用的分摊额不再符合资本化条件，应计入当期损益。20×5年12月31日，锦绣房地产开发公司的账务处理如下：

借：财务费用　　47 385

　　贷：未确认融资费用　　47 385

借：长期应付款　　150 000

　　应交税费——应交增值税（进项税额）　　19 500

　　贷：银行存款　　169 500

（5）20×6年1月1日至20×9年12月31日，该机器设备已经达到预定可使用状态，未确认融资费用的分摊额不再符合资本化条件，应计入当期损益。账务处理如下：

20×6年12月31日：

借：财务费用　　47 548.20

　贷：未确认融资费用　　47 548.20

借：长期应付款　　150 000

　　应交税费——应交增值税（进项税额）　　19 500

　贷：银行存款　　169 500

20×7年12月31日：

借：财务费用　　37 303.02

　贷：未确认融资费用　　37 303.02

借：长期应付款　　150 000

　　应交税费——应交增值税（进项税额）　　19 500

　贷：银行存款　　169 500

20×8年12月31日：

借：财务费用　　26 033.32

　贷：未确认融资费用　　26 033.32

借：长期应付款　　150 000

　　应交税费——应交增值税（进项税额）　　19 500

　贷：银行存款　　169 500

20×9年12月31日：

借：财务费用　　13 633.46

　贷：未确认融资费用　　13 633.46

借：长期应付款　　150 000

　　应交税费——应交增值税（进项税额）　　19 500

　贷：银行存款　　169 500

（二）自行建造固定资产

自行建造固定资产应先通过“在建工程”科目核算，工程达到预定可使用状态时，再从“在建工程”科目转入“固定资产”科目。房地产企业自建固定资产，主要有自营和出包两种方式，由于采用的建造方式不同，其账务处理也不同。

1.以自营方式建造固定资产

房地产企业以自营方式建造固定资产，是指房地产企业自行组织工程物资采购、自行组织施工人员从事工程施工，完成固定资产建造。

房地产企业为建造固定资产准备的各种物资应当按照实际支付的买价、运输费、保险费和相关税费作为实际成本，并按照各种专项物资的种类进行明细核算。工程完工后，剩余的工程物资转为房地产企业存货的，按其实际成本或计划成本进行结转。建设期间发生的工程物资盘亏、报废及毁损，减去残料价值以及保险公司、过失人等赔款后的净损失，计入所建工程项目的成本；盘盈的工程物资或处置净收益，冲减所建工程项目的成本。工程完工后发生的工程物资盘盈、盘亏、报废、毁损，计入当期营业外收支。

建造固定资产领用的工程物资、原材料或库存商品，应按其实际成本转入所建工程成本。以自营方式建造固定资产应负担的职工薪酬，辅助生产部门为之提供的水、电、修理、运输等劳务，以及其他必要支出等，也应计入所建工程项目的成本。

符合资本化条件的借款费用，应计入所建造固定资产成本。

房地产企业以自营方式建造固定资产，发生的工程成本应通过“在建工程”科目核算，工程完工达到预定可使用状态时，从“在建工程”科目转入“固定资产”科目。

【例3-3】20×5年1月1日，锦绣房地产开发公司准备自行建造一座仓库。假定不考虑增值税，相关资料如下：

（1）1月8日，购入工程物资一批，价款为300 000元，取得的增值税专用发票上注明的税额为39 000元，款项以银行存款支付。

（2）2月5日，领用生产用原材料一批，价值37 440元。

（3）1月8日—6月30日，先后领用工程物资272 500元。

（4）工程建设期间，辅助生产车间为工程提供的有关劳务支出为35 000元。

（5）工程建设期间，发生工程人员职工薪酬65 800元。

（6）6月30日，仓库完工并交付使用。

账务处理如下：

（1）购入工程物资：

借：工程物资　300 000

　　应交税费——应交增值税（进项税额）　39 000

　贷：银行存款　339 000

（2）领用原材料：

借：在建工程——仓库　37 440

　贷：原材料　37 440

（3）领用工程物资：

借：在建工程——仓库　272 500

　贷：工程物资　272 500

（4）辅助生产车间为工程提供劳务支出：

借：在建工程——仓库　35 000

　贷：生产成本——辅助生产成本　35 000

（5）计提工程人员职工薪酬：

借：在建工程——仓库　65 800

　贷：应付职工薪酬　65 800

（6）工程完工交付，固定资产的入账价值=37 440+272 500+35 000+65 800=410 740（元）：

借：固定资产——仓库　410 740

　贷：在建工程——仓库　410 740

2.以出包方式建造固定资产

采用出包方式建造固定资产时，房地产企业要与建造承包商签订建造合同。房地产企业是建造合同的甲方，负责筹集资金和组织管理工程建设，通常被称为建设单位；建造承包商是建造合同的乙方，负责建筑安装工程施工任务。房地产企业的新建、改建、扩建等建设项目，通常采用出包方式。

房地产企业以出包方式建造固定资产的，其成本由建造该固定资产达到预定可使用状态前所发生的必要支出构成，包括发生的建筑工程支出、安装工程支出以及需要分摊计入各固定资产价值的待摊支出。

由于建筑工程、安装工程采用出包方式发包给建造承包商承建，因此，工程的具体支出，如人工费、材料费、机械使用费等由建造承包商核算。对于发包房地产企业而言，建筑工程支出、安装工程支出是构成在建工程成本的重要内容，结算的工程价款计入在建工程成本。

待摊支出是在建设期间发生的，不能直接计入某项固定资产价值，而应由所建造固定资产共同负担的相关费用，包括建造工程发生的管理费、可行性研究费、临时设施费、公证费、监理费、应负担的税金、符合资本化条件的借款费用，建设期间发生的工程物资盘亏、报废及毁损净损失，以及负荷联合试车费等。

在出包方式下，“在建工程”科目主要是房地产企业与建造承包商办理工程价款结算的科目，房地产企业支付给建造承包商的工程价款作为工程成本通过“在建工程”科目核算。房地产企业应按合理估计的工程进度和合同规定结算的进度款，借记“在建工程——建筑工程（××工程）”“在建工程——安装工程（××工程）”科目，贷记“银行存款”“预付账款”等科目。工程完成时，按合同的规定补付的工程款，借记“在建工程”科目，贷记“银行存款”等科目。房地产企业将需要安装的设备运抵现场安装时，借记“在建工程——在安装设备（××设备）”科目，贷记“工程物资——××设备”科目；房地产企业为建造固定资产发生待摊支出时，借记“在建工程——待摊支出”科目，贷记“银行存款”“应付职工薪酬”“长期借款”等科目。

在建工程达到预定可使用状态时，首先，计算分配待摊支出。待摊支出的分配率可按下列公式计算：

$$\text{待摊费用分配率}=\frac{\text{累计发生的待摊费用}}{\text{建筑工程支出}+\text{安装工程支出}+\text{在安装设备支出}}\times 100\%$$

$$\begin{matrix}\times\times\text{工程应分配的}\\\text{待摊支出}\end{matrix}=\left(\begin{matrix}\times\times\text{工程的}\\\text{建筑工程支出}\end{matrix}+\begin{matrix}\times\times\text{工程的}\\\text{安装工程支出}\end{matrix}+\begin{matrix}\times\times\text{工程的}\\\text{在安装设备支出}\end{matrix}\right)\times\begin{matrix}\text{待摊费用}\\\text{分配率}\end{matrix}$$

其次，计算确定已完工的固定资产成本：

房屋、建筑物等固定资产成本=建筑工程支出+应分摊的待摊支出

$$\begin{matrix}\text{需要安装}\\\text{设备的成本}\end{matrix}=\begin{matrix}\text{设备}\\\text{成本}\end{matrix}+\begin{matrix}\text{为设备安装发生的基础、}\\\text{支座等建筑工程支出}\end{matrix}+\begin{matrix}\text{安装}\\\text{工程支出}\end{matrix}+\begin{matrix}\text{应分摊的}\\\text{待摊支出}\end{matrix}$$

最后，进行相应的账务处理，借记“固定资产”科目，贷记“在建工程——建筑工程”“在建工程——安装工程”“在建工程——待摊支出”等科目。

（三）投资者投入固定资产

接受固定资产投资的房地产企业，在办理了固定资产移交手续之后，应按投资合同或协议约定的价值加上应支付的相关税费作为固定资产的入账价值，但合同或协议约定

的价值不公允的除外。

（四）固定资产折旧的核算

如前所述，固定资产应当按月计提折旧，计提的折旧应当记入“累计折旧”科目，并根据用途计入相关资产的成本或者当期损益。房地产企业自行建造固定资产过程中使用的固定资产，其计提的折旧应计入在建工程成本；管理部门使用的固定资产，其计提的折旧应计入管理费用；销售部门使用的固定资产，其计提的折旧应计入销售费用；经营租出的固定资产，其计提的折旧应计入其他业务成本。房地产企业计提固定资产折旧时，借记“在建工程”“销售费用”“管理费用”等科目，贷记“累计折旧”科目。

（五）固定资产后续支出的核算

固定资产的更新改造等后续支出，满足固定资产确认条件的，应当计入固定资产成本，如有被替换的部分，应同时将被替换部分的账面价值从该固定资产原账面价值中扣除；不满足固定资产确认条件的固定资产修理费用等，应当在发生时计入当期损益。

在固定资产发生可资本化的后续支出时，房地产企业应将该固定资产的原价、已计提的累计折旧和减值准备转销，将固定资产的账面价值转入在建工程。固定资产发生的可资本化的后续支出，通过“在建工程”科目核算。在固定资产发生的后续支出完工并达到预定可使用状态时，从“在建工程”科目转入“固定资产”科目。

房地产企业生产车间（部门）和行政管理部门等发生固定资产修理费用等后续支出时，借记“管理费用”等科目，贷记“银行存款”等科目；房地产企业发生与专设销售机构相关的固定资产修理费用等后续支出时，借记“销售费用”科目，贷记“银行存款”等科目。

【例3-4】20×5年6月，锦绣房地产开发公司对一台现有管理用设备进行日常修理，修理过程中发生的材料费为10万元，应支付的维修人员工资为1万元。

本例中，对设备的日常修理不满足固定资产的确认条件，因此，应将该固定资产后续支出在其发生时计入当期损益。属于行政管理部门等发生的固定资产修理费用等后续支出，应记入“管理费用”等科目。账务处理如下：

借：管理费用	110 000	
贷：原材料		100 000
应付职工薪酬		10 000

（六）处置

固定资产满足下列条件之一的，应当终止确认：

1.固定资产处于处置状态

固定资产处置包括固定资产的出售、转让、报废或毁损、对外投资、非货币性资产交换、债务重组等。处于处置状态的固定资产不再用于生产商品、提供劳务、出租或经营管理，因此不再符合固定资产的定义，应终止确认。

2.固定资产预期通过使用或处置不能产生经济利益

固定资产的确认条件之一是“与该固定资产有关的经济利益很可能流入房地产企业”，如果一项固定资产预期通过使用或处置不能产生经济利益，就不再符合固定资产的定义和确认条件，应终止确认。

企业出售、转让划归为持有待售类别的，按照持有待售非流动资产、处置组的相关内容进行会计处理；未划归为持有待售类别而出售、转让的，通过“固定资产清理”科目归集所发生的损益，其产生的利得或损失转入“资产处置损益”科目，计入当期损益；固定资产因报废、毁损等原因而终止确认的，通过“固定资产清理”科目归集所发生的损益，其产生的利得或损失计入营业外收入或营业外支出。企业通过“固定资产清理”科目核算的出售、转让、报废或毁损而处置的固定资产，其会计处理一般经过以下几个步骤：

第一，固定资产转入清理。固定资产转入清理时，按固定资产账面价值，借记“固定资产清理”科目，按已计提的累计折旧，借记“累计折旧”科目，按已计提的减值准备，借记“固定资产减值准备”科目，按固定资产账面余额，贷记“固定资产”科目。

第二，发生清理费用的处理。固定资产清理过程中发生的有关费用以及应支付的相关税费，借记“固定资产清理”科目，贷记“银行存款”“应交税费”等科目。

第三，出售收入和残料等的处理。企业收回出售固定资产的价款、残料价值和变价收入等，应冲减固定资产清理。按实际收到的出售价款以及残料变价收入等，借记“银行存款”“原材料”等科目，贷记“固定资产清理”“应交税费——应交增值税”等科目。

第四，保险或过失人赔偿的处理。企业计算或收到的应由保险公司或过失人赔偿的损失，应冲减固定资产清理，借记“其他应收款”“银行存款”等科目，贷记“固定资产清理”科目。

第五，清理净损益的处理。固定资产清理完成后的净收益或净损失，属于正常出售、转让所产生的利得或损失，借记或贷记“资产处置损益”科目，贷记或借记“固定资产清理”科目；属于已丧失使用功能、正常报废所产生的利得或损失，借记或贷记“营业外支出——非流动资产报废”科目，贷记或借记“固定资产清理”科目；属于自然灾害等非正常原因造成的利得或损失，借记或贷记“营业外支出——非常损失”科目，贷记或借记“固定资产清理”科目。

【例3-5】20×5年6月3日，锦绣房地产开发公司出售一栋自用办公楼，原价为200万元，已计提折旧100万元，未计提减值准备，实际出售价格为120万元，已通过银行收回价款。不考虑其他因素，锦绣房地产开发公司的账务处理如下：

（1）将出售固定资产转入清理时：

借：固定资产清理	1 000 000	
累计折旧	1 000 000	
贷：固定资产		2 000 000

（2）收回出售固定资产的价款时：

借：银行存款	1 308 000	
贷：固定资产清理		1 200 000
应交税费——应交增值税（销项税额）		108 000

（3）结转出售固定资产实现的利得时：

借：固定资产清理　　200 000

　贷：资产处置损益　　200 000

【例3-6】锦绣房地产开发公司有一台设备由于性能等原因决定提前报废，原价为500 000元，已计提折旧450 000元，未计提减值准备。报废时，其残值变价收入为20 000元，报废清理过程中发生清理费用3 500元。有关收入、支出均通过银行办理结算。不考虑其他因素及相关税费，锦绣房地产开发公司的账务处理如下：

（1）将报废固定资产转入清理时：

借：固定资产清理　　50 000

　　累计折旧　　450 000

　贷：固定资产　　500 000

（2）收回残料变价收入时：

借：银行存款　　20 000

　贷：固定资产清理　　20 000

（3）支付清理费用时：

借：固定资产清理　　3 500

　贷：银行存款　　3 500

（4）结转报废固定资产发生的净损失时：

借：营业外支出——非流动资产报废　　33 500

　贷：固定资产清理　　33 500

【例3-7】锦绣房地产开发公司因遭受水灾而毁损一座仓库，该仓库原价400万元，已计提折旧100万元，未计提减值准备；其残料估计价值5万元，残料已办理入库；发生的清理费用为2万元，以银行存款支付。经保险公司核定，应赔偿损失150万元，尚未收到赔款。不考虑其他因素及相关税费，锦绣房地产开发公司的账务处理如下：

（1）将毁损的仓库转入清理时：

借：固定资产清理　　3 000 000

　　累计折旧　　1 000 000

　贷：固定资产　　4 000 000

（2）残料入库时：

借：原材料　　50 000

　贷：固定资产清理　　50 000

（3）支付清理费用时：

借：固定资产清理　　20 000

　贷：银行存款　　20 000

（4）确定应由保险公司理赔的损失时：

借：其他应收款　　1 500 000

　贷：固定资产清理　　1 500 000

（5）结转毁损固定资产发生的损失时：

借：营业外支出——非常损失　　1 470 000

贷：固定资产清理　　1 470 000

（七）固定资产的盘盈、盘亏

固定资产是一种单位价值较高、使用期限较长的有形资产，因此，对于管理规范的房地产企业而言，盘盈、盘亏的固定资产较为少见。房地产企业应当健全制度，加强管理，定期或者至少于每年年末对固定资产进行清查盘点，以保证固定资产核算的真实性和完整性。如果在清查过程中发现固定资产损溢，应及时查明原因，在期末结账前处理完毕。

房地产企业在财产清查中盘亏的固定资产，按盘亏固定资产的账面价值，借记“待处理财产损溢”科目，按已计提的累计折旧，借记“累计折旧”科目，按已计提的减值准备，借记“固定资产减值准备”科目，按固定资产的原价，贷记“固定资产”科目。按管理权限报经批准后，按可收回的保险赔偿或过失人赔偿，借记“其他应收款”科目，按应计入营业外支出的金额，借记“营业外支出——盘亏损失”科目，贷记“待处理财产损溢”科目。

【例3-8】锦绣房地产开发公司进行财产清查时，发现短缺一台笔记本电脑，原价为10 000元，已计提折旧7 000元。账务处理如下：

（1）盘亏固定资产时：

借：待处理财产损溢　　3 000

　　累计折旧　　7 000

　贷：固定资产　　10 000

（2）报经批准转销时：

借：营业外支出——盘亏损失　　3 000

　贷：待处理财产损溢　　3 000

房地产企业在财产清查中盘盈的固定资产，作为前期差错处理。盘盈的固定资产，通过“以前年度损益调整”科目核算。

【例3-9】锦绣房地产开发公司在财产清查过程中，发现一台未入账的设备，重置成本为30 000元（假定与其计税基础不存在差异）。根据《企业会计准则第28号——会计政策、会计估计变更和差错更正》的规定，该盘盈固定资产作为前期差错处理。假定适用的企业所得税税率为25%，按净利润的10%计提法定盈余公积。账务处理如下：

（1）盘盈固定资产时：

借：固定资产　　30 000

　贷：以前年度损益调整　　30 000

（2）确定应缴纳的企业所得税时：

借：以前年度损益调整　　7 500

　贷：应交税费——应交所得税　　7 500

（3）结转为留存收益时：

借：以前年度损益调整　　22 500

　贷：盈余公积——法定盈余公积　　2 250

　　　利润分配——未分配利润　　20 250

（八）固定资产的减值

房地产企业固定资产减值是固定资产发生损坏、技术陈旧或者其他经济原因，导致其可收回金额低于其账面价值的情况。为了真实反映固定资产未来的盈利能力，避免虚夸资产价值，房地产企业应当在资产负债表日对固定资产是否存在可能发生减值的迹象进行逐项检查和判断。

（1）某项固定资产的市价在当期大幅下跌，其跌幅明显高于因时间推移或者正常使用而预计的下跌。

（2）房地产企业经营所处的经济、技术或者法律等环境以及固定资产所处的市场在当期或者近期将发生重大变化，从而对房地产企业产生不利影响。

（3）市场利率或其他市场投资报酬率在当期已经提高，从而提高了房地产企业资产预计未来现金流量现值的折现率，导致资产可收回金额大幅度降低。

（4）有证据表明固定资产已经陈旧过时或实体已经损坏。

（5）资产已经或将被闲置、终止使用或者计划提前处置。

（6）企业内部报告的证据表明资产的经济绩效已经低于或者将低于预期，如资产所创造的净现金流量或者实现的营业利润（或者亏损）远远低于（或者高于）预计金额等。

（7）其他表明固定资产可能已经发生减值的迹象。

如发现存在以上情况，应当计算固定资产的可收回金额，以确定固定资产是否已经发生减值。

固定资产的可收回金额是该资产的销售净价（即公允价值减去处置费用后的净额）与预计从该资产的持续使用和使用寿命结束时的处置中形成的现金流量的现值两者之间的较高者。处置费用包括与处置固定资产有关的法律费用、相关税费、搬运费以及为使该资产达到可销售状态所发生的直接费用。房地产企业预计从该资产的持续使用和使用寿命结束时的处置中形成的现金流量的现值，主要取决于对该固定资产的预计使用寿命、未来所产生的现金流量和折现率的确定。预计使用寿命应以该固定资产的尚可使用寿命为限，未来所产生的现金流量一般应参照该资产在过去使用期间所产生的经济利益预计，折现率的选择应反映当前市场的货币时间价值和资产特有风险，这三个要素都需要房地产企业谨慎判断，做出合理预计。

固定资产的公允价值减去处置费用后的净额与资产预计未来现金流量的现值之中任一项超过了资产的账面价值，就表明该固定资产没有发生减值，不需要估计另一项金额。若预计可收回金额低于其账面余值，则以其差额计提固定资产减值准备。

房地产企业应设置“固定资产减值准备”科目，核算房地产企业固定资产发生减值时计提的减值准备。固定资产减值准备应按单项固定资产计提。在资产负债表日，房地产企业根据《企业会计准则第 8 号——资产减值》确定固定资产发生的减值，按应减值的金额，借记“资产减值损失——固定资产减值损失”科目，贷记“固定资产减值准备”科目。处置固定资产时，应同时结转已计提的固定资产减值准备。固定资产减值准备一经确认，在以后会计期间不得转回。

“固定资产减值准备”科目期末有贷方余额，反映房地产企业已计提但尚未转销的固定资产减值准备。一旦固定资产减值损失确认，该资产的折旧费用应当在未来期间作相应调整，以使该固定资产在剩余使用寿命内，系统分摊调整后的资产账面价值（扣除预计净残值）。同时，各固定资产提取的减值准备应在固定资产明细账中注明。

固定资产计提减值准备后，房地产企业应当重新复核固定资产的折旧方法、预计使用寿命和预计净残值，并区别不同情况采用不同的处理方法。

（1）如果固定资产所含经济利益的预期实现方式没有发生变更，房地产企业仍应遵循原有的折旧方法，按照固定资产的账面价值扣除预计净残值后的余额以及尚可使用寿命重新计算确定折旧率和折旧额；如果固定资产所含经济利益的预期实现方式发生了重大改变，应当相应改变固定资产的折旧方法，并按照《企业会计准则第28号——会计政策、会计估计变更和差错更正》的规定进行账务处理。

（2）如果固定资产的预计使用寿命没有发生变更，房地产企业仍应遵循原有的预计使用寿命，按照固定资产的账面价值扣除预计净残值后的余额以及尚可使用寿命重新计算确定折旧率和折旧额；如果固定资产的预计使用寿命发生变更，房地产企业应当相应改变固定资产的使用寿命，并按照《企业会计准则第28号——会计政策、会计估计变更和差错更正》的规定进行账务处理。

（3）如果固定资产的预计净残值没有发生变更，房地产企业仍应按照固定资产的账面价值扣除预计净残值后的余额以及尚可使用寿命重新计算确定折旧率和折旧额；如果固定资产的预计净残值发生变更，房地产企业应当相应改变固定资产的预计净残值，并按照《企业会计准则第28号——会计政策、会计估计变更和差错更正》的规定进行账务处理。

第二节　房地产企业的债权投资及其他债权投资

企业应当根据其管理金融资产的业务模式和金融资产的合同现金流量特征，对金融资产进行合理的分类，一般划分为以下三类：一是以摊余成本计量的金融资产；二是以公允价值计量且其变动计入其他综合收益的金融资产；三是以公允价值计量且其变动计入当期损益的金融资产。

同时，企业应当结合自身业务特点和风险管理要求，对金融负债进行合理的分类。对金融资产和金融负债的分类一经确定，不得随意变更。

以公允价值计量且其变动计入当期损益的金融资产和以摊余成本计量的应收账款已经在第二章进行了讲解，本节主要讲解以摊余成本计量金融资产中的债权投资和以公允价值计量且其变动计入其他综合收益的金融资产中的其他债权投资。

一、确认

（一）债权投资

债权投资反映资产负债表日以摊余成本计量的长期债权投资的账面余额，属于以摊余成本计量的金融资产。同时符合下列条件的，应当分类为以摊余成本计量的金融资产：（1）企业管理该金融资产的业务模式是以收取合同现金流量为目标；（2）该金融资产的合同条款规定，在特定日期产生的现金流量仅为对本金和以未偿付本金金额为基础的利息的支付。

普通债券的合同现金流量是到期收回本金及按约定利率在合同期间按时收取固定或浮动利息。在没有其他特殊安排的情况下，普通债券通常可能符合本金加利息的合同现金流量特征。如果企业管理该债券的业务模式是以收取合同现金流量为目标，则该债券可以分类为以摊余成本计量的金融资产中的债权投资。

（二）其他债权投资

其他债权投资反映分类为以公允价值计量且其变动计入其他综合收益的金融资产。金融资产同时符合下列条件的，应当分类为以公允价值计量且其变动计入其他综合收益的金融资产：（1）企业管理该金融资产的业务模式既以收取合同现金流量为目标，又以出售该金融资产为目标；（2）该金融资产的合同条款规定，在特定日期产生的现金流量仅为对本金和以未偿付本金金额为基础的利息的支付。

对于合同现金流量特征符合本金加利息，且业务模式既以收取合同现金流量为目标，又以出售该金融资产为目标的金融资产，应分类为其他债权投资。对于合同现金流量特征并非本金加利息，但业务模式为长期持有、获取稳定分红、不关心价格的波动对损益的影响，可直接指定为以公允价值计量且其变动计入其他综合收益的金融资产。企业一般应当设置"其他权益工具投资"科目核算此类金融资产，该部分内容不属于其他债权投资的范围。

二、计量

（一）债权投资

1.初始确认

房地产企业初始确认债权投资时，应当按照公允价值计量，相关交易费用应当计入初始确认金额。债权投资公允价值与交易价格存在差异的，房地产企业应当区别下列情况进行处理：

（1）在初始确认时，债权投资的公允价值依据相同资产或负债在活跃市场上的报价或者以仅使用可观察市场数据的估值技术确定的，企业应当将该公允价值与交易价格之间的差额确认为一项利得或损失。

（2）在初始确认时，债权投资的公允价值以其他方式确定的，企业应当将该公允价值与交易价格之间的差额递延。初始确认后，企业应当根据某一因素在相应会计期间的变动程度将该递延差额确认为相应会计期间的利得或损失。

企业取得债权投资所支付的价款中包含的已宣告但尚未发放的债券利息，应当单独确认为应收项目进行处理。

2.后续计量

（1）实际利率。

实际利率法，是指计算债权投资的摊余成本以及将利息收入或利息费用分摊计入各会计期间的方法。实际利率，是指将债权投资在预计存续期的估计未来现金流量，折现为该金融资产账面余额或该金融负债摊余成本所使用的利率。经信用调整的实际利率，是指将购入或源生的已发生信用减值的债权投资在预计存续期的估计未来现金流量，折现为该债权投资摊余成本的利率。

（2）摊余成本。

债权投资的摊余成本，应当以该债权投资的初始确认金额经下列调整后的结果确定：①扣除已偿还的本金；②加上或减去采用实际利率法将该初始确认金额与到期日金额之间的差额进行摊销形成的累计摊销额；③扣除累计计提的损失准备。

（3）利息收入。

企业应当按照实际利率法确认利息收入。计算公式如下：

利息收入=债权投资账面余额×实际利率

但下列情况除外：①对于购入或源生的已发生信用减值的金融资产，企业应当自初始确认起，按照该金融资产的摊余成本和经信用调整的实际利率计算确定其利息收入。②对于购入或源生的未发生信用减值，但在后续期间成为已发生信用减值的金融资产，企业应当在后续期间，按照该金融资产的摊余成本和实际利率计算确定其利息收入。企业按照上述规定对金融资产的摊余成本运用实际利率法计算利息收入的，若该金融工具在后续期间因其信用风险有所改善而不再存在信用减值，并且这一改善在客观上可与应用上述规定之后发生的某一事件相联系（如债务人的信用评级被上调），企业应当转按实际利率乘以该金融资产账面余额来计算确定利息收入。

当对金融资产预计未来现金流量具有不利影响的一项或多项事件发生时，该金融资产成为已发生信用减值的金融资产。

（二）其他债权投资

1.初始计量

房地产企业初始确认其他债权投资时，应当按照公允价值计量，相关交易费用应当计入初始确认金额。

其他债权投资公允价值与交易价格存在差异的，房地产企业应当区别下列情况进行处理：

（1）在初始确认时，其他债权投资的公允价值依据相同资产或负债在活跃市场上的报价或者以仅使用可观察市场数据的估值技术确定的，企业应当将该公允价值与交易价格之间的差额确认为一项利得或损失。

（2）在初始确认时，其他债权投资的公允价值以其他方式确定的，企业应当将该公允价值与交易价格之间的差额递延。初始确认后，企业应当根据某一因素在相应会计期间的变动程度将该递延差额确认为相应会计期间的利得或损失。

企业取得其他债权投资所支付的价款中包含的已宣告但尚未发放的债券利息，应当单独确认为应收项目进行处理。

2.后续计量

其他债权投资所产生的所有利得或损失，除减值损失或利得和汇兑损益之外，均应计入其他综合收益，直至该金融资产终止确认或被重分类。但是，采用实际利率法计算的该金融资产的利息应当计入当期损益。该金融资产计入各期损益的金额应当与视同其一直按摊余成本计量而计入各期损益的金额相等。

其他债权投资终止确认时，之前计入其他综合收益的累计利得或损失应当从其他综合收益中转出，计入当期损益。

三、核算

（一）债权投资

债权投资核算企业以摊余成本计量的债权投资的账面余额，可按债权投资的类别和品种，分别设置“成本”“利息调整”“应计利息”等明细科目进行明细核算。

房地产企业取得债权投资时，应按该投资的面值，借记“债权投资——成本”科目，按支付的价款中包含的已到付息期但尚未领取的利息，借记“应收利息”科目，按实际支付的金额，贷记“银行存款”等科目，按其差额，借记或贷记“债权投资——利息调整”科目。

资产负债表日，债权投资为分期付息、一次还本债券投资的，应按票面利率计算确定的应收未收利息，借记“应收利息”科目，按债权投资摊余成本和实际利率确定的利息收入，贷记“投资收益”科目，按其差额，借记或贷记“债权投资——利息调整”科目。

债权投资为一次还本付息债券投资的，应按票面利率计算确定的应收未收利息，借记“债权投资——应计利息”科目，按债权投资摊余成本和实际利率计算确定的利息收入，贷记“投资收益”科目，按其差额，借记或贷记“债权投资——利息调整”科目。

出售债权投资时，应按实际收到的金额，借记“银行存款”等科目，按其账面余额，贷记“债权投资——成本（利息调整、应计利息）”科目，按其差额，贷记或借记“投资收益”科目。已计提减值准备的，还应同时结转减值准备。

【例3-10】20×4年1月1日，锦绣房地产开发公司支付价款1 000万元（含交易费用）从上海证券交易所购入A公司同日发行的5年期公司债券12 500份，债券票面价值总额为1 250万元，票面年利率为4.72%，于年末支付本年度债券利息（即每年利息为59万元），本金在债券到期时一次性偿还。合同约定，该债券的发行方在遇到特定情况时可以将债券赎回，且不需要为提前赎回支付额外款项。锦绣房地产开发公司在购买该债券时，预计发行方不会提前赎回。锦绣房地产开发公司根据其管理该债券的业务模式和该债券的合同现金流量特征，将该债券分类为以摊余成本计量的金融资产。假定不考虑企业所得税、减值损失等因素，该债券的实际利率为10%，请做出20×4、20×5年的账务处理（简化处理，计算结果保留整数）。

（1）20×4年1月1日，购入A公司债券时：

借：债权投资——成本	12 500 000	
贷：银行存款		10 000 000
债权投资——利息调整		2 500 000

（2）20×4年12月31日，确认A公司债券实际利息收入时：

借：应收利息（12 500 000×4.72%）	590 000	
债权投资——利息调整	410 000	

贷：投资收益（10 000 000×10%）　　1 000 000

借：银行存款　　590 000

贷：应收利息　　590 000

20×4年12月31日债权投资账面余额=1 000+41=1 041（万元）

（3）20×5年12月31日，确认A公司债券实际利息收入时：

借：应收利息（12 500 000×4.72%）　　590 000

债权投资——利息调整　　450 000

贷：投资收益（10 410 000×10%）　　1 040 000

借：银行存款　　590 000

贷：应收利息　　590 000

20×5年12月31日债权投资账面余额=1 041+45=1 086（万元）

（二）其他债权投资

其他债权投资核算房地产企业以公允价值计量且其变动计入其他综合收益的金融资产。本科目可按金融资产类别和品种，分别设置“成本”“利息调整”“公允价值变动”等明细科目进行明细核算。以公允价值计量且其变动计入其他综合收益的金融资产所产生的所有利得或损失，应当记入“其他综合收益”科目。

【例3-11】锦绣房地产开发公司为上市公司，20×2年12月31日以21 909.19万元（包括交易费用9.19万元）的价格购入乙公司于20×2年1月1日发行的5年期一次还本、分期付息债券，债券面值总额为20 000万元，付息日为每年1月5日，票面年利率为6%。锦绣房地产开发公司于每年年末计提债券利息。根据管理该债券的业务模式和该债券的合同现金流量特征，将该债券分类为以公允价值计量且其变动计入其他综合收益的金融资产。锦绣房地产开发公司确定该债券的实际利率为5%。

（1）20×2年12月31日购入债券时，账务处理如下：

借：其他债权投资——成本　　200 000 000

——利息调整　　7 091 900

应收利息　　12 000 000

贷：银行存款　　219 091 900

（2）20×3年1月5日，收到乙公司发放的债券利息，存入银行。

借：银行存款　　12 000 000

贷：应收利息　　12 000 000

（3）20×3年12月31日，确认实际利息收入，年末该债券的公允价值为21 000万元。

①应收利息=20 000×6%=1 200（万元）

②实际利息收入=20 709.19×5%=1 035.46（万元）

③利息调整=1 200−1 035.46=164.54（万元）

借：应收利息　　12 000 000

贷：其他债权投资——利息调整　　1 645 400

投资收益　　10 354 600

④公允价值变动=21 000-（20 709.19-164.54）=455.35（万元）

借：其他债权投资——公允价值变动　　4 553 500

　贷：其他综合收益　　4 553 500

（4）20×4年1月5日，收到利息（略）。

（5）20×4年12月31日，确认实际利息收入，年末该债券的公允价值为20 700万元。不考虑减值因素。

①应收利息=20 000×6%=1 200（万元）

②实际利息收入=20 544.65×5%=1 027.23（万元）

③利息调整=1 200-1 027.23=172.77（万元）

借：应收利息　　12 000 000

　贷：其他债权投资——利息调整　　1 727 700

　　投资收益　　10 272 300

④公允价值变动=20 700-（21 000-172.77）=-127.23（万元）

借：其他综合收益　　1 272 300

　贷：其他债权投资——公允价值变动　　1 272 300

（6）20×5年1月5日，收到利息（略）。

（7）20×5年1月6日，锦绣房地产开发公司出售全部债券，取得价款20 800万元。

①其他债权投资——成本=20 000万元

②其他债权投资——利息调整=（1）709.19-（3）164.54-（5）172.77=371.88（万元）

③其他债权投资——公允价值变动=（3）455.35-（5）127.23=328.12（万元）

④账务处理如下：

借：银行存款　　208 000 000

　　其他综合收益　　3 281 200

　贷：其他债权投资——成本　　200 000 000

　　　　——利息调整　　3 718 800

　　　　——公允价值变动　　3 281 200

　　投资收益　　4 281 200

第三节　房地产企业的长期股权投资

一、定义及分类

股权投资又称权益性投资，是指通过付出现金或非现金资产等取得被投资单位的股份或股权，享有一定比例的权益份额代表的资产。投资企业取得被投资单位的股权，相应地享有被投资单位净资产有关份额，通过自被投资单位分得现金股利或利润以及待被投资单位增值后出售等获利。

股权投资基于投资合同、协议等的约定，会形成投资方的金融资产，而对被投资单位，其所接受的来自投资方的出资会形成所有者权益。按照《企业会计准则第22号——金融工具确认和计量》的界定，股权投资一方面形成投资方的金融资产，另一方面形成被投资单位的权益工具，原则上属于金融工具。在大的范畴属于金融工具的情况下，根据投资方在投资后对被投资单位能够施加影响的程度，企业会计准则将股权投资区分为应当按照《企业会计准则第22号——金融工具确认和计量》进行核算和应当按照《企业会计准则第2号——长期股权投资》进行核算两种情况。其中，属于《企业会计准则第2号——长期股权投资》规范的股权投资，是根据投资方在投资后能够对被投资单位施加影响的程度来划分的，而不是持有投资的期限长短。会计意义上的长期股权投资包括投资方持有的对联营企业、合营企业以及子公司的投资。

（一）对联营企业投资

对联营企业投资，是指投资方能够对被投资单位施加重大影响的股权投资。重大影响，是指投资方对被投资单位的财务和生产经营政策有参与决策的权力，但并不能控制或与其他方一起共同控制这些政策的制定。

这里的“重大影响”是指投资方只要能够参与被投资单位的生产经营决策即可，不再额外强调对影响重大程度的量化衡量，即不考量投资方有关提议的接受程度或是在被投资单位的财务和生产经营决策过程中发言权的比重等。在实务中，较为常见的重大影响体现为在被投资单位的董事会或类似权力机构中派有代表，通过在被投资单位财务和经营决策制定过程中的发言权实施重大影响。从股权比例来看，投资方直接或通过子公司间接持有被投资单位20%及以上但低于50%的表决权股份时，一般认为对被投资单位具有重大影响，除非有明确的证据表明在该种情况下不能参与被投资单位的生产经营决策，不形成重大影响。

在以持有股权来判断投资方对被投资单位的影响程度时，应综合考虑投资方自身持有的股权、通过子公司间接持有的股权以及投资方或其他方持有的可转换为对被投资单位股权的其他潜在因素的影响，该类潜在因素通常包括被投资单位发行的当期可转换的认股权证、股份期权及可转换公司债券等。在上述因素中，以投资方自身直接或通过子公司间接持有的股权为主要判断基础，且在判断中注重的是投资方现时施加重大影响的能力。

房地产企业通常可以通过以下一种或几种情形来判断是否对被投资单位具有重大影响：

（1）在被投资单位的董事会或类似权力机构中派有代表。在这种情况下，由于在被投资单位的董事会或类似权力机构中派有代表，并享有实质性的参与决策权，投资方可以通过该代表参与被投资单位经营政策的制定，达到对被投资单位施加重大影响的目的。

（2）参与被投资单位财务和经营政策制定过程，包括股利分配政策等的制定。在这种情况下，因可以参与被投资单位的政策制定过程，在政策制定过程中可以为其自身利益提出建议和意见，从而对被投资单位施加重大影响。

（3）与被投资单位之间发生重要交易。有关的交易因对被投资单位的日常经营具有重要性，在一定程度上可以影响被投资单位的生产经营决策。

（4）向被投资单位派出管理人员。在这种情况下，投资方向被投资单位派出管理人员，管理人员有权力并负责被投资单位的财务和经营活动，从而能够对被投资单位施加重大影响。

（5）向被投资单位提供关键技术资料。因被投资单位的生产经营要依赖投资方的技术或技术资料，表明投资方对被投资单位具有重大影响。

（二）对合营企业投资

对合营企业投资，是指投资方持有的对构成合营企业的合营安排的投资。投资方判断其持有的对合营企业的投资，应当首先看是否构成合营安排，其次看有关合营安排是否构成合营企业。投资方通过与其他方共同出资设立被投资单位或通过购买等方式取得对被投资单位的投资，能够与其他方一并对被投资单位实施共同控制的，虽然在法律形式上体现为投资，但是否能够作为会计意义上对合营企业的投资还是仅构成对合营安排中的投资，并最终体现为投资方财务报表中占合营安排中有关资产、负债、收入、费用的份额，要依有关判断确定。

在判断合营安排时，需明确共同控制的定义：共同控制是指按照相关约定对某项安排所共有的控制，并且该安排的相关活动必须经过分享控制权的参与方一致同意后才能决策。

（三）对子公司投资

对子公司投资，是指投资方持有的能够对被投资单位施加控制的股权投资。控制，是指投资方拥有对被投资方的权力，通过参与被投资方的相关活动而享有可变回报，并且有能力运用对被投资方的权力影响其回报金额。对子公司的投资一般是通过企业合并方式取得的。

二、确认

长期股权投资的确认，是指投资方能够在自身账簿和报表中确认对被投资单位股权投资的时点，企业会计准则对于联营企业、合营企业投资的确认没有明确的规定，原则上应当遵从《企业会计准则——基本准则》中关于资产的界定，即有关股权投资在属于投资方的资产时确认。企业会计准则仅就对子公司投资的确认时点进行了明确规定，即购买方（或合并方）应于购买日（或合并日）确认其对子公司的长期股权投资。对于联营企业、合营企业等投资的持有，一般参照对子公司长期股权投资的确认条件进行。

对子公司投资应当在企业合并日（或购买日）确认。其中，合并日（或购买日）是指合并方（或购买方）实际取得对被合并方（或被购买方）控制权的日期，即投资方拥有对被投资方的权力，通过参与被投资方的相关活动而享有可变回报，且有能力运用对被投资方的权力影响其回报金额时。

对于合并日（或购买日）的判断，满足以下条件的，通常可认为实现了控制权的转移：第一，企业合并合同或协议已获股东大会通过；第二，企业合并事项需要经过国家有关主管部门审批的，已获得批准；第三，参与合并各方已办理了必要的产权转移手续；第四，合并方或购买方已支付了合并价款的大部分（一般应超过50%），并且有能力、有计划支付剩余款项；第五，合并方或购买方实际上已经控制了被合并方或被购买方的财务和经营政策，并享有相应的利益、承担相应的风险。在实务中，应结合具体交易情况进行综合判断，关键在于确定控制权的转移时点。

在某些特殊情况下，即使未满足上述全部条件，只要有确凿证据表明投资方已实质上取得了对被投资方的控制权，也可认定为购买日（或合并日）。

三、计量与核算

（一）初始计量与核算

1.对联营企业、合营企业投资的初始计量与核算

（1）以支付现金方式取得的长期股权投资，应当按照实际支付的购买价款作为长期股权投资的初始投资成本，包括与取得长期股权投资直接相关的费用、税金及其他必要支出，但所支付价款中包含的被投资单位已宣告但尚未发放的现金股利或利润应作为应收项目核算，不构成取得长期股权投资的成本。

（2）以发行权益性证券方式取得的长期股权投资，其成本为所发行权益性证券的公允价值，但不包括被投资单位已宣告但尚未发放的现金股利或利润。

为发行权益性证券支付给有关证券承销机构等的手续费、佣金等与权益性证券发行直接相关的费用，不构成取得长期股权投资的成本。按照《企业会计准则第37号——金融工具列报》的规定，该部分费用应自权益性证券的溢价发行收入中扣除；权益性证券的溢价收入不足冲减的，应冲减盈余公积和未分配利润。

【例3-12】20×5年3月5日，锦绣房地产开发公司通过增发9 000万股本公司普通股（每股面值1元）取得B公司20%的股权，该9 000万股股份的公允价值为15 600万元。为增发该部分股份，锦绣房地产开发公司向证券承销机构等支付了600万元的佣金和手续费。假定锦绣房地产开发公司取得该部分股权后，能够对B公司的财务和生产经营决策施加重大影响。

锦绣房地产开发公司应当以所发行股份的公允价值作为取得长期股权投资的成本，账务处理为：

借：长期股权投资	156 000 000	
贷：股本		90 000 000
资本公积——股本溢价		66 000 000

发行权益性证券过程中支付的佣金和手续费，应冲减权益性证券的溢价发行收入，账务处理为：

借：资本公积——股本溢价	6 000 000	
贷：银行存款		6 000 000

（3）以债务重组、非货币性资产交换等方式取得的长期股权投资，其初始投资成本应按照《企业会计准则第12号——债务重组》和《企业会计准则第7号——非货币性资产交换》的规定确定。

2.对子公司投资的初始计量与核算

对于形成控股合并的长期股权投资，应分别形成同一控制下控股合并与非同一控制下控股合并两种情况确定长期股权投资的初始投资成本。

（1）同一控制下控股合并形成的对子公司的长期股权投资。

同一控制下企业合并中，考虑到构成同一控制下企业合并的有关条件，即交易发生前后合并方、被合并方均在相同的最终控制方控制之下，从能够对参与合并各方在合并前及合并后均实施最终控制的一方来看，最终控制方在企业合并前及合并后能够控制的资产并没有发生变化，只是由于合并方的加入，其所控制子公司相互的层级、直接或间接关系发生了变化。控制的理念在会计核算中非常重要，从能够实施控制一方的角度看，不管其在某些交易事项发生前后对被投资方实施的是直接控制还是通过中间层次间接控制，只要能够实施控制，其所能够支配和运用的经济资源就是不变的，一般不能改计相关资产、负债的价值，这一理念原则上应体现在合并财务报表中，即最终控制方的合并财务报表、合并方编制的以最终控制方作为最主要使用者的合并财务报表中均应体现从最终控制方角度自其实施控制开始，延续下来的至合并发生时有关资产、负债的应有价值。

同一控制下企业合并形成的合并方对被合并方的长期股权投资，是合并方在该交易后在其个别财务报表中应当确认的资产，其成本代表的是在被合并方所有者权益中享有的份额。从理论上讲，该资产是合并方通过支付相关的对价取得的，其初始入账价值应当按照合并方为获取该资产所支付对价的公允价值计量，这是从单独的法律主体角度对合并方在交易中进行的真实价值交换的反映。但是，企业会计准则未采用这一观点，而是从最终控制方的角度，将合并方取得被合并方股权的交易作为企业集团内资产和权益的重新整合进行处理，不管交易本身是否按照公平的市场价格作价，也不管交易本身是否在最终控制方的主导下进行，只要符合同一控制下企业合并的界定，合并方通过交易取得对被合并方的长期股权投资即应按照通过该交易取得的被合并方账面净资产的份额确认。需要注意的是，该账面净资产并非指被合并方个别财务报表中体现的有关资产、负债的价值，而是从最终控制方角度看，被合并方自其被最终控制方开始控制时开始，其所持有的资产、负债确定对于最终控制方的价值持续计算至合并日的账面价值。具体如下：

①合并方以支付现金、转让非现金资产或承担债务方式作为合并对价的，应当在合并日按照取得被合并方所有者权益在最终控制方合并财务报表中的账面价值的份额作为长期股权投资的初始投资成本。长期股权投资的初始投资成本与支付的现金、转让的非现金资产及所承担债务账面价值之间的差额，应当调整资本公积（资本溢价或股本溢价）；资本公积（资本溢价或股本溢价）的余额不足冲减的，调整留存收益。

具体进行会计处理时，合并方在合并日按取得被合并方所有者权益在最终控制方合并财务报表中账面价值的份额，借记“长期股权投资”科目，按应享有被投资单位已宣告但尚未发放的现金股利或利润，借记“应收股利”科目，按支付的合并对价的账面价值，贷记有关资产或负债科目。如果为贷方差额，贷记“资本公积——资本溢价或股本溢价”科目；如果为借方差额，借记“资本公积——资本溢价或股本溢价”科目。资本公积（资本溢价或股本溢价）不足冲减的，借记“盈余公积”“利润分配——未分配利润”科目。

②合并方以发行权益性证券作为合并对价的，应按合并日取得被合并方所有者权益

在最终控制方合并财务报表中的账面价值的份额确认长期股权投资，按发行权益性证券的面值总额作为股本，长期股权投资初始投资成本与所发行权益性证券面值总额之间的差额，应当调整资本公积（资本溢价或股本溢价）；资本公积（资本溢价或股本溢价）不足冲减的，调整留存收益。

具体进行会计处理时，在合并日应按取得被合并方所有者权益在最终控制方合并财务报表中的账面价值的份额，借记“长期股权投资”科目，按应享有被投资单位已宣告但尚未发放的现金股利或利润，借记“应收股利”科目，按发行权益性证券的面值，贷记“股本”科目。如果为贷方差额，贷记“资本公积——资本溢价或股本溢价”科目；如果为借方差额，借记“资本公积——资本溢价或股本溢价”科目。资本公积（资本溢价或股本溢价）不足冲减的，借记“盈余公积”“利润分配——未分配利润”科目。

③形成同一控制下控股合并的长期股权投资，如果子公司按照改制时确定的资产、负债经评估确认的价值调整资产、负债账面价值的，合并方应当按照取得子公司经评估确认的净资产的份额，作为长期股权投资的初始投资成本。

④通过多次交换交易，分步取得股权，最终形成同一控制下控股合并的，在个别财务报表中，应当以持股比例计算的合并日应享有被合并方所有者权益在最终控制方合并财务报表中的账面价值份额，作为该投资的初始投资成本。初始投资成本与原长期股权投资账面价值加上合并日为取得新的股份所支付对价的现金、转让的非现金资产及所承担债务账面价值之和的差额，调整资本公积（资本溢价或股本溢价）；资本公积（资本溢价或股本溢价）不足冲减的，冲减留存收益。

⑤在企业合并中，合并方发生的审计、法律服务、评估咨询等中介费用以及其他相关管理费用，应当于发生时计入当期损益（管理费用）。

（2）非同一控制下控股合并形成的对子公司的长期股权投资。

非同一控制下企业合并本质上为市场化购买，其处理原则与一般的单项资产购买有相同之处，同时也有区别。两者的相同之处在于交易本身是按照市场化原则进行的，购买方在支付有关对价后，对于该交易中自被购买方取得的各项资产、负债应当按照其在购买日的公允价值计量。与单项资产购买的不同之处在于，企业合并是构成业务的多项资产及负债的整体购买，由于在交易价格形成过程中购买方与出售方之间议价等因素的影响，交易的最终价格与通过交易取得被购买方持有的有关单项资产、负债的公允价值之和一般会存在差异。这种差异主要源于两种情况：一是购买方支付的成本大于通过该交易自被购买方取得的各单项可辨认资产、负债的公允价值之和，差额部分是交易各方在作价时出于对被购买业务整合获利能力等因素的考虑，即被购买业务中有关资产、负债整合在一起预期会产生高于单项资产、负债的价值，此部分差额确认为商誉；二是购买方支付的成本小于该交易中自被购买方取得的各单项资产、负债的公允价值之和，差额部分是购买方在交易作价过程中通过自身的议价能力得到的折让，该折让在会计上称为负商誉。需要说明的是，按照企业会计准则的规定，对子公司长期股权投资在取得以后，在母公司账簿及个别财务报表中均体现为单项资产——长期股权投资，且采用成本法计量，上述商誉因素包含在相关对子公司长期股权投资的初始投资成本中，仅在编制合并财务报表时才会单独列示；负商誉因素不影响母公司账面及个别财务报表中持有的对子公司初始投资成本的确定，在编制合并财务报表时，负商誉应计入企业合并发生当期合并利润表的营业外收入。

①在非同一控制下的控股合并中，购买方应当按照确定的企业合并成本作为长期股权投资的初始投资成本。企业合并成本包括购买方付出的资产、发生或承担的负债、发行的权益性证券的公允价值之和。

进行会计处理时，对于非同一控制下控股合并形成的长期股权投资，应在购买日按企业合并成本（不含应自被投资单位收取的现金股利或利润），借记“长期股权投资”科目，按享有被投资单位已宣告但尚未发放的现金股利或利润，借记“应收股利”科目，按支付合并对价的账面价值，贷记有关资产或负债科目。若合并对价的公允价值大于账面价值，按其差额，贷记“营业外收入”或“投资收益”等科目；若合并对价的公允价值小于账面价值，按其差额，借记“投资收益”等科目。按发生的直接相关费用，借记“管理费用”科目，贷记“银行存款”等科目。

非同一控制下控股合并涉及以库存商品等作为合并对价的，应按库存商品的公允价值，贷记“主营业务收入”或“其他业务收入”科目，并同时结转相关的成本。以公允价值计量且其变动计入其他综合收益的债权性金融资产作为合并对价的，原持有期间公允价值变动形成的其他综合收益应一并转入投资收益，借记“其他综合收益”科目，贷记“投资收益”科目。

②通过多次交换交易，分步取得股权，最终形成非同一控制下控股合并的，购买方在个别财务报表中，应当以购买日之前所持被购买方的股权投资的账面价值与购买日新增投资成本之和，作为该投资的初始投资成本。

其中，形成控股合并前对长期股权投资采用权益法核算的，购买日长期股权投资的初始投资成本为原权益法下的账面价值加上购买日为取得新的股份所支付对价的公允价值之和。购买日之前因权益法形成的“其他综合收益”科目中，除不能重分类进损益的项目外，“其他资本公积”暂时不作处理，待到处置该投资时，将与其相关的其他综合收益或其他资本公积采用与被购买方直接处置相关资产或负债相同的基础进行会计处理；形成控股合并前对长期股权投资采用公允价值计量的（如原分类为以公允价值计量且其变动计入其他综合收益的金融资产的非交易性权益工具投资），长期股权投资在购买日的初始投资成本为原公允价值计量的账面价值加上购买日取得新的股份所支付对价的公允价值之和，购买日之前持有的被购买方的股权涉及其他综合收益的，应将其他综合收益从原科目全部转入留存收益，即借记“其他综合收益”科目，贷记“盈余公积”“利润分配——未分配利润”科目。

【例3-13】锦绣房地产开发公司于20×4年3月以2 000万元取得B上市公司5%的股权，对B公司不具有重大影响，锦绣房地产开发公司将其分类为以公允价值计量且其变动计入其他综合收益的金融资产，按公允价值计量。20×5年4月1日，锦绣房地产开发公司又斥资25 000万元自C公司取得B公司另外50%股权。假定锦绣房地产开发公司取得对B公司的长期股权投资后，B公司未宣告发放现金股利。锦绣房地产开发公司原持有B公司5%的股权于20×5年3月31日的公允价值为2 500万元（与20×5年4月1日的公允价值相等），累计计入其他综合收益的金额为500万元。锦绣房地产开发公司与C

公司不存在任何关联方关系。

本例中，锦绣房地产开发公司是通过分步购买最终达到对B公司的控制的，因锦绣房地产开发公司与C公司不存在任何关联方关系，故形成非同一控制下控股合并。在购买日，锦绣房地产开发公司应进行如下账务处理：

借：长期股权投资　　275 000 000

　贷：其他权益工具投资　　25 000 000

　　　银行存款　　250 000 000

借：其他综合收益　　5 000 000

　贷：盈余公积　　500 000

　　　利润分配——未分配利润　　4 500 000

假定锦绣房地产开发公司于20×4年3月以12 000万元取得B公司20%的股权，并能对B公司施加重大影响，采用权益法核算该股权投资，当年度确认对B公司的投资收益450万元。20×5年1月，锦绣房地产开发公司又斥资15 000万元自C公司取得B公司另外30%的股权，自取得该股权起控制B公司。锦绣房地产开发公司除净利润外，无其他所有者权益变动，按净利润的10%提取盈余公积。锦绣房地产开发公司对该长期股权投资未计提任何减值准备。其他资料同上。购买日，锦绣房地产开发公司应进行以下账务处理：

借：长期股权投资　　150 000 000

　贷：银行存款　　150 000 000

购买日对B公司长期股权投资的账面价值=（12 000+450）+15 000=27 450（万元）

（3）投资成本中包含的已宣告但尚未发放的现金股利或利润的处理。

企业无论以何种方式取得长期股权投资，取得投资时，对于投资成本中包含的被投资单位已宣告但尚未发放的现金股利或利润，都应作为应收项目单独核算，不构成取得长期股权投资的初始投资成本。企业在支付对价取得长期股权投资时，对于实际支付的价款中包含的对方已宣告但尚未发放的现金股利或利润，应作为预付款，构成企业的一项债权，其与取得的对被投资单位的长期股权投资应作为两项金融资产。

（4）一项交易同时涉及自最终控制方购买股权形成控制及自其他外部独立第三方购买股权的会计处理。

在某些股权交易中，合并方除自最终控制方取得集团内企业的股权外，还涉及自外部独立第三方购买被合并方进一步的股权。在该类交易中，一般认为自集团内取得的股权能够形成控制的，相关股权投资成本的确定按照同一控制下企业合并的有关规定处理；而自外部独立第三方取得的股权则视为在取得对被投资单位的控制权，形成同一控制下企业合并后少数股权的购买，该部分少数股权的购买不管与形成同一控制下企业合并的交易是否同时进行，在与同一控制下企业合并不构成一揽子交易的情况下，有关股权投资成本应按照实际支付的购买价款确定。

（二）长期股权投资的后续计量

投资企业在持有长期股权投资期间，应当根据对被投资单位能够施加的影响程度进行划分，在个别财务报表中分别采用成本法及权益法进行核算。

1.长期股权投资的成本法

成本法是指投资按成本计价的方法。长期股权投资的成本法适用于企业持有的、能够对被投资单位实施控制的长期股权投资。

长期股权投资的核算，特别是在投资方个别财务报表中的核算，视看待问题的角度不同，有三种方法可供选择：如果将其作为金融资产，投资方可以选择在个别财务报表中对持有的股权投资采用公允价值计量，公允价值变动计入损益。对于具有重大影响以上的股权投资，在作为长期股权投资处理的情况下，可以选择采用成本法或权益法。成本法按照股权投资的取得成本计量，持有过程中除发生减值等情况外，对其账面价值不予调整。在权益法下，长期股权投资是随着取得投资后被投资单位净资产的变动而变动的，其基本理念是投资方按照持股比例应当享有被投资单位因实现损益或其他原因导致的净资产变动的份额，投资方最终总会取得，因而应计入长期股权投资账面价值。一般来说，长期股权投资的权益法是合并财务报表的另外一种表现形式，即将应享有被投资单位净资产的变动总括反映为长期股权投资账面价值的变动，而合并财务报表则是将该应享有被投资单位净资产的变动分解到被投资单位的每一项资产、负债账面价值的变动上。

在上述三种方法下，企业会计准则对应当作为长期股权投资核算的对联营企业、合营企业和子公司投资的处理方法进行了选择并做出明确规定。其中，对子公司投资，在投资方的个别财务报表中采用成本法核算；对联营企业、合营企业的长期股权投资，在投资方的个别财务报表中应当采用权益法核算。在实务中，这种选择存在争议，即相较于对联营企业和合营企业投资，企业持有的对子公司投资，因能够控制被投资单位，影响程度更深一些，在个别财务报表中反而采用成本法，与联营企业、合营企业的核算理念不尽一致，也无法类比。

采用成本法核算长期股权投资的方法如下：

（1）初始投资或追加投资时，按照初始投资或追加投资时的成本增加长期股权投资的账面价值。

（2）除取得投资时实际支付的价款或对价中包含的已宣告但尚未发放的现金股利或利润外，投资企业应当按照享有被投资单位宣告发放的现金股利或利润确认投资收益，不管有关利润分配是对取得投资前还是对取得投资后被投资单位实现净利润的分配。

投资企业在确认自被投资单位应分得的现金股利或利润后，应当考虑有关长期股权投资是否发生减值。从理论上来讲，如果投资方在取得投资以后，自被投资单位分得的现金股利或利润大于在其获取投资以后被投资单位实现的净利润，超过部分是对被投资单位在投资方取得投资前被投资单位实现利润的分配，该部分利润原则上应当已经包含在长期股权投资的原取得成本中，因而可能涉及相关长期股权投资应当考虑减值的问题，但这只是判断有关长期股权投资可能存在减值的一个因素而已。在判断该类长期股权投资是否存在减值迹象时，一般应当关注长期股权投资的账面价值是否大于享有被投资单位净资产（包括相关商誉）账面价值的份额等情况。出现类似情况时，企业应当按照《企业会计准则第8号——资产减值》的规定对长期股权投资进行减值测试，可收回金额低于长期股权投资账面价值的，应当计提减值准备。

（3）子公司将未分配利润或盈余公积转增股本（或实收资本），且未向投资方提供等值现金股利或利润的选择权时，投资方并没有获得收取现金或者利润的权利，该项交易通常属于子公司自身权益结构的重分类，企业会计准则规定投资方不应确认相关的投资收益。

【例3-14】20×5年6月20日，锦绣房地产开发公司以1 500万元购入乙公司80%的股权。锦绣房地产开发公司取得该部分股权后，有权主导乙公司的相关活动并获得可变回报。20×5年9月30日，乙公司宣告分派现金股利，锦绣房地产开发公司按照其持有比例确定可分回20万元。锦绣房地产开发公司对乙公司长期股权投资的账务处理如下：

借：长期股权投资　　15 000 000

　　贷：银行存款　　15 000 000

借：应收股利　　200 000

　　贷：投资收益　　200 000

2. 长期股权投资的权益法

（1）权益法的定义及适用范围。

权益法是指投资以初始投资成本计量后，在持有期间内，根据被投资单位所有者权益的变动，投资企业按应享有（或应分担）被投资企业所有者权益的份额调整其投资账面价值的方法。

权益法的核算理念与合并财务报表的编制有类似之处，即将投资方在获取投资以后享有被投资单位净资产的变动反映在投资的账面价值中，原则上按照持股比例计算确定投资方应享有或应分担的被投资单位净资产的变动，可以通过自被投资单位分回现金股利或利润的方式或者通过对外出售等方式予以实现。其与合并财务报表的不同之处在于，合并财务报表的处理方式是母公司在取得投资以后，对子公司净资产的变动是全额合并，有关资产、负债、收入、费用等在抵消未实现内部交易损益的影响后，均全额反映在母公司的合并财务报表中；而权益法是按照投资方的持股比例将应享有（或应分担）被投资单位净资产变动的份额确认在长期股权投资账面价值中。

企业会计准则规定，投资企业持有的对合营企业投资及联营企业投资，应当采用权益法核算。但是，风险投资机构、共同基金以及类似主体持有的、在初始确认时按照《企业会计准则第22号——金融工具确认和计量》的规定确认为以公允价值计量且其变动计入当期损益的金融资产的，无论以上主体是否对这部分投资具有重大影响，都应按照《企业会计准则第22号——金融工具确认和计量》的规定进行确认和计量。投资方对联营企业的权益性投资，其中一部分通过风险投资机构、共同基金、信托公司以及类似主体间接持有的，无论以上主体是否对这部分投资具有重大影响，投资方都可以按照《企业会计准则第22号——金融工具确认和计量》的有关规定，对间接持有的该部分投资选择确认为以公允价值计量且其变动计入当期损益的金融资产，并对其余部分采用权益法核算。上述会计处理方法是与相关主体持有投资的目的及价值实现方式相适应的，一般情况下，具有重大影响的长期股权投资，是通过参与被投资单位的生产经营决策并相应获取被投资单位实现的利润来实现价值增值的；风险投资机构、共同基金以及类似主体持有的股权性投资，基于这类机构的运营模式、业绩考核和评价方式等，主要还是看相关投资公允价值的变动以及相应变动所带来的即期获利能力，作为金融工具核算并以公允价值计量且其变动计入当期损益的会计处理方式体现的信息相较于权益法体现的信息对使用者的投资决策更有用。

（2）权益法的核算。

①初始投资成本的调整。

投资企业取得对联营企业或合营企业的投资以后，对于取得投资时投资成本与应享有被投资单位可辨认净资产公允价值份额之间的差额，应区别情况分别处理。

初始投资成本大于取得投资时应享有被投资单位可辨认净资产公允价值份额的，该部分差额从本质上看，是投资企业在取得投资过程中通过购买作价体现出的与所取得股权份额相对应的商誉及被投资单位不符合确认条件的资产价值。长期股权投资在投资方的个别财务报表中作为单项资产核算的情况下，商誉等不单独反映，初始投资成本大于投资时应享有被投资单位可辨认净资产公允价值的份额时，不要求对长期股权投资的成本进行调整。

初始投资成本小于取得投资时应享有被投资单位可辨认净资产公允价值份额的，两者之间的差额体现为双方在交易作价过程中转让方的让步，该部分经济利益流入应作为收益处理，计入取得投资当期的营业外收入，同时调整增加长期股权投资的账面价值。

【例3-15】锦绣房地产开发公司于20×5年1月取得B公司30%的股权，支付价款9 000万元。取得投资时，被投资单位净资产账面价值为22 500万元（假定被投资单位各项可辨认资产、负债的公允价值与其账面价值相同）。

在B公司的生产经营决策中，所有股东均按持股比例行使表决权。锦绣房地产开发公司在取得B公司的股权后，派人参与了B公司的生产经营决策。因能够对B公司施加重大影响，锦绣房地产开发公司对该投资应当采用权益法核算。取得投资时，锦绣房地产开发公司应进行以下账务处理：

借：长期股权投资——投资成本 90 000 000

　贷：银行存款 90 000 000

此时，长期股权投资的初始投资成本9 000万元大于取得投资时应享有被投资单位可辨认净资产公允价值的份额6 750万元（22 500×30%），该差额本质上体现为商誉及被投资单位不符合确认条件的资产价值，在个别财务报表中不单独反映，因此不要求对长期股权投资的账面价值进行调整。

假设本例中取得投资时被投资单位可辨认净资产的公允价值为36 000万元，锦绣房地产开发公司按持股比例30%计算确定应享有10 800万元，两者之间的差额1 800万元体现为转让方的让步，应作为收益处理，计入取得投资当期的营业外收入，同时调整增加长期股权投资的账面价值。锦绣房地产开发公司账务处理如下：

借：长期股权投资——投资成本 90 000 000

　贷：银行存款 90 000 000

借：长期股权投资——投资成本 18 000 000

　贷：营业外收入 18 000 000

②投资损益的确认。

投资企业取得长期股权投资后，按照应享有或应分担的被投资单位实现净利润或发生净亏损的份额，调整长期股权投资的账面价值，并确认为当期投资损益。

在确认应享有或应分担被投资单位的净利润或净亏损时，需要以被投资单位账面净利润为基础，综合考虑以下因素进行调整：

一是被投资单位采用的会计政策及会计期间与投资企业不一致的，应按投资企业的会计政策及会计期间对被投资单位的财务报表进行调整，确保核算基础一致。

二是以取得投资时被投资单位固定资产、无形资产的公允价值为基础，重新计算折旧额或摊销额，并结合以投资企业取得投资时的公允价值为基础确定的资产减值准备金额，评估其对被投资单位净利润的影响。这是因为投资企业的投资成本基于被投资单位资产、负债的公允价值，为遵循资本保全原则，需要以该公允价值为基础计算投资收益，避免成本补偿不足。

三是在评估投资方对被投资单位是否具有重大影响时，应当考虑潜在表决权的影响，但在确定应享有的被投资单位实现的净损益、其他综合收益和其他所有者权益变动的份额时，仅以实际持有的股权比例为依据，不考虑潜在表决权对应的权益份额，确保权益计算的准确性与规范性。

四是在确认应享有或应分担的被投资单位净利润或净损失时，需剔除法规或章程规定不属于投资企业的净损益。例如，被投资单位发行了分类为权益的可累积优先股等类似的权益工具，无论被投资单位是否宣告分配优先股股利，投资方在计算应享有被投资单位的净利润时，均应将归属于其他投资方的累积优先股股利予以扣除。

五是对于投资企业与其联营企业及合营企业之间发生的未实现内部交易损益，应按持股比例予以抵消，在此基础上确认投资损益。投资企业与被投资单位发生的内部交易损失符合《企业会计准则第8号——资产减值》规定的资产减值损失，应当全额确认。此外，纳入投资企业合并范围的子公司与其联营企业及合营企业之间发生的内部交易损益，也应遵循同样的抵消原则。

③未实现内部交易损益的抵消。

未实现内部交易既包括顺流交易也包括逆流交易。其中，顺流交易是指投资企业向其联营企业或合营企业出售资产，逆流交易是指联营企业或合营企业向投资企业出售资产。当未实现内部交易损益体现在投资企业或其联营企业、合营企业持有的资产账面价值中时，需要在计算投资损益时予以抵销。

第一，逆流交易。当联营企业或合营企业向投资企业出售资产且存在未实现内部交易损益（资产未对外部独立第三方出售）时，投资企业在采用权益法计算应享有联营企业或合营企业的投资损益时，应抵消该损益影响。在个别财务报表中，因交易已完成且资产按实际支付价款入账，无法直接调整交易价值；而在编制合并财务报表时，需抵消资产账面价值中包含的未实现内部交易损益，并相应调整对联营企业或合营企业的长期股权投资，以体现会计主体概念。

第一，顺流交易。投资企业向联营企业或合营企业出售资产且存在未实现内部交易损益时，同样需抵消该损益的影响，并调整对联营企业或合营企业长期股权投资账面价值。在个别财务报表中，仅能通过长期股权投资的损益确认间接调整；在合并财务报表中，可直接抵消未实现的收入和成本，进而调整原权益法下确认的投资收益。

④合营方向合营企业投出非货币性资产产生损益的处理。合营方向合营企业投出或出售非货币性资产的相关损益，应当按照以下原则处理：

符合下列情况之一的，合营方不应确认该类交易的损益：与投出非货币性资产所有权有关的重大风险和报酬没有转移给合营企业；投出非货币性资产的损益无法可靠计量；投出非货币性资产交易不具有商业实质。

合营方转移了与投出非货币性资产所有权有关的重大风险和报酬并且投出资产留给合营企业使用的，应在该交易中确认属于合营企业其他合营方的利得和损失。交易表明投出或出售非货币性资产发生减值损失的，合营方应当全额确认该部分损失。

在投出非货币性资产的过程中，合营方除了取得合营企业的长期股权投资外，还取得了其他货币性或非货币性资产的，应当确认该交易中与所取得其他货币性、非货币性资产相关的损益。

需要注意的是，该交易在个别财务报表和合并财务报表中的处理存在差异。在合并财务报表中，投资方需要按持股比例抵消未实现内部交易损益，同时调整长期股权投资的账面价值和相关收入、成本。

⑤取得现金股利或利润的处理。按照权益法核算的长期股权投资，投资企业自被投资单位取得现金股利或利润时，应抵减长期股权投资的账面价值。在被投资单位宣告分派现金股利或利润时，借记“应收股利”科目，贷记“长期股权投资——损益调整”科目。

⑥超额亏损的确认。按照权益法核算的长期股权投资，投资企业确认应分担被投资单位发生的损失，原则上应以长期股权投资及其他实质上构成对被投资单位净投资的长期权益减记至零为限，投资企业负有承担额外损失义务的除外。其中，“其他实质上构成对被投资单位净投资的长期权益”通常是指无明确清收计划且短期内不准备收回的长期应收项目，不包括因日常经营活动产生的长期债权。

投资企业在确认应分担被投资单位发生的亏损时，具体应按照以下顺序处理：第一步，减记长期股权投资的账面价值。第二步，在长期股权投资的账面价值减记至零的情况下，对于未确认的投资损失，应考虑除长期股权投资以外，投资方的账面上是否有其他实质上构成对被投资单位净投资的长期权益项目。如果有，则应以其他长期权益的账面价值为限，继续确认投资损失，冲减长期应收项目等的账面价值。第三步，经过上述处理，按照投资合同或协议的约定，投资企业仍需要承担额外损失弥补等义务的，应按预计将承担的义务金额确认预计负债，计入当期投资损失。

企业在实务操作过程中，在发生投资损失时，应借记“投资收益”科目，贷记“长期股权投资——损益调整”科目。在长期股权投资的账面价值减记至零以后，考虑其他实质上构成对被投资单位净投资的长期权益，继续确认的投资损失，应借记“投资收益”科目，贷记“长期应收款”等科目；因投资合同或协议的约定导致投资企业需要承担额外义务的，按照《企业会计准则第13号——或有事项》的规定，对于符合确认条件的义务，应确认为当期损失，同时确认预计负债，借记“投资收益”科目，贷记“预计负债”科目。除上述情况外，仍未确认的应分担被投资单位的损失应在账外备查登记。

在确认了有关的投资损失以后，被投资单位于以后期间实现盈利的，应按以上相反顺序分别减记账外备查登记的金额、已确认的预计负债、恢复其他长期权益及长期股权投资的账面价值，同时确认投资收益，即应当按顺序分别借记“预计负债”“长期应收款”“长期股权投资”等科目，贷记“投资收益”科目。

【例3-16】锦绣房地产开发公司持有乙企业40%的股权，能够对乙企业施加重大影响。20×4年12月31日，该长期股权投资的账面价值为6 000万元。乙企业20×5年由于一项主营业务市场条件发生变化，当年亏损9 000万元。假定锦绣房地产开发公司在取得该投资时，乙企业各项可辨认资产、负债的公允价值与其账面价值相等，双方所采用的会计政策及会计期间也相同。锦绣房地产开发公司当年应确认的投资损失为3 600万元，确认上述投资损失后，长期股权投资的账面价值变为2 400万元。

如果乙企业当年的亏损额为18 000万元，锦绣房地产开发公司按其持股比例确认应分担的损失为7 200万元，但长期股权投资的账面价值仅为6 000万元。如果没有其他实质上构成对被投资单位净投资的长期权益项目，锦绣房地产开发公司应确认的投资损失为6 000万元，超额损失在账外进行备查登记。在确认了6 000万元的投资损失、长期股权投资的账面价值减记至零以后，如果锦绣房地产开发公司账上仍有应收乙企业的长期应收款2 400万元，该款项从目前情况看，没有明确的清偿计划（并非产生于商品购销等日常活动），在长期应收款的账面价值大于1 200万元的情况下，应以长期应收款的账面价值为限，进一步确认投资损失1 200万元。锦绣房地产开发公司账务处理如下：

借：投资收益　　60 000 000

　贷：长期股权投资——损益调整　　60 000 000

借：投资收益　　12 000 000

　贷：长期应收款　　12 000 000

⑦其他综合收益的处理。在权益法下，被投资单位确认的其他综合收益及变动也会影响被投资单位所有者权益总额，进而影响投资企业应享有被投资单位所有者权益的份额。当被投资单位其他综合收益发生变动时，投资企业应当按照归属于本企业的部分，相应调整长期股权投资的账面价值，同时增加或减少其他综合收益。

【例3-17】锦绣房地产开发公司持有乙公司25%的股份，并能对乙公司施加重大影响。当期，乙公司将作为存货的房地产转换为以公允价值计量的投资性房地产，转换日公允价值大于账面价值1 500万元，计入了其他综合收益。不考虑其他因素，锦绣房地产开发公司当期按照权益法核算，应确认的其他综合收益的会计处理如下：

应确认的其他综合收益=1 500×25% =375（万元）

借：长期股权投资——其他综合收益　　3 750 000

　贷：其他综合收益　　3 750 000

⑧被投资单位所有者权益其他变动的处理。采用权益法核算时，投资企业对于被投资单位除净损益、其他综合收益以及利润分配以外的所有者权益的其他变动，应按照持股比例与被投资单位所有者权益的其他变动计算的归属于本企业的部分，相应调整长期

股权投资的账面价值，同时增加或减少资本公积（其他资本公积）。被投资单位除净损益、其他综合收益以及利润分配以外的所有者权益的其他变动主要包括被投资单位接受其他股东的资本性投入、被投资单位发行可分离交易的可转换公司债券中包含的权益成分、以权益结算的股份支付等。

【例3-18】锦绣房地产开发公司持有B企业30%的股份，能够对其施加重大影响。B企业为上市公司，当期接受其母公司捐赠1 000万元，该捐赠实质上属于资本性投入，B公司将其计入资本公积（股本溢价）。不考虑其他因素，锦绣房地产开发公司按权益法核算应享有被投资单位所有者权益的其他变动，会计处理如下：

应享有被投资单位所有者权益的其他变动=1 000×30% =300（万元）

借：长期股权投资——其他权益变动　　3 000 000

　贷：资本公积——其他资本公积　　3 000 000

⑨股票股利的处理。被投资单位分派的股票股利，投资企业不进行账务处理，但应于除权日注明所增加的股数，以反映股份的变化情况。权益法下对被投资单位分派股票股利的处理与成本法下的处理一致，但在实务中有不同的意见。有人认为，股票股利与现金股利应采用同样的处理方法，即投资方应在确认应收股利的同时，减少长期股权投资（损益调整），同时将应收股利相关价值量调整增加长期股权投资（投资成本）；还有人认为，股票股利不影响被投资单位所有者权益总额，投资方不应进行会计处理。目前企业会计准则及实务均采用了第二种做法。

3.长期股权投资的减值

长期股权投资在按照规定进行核算确定其账面价值的基础上，如果存在减值迹象，应当按照相关准则的规定计提减值准备。其中，对子公司、联营企业及合营企业的投资，应当按照《企业会计准则第8号——资产减值》的规定确定其可收回金额及应计提的减值准备，长期股权投资的减值准备在提取以后，不允许转回。

（三）长期股权投资核算方法的转换

1.成本法转权益法

因处置投资导致对被投资单位的影响能力下降，由控制转为具有重大影响，或是与其他投资方一起实施共同控制的，在投资企业的个别财务报表中，应按处置或收回投资的比例结转应终止确认的长期股权投资成本。在此基础上，将剩余的长期股权投资转为采用权益法核算，即应当比较剩余的长期股权投资成本与按照剩余持股比例计算原投资时应享有被投资单位可辨认净资产公允价值的份额，属于投资作价中体现的商誉部分，不调整长期股权投资的账面价值；属于投资成本小于应享有被投资单位可辨认净资产公允价值份额的，在调整长期股权投资成本的同时，应调整留存收益。对于原取得投资后至转变为权益法核算之间被投资单位实现的净损益中应享有的份额，应调整长期股权投资的账面价值，同时调整留存收益或当期损益：对于原取得投资时至处置投资当期期初被投资单位实现的净损益（扣除已发放及已宣告发放的现金股利及利润）中应享有的份额，调整留存收益；对于处置投资当期期初至处置投资期间被投资单位实现的净损益中应享有的份额，调整当期损益。其他原因导致被投资单位所有者权益变动中应享有的份额，在调整长期股权投资账面价值的同时，应当记入“其他综合收益”或“资本公积——其他资本公积”科目。

2.公允价值计量或权益法转换为成本法

因追加投资原因导致原持有的分类为以公允价值计量且其变动计入当期损益的金融资产，或非交易性权益工具投资分类为以公允价值计量且其变动计入其他综合收益的金融资产，以及对联营企业或合营企业的投资转变为对子公司投资的，长期股权投资账面价值的调整应当按照本章关于对子公司投资初始计量的相关规定处理。

对于原作为金融资产，转换为采用成本法核算的对子公司投资的，如有关金融资产分类为以公允价值计量且其变动计入当期损益的金融资产，应当按照转换时的公允价值确认为长期股权投资，公允价值与其原账面价值之间的差额计入当期损益；如非交易性权益工具投资分类为以公允价值计量且其变动计入其他综合收益的金融资产，在按照转换时的公允价值确认长期股权投资，该公允价值与账面价值之间的差额计入当期损益外，原确认计入其他综合收益的前期公允价值变动亦应结转计入当期损益。

3.公允价值计量转为权益法

投资企业原持有的对被投资单位的股权不具有控制、共同控制或重大影响，按照《企业会计准则第22号——金融工具确认和计量》的规定进行会计处理的，因追加投资等原因导致持股比例增加，使其能够对被投资单位实施共同控制或重大影响而转按权益法核算的，应在转换日，按照原股权的公允价值加上为取得新增投资而应支付对价的公允价值，作为改按权益法核算的初始投资成本；原股权投资于转换日的公允价值与账面价值之间的差额，以及原计入其他综合收益的累计公允价值变动转入改按权益法核算的当期损益。在此基础上，比较初始投资成本与获得被投资单位共同控制或重大影响时应享有被投资单位可辨认净资产公允价值份额之间的差额，前者大于后者的，不调整长期股权投资的账面价值；前者小于后者的，调整长期股权投资的账面价值，并计入当期营业外收入。

4.权益法转为公允价值计量

投资企业原持有的对被投资单位的股权具有共同控制或重大影响，因部分处置等原因导致持股比例下降，不能再对被投资单位实施共同控制或重大影响的，应于失去共同控制或重大影响时，改按《企业会计准则第22号——金融工具确认和计量》的规定对剩余股权进行会计处理。也就是说，对剩余股权在改按公允价值计量时，公允价值与其原账面价值之间的差额计入当期损益。同时，原采用权益法核算的相关其他综合收益应当在终止采用权益法核算时，采用与被投资单位直接处置相关资产或负债相同的基础进行会计处理；因被投资单位除净损益、其他综合收益和利润分配以外的其他所有者权益变动而确认的所有者权益，应当在终止采用权益法时全部转入当期损益。

5.成本法转为公允价值计量

投资企业原持有的对被投资单位的股权能够实施控制，后因部分处置等原因导致持股比例下降，不能再对被投资单位实施控制、共同控制或重大影响的，应将剩余股权改按《企业会计准则第22号——金融工具确认和计量》的规定进行会计处理，并于丧失控制权日将剩余股权按公允价值重新计量，公允价值与其账面价值的差额计入当期损益。

（四）长期股权投资的处置

企业处置长期股权投资时，应相应结转与所售股权相对应的长期股权投资的账面价值，出售所得价款与处置长期股权投资账面价值之间的差额，应确认为处置损益。采用权益法核算的长期股权投资，原计入其他综合收益（不能结转损益的除外）或资本公积（其他资本公积）的金额，如处置后因具有重大影响或共同控制仍然采用权益法核算的，在处置时也应结转，将与所出售股权相对应的部分在处置时自其他综合收益或资本公积转入当期损益。如处置后对有关投资终止采用权益法，则原计入其他综合收益（不能结转损益的除外）或资本公积（其他资本公积）的金额应全部结转。

【例3-19】锦绣房地产开发公司原持有B企业40%的股权，20×5年12月19日，锦绣房地产开发公司决定出售10%的B企业股权，出售时锦绣房地产开发公司账面上对B企业长期股权投资的构成为：投资成本1 800万元，损益调整480万元，可转入损益的其他综合收益100万元，其他权益变动200万元。出售取得价款705万元。

（1）锦绣房地产开发公司确认处置损益的账务处理为：

借：银行存款	7 050 000	
贷：长期股权投资——投资成本		4 500 000（1 800÷40%×10%）
——损益调整		1 200 000（480÷40%×10%）
——其他综合收益		250 000（100÷40%×10%）
——其他权益变动		500 000（200÷40%×10%）
投资收益		600 000

（2）除应将实际取得价款与出售长期股权投资的账面价值结转，确认出售损益外，还应将原计入其他综合收益或资本公积的部分按比例转入当期损益，账务处理为：

借：资本公积——其他资本公积	500 000（200÷40%×10%）	
其他综合收益	250 000（100÷40%×10%）	
贷：投资收益		750 000

第四节 房地产企业的投资性房地产

一、确认

投资性房地产是为赚取租金或资本增值，或者两者兼有而持有的房地产。投资性房地产应当单独计量和出售。

投资性房地产的主要形式是出租建筑物、出租土地使用权，实质上属于一种让渡资产使用权的行为。房地产租金就是让渡资产使用权取得的使用费收入，是房地产企业为完成其经营目标所从事的经营活动以及与之相关的其他活动形成的经济利益的总流入。投资性房地产的另一种形式是持有并准备增值后转让的土地使用权，尽管其增值收益通常与市场供求、经济发展等因素有关，但目的是增值后转让以赚取增值收益，也是房地产企业为完成其经营目标所从事的经营活动以及与之相关的其他活动形成的经济利益的总流入。在实务中，持有并准备增值后转让的土地使用权这种情况较少。

投资性房地产的范围限定为已出租的土地使用权、持有并准备增值后转让的土地使用权、已出租的建筑物。

（一）已出租的土地使用权

已出租的土地使用权，是指房地产企业通过出让或转让方式取得的、以经营租赁方式出租的土地使用权。房地产企业取得的土地使用权通常包括在一级市场上以缴纳土地出让金的方式取得的土地使用权，也包括在二级市场上接受其他单位转让的土地使用权。例如，锦绣房地产开发公司与乙公司签订了土地使用权租赁协议，锦绣房地产开发公司以年租金720万元租赁使用乙公司拥有的40万平方米土地使用权。那么，自租赁协议约定的租赁期开始日起，这项土地使用权就属于乙公司的投资性房地产。对于以经营租赁方式租入土地使用权再转租给其他单位的，不能确认为投资性房地产。

（二）持有并准备增值后转让的土地使用权

持有并准备增值后转让的土地使用权，是房地产企业取得的、待增值后转让的土地使用权。这类土地使用权很可能给房地产企业带来资本增值收益，符合投资性房地产的定义。按照国家有关规定认定的闲置土地，不属于持有并准备增值后转让的土地使用权，也就不属于投资性房地产。

（三）已出租的建筑物

已出租的建筑物，是指房地产企业拥有产权的、以经营租赁方式出租的建筑物，包括自行建造或开发活动完成后用于出租的建筑物以及正在建造或开发过程中将来用于出租的建筑物。例如，锦绣房地产开发公司将其拥有的一栋商品房整体出租给乙公司，租赁期2年，自租赁期开始日起，该栋商品房属于锦绣房地产开发公司的投资性房地产。

二、计量

房地产企业的投资性房地产应当按照成本进行初始确认和计量。在后续计量时，通常应当采用成本模式；当满足特定条件时，也可以采用公允价值模式。需要强调的是，同一房地产企业只能采用一种模式对其所有投资性房地产进行后续计量，不得同时采用两种计量模式。

三、核算

（一）采用成本模式计量的投资性房地产

采用成本模式计量的账务处理比较简单，主要涉及“投资性房地产”“投资性房地产累计折旧（摊销）”“投资性房地产减值准备”等科目，可比照“固定资产”“无形资产”“累计折旧”“累计摊销”“固定资产减值准备”“无形资产减值准备”等相关科目进行处理。

1.外购或自行建造的投资性房地产

外购采用成本模式计量的土地使用权和建筑物，应当按照取得时的实际成本进行初始计量，其成本包括购买价款、相关税费和可直接归属于该资产的其他支出。房地产企业购入的房地产，部分用于出租（或资本增值）、部分自用的，用于出租（或资本增值）的部分应当单独确认，按照不同部分的公允价值占公允价值总额的比例将成本在不同部分之间进行合理分配。

自行建造的采用成本模式计量的投资性房地产，其成本由建造该资产达到预定可使用状态前发生的必要支出构成，包括土地开发费、建造安装成本、应予以资本化的借款费用、支付的其他费用和分摊的间接费用等。建造过程中发生的非正常损失直接计入当期损益，不计入建造成本。

【例 3-20】20×5 年 3 月，锦绣房地产开发公司计划购入一栋写字楼用于对外出租。3 月 14 日，锦绣房地产开发公司与乙房地产企业签订了经营租赁合同，约定自写字楼购买日起将这栋写字楼出租给乙房地产企业，为期 5 年。4 月 7 日，锦绣房地产开发公司实际购入写字楼，支付价款共计 1 200 万元（假设不考虑其他因素，锦绣房地产开发公司采用成本模式进行后续计量，下同）。锦绣房地产开发公司的账务处理如下：

借：投资性房地产——写字楼　　12 000 000

　贷：银行存款　　12 000 000

【例 3-21】20×5 年 3 月，锦绣房地产开发公司从其他单位购入一块土地的使用权，并在这块土地上自行建造了三栋办公楼。20×5 年 7 月 4 日，三栋办公楼同时完工（达到预定可使用状态）。锦绣房地产开发公司同时与乙房地产企业签订了经营租赁合同，将其中的一栋办公楼租赁给乙房地产企业使用，即日起租。该土地使用权的成本为 600 万元，三栋办公楼的造价均为 1 000 万元，能够单独出售。锦绣房地产开发公司的账务处理如下：

土地使用权中的对应部分转换为投资性房地产，6 000 000÷3=2 000 000（元）。

借：投资性房地产——办公楼　　10 000 000

　贷：在建工程　　10 000 000

借：投资性房地产——土地使用权　　2 000 000

　贷：无形资产——土地使用权　　2 000 000

土地使用权的摊销略。

2. 非投资性房地产转换为投资性房地产

房地产的转换是因为房地产用途发生改变而对房地产进行重新分类。房地产企业必须有确凿证据表明房地产用途发生改变，才能将投资性房地产转换为非投资性房地产或者将非投资性房地产转换为投资性房地产。这里的确凿证据包括两个方面：一是房地产企业董事会或类似机构应当就改变房地产用途形成正式的书面决议；二是房地产因用途改变而发生实际状态的改变，如从自用状态改为出租状态。

（1）存货转为投资性房地产。作为存货的房地产转为投资性房地产，通常指房地产企业将其持有的开发产品以经营租赁的方式出租，存货相应地转为投资性房地产。在这种情况下，转换日通常为房地产的租赁期开始日。租赁期开始日是指承租人有权行使其使用租赁资产权利的日期。一般而言，如果是房地产企业自行建造或开发完成但尚未使用的建筑物，且董事会或类似机构做出正式书面决议，明确表明其持有以备经营出租

（如董事会或类似机构做出书面决议，明确表明其自行建造或开发产品用于经营租出、持有意图短期内不再发生变化的），应视为存货转换为投资性房地产，转换日为董事会或类似机构做出书面决议的日期。

房地产企业将作为存货的房地产转为采用成本模式计量的投资性房地产，应当按该存货在转换日的账面价值，借记"投资性房地产"科目，原已计提跌价准备的，借记"存货跌价准备"科目，按其账面余额，贷记"开发产品"等科目。

【例 3-22】20×5 年 3 月 10 日，锦绣房地产开发公司与乙房地产企业签订了租赁协议，将其开发的一栋写字楼出租给乙房地产企业使用，租赁期开始日为 20×5 年 4 月 15 日。20×5 年 4 月 15 日，该写字楼的账面余额为 55 000 万元，未计提存货跌价准备。锦绣房地产开发公司的账务处理如下：

借：投资性房地产——写字楼	550 000 000	
贷：开发产品		550 000 000

（2）自用房地产转为投资性房地产。房地产企业将原本用于生产商品、提供劳务或者经营管理的房地产改用于出租，通常应于租赁期开始日，将相应的固定资产或无形资产转为投资性房地产。

房地产企业将自用土地使用权或建筑物转为以成本模式计量的投资性房地产时，应当按该土地使用权或建筑物在转换日的原价、累计折旧、减值准备等，分别转入"投资性房地产""投资性房地产累计折旧（摊销）""投资性房地产减值准备"科目。按其账面余额，借记"投资性房地产"科目，贷记"固定资产"或"无形资产"科目，按已计提的折旧或摊销，借记"累计折旧"或"累计摊销"科目，贷记"投资性房地产累计折旧（摊销）"科目，原已计提减值准备的，借记"固定资产减值准备"或"无形资产减值准备"科目，贷记"投资性房地产减值准备"科目。

【例 3-23】锦绣房地产开发公司拥有一栋办公楼，用于公司总部办公。20×5 年 3 月 10 日，锦绣房地产开发公司与乙房地产企业签订了经营租赁协议，将这栋办公楼整体出租给乙房地产企业使用，租赁期开始日为 20×5 年 4 月 15 日，为期 5 年。20×5 年 4 月 15 日，这栋办公楼的账面余额为 55 000 万元，已计提折旧 300 万元。锦绣房地产开发公司的账务处理如下：

借：投资性房地产——办公楼	550 000 000	
累计折旧	3 000 000	
贷：固定资产		550 000 000
投资性房地产累计折旧		3 000 000

3. 投资性房地产后续计量

采用成本模式进行后续计量的投资性房地产，应当按照固定资产或无形资产的有关规定，按期（月）计提折旧或摊销，借记"其他业务成本"等科目，贷记"投资性房地产累计折旧（摊销）"科目。取得的租金收入，借记"银行存款"等科目，贷记"其他业务收入"等科目。

投资性房地产存在减值迹象的，还应当适用资产减值的有关规定。经减值测试后确定发生减值的，应当计提减值准备，借记"资产减值损失"科目，贷记"投资性房地产减值准备”科目。如果已经计提减值准备的投资性房地产的价值又得以恢复，不得转回。

【例3-24】锦绣房地产开发公司将一栋办公楼出租给乙房地产企业使用，已确认为投资性房地产，采用成本模式进行后续计量。假设该栋办公楼的成本为1 800万元，按照直线法计提折旧，使用寿命为20年，预计净残值为零。按照经营租赁合同的约定，乙房地产企业每月支付锦绣房地产开发公司租金8万元。当年12月，这栋办公楼发生减值迹象，经减值测试，其可收回金额为1 200万元，此时办公楼的账面价值为1 500万元，以前未计提减值准备。锦绣房地产开发公司的账务处理如下：

（1）计提折旧：

每月计提折旧额=18 000 000÷20÷12=75 000（元）

借：其他业务成本　　75 000

　贷：投资性房地产累计折旧　　75 000

（2）确认租金：

借：银行存款（或其他应收款）　　80 000

　贷：其他业务收入　　80 000

（3）计提减值准备：

借：资产减值损失　　3 000 000

　贷：投资性房地产减值准备　　3 000 000

4.与投资性房地产有关的后续支出

与投资性房地产有关的后续支出，满足投资性房地产确认条件的，应当计入投资性房地产成本。例如，房地产企业为了提高投资性房地产的使用效能，往往会对投资性房地产进行改建、扩建而使其更加坚固耐用，或者通过装修而改善其室内装潢。改扩建或装修支出满足确认条件的，应当将其资本化。房地产企业对某项投资性房地产进行改扩建等再开发且将来仍作为投资性房地产的，再开发期间应继续将其作为投资性房地产，再开发期间不计提折旧或摊销。

【例3-25】20×5年3月，锦绣房地产开发公司与乙房地产企业的办公楼经营租赁合同即将到期，该办公楼按照成本模式进行后续计量，原价为2 000万元，已计提折旧600万元。为了提高办公楼的租金收入，锦绣房地产开发公司决定在租赁期满后对该办公楼进行改扩建，并与丙房地产企业签订了经营租赁合同，约定自改扩建完工时起将该办公楼出租给丙房地产企业。3月15日，与乙房地产企业的租赁合同到期，该办公楼随即进行改扩建。12月15日，该办公楼改扩建工程完工，共发生支出150万元，即日按照租赁合同出租给丙房地产企业。

本例中，改扩建支出属于可资本化的后续支出，应当计入投资性房地产的成本。锦绣房地产开发公司的账务处理如下：

（1）20×5年3月15日，投资性房地产转入改扩建工程。

借：投资性房地产——办公楼（在建）　　14 000 000

　　投资性房地产累计折旧　　6 000 000

　贷：投资性房地产——办公楼　　20 000 000

（2）20×2年3月15日—12月15日。

借：投资性房地产——办公楼（在建） 1 500 000

贷：银行存款 1 500 000

（3）20×2年12月15日，改扩建工程完工。

借：投资性房地产——办公楼 15 500 000

贷：投资性房地产——办公楼（在建） 15 500 000

与投资性房地产有关的后续支出，不满足投资性房地产确认条件的，应当在发生时计入当期损益。

【例3-26】锦绣房地产开发公司对某项投资性房地产进行日常维修，发生维修支出15 000元。

本例中，日常维修支出属于费用化的后续支出，应当计入当期损益。账务处理如下：

借：其他业务成本 15 000

贷：银行存款 15 000

5.投资性房地产转为非投资性房地产

（1）投资性房地产转为自用房地产。房地产企业将原本用于赚取租金或资本增值的房地产改用于生产商品、提供劳务或者经营管理，投资性房地产相应地转换为固定资产或无形资产。在这种情况下，转换日为房地产达到自用状态，房地产企业开始将房地产用于生产商品、提供劳务或者经营管理的日期。

房地产企业将投资性房地产转为自用房地产时，应当按该投资性房地产在转换日的账面余额、累计折旧（摊销）、减值准备等，分别转入“固定资产（或无形资产）”“累计折旧（或累计摊销）”“固定资产（或无形资产）减值准备”等科目。按投资性房地产的账面余额，借记“固定资产”或“无形资产”科目，贷记“投资性房地产”科目；按已计提的折旧或摊销，借记“投资性房地产累计折旧（摊销）”科目，贷记“累计折旧”或“累计摊销”科目；原已计提减值准备的，借记“投资性房地产减值准备”科目，贷记“固定资产减值准备”或“无形资产减值准备”科目。

（2）投资性房地产转为存货。房地产企业将出租的房地产重新开发用于对外销售的，从投资性房地产转为存货。在这种情况下，转换日为租赁期届满，房地产企业董事会或类似机构做出书面决议明确表明将其重新开发用于对外销售的日期。

房地产企业将投资性房地产转为存货时，应当按照该投资性房地产在转换日的账面价值，借记“开发产品”科目，按照已计提的折旧或摊销，借记“投资性房地产累计折旧（摊销）”科目，原已计提减值准备的，借记“投资性房地产减值准备”科目，按其账面余额，贷记“投资性房地产”科目。

6.投资性房地产的处置

当投资性房地产被处置，或者永久退出使用但不能从其处置中取得经济利益时，应当终止确认该投资性房地产。

房地产企业可以通过对外出售或转让的方式处置投资性房地产进而取得投资收益。对于那些由于使用而不断磨损直到最终报废，或者由于遭受自然灾害等非正常损失发生毁损的投资性房地产，应当及时进行清理。此外，房地产企业出于其他原因，如非货币性资产交易等而减少的投资性房地产，也属于投资性房地产的处置。房地产企业出售、转让、报废投资性房地产或者发生投资性房地产毁损的，应当将处置收入扣除其账面价值和相关税费后的金额计入当期损益。

处置采用成本模式计量的投资性房地产时，应当按实际收到的金额，借记“银行存款”等科目，贷记“其他业务收入”等科目；按该投资性房地产的账面价值，借记“其他业务成本”科目，按其账面余额，贷记“投资性房地产”科目；按照已计提的折旧或摊销，借记“投资性房地产累计折旧（摊销）”科目；原已计提减值准备的，借记“投资性房地产减值准备”科目。

【例3-27】锦绣房地产开发公司将其出租的一栋写字楼确认为投资性房地产，采用成本模式计量。租赁期届满后，将该写字楼出售给乙公司，合同价款为30 000万元，乙公司已用银行存款付清。出售时，该写字楼的成本为28 000万元，已计提折旧3 000万元。锦绣房地产开发公司的账务处理如下：

借：银行存款	300 000 000	
贷：其他业务收入		300 000 000
借：其他业务成本	250 000 000	
投资性房地产累计折旧	30 000 000	
贷：投资性房地产——写字楼		280 000 000

（二）采用公允价值模式计量的投资性房地产

房地产企业存在确凿证据表明其投资性房地产的公允价值能够持续可靠取得的，可以采用公允价值模式计量。房地产企业选择公允价值模式，就应当对其所有投资性房地产采用公允价值模式进行后续计量，不得对一部分投资性房地产采用成本模式进行后续计量，对另一部分投资性房地产采用公允价值模式进行后续计量。采用公允价值模式计量投资性房地产，应当同时满足以下两个条件：一是投资性房地产所在地有活跃的房地产交易市场；二是房地产企业能够从房地产交易市场上取得同类或类似房地产的市场价格及其他相关信息，从而对投资性房地产的公允价值做出科学合理的估计。

这两个条件必须同时具备，缺一不可。采用公允价值模式对投资性房地产进行后续计量的房地产企业，对于在建投资性房地产（包括房地产企业首次取得的在建投资性房地产），如果其公允价值无法可靠确定，但预期该房地产完工后的公允价值能够持续可靠取得的，应当采用成本模式计量该在建投资性房地产，其公允价值能够可靠计量时或完工后（两者孰早），再以公允价值计量。在极少数情况下，采用公允价值模式对投资性房地产进行后续计量的房地产企业有证据表明，当房地产企业首次取得某投资性房地产（或某现有房地产在完成建造或开发活动或改变用途后首次成为投资性房地产）时，该投资性房地产的公允价值不能持续可靠取得的，应当对该投资性房地产采用成本模式计量直至处置，并且假设无残值。但是，采用成本模式对投资性房地产进行后续计量的房地产企业即使有证据表明，房地产企业首次取得某投资性房地产时，该投资性房地产的公允价值能够持续可靠取得，该房地产企业仍应对该投资性房地产采用成本模式进行后续计量。

投资性房地产的公允价值是在公平交易中，熟悉情况的当事人之间自愿进行房地产交换的价格。确定投资性房地产的公允价值时，应当参照活跃市场上同类或类似房地产的现行市场价格（市场公开报价）。无法取得同类或类似房地产现行市场价格的，可以参照活跃市场上同类或类似房地产的最近交易价格，并考虑交易情况、交易日期、所在区域等因素，对投资性房地产的公允价值做出合理估计，也可以基于预计未来获得的租金收益和有关现金流量的现值计量。

上述所说"同类或类似"的房地产，对建筑物而言，是指所处地理位置和地理环境相同、性质相同、结构类型相同或相近、新旧程度相同或相近、可使用状况相同或相近的建筑物；对土地使用权而言，是指同一位置区域、所处地理环境相同或相近、可使用状况相同或相近的土地。

1.外购或自行建造的投资性房地产

外购或自行建造的采用公允价值模式计量的投资性房地产，应当按照取得时的实际成本进行初始计量。其实际成本的确定与外购或自行建造的采用成本模式计量的投资性房地产一致。房地产企业应当在"投资性房地产"科目下设置"成本"和"公允价值变动"两个明细科目，外购或自行建造时发生的实际成本，记入"投资性房地产——成本"科目。

2.非投资性房地产转为投资性房地产

（1）作为存货的房地产转为投资性房地产。房地产企业将作为存货的房地产转为采用公允价值模式计量的投资性房地产时，应当按该房地产在转换日的公允价值，借记"投资性房地产——成本"科目，原已计提跌价准备的，借记"存货跌价准备"科目，按其账面余额，贷记"开发产品"等科目。同时，转换日的公允价值小于账面价值的，按其差额，借记"公允价值变动损益"科目；转换日的公允价值大于账面价值的，按其差额，贷记"其他综合收益"科目。待该投资性房地产处置时，因转换计入其他综合收益的部分应转入当期损益。

（2）自用房地产转为投资性房地产。房地产企业将自用房地产转为采用公允价值模式计量的投资性房地产时，应当按该土地使用权或建筑物在转换日的公允价值，借记"投资性房地产——成本"科目，按已计提的累计摊销或累计折旧，借记"累计摊销"或"累计折旧"科目，原已计提减值准备的，借记"无形资产减值准备""固定资产减值准备"科目，按其账面余额，贷记"无形资产"或"固定资产"科目。同时，转换日的公允价值小于账面价值的，按其差额，借记"公允价值变动损益"科目；转换日的公允价值大于账面价值的，按其差额，贷记"其他综合收益"科目。待该投资性房地产处置时，因转换计入其他综合收益的部分应转入当期损益。

3.投资性房地产的后续计量

投资性房地产采用公允价值模式计量的，不计提折旧或摊销，应当以资产负债表日的公允价值计量。资产负债表日，投资性房地产的公允价值大于其账面余额的差额，借记"投资件房地产——公允价值变动"科目，贷记"公允价值变动损益"科目；公允价值小于其账面余额的差额，做相反的会计分录。

【例3-28】锦绣房地产开发公司从事房地产开发经营，20×5年8月，与乙公司签订租赁协议，约定将该公司开发的一栋精装修写字楼于开发完成的同时租赁给乙公司使用，租赁期为10年。当年9月1日，该写字楼开发完成并开始出租，写字楼的造价为9 000万元。20×5年12月31日，该写字楼的公允价值为9 200万元。假设锦绣房地产开发公司对投资性房地产采用公允价值模式计量。锦绣房地产开发公司的账务处理如下：

（1）20×5年9月1日，锦绣房地产开发公司开发完成写字楼并出租。

借：投资性房地产——成本　　90 000 000

　贷：开发产品　　90 000 000

（2）20×5年12月31日，以公允价值为基础调整其账面价值，公允价值与原账面价值之间的差额计入当期损益。

借：投资性房地产——公允价值变动　　2 000 000

　贷：公允价值变动损益　　2 000 000

4.投资性房地产的后续支出

（1）后续支出资本化。与投资性房地产有关的后续支出，满足投资性房地产确认条件的，应当计入投资性房地产成本。

【例3-29】20×5年3月，锦绣房地产开发公司与乙房地产企业的办公楼经营租赁合同即将到期。为了提高该办公楼的租金收入，锦绣房地产开发公司决定在租赁期满后对该办公楼进行改扩建，并与丙房地产企业签订了经营租赁合同，约定自改扩建完工时起，将该办公楼出租给丙房地产企业。3月15日，与乙房地产企业的租赁合同到期，该办公楼随即进行改扩建。11月10日，该办公楼改扩建工程完工，共发生支出150万元，即日按照租赁合同出租给丙房地产企业。3月15日该办公楼账面余额为1 200万元，其中成本为1 000万元、累计公允价值变动为200万元。假设锦绣房地产开发公司对投资性房地产采用公允价值模式计量。

本例中，改扩建支出属于资本化的后续支出，应当计入投资性房地产的成本。锦绣房地产开发公司的账务处理如下：

（1）20×5年3月15日，投资性房地产转入改扩建工程。

借：投资性房地产——办公楼（在建）　　12 000 000

　贷：投资性房地产——成本　　10 000 000

　　　　　　　　——公允价值变动　　2 000 000

（2）20×5年3月15日—11月10日，发生改扩建支出。

借：投资性房地产——办公楼（在建）　　1 500 000

　贷：银行存款　　1 500 000

（3）20×5年11月10日，改扩建工程完工。

借：投资性房地产——成本　　13 500 000

　贷：投资性房地产——办公楼（在建）　　13 500 000

（2）后续支出费用化。与投资性房地产有关的后续支出，不满足投资性房地产确认条件的，应当在发生时计入其他业务成本等当期损益。

5.投资性房地产转为非投资性房地产

(1) 投资性房地产转为自用房地产。房地产企业将采用公允价值模式计量的投资性房地产转为自用房地产时，应当以其转换当日的公允价值作为自用房地产的账面价值，公允价值与原账面价值的差额计入当期损益。

转换日，按该投资性房地产的公允价值，借记“固定资产”或“无形资产”科目，按该投资性房地产的成本，贷记“投资性房地产——成本”科目；按该投资性房地产的累计公允价值变动，贷记或借记“投资性房地产——公允价值变动”科目；按其差额，贷记或借记“公允价值变动损益”科目。

【例 3-30】20×5 年 10 月 15 日，锦绣房地产开发公司因租赁期满，将出租的写字楼收回，准备作为办公楼用于本房地产企业的行政管理。20×5 年 12 月 1 日，该写字楼正式开始自用，由投资性房地产转换为自用房地产，当日的公允价值为 4 800 万元。该房地产在转换前采用公允价值模式计量，原账面价值为 4 750 万元，其中成本为 4 500 万元、公允价值变动为增值 250 万元。锦绣房地产开发公司的账务处理如下：

借：固定资产	48 000 000	
贷：投资性房地产——成本		45 000 000
——公允价值变动		2 500 000
公允价值变动损益		500 000

(2) 投资性房地产转为存货。房地产企业将采用公允价值模式计量的投资性房地产转为存货时，应当以其转换当日的公允价值作为存货的账面价值，公允价值与原账面价值的差额计入当期损益。

转换日，按该投资性房地产的公允价值，借记“开发产品”科目，按该投资性房地产的成本，贷记“投资性房地产——成本”科目；按该投资性房地产的累计公允价值变动，贷记或借记“投资性房地产——公允价值变动”科目；按其差额，贷记或借记“公允价值变动损益”科目。

【例 3-31】锦绣房地产开发公司将其开发的一栋写字楼用于对外经营租赁。20×5 年 10 月 15 日，因租赁期满，该公司将出租的写字楼收回，并做出书面决议，将该写字楼重新开发用于对外销售，即由投资性房地产转为存货，当日的公允价值为 5 800 万元。该房地产在转换前采用公允价值模式计量，原账面价值为 5 600 万元，其中成本为 5 000 万元、公允价值变动为增值 600 万元。锦绣房地产开发公司的账务处理如下：

借：开发产品	58 000 000	
贷：投资性房地产——成本		50 000 000
——公允价值变动		6 000 000
公允价值变动损益		2 000 000

6.投资性房地产的处置

处置采用公允价值模式计量的投资性房地产时，应当按实际收到的金额，借记“银行存款”等科目，贷记“其他业务收入”科目；按该投资性房地产的账面余额，借记“其他业务成本”科目；按其成本，贷记“投资性房地产——成本”科目；按其累计公允价值变动，贷记或借记“投资性房地产——公允价值变动”科目。同时，结转投资性房地产累计公允价值变动。若存在原转换日计入其他综合收益的金额，也一并结转。

【例3-32】锦绣房地产开发公司与乙房地产企业签订了租赁协议，将其原先自用的一栋写字楼出租给乙房地产企业使用，租赁期开始日为20×4年4月15日。20×4年4月15日，该写字楼的账面余额为50 000万元，累计折旧为5 000万元，公允价值为47 000万元。20×4年12月31日，该投资性房地产的公允价值为48 000万元。20×5年6月租赁期届满，锦绣房地产开发公司收回该投资性房地产，并以55 000万元出售，出售款项已收讫。假设该公司采用公允价值模式计量投资性房地产，不考虑相关税费。其账务处理如下：

（1）20×4年4月15日，自用房地产转换为投资性房地产。

借：投资性房地产——成本	470 000 000	
累计折旧	50 000 000	
贷：固定资产		500 000 000
其他综合收益		20 000 000

（2）20×4年12月31日，公允价值变动。

借：投资性房地产——公允价值变动	10 000 000	
贷：公允价值变动损益		10 000 000

（3）20×5年6月，收回并出售投资性房地产。

借：银行存款	550 000 000	
公允价值变动损益	10 000 000	
其他综合收益	20 000 000	
其他业务成本	450 000 000	
贷：投资性房地产——成本		470 000 000
——公允价值变动		10 000 000
其他业务收入		550 000 000

第五节 房地产企业的无形资产

一、确认

房地产企业的无形资产是企业拥有或者控制的、没有实物形态的可辨认非货币性资产。相对于其他资产，无形资产具有以下特征：

（一）无形资产不具有实物形态

无形资产通常表现为某种权利、某项技术或某种获取超额利润的综合能力，它们不具有实物形态。房地产企业的有形资产，如固定资产，虽然也能为房地产企业带来经济利益，但其为房地产企业带来经济利益的方式与无形资产不同。固定资产是通过实物价值的磨损和转移来为房地产企业带来未来经济利益的，而无形资产在很大程度上是通过自身所具有的技术等优势为房地产企业带来未来经济利益的。

某些无形资产的存在有赖于实物载体，如计算机软件需要存储在磁盘中，但这并不改变无形资产本身不具有实物形态的特性。在确定一项包含无形和有形要素的资产是固定资产还是无形资产时，通常以哪个要素更重要作为判断的依据。例如，计算机控制的机械工具没有特定计算机软件就不能运行，说明该软件是构成相关硬件不可缺少的组成部分，该软件应作为固定资产处理；如果计算机软件不是相关硬件不可缺少的组成部分，则该软件应作为无形资产核算。

（二）无形资产具有可辨认性

符合以下条件之一的，则认为其具有可辨认性：

（1）能够从房地产企业中分离或者划分出来，并能单独用于出售或转让等，而不需要同时处置在同一获利活动中的其他资产，表明该无形资产可以辨认。在某些情况下，无形资产可能需要与有关的合同一起用于出售、转让等，这种情况下也视为可辨认无形资产。

（2）产生于合同性权利或其他法定权利，无论这些权利是否可以从房地产企业或其他权利和义务中转移或者分离，如一方通过与另一方签订特许权合同而获得的特许使用权，通过法律程序申请获得的商标权、专利权等。

如果房地产企业有权获得一项无形资产产生的未来经济利益，并能约束其他方获取这些利益，则表明房地产企业控制了该项无形资产。例如，对于会产生经济利益的技术知识，若其受到版权、贸易协议约束（如果允许）等法定权利或雇员保密法定职责的保护，那就说明该房地产企业控制了相关利益；而客户关系、人力资源等，由于房地产企业无法控制其带来的未来经济利益，不符合无形资产的定义，不应将其确认为无形资产；内部产生的品牌、报刊名、刊头、客户名单和实质上类似的项目支出，不能与整个业务开发成本区分开来，这类项目不应确认为无形资产。

（三）无形资产属于非货币性资产

非货币性资产是房地产企业持有的货币资金和将以固定或可确定的金额收取的资产以外的资产。无形资产由于没有发达的交易市场，一般不容易转化成现金，在持有过程中为房地产企业带来未来经济利益的情况不确定，不属于以固定或可确定的金额收取的资产，属于非货币性资产。

无形资产通常包括专利权、非专利技术、商标权、著作权、特许权、土地使用权等。

1.专利权

专利权是国家专利主管机关依法授予发明创造专利申请人，对其发明创造在法定期限内所享有的专有权利，包括发明专利权、实用新型专利权和外观设计专利权。

2.非专利技术

非专利技术也称专有技术，是不为外界所知、在生产经营活动中已采用了的、不享有法律保护的、可以带来经济效益的各种技术和诀窍。非专利技术一般包括工业专有技术、商业贸易专有技术、管理专有技术等。

3.商标权

商标是用来辨认特定的商品或劳务的标记。商标权指专门在某类指定的商品或产品上使用特定的名称或图案的权利。

4.著作权

著作权亦称版权，是作者对其创作的文学、科学和艺术作品依法享有的某些特殊权利。著作权包括作品署名权、发表权、修改权和保护作品完整权，还包括复制权、发行权、出租权、展览权、表演权、放映权、广播权、信息网络传播权、摄制权、改编权、翻译权、汇编权以及应当由著作权人享有的其他权利。

5.特许权

特许权亦称经营特许权、专营权，指房地产企业在某一地区经营或销售某种特定商品的权利，或一家房地产企业接受另一家房地产企业使用其商标、商号、技术秘密等权利。特许权通常有两种形式：一种是由政府机构授权，准许房地产企业使用或在一定地区享有经营某种业务的特权，如水、电、邮电通信等专营权，烟草专卖权等；另一种是房地产企业之间依照签订的合同，有限期或无限期地使用另一家房地产企业的某些权利，如连锁店分店使用总店的名称等。

6.土地使用权

土地使用权是国家准许房地产企业在一定期间对国有土地享有开发、利用、经营的权利。根据《中华人民共和国土地管理法》的规定，我国土地实行公有制，任何单位和个人不得侵占、买卖或者以其他形式非法转让。房地产企业取得土地使用权的方式大致有以下三种：行政划拨取得、外购取得及投资者投资取得。

二、计量

（一）无形资产初始计量

无形资产通常按实际成本计量，即以取得无形资产并使之达到预定用途而发生的全部必要支出作为无形资产的成本。对于不同来源取得的无形资产，其成本构成不尽相同。

1.外购无形资产的成本

外购的无形资产，其成本包括购买价款、相关税费以及直接归属于使该项资产达到预定用途所发生的其他支出。其中，直接归属于使该项资产达到预定用途所发生的其他支出包括使无形资产达到预定用途所发生的专业服务费用、测试无形资产是否能够正常发挥作用的费用等，但不包括为引入新产品进行宣传发生的广告费、管理费用及其他间接费用，也不包括在无形资产已经达到预定用途以后发生的费用。

无形资产达到预定用途后以所发生的支出不构成无形资产的成本，如在形成预定经济规模之前发生的初始运作损失。在无形资产达到预定用途之前发生的其他经营活动支出，如果该经营活动并非为使无形资产达到预定用途所必不可少的，有关经营活动的损益应于发生时计入当期损益，而不是构成无形资产的成本。

采用分期付款方式购买无形资产，购买无形资产的价款超过正常信用条件延期支付，实际上具有融资性质，无形资产的成本为购买价款的现值。

【例3-33】锦绣房地产开发公司20×5年1月8日从甲公司购买一项商标权，由于锦绣房地产开发公司资金周转比较紧张，经与甲公司协商，采用分期付款方式支付款项。合同规定，该项商标权总计600万元，每年年末付款200万元，3年付清。假定银行同期贷款利率为10%。为了简化核算，假定不考虑其他有关税费。

无形资产现值=2 000 000×（1+10%）$^{-1}$+2 000 000×（1+10%）$^{-2}$+2 000 000×（1+10%）$^{-3}$

=4 973 704（元）

未确认融资费用=6 000 000−4 973 704=1 026 296（元）

第一年应确认的融资费用=4 973 704×10%=497 370.4（元）

第二年应确认的融资费用=（4 973 704−2 000 000+497 370.4）×10%=347 107.4（元）

第三年应确认的融资费用=1 026 296−497 370.4−347 107.4=181 818.2（元）

锦绣房地产开发公司账务处理如下：

借：无形资产——商标权	4 973 704	
未确认融资费用	1 026 296	
贷：长期应付款		6 000 000

第一年年底付款时：

借：长期应付款	2 000 000	
贷：银行存款		2 000 000
借：财务费用	497 370.4	
贷：未确认融资费用		497 370.4

第二年年底付款时：

借：长期应付款	2 000 000	
贷：银行存款		2 000 000
借：财务费用	347 107.4	
贷：未确认融资费用		347 107.4

第三年年底付款时：

借：长期应付款	2 000 000	
贷：银行存款		2 000 000
借：财务费用	181 818.2	
贷：未确认融资费用		181 818.2

2.投资者投入无形资产的成本

投资者投入的无形资产，应当按照投资合同或协议约定的价值确定其成本；在投资合同或协议约定价值不公允的情况下，应按无形资产的公允价值入账。

3.土地使用权的处理

房地产企业取得的土地使用权通常应确认为无形资产。土地使用权用于自行开发建造厂房等地上建筑物时，土地使用权的账面价值不与地上建筑物合并计算其成本，而仍作为无形资产进行核算，土地使用权与地上建筑物分别进行摊销和提取折旧。但下列情况除外：

（1）房地产企业取得的土地使用权用于建造对外出售的房屋建筑物，相关的土地使用权应当计入所建造的房屋建筑物成本。

（2）房地产企业外购的房屋建筑物，实际支付的价款中包括土地以及建筑物的价值，应当对支付的价款按照合理的方法（如公允价值法）在土地使用权和地上建筑物之间进行分配；如果确实无法在土地使用权和地上建筑物之间进行合理分配，应当全部作为固定资产核算。

房地产企业改变土地使用权的用途，将其作为用于出租或增值目的时，应将其转为投资性房地产。

（二）内部研究开发费用计量

内部开发活动形成的无形资产，其成本由可直接归属于该资产的创造、生产并使该资产能够以管理层预定的方式运作的所有必要支出组成。可直接归属于该资产的成本包括开发该无形资产所耗费的材料、劳务成本、注册费、在开发该无形资产过程中使用的其他专利权和特许权的摊销按照有关规定资本化的利息支出，以及为使该无形资产达到预定用途前所发生的其他费用。

在开发无形资产过程中发生的除上述可直接归属于无形资产开发活动以外的其他销售费用、管理费用等间接费用，无形资产达到预定用途前发生的可辨认的无效和初始运作损失，为运行该无形资产发生的培训支出等，不构成无形资产的开发成本。

内部开发无形资产的成本仅包括在满足资本化条件的时点至无形资产达到预定用途前发生的支出总和，对于同一项无形资产在开发过程中达到资本化条件之前已经费用化计入损益的支出不再进行调整。

（三）无形资产后续计量

无形资产初始确认和计量后，在其后使用该项无形资产期间，应以成本减去累计摊销额和累计减值损失后的余额计量。需要强调的是，确定无形资产在使用过程中的累计摊销额，基础是估计其使用寿命。只有使用寿命有限的无形资产才需要在估计的使用寿命内采用系统合理的方法进行摊销；对于使用寿命不确定的无形资产，每年应对其进行减值测试。

根据《企业会计准则第 6 号——无形资产》的规定，房地产企业应当于取得无形资产时分析判断其使用寿命。无形资产的使用寿命如果是有限的，应当估计该使用寿命的年限或者构成使用寿命的产量等类似计量单位的数量；无法预见无形资产为房地产企业带来未来经济利益期限的，应当视为使用寿命不确定的无形资产。

1.估计无形资产使用寿命应考虑的因素

无形资产的后续计量是以其使用寿命为基础的。无形资产的使用寿命包括法定寿命和经济寿命两个方面。有些无形资产的使用寿命受法律、规章或合同的限制，称为法定寿命。如我国法律规定，发明专利权的有效期为20年，商标权的有效期为10年。有些无形资产，如永久性特许经营权、非专利技术等的寿命则不受法律或合同的限制。经济寿命是无形资产可以为房地产企业带来经济利益的年限。由于受技术进步、市场竞争等因素的影响，无形资产的经济寿命往往短于其法定寿命，因此，在估计无形资产使用寿命时，应当综合考虑各方面因素的影响，合理确定无形资产的使用寿命。

确定无形资产经济使用寿命，通常应考虑以下因素：一是该资产通常的产品寿命周期，以及可获得的类似资产使用寿命的信息；二是技术、工艺等方面的现实情况及对未来发展的估计；三是以该资产生产的产品或服务的市场需求情况；四是现在或潜在的竞争者预期采取的行动；五是为维持该资产产生未来经济利益的能力预期的维护支出及房地产企业预计支付有关支出的能力；六是对该资产的控制期限、对该资产使用的法律或类似限制，如特许使用期间、租赁期间等；七是与房地产企业持有的其他资产使用寿命的关联性等。

2.无形资产使用寿命的确定

源自合同性权利或其他法定权利取得的无形资产，其使用寿命不应超过合同性权利或其他法定权利的期限。例如，房地产企业以支付土地出让金方式取得一块土地的使用权，如果房地产企业准备持续持有，在50年内没有计划出售，这块土地的使用权预期为房地产企业带来经济利益的期间为50年。如果合同性权利或其他法定权利能够在到期时因续约等延续，当有证据表明房地产企业续约不需要付出重大成本时，续约期才能够包括在使用寿命的估计中。

下列情况一般说明房地产企业无须付出重大成本即可延续合同性权利或其他法定权利：第一，有证据表明合同性权利或法定权利将被重新延续，如果在延续之前需要第三方同意，则还需要有关第三方将会同意的证据。第二，有证据表明为获得重新延续所必需的所有条件相对于房地产企业的未来经济利益不具有重要性。如果房地产企业在延续无形资产持有期间付出的成本与预期流入房地产企业的未来经济利益相比具有重要性，从本质上来看，这是房地产企业获得了一项新的无形资产。

没有明确的合同或法律规定的无形资产，房地产企业应当综合各方面情况，如聘请相关专家进行论证或与同行业的情况进行比较以及房地产企业的历史经验等，来确定无形资产为房地产企业带来未来经济利益的期限。如果经过这些努力确实无法合理确定无形资产为房地产企业带来未来经济利益的期限，再将其作为使用寿命不确定的无形资产。例如，房地产企业通过公开拍卖取得一项出租车运营许可，按照所在地的规定，以现有出租车运营许可为限，不再授予新的运营许可，而且在旧的出租车报废以后，其运营许可能够用于新的出租车。房地产企业估计在有限的未来，将持续经营出租车行业。对于该运营许可，其为房地产企业带来未来经济利益的期限从目前情况看，无法可靠估计，应将其视为使用寿命不确定的无形资产。

3.无形资产使用寿命的复核

房地产企业至少应当于每年年度终了，对无形资产的使用寿命进行复核，如果有证据表明无形资产的使用寿命不同于以前的估计（如由于合同的续约或无形资产应用条件的改善，延长了无形资产的使用寿命），对于使用寿命有限的无形资产应改变其摊销年限，并按照有关规定进行处理。

对于使用寿命不确定的无形资产，如果有证据表明其使用寿命是有限的，应当按照《企业会计准则第 6 号——无形资产》中关于使用寿命有限的无形资产的处理原则进行处理。

4.使用寿命有限的无形资产摊销

使用寿命有限的无形资产，应在其预计的使用寿命内采用系统合理的方法对其应摊销额进行摊销。其中，应摊销额是指无形资产的成本扣除残值后的金额。

（1）摊销期和摊销方法。无形资产的摊销期自其可供使用时（即其达到预定用途时）开始至终止确认时止。无形资产摊销的起始和停止日期为：当月增加的无形资产，当月开始摊销；当月减少的无形资产，当月不再摊销。在无形资产的使用寿命内系统地分摊其应摊销额有多种方法，包括直线法、生产总量法等。对某项无形资产摊销所使用的方法应依据从资产中获取的预期未来经济利益的预计消耗方式来选择，并一致地运用于不同会计期间。例如，受技术陈旧因素影响较大的专利权和专有技术等无形资产，可采用类似固定资产加速折旧的方法进行摊销；有特定产量限制的特许经营权或专利权，应采用生产总量法进行摊销。

持有待售的无形资产不进行摊销，按照账面价值与公允价值减去处置费用后的净额孰低进行计量。

【例3-34】20×5年6月1日，锦绣房地产开发公司从外单位购得一项商标权，支付价款3 000万元，款项已支付，增值税专用发票上注明的税额为180万元。该商标权的使用寿命为10年，不考虑残值因素，以直线法作为预期实现经济利益的消耗方式。账务处理如下：

（1）购入时：

借：无形资产——商标权	30 000 000	
应交税费——应交增值税（进项税额）	1 800 000	
贷：银行存款		31 800 000

（2）每月摊销时：

借：管理费用	250 000	
贷：累计摊销		250 000

无形资产的摊销一般应计入当期损益，但是，如果某项无形资产是专门用于生产某种产品的，其所包含的经济利益是通过转入所生产的产品中体现的，无形资产的摊销费用应构成产品成本的一部分。

（2）残值的确定。无形资产的残值一般为零，除非有第三方承诺在无形资产使用寿命结束时愿意以一定的价格购买该项无形资产；或者存在活跃市场，通过市场可以得到无形资产使用寿命结束时的残值信息，并且从目前情况看，在无形资产使用寿命结束时，该市场还可能存在，可以预计无形资产的残值。

【例3-35】锦绣房地产开发公司取得一项专利技术，法律保护期限为20年，预计运用该专利技术生产的产品在未来15年内会带来经济利益。第三方向锦绣房地产开发公司承诺在5年内以其取得之日公允价值的60%购买该项专利技术，从锦绣房地产开发公司管理层目前的持有计划看，该公司准备在5年内将其出售给第三方。综上，该项专利技术应在该公司持有的5年内摊销，残值为该项专利技术在取得之日公允价值的60%。

无形资产的残值意味着在其经济寿命结束之前，房地产企业预计将处置该无形资产，并且从该处置中取得利益。估计无形资产的残值应以资产处置时的可收回金额为基础，此时的可收回金额是在预计出售日，出售一项使用寿命已满且处于类似使用状况下同类无形资产预计的处置价格（扣除相关税费）。残值确定以后，在持有无形资产期间，至少应于每年年末进行复核，预计其残值与原估计金额不同的，应按照会计估计变更进行处理。如果无形资产的残值重新估计以后高于其账面价值，无形资产不再摊销，直至残值降至低于账面价值时再恢复摊销。

5.使用寿命不确定的无形资产

根据可获得的情况判断，有确凿证据表明无法合理估计其使用寿命的无形资产，才能作为使用寿命不确定的无形资产。房地产企业不得随意判断使用寿命不确定的无形资产。按照《企业会计准则第6号——无形资产》的规定，对于使用寿命不确定的无形资产，在持有期间不需要摊销，如果期末重新复核后仍为使用寿命不确定的无形资产，应当在每个会计期间进行减值测试，严格按照相关的规定，需要计提减值准备的，相应计提有关的减值准备。账务处理为：借记“资产减值损失”科目，贷记“无形资产减值准备”科目。

三、核算

为了核算房地产企业无形资产的取得、摊销和处置等情况，房地产企业应当设置“无形资产”“累计摊销”等科目。

（一）无形资产取得

无形资产应当按照成本进行初始计量。房地产企业取得无形资产的主要方式有外购、自行研究开发等，取得的方式不同，其账务处理也有所差别。

1.外购的无形资产

房地产企业外购无形资产，其成本包括购买价款、相关税费以及直接归属于使该项资产达到预定用途所发生的其他支出。房地产企业购入无形资产，应按实际支付的成本，借记“无形资产”科目，贷记“银行存款”等科目。

2.自行研究开发的无形资产

房地产企业内部研究开发项目所发生的支出应区分研究阶段支出和开发阶段支出。

研究是为了获取并理解新的科学或技术知识而进行的具有独创性的有计划的调查；开发是在进行商业性生产或使用前，将研究成果或其他知识应用于某项计划或设计，以生产出新的或具有实质性改进的材料、装置、产品等。

房地产企业应当设置“研发支出”科目，核算房地产企业研究与开发无形资产过程中发生的各项支出，按照研究开发项目，分别“费用化支出”与“资本化支出”进行明细核算。

房地产企业自行开发无形资产发生的研发支出，不满足资本化条件的，借记“研发支出——费用化支出”科目，满足资本化条件的，借记“研发支出——资本化支出”科目，贷记“原材料”“银行存款”“应付职工薪酬”等科目。

研究开发项目达到预定用途形成无形资产的，应按“研发支出——资本化支出”科目的余额，借记“无形资产”科目，贷记“研发支出——资本化支出”科目。

期（月）末，应将“研发支出——费用化支出”科目归集的金额转入“管理费用”科目，借记“管理费用”科目，贷记“研发支出——费用化支出”科目。

【例3-36】锦绣房地产开发公司自行研究开发一项技术。截至20×4年12月31日，发生研发支出合计200万元。经测试，该研发活动完成了研究阶段，从20×5年1月1日开始进入开发阶段。20×5年发生开发支出30万元，假定符合相关规定的开发支出资本化条件。20×5年6月30日，该项研发活动结束，最终开发出一项非专利技术。账务处理如下：

（1）20×4年发生研发支出时：

借：研发支出——费用化支出　　2 000 000

　贷：银行存款　　2 000 000

（2）20×4年12月31日，将研究阶段的支出结转时：

借：管理费用　　2 000 000

　贷：研发支出——费用化支出　　2 000 000

（3）20×5年，发生开发支出并满足资本化确认条件时：

借：研发支出——资本化支出　　300 000

　贷：银行存款　　300 000

（4）20×5年6月30日，该技术研发完成并形成无形资产时：

借：无形资产　　300 000

　贷：研发支出——资本化支出　　300 000

（二）无形资产摊销

1.进行摊销处理的无形资产的范围

房地产企业应当于取得无形资产时分析判断其使用寿命。使用寿命有限的无形资产应进行摊销。使用寿命不确定的无形资产不应摊销。

2.使用寿命有限的无形资产摊销账务处理

房地产企业应当按月对无形资产进行摊销。无形资产的摊销额一般应当计入当期损益，并记入“累计摊销”科目。房地产企业自用的无形资产，其摊销额计入管理费用，借记“管理费用”科目，贷记“累计摊销”科目；出租的无形资产，其摊销额计入其他业务成本，借记“其他业务成本”科目，贷记“累计摊销”科目；某项无形资产包含的经济利益通过所生产的产品或其他资产实现的，其摊销额应当计入相关资产成本，借记“制造费用”等科目，贷记“累计摊销”科目。

（三）无形资产处置

无形资产处置主要是无形资产出售、对外出租、对外捐赠，或者当无法为房地产企业带来未来经济利益时，予以转销并终止确认。

1.无形资产出租

房地产企业将所拥有的无形资产的使用权让渡给他人，并收取租金，属于与房地产企业日常活动相关的其他经营活动取得的收入，在满足《企业会计准则第14号——收入》的确认条件的情况下，应确认相关的收入及成本。

出租无形资产时，按取得的租金收入，借记“银行存款”等科目，贷记“其他业务收入”等科目；摊销出租无形资产的成本并发生与转让有关的各种费用支出时，借记“其他业务成本”科目，贷记“无形资产”科目。

【例 3-37】20×5年1月2日，锦绣房地产开发公司将一项专利技术出租给另外一家房地产企业使用，该专利技术的账面余额为500万元，摊销期限为10年。出租合同规定，承租方每销售1件用该专利技术生产的产品，必须付给出租方10元专利技术使用费。假定承租方当年销售该产品10万件。锦绣房地产开发公司收到出租款后开具增值税专用发票，税率为6%。假定不考虑其他相关税费。出租方的账务处理如下：

借：银行存款	1 060 000	
贷：其他业务收入		1 000 000
应交税费——应交增值税（销项税额）		60 000
借：其他业务成本	500 000	
贷：累计摊销		500 000

2.无形资产出售

房地产企业出售无形资产，表明其放弃无形资产的所有权，应按照持有待售非流动资产、处置组的相关规定进行会计处理。

3.无形资产报废

如果无形资产预期不能为房地产企业带来未来经济利益，不再符合无形资产的定义，应将其报废并转销。例如，无形资产已被其他新技术所替代，不能为房地产企业带来未来经济利益；或者无形资产不再受到法律保护，且不能给房地产企业带来未来经济利益等。在上述情况下，应将无形资产报废并转销。

无形资产预期不能为房地产企业带来未来经济利益的，应按已摊销的累计摊销额，借记“累计摊销”科目，原已计提减值准备的，借记“无形资产减值准备”科目，按其账面余额，贷记“无形资产”科目，按其差额，借记“营业外支出”科目。

【例 3-38】锦绣房地产开发公司有一项专利技术，账面余额为600万元，摊销期限为10年，采用直线法进行摊销，已摊销5年。假定该项专利技术的残值为0，计提的减值准备为160万元，今年用其生产的产品没有市场，应予以转销。假定不考虑其他相关因素，账务处理如下：

借：累计摊销	3 000 000	
无形资产减值准备	1 600 000	
营业外支出——处置无形资产损失	1 400 000	
贷：无形资产——专利技术		6 000 000

东盟财税专栏

中国和缅甸同属中国—东盟自由贸易区的成员国，近年来，中缅经贸合作快速发展，合作领域从原来单纯的贸易和经援扩展到工程承包、投资和多边合作。固定资产投资在中国和缅甸的区域经济一体化进程中发挥着越来越重要的作用，表3-2对中国和缅甸的固定资产相关会计准则进行了比较。

表 3-2 中国和缅甸固定资产相关会计准则比较[①]

固定资产准则	中国	缅甸
相关概念	将固定资产定义成为生产商品、提供劳务、出租或经营管理而持有的、使用寿命超过一个会计年度的有形资产	不动产、厂场和设备定义为企业用于生产、提供商品或劳务、出租或为行政管理目的而拥有的、预计使用寿命超过一个会计期间的有形资产
确认	固定资产同时满足下列条件的，才能予以确认：第一，与该固定资产有关的经济利益很可能流入企业；第二，该固定资产的成本能够可靠计量	不动产、厂场和设备项目如果满足以下条件，应确认为资产：第一，与该资产相关的未来经济利益很可能流入企业；第二，企业可以可靠计量该项资产的成本
初始计量	固定资产应当按照成本进行初始计量。外购固定资产的成本包括购买价款、相关税费，使固定资产达到预定可使用状态前所发生的可归属于该项资产的运输费、装卸费、安装费和专业人员服务费等	具备资产确认条件的不动产、厂场和设备项目，最初应按其成本计量
后续计量	企业应当对所有固定资产计提折旧，但是，已提足折旧仍继续使用的固定资产和单独计价入账的土地除外	不动产、厂场和设备项目后续计量方法有基准处理方法和允许选用的处理方法两种。基准处理方法是：继初始确认为资产后，不动产、厂场和设备项目的账面金额应为成本扣减相关累计折旧和累计减值损失后的余额。允许选用的处理方法是：继初始确认为资产后，不动产、厂场和设备项目的账面金额应为重估金额，即该资产在重估日的公允价值减去随后发生的累计折旧和累计减值损失后的余额
披露	企业应当在附注中披露与固定资产有关的下列信息：第一，固定资产的确认条件、分类、计量基础和折旧方法；第二，各类固定资产的使用寿命、预计净残值和折旧率；第三，各类固定资产的期初和期末原价、累计折旧额及固定资产减值准备累计金额；第四，当期确认的折旧费用；第五，对固定资产所有权的限制及其金额和用于债务担保的固定资产账面价值；第六，准备处置的固定资产名称、账面价值、公允价值、预计处置费用和预计处置时间等	财务报表应披露与每类不动产、厂场和设备有关的下列信息：第一，确定账面总额所用的计量基础。当采用一种以上计量基础时，应披露每类资产按所用基础计算的账面总金额。第二，所使用的折旧方法。第三，使用寿命或所使用的折旧率。第四，账面总金额，以及期初和期末的累计折旧额（与累计减值损失相累计）。第五，期初和期末账面金额的变动情况，以表明不动产、厂场和设备的添置、处置、通过企业合并而购买、当期进行重估而产生的增值或减值、当期在收益表中确认的减值损失、当期在收益表中转回的减值损失、折旧、对国外实体的财务报表进行折算时所产生的净汇兑差额和其他变化。财务报表还应披露存在的所有权限制及其金额，用作债务担保的金额，不动产、厂场和设备，有关不动产、厂场和设备项目场地清理之估计成本的会计政策，处于建造过程中的不动产、厂场和设备的支出金额，为取得不动产、厂场和设备而承诺的金额

① 参见《企业会计准则第4号——固定资产》《缅甸会计准则第11号——不动产、厂场和设备》《缅甸会计准则第3号——折旧会计》。

即测即评

第三章单项选择题　　第三章多项选择题　　第三章判断题

案例分析题

1.20×5年锦绣房地产开发公司发生固定资产业务如下：

（1）1月15日，管理部门购入一台不需要安装的甲设备，发票上注明的价款为760万元，另发生运输费6万元，款项均以银行存款支付。

（2）甲设备经过调试后，于1月25日投入使用，预计使用16年，预计净残值为42万元，采用双倍余额递减法计提折旧。

（3）7月18日，生产车间购入一台需要安装的乙设备，发票上注明的价款为819万元，另发生保险费11万元，款项均以银行存款支付。

（4）8月15日，将乙设备投入安装，以银行存款支付安装费10万元。乙设备于8月26日达到预定可使用状态，并投入使用。

（5）乙设备采用工作量法计提折旧，预计净残值为30万元，预计总工时为5万小时。9月，乙设备实际使用工时为720小时。

不考虑相关税费及其他因素，根据以上资料完成下列要求：

（1）编制1月15日购入甲设备的会计分录。

（2）计算2月甲设备的折旧额并编制会计分录。

（3）编制7月18日购入乙设备的会计分录。

（4）编制8月安装乙设备及投入使用的会计分录。

（5）计算9月乙设备的折旧额并编制会计分录。

（答案中的金额单位用万元表示。）

2.锦绣房地产开发公司20×4年1月1日外购一栋建筑物，购买价款1 000万元。该建筑物用于出租，作为投资性房地产核算，年租金40万元，每年年初收取，采用公允价值模式对其进行后续计量。20×4年12月31日，该建筑物的公允价值为1 040万元，20×5年12月31日；该建筑物的公允价值为1 020万元。20×6年1月1日，锦绣房地产开发公司出售该建筑物，取得价款1 060万元。“投资性房地产”科目要求写出明细科目，答案中的金额单位用万元表示。

不考虑相关税费及其他因素，要求：

（1）根据上述资料编制相关会计分录。

（2）计算该投资性房地产的处置损益。

3.锦绣房地产开发公司是上市公司，是增值税一般纳税人，其存货和机器设备适用的增值税税率为13%。20×2—20×6年与固定资产有关的业务资料如下：

（1）20×2年12月12日，购进一台不需要安装的设备，取得的增值税专用发票上注明的设备价款为350万元，增值税为45.5万元，另发生运杂费等5万元（不考虑运费抵扣增值税因素），款项以银行存款支付。没有发生其他相关税费。该设备于当日投入使用，预计使用年限为10年，预计净残值为15万元，采用直线法计提折旧。

（2）20×3年12月31日，对该设备进行检查时发现其已经发生减值，预计可收回金额为285万元；计提减值准备后，该设备原预计使用年限、预计净残值、折旧方法保持不变。

（3）20×4年12月31日，因生产经营方向调整，决定采用出包方式对该设备进行改良，改良工程验收合格后支付工程价款。该设备于当日停止使用，开始进行改良。

（4）20×5年3月12日，改良工程完工并验收合格，以银行存款支付工程总价款25万元。当日，改良后的设备投入使用，预计尚可使用年限为8年，采用直线法计提折旧，预计净残值为16万元。20×5年12月31日，该设备未发生减值。

（5）20×6年12月31日，该设备因遭受自然灾害发生严重毁损，该公司决定进行处置，取得残料变价收入10万元、保险公司赔偿款30万元，发生清理费用3万元。款项均以银行存款收付。

不考虑相关税费及其他因素，要求：

（1）编制20×2年12月12日取得该设备的会计分录。

（2）计算20×3年度该设备计提的折旧额。

（3）计算20×3年12月31日该设备计提的固定资产减值准备，并编制会计分录。

（4）计算20×4年度该设备计提的折旧额。

（5）编制20×4年12月31日该设备转入改良时的会计分录。

（6）编制20×5年3月12日支付该设备改良价款、结转改良后设备成本的会计分录。

（7）计算20×5年度该设备计提的折旧额。

（8）计算20×6年12月31日处置该设备实现的净损益。

（9）编制20×6年12月31日处置该设备的会计分录。

第三章案例分析题参考答案

第四章　房地产企业的负债

【教学目标】

1.价值塑造

（1）培养遵纪守法的职业素养。

（2）培养风险管控意识。

2.知识体系

（1）掌握房地产企业流动负债的概念、核算内容和核算方法。

（2）熟悉房地产企业的融资模式。

（3）熟悉房地产企业短期借款、应付票据、应付账款、应付职工薪酬和应交税费的账务处理。

（4）掌握房地产企业长期借款的核算。

（5）熟悉房地产企业应付债券的核算。

（6）了解房地产企业长期应付款的核算。

3.能力培养

（1）培养对房地产企业负债的会计核算认知能力。

（2）培养对房地产企业短期借款、应付票据、应付账款、应付职工薪酬和应交税费的分析能力。

【思政专栏】

《中国共产党第二十届中央委员会第三次全体会议公报》指出："要统筹好发展和安全，落实好防范化解房地产、地方政府债务、中小金融机构等重点领域风险的各项举措，严格落实安全生产责任，完善自然灾害特别是洪涝灾害监测、防控措施，织密社会安全风险防控网，切实维护社会稳定。"

《中共中央关于进一步全面深化改革 推进中国式现代化的决定》指出："支持城乡居民多样化改善性住房需求。充分赋予各城市政府房地产市场调控自主权，因城施策，允许有关城市取消或调减住房限购政策、取消普通住宅和非普通住宅标准。改革房地产开发融资方式和商品房预售制度。完善房地产税收制度。"

房地产作为国民经济的支柱产业，在社会主义市场经济建设、城镇化发展的进程中发挥了重要的作用。然而，随着经济增长趋势和人口结构的改变，我国房地产市场供求关系正在发生重大变化。房地产企业应积极防范和化解风险，这关系着房地产行业的健康发展和社会经济的稳健运行。

【案例引入】

GX高新2024年第三季度资产负债表显示，该公司负债合计1 093 132.07万元，较期初增长了45 450.49万元，增幅为4%。其中，流动负债为520 126.7万元，包含的主要项目有短期借款17 999.99万元、应付账款59 201.06万元、其他应付款102 767.26万元、一年内到期的非流动负债243 288.27万元。非流动负债为573 005.36万元，包含的主要项目有长期应付款31 183.3万元、递延收益15 704.27万元、递延所得税负债26 611.93万元。

GX高新的财务人员必须了解、熟悉和掌握房地产企业负债确认、计量、核算和披露等理论知识和实务操作技能，协助进行融资决策和房地产企业债务风险管控工作。

房地产企业的负债即房地产企业所有者权益以外的各种借入资金，是房地产企业所承担的能够以货币计量，并需要以其资产或劳务偿付的各种债务，也可称为债权人权益，包括流动负债和非流动负债。

第一节　房地产企业的流动负债

房地产企业的流动负债是指房地产企业预计在一个正常营业周期中清偿，或者主要为交易目的而持有，或者自资产负债表日起一年内（含一年）到期应予以清偿，或者房地产企业无权自主将清偿推迟至资产负债表日后一年以上的负债。房地产企业的流动负债包括短期借款、应付票据、应付账款、应付职工薪酬、应交税费等。

一、短期借款

（一）确认

房地产企业的短期借款是房地产企业向银行或其他金融机构等借入的期限在一年以下（含一年）的各种借款。企业在日常生产经营活动中面临资金短缺时，通常会考虑从银行借入资金。银行通常会根据企业的资信状况事先给予企业一定的信用额度，企业可以在需要资金时从银行账户的信用额度之内支取现金，并在双方约定的期限内偿还借款和利息，从而形成企业的一项短期借款。在会计核算上，房地产企业应如实反映短期借款的借入、利息的发生和本金及利息的偿还情况，并按期偿还借款的本金及利息。

（二）计量与核算

1.会计科目

房地产企业应通过“短期借款”科目核算短期借款的取得及偿还情况。该科目贷方登记取得借款的本金数额，借方登记偿还借款的本金数额，期末余额在贷方，表示尚未偿还的短期借款。本科目可按借款种类、借款人和币种进行明细核算。

2.会计核算

（1）短期借款取得时的会计核算。房地产企业从银行或其他金融机构取得短期借款时，借记“银行存款”科目，贷记“短期借款”科目。

（2）短期借款利息的会计核算。在实务中，银行一般于每季度末收取短期借款利息，因此，房地产企业的短期借款利息属于筹资费用，一般在每月月末预提、季末支付。每月预提短期借款利息时，借记“财务费用”科目，贷记“应付利息”科目。季末实际支付利息时，根据本季度应支付的利息额，借记“应付利息”科目，贷记“银行存款”科目。如果利息数额较小，可以在实际支付利息时直接计入当期财务费用或开发成本。

（3）短期借款到期偿还的会计核算。房地产企业短期借款到期偿还本金时，借记“短期借款”科目，贷记“银行存款”科目。

【例4-1】锦绣房地产开发公司20×5年1月1日向银行借入半年期短期借款100万元，年利率为6%。该借款到期后如数归还，利息分月预提、按季支付。有关账务处理如下：

（1）20×5年1月1日借入款项。

借：银行存款　　1 000 000

　贷：短期借款　　1 000 000

（2）20×5年1月末，按月预提利息。

1 000 000×6%÷12=5 000（元）

借：财务费用　　5 000

　贷：应付利息　　5 000

2月末按月预提利息时的处理与1月末相同。

（3）20×5年3月末，按季度支付银行短期借款利息。

借：应付利息　　10 000

　　财务费用　　5 000

　贷：银行存款　　15 000

（4）4月末、5月末、6月末按月预提利息的账务处理与1月末相同。6月末支付第二季度利息并偿还本金。

借：应付利息　　15 000

　　短期借款　　1 000 000

　贷：银行存款　　1 015 000

需要说明的是，房地产企业如果将短期借款直接用于产品开发，并且利息费用数额较大，可将直接用于产品开发的借款利息计入房地产开发成本。如果数额不是很大，为了简化核算，短期借款的利息费用可以直接计入当期损益，即计入财务费用。

二、应付票据

（一）确认

房地产企业的应付票据是房地产企业因购买材料、商品或接受劳务供应等而开出、承兑的商业汇票，包括商业承兑汇票和银行承兑汇票。房地产企业应当设置“应付票据备查簿”，详细登记商业汇票的种类、号数、出票日期、到期日、票面余额、交易合同号、收款人姓名或单位名称，以及付款日期和金额等资料。应付票据到期结清时，应当在备查簿内予以注销。

房地产企业应通过“应付票据”科目核算应付票据的发生、偿付等情况。该科目贷方登记开出、承兑汇票的面值及带息票据的预提利息，借方登记支付票据的金额，期末余额在贷方，表示房地产企业尚未到期的商业汇票的票面金额。

商业汇票的付款期限通常不超过6个月，因此，在会计上应作为流动负债管理和核算。同时，由于应付票据的偿付时间较短，在实务中，一般均按照开出、承兑的应付票据的面值入账。

房地产企业开出商业汇票时，应当将其票面金额作为应付票据的入账金额，借记“材料采购”“库存商品”“应付账款”等科目，贷记“应付票据”科目。

商业承兑汇票与银行承兑汇票在账务处理上有所不同。房地产企业支付的银行承兑汇票手续费应当计入当期财务费用，借记“财务费用”科目，贷记“银行存款”科目。

（二）核算

1.应付票据发生时的会计核算

发生商业承兑汇票时，应借记“材料采购”或“应付账款”等科目，贷记“应付票据”科目。对于发生的银行承兑汇票，还应按汇票面值的5‰向承兑银行缴纳手续费，并记入“财务费用”科目。

【例4-2】20×5年2月1日，锦绣房地产开发公司为采购一批材料开出一张面值为116 000元、期限为5个月的不带息商业汇票。增值税专用发票上注明的材料价款为100 000元、增值税税额为13 000元。账务处理如下：

借：原材料	100 000	
应交税费——应交增值税	13 000	
贷：应付票据		113 000

【例4-3】假设上例中的商业汇票为银行承兑汇票，已缴纳承兑手续费58元。账务处理如下：

借：财务费用	58	
贷：银行存款		58

2.应付票据到期时的会计核算

商业汇票分为带息票据和不带息票据。带息票据的票面金额仅表示本金，票据到期时，除按面值支付外，还应根据票面利率另行计算和支付利息。对于计算支付的应付票据利息，应当计入财务费用。

应付票据到期全额偿付票款时，借记“应付票据”“财务费用”科目，贷记“银行存款”科目。如果房地产企业不能按期足额付款，若为商业承兑汇票，应转入“应付账款”科目；若为银行承兑汇票，则应转入“短期借款”科目。

【例4-4】上述【例4-2】中的商业汇票到期，锦绣房地产开发公司以银行存款全额支付票款。账务处理如下：

借：应付票据　　113 000

　贷：银行存款　　113 000

若上述【例4-2】中的商业汇票为商业承兑汇票，汇票到期时锦绣房地产开发公司无力偿还，应将此款项转为应付账款。账务处理如下：

借：应付票据　　113 000

　贷：应付账款　　113 000

若上述【例4-2】中的商业汇票为银行承兑汇票，汇票到期时该公司无力支付票款，承兑银行已代为支付，则应将该款项转为短期借款。账务处理如下：

借：应付票据　　113 000

　贷：短期借款　　113 000

三、应付账款

（一）确认

应付账款是房地产企业因购买材料、商品或接受劳务供应等经营活动应支付给供应商的款项，一般应在与所购买物资所有权相关的主要风险和报酬已经转移，或者所购买的劳务已经接受时确认应付账款。比如，供应商在发货时同意给予买方30天的信用期，这时买方就取得了一项短期融资，应当确认为应付账款。应付账款应当于收到相关发票时按照发票注明的价款入账，具体包括：

（1）因购买材料、商品或者接受劳务供应而应向销货方或劳务提供方支付的合同或协议价款；

（2）按照货款计算的增值税进项税额；

（3）购买材料或商品时应负担的运杂费和包装费等。

（二）计量与核算

1.会计科目

房地产企业应通过"应付账款"科目，按供应单位名称设置明细科目，核算应付账款的发生、偿还、转销等情况。该科目贷方登记房地产企业购买材料、商品或接受劳务供应等发生的应付账款，借方登记偿还的应付账款，或开出商业汇票抵付应付账款的款项，或已冲销的无法支付的应付账款，余额一般在贷方，表示房地产企业尚未支付的应付账款余额。

2.会计核算

（1）货物和发票同时到达的会计核算。在大多数情况下，房地产企业通过商业信用购买的货物和相关发票会同时到达。在这种情况下，房地产企业应当在确认原材料、库存商品等存货的同时，根据发票金额及相关税费确认应付账款。

【例4-5】20×5年4月10日，锦绣房地产开发公司从乙公司购买一批原材料，收到的增值税专用发票上注明的价款为50 000元、增值税为6 500元。材料已经验收入库，款项尚未支付。锦绣房地产开发公司在材料验收入库时的账务处理为：

借：原材料　　50 000

　　应交税费——应交增值税（进项税额）　　6 500

贷：应付账款　　56 500

（2）发票先到而货物未到的会计核算。在有些情况下，房地产企业通过商业信用购买的货物尚未到达，而相关发票已经收到。在这种情况下，房地产企业应当在收到发票时根据发票金额及相关税费确认在途物资，同时确认应付账款。

【例4-6】20×5年4月10日，锦绣房地产开发公司从乙公司购买一批原材料，收到的增值税专用发票上注明的价款为50 000元、增值税为6 500元。材料尚未收到，款项尚未支付。锦绣房地产开发公司的账务处理为：

借：在途物资　　50 000

　　应交税费——应交增值税（进项税额）　　6 500

　贷：应付账款　　56 500

（3）货物先到而发票未到的会计核算。房地产企业对于月末购买的存货已经入库但发票尚未到达的，应当按照暂估金额或计划成本确定应付账款的入账价值，待下月初将暂估的应付账款价值冲销，等收到发票时再重新入账。

【例4-7】20×5年3月10日，锦绣房地产开发公司购买一批原材料，材料已经入库，但到月末尚未收到发票。已知该批材料的计划成本为60 000元。

20×5年3月31日，锦绣房地产开发公司对于该业务的账务处理为：

借：原材料　　60 000

　贷：应付账款　　60 000

20×5年4月1日，锦绣房地产开发公司冲销上月末暂估的应付账款价值，账务处理为：

借：应付账款　　60 000

　贷：原材料　　60 000

（4）附有现金折扣条件的应付账款的会计核算。如果销货方在赊销商品时为了尽快回笼资金，给购货方开出现金折扣条件，购货方应当按照总价法，将不考虑现金折扣的价款总额及相关税费确定为应付账款的入账价值。

【例4-8】20×5年5月10日，锦绣房地产开发公司从乙公司购买一批原材料，材料价款（不含税）为40 000元，增值税为5 200元。材料已经验收入库，货款尚未支付。乙公司为了鼓励锦绣房地产开发公司提前付款，给其开出的现金折扣条件为“2/10，1/20，N/30”，假设折扣不考虑增值税。

本例中，锦绣房地产开发公司应当按照材料的总价和相关税费确定应付账款的入账价值。账务处理为：

（1）20×5年5月10日，锦绣房地产开发公司收到材料时：

借：原材料　　40 000

　　应交税费——应交增值税（进项税额）　　5 200

　贷：应付账款　　45 200

（2）假定锦绣房地产开发公司在5月19日支付货款，应享受的现金折扣为800元（40 000×2%），实际支付的价款为44 400元。

借：应付账款　　45 200

贷：银行存款　　　　　　　　　　　　　　　　　　　　44 400
　　财务费用　　　　　　　　　　　　　　　　　　　　800

（3）假定锦绣房地产开发公司在5月29日支付贷款，应享受的现金折扣为400元（40 000×1%），实际支付的价款为44 800元。

借：应付账款　　　　　　　　　　　　　　　　45 200
　贷：银行存款　　　　　　　　　　　　　　　　　　44 800
　　　财务费用　　　　　　　　　　　　　　　　　　400

（4）假定锦绣房地产开发公司在6月8日支付贷款，不享受现金折扣，实际支付的价款为45 200元。

借：应付账款　　　　　　　　　　　　　　　　45 200
　贷：银行存款　　　　　　　　　　　　　　　　　　45 200

（5）确实无法支付的应付账款的会计核算。在某些情况下，付款人可能因为某些原因确实无法支付应付账款。比如，销货方破产，债务人确实无法支付应付账款。此时，房地产企业应将该应付账款确认为一项利得，计入营业外收入。

四、应付职工薪酬

（一）职工薪酬的内容

房地产企业的职工薪酬是指房地产企业为获得职工提供的服务或解除劳动关系而给予的各种形式的报酬或补偿。根据《企业会计准则第9号——职工薪酬》的规定，房地产企业的职工薪酬包括短期薪酬、离职后福利、辞退福利和其他长期职工福利。房地产企业提供给职工配偶、子女、受赡养人、已故员工遗属及其他受益人等的福利，也属于职工薪酬。

1.职工的范围

职工薪酬中的“职工”涵盖范围非常广泛，具体包括以下三类人员：

（1）与房地产企业订立正式劳动合同的所有人员，含全职、兼职和临时职工。

（2）虽未与房地产企业订立劳动合同，但由房地产企业正式任命的人员，比如公司的董事会成员和监事会成员。

（3）未与房地产企业订立劳动合同或未由其正式任命，但向房地产企业所提供服务与职工所提供服务类似的人员，包括通过房地产企业与劳务中介公司签订用工合同而向房地产企业提供服务的人员。

2.短期薪酬的内容

短期薪酬，是指房地产企业在职工提供相关服务的年度报告期间结束后12个月内需要全部予以支付的职工薪酬，因解除与职工的劳动关系给予的补偿除外。短期薪酬的主要内容包括：

（1）职工工资、奖金、津贴和补贴。这是指按照国家有关规定构成房地产企业职工工资总额的计时工资、计件工资、职工的超额劳动报酬和因增收节支而支付的奖金、为补偿职工特殊贡献或额外劳动而支付的津贴、支付给职工的交通补贴、通信补贴等各种补贴。

（2）职工福利费。这是指房地产企业职工因公负伤赴外地就医路费、职工生活困难补助、未实行医疗统筹企业的职工医疗费用，以及按规定发生的其他职工福利支出。

（3）社会保险费。这是指房地产企业按照国家规定的基准和比例计算，并向社会保障经办机构缴纳的医疗保险费、工伤保险费和生育保险费等。

（4）住房公积金。这是指房地产企业按照国家规定的基准和比例计算，并向住房公积金管理机构缴存的用于购买商品房的长期储备金。

（5）工会经费和职工教育经费。这是指房地产企业为改善职工文化生活、为职工学习先进技术和提高文化水平及业务素质，用于开展工会活动和职工教育及职业技能培训等的相关支出。

（6）非货币性福利。这是指房地产企业以自产产品或外购商品发放给职工作为福利、将自己拥有的资产或租赁的资产无偿提供给职工使用、为职工无偿提供医疗保健服务，或者向职工提供企业支付了一定补贴的商品或服务等。

（7）短期带薪缺勤。这是指房地产企业支付工资或提供补偿的职工缺勤，包括年休假、病假、短期伤残、婚假、产假、丧假、探亲假等。

（8）短期利润分享计划。这是指房地产企业因职工提供服务而与职工达成的基于利润或其他经营成果提供薪酬的协议。

3.离职后福利

离职后福利，是指房地产企业为获得职工提供的服务而在职工退休或与企业解除劳动关系后提供的各种形式的报酬和福利。离职后福利包括设定提存计划和设定受益计划。

设定提存计划，是指向独立的基金缴存固定费用后，房地产企业不再承担进一步支付义务的离职后福利计划。房地产企业应当在职工为其提供服务的会计期间，将根据设定提存计划确定的应缴存金额确认为负债，并计入当期损益或相关资产成本。

设定受益计划，是指除设定提存计划以外的离职后福利计划。房地产企业应当采用预期累计福利单位法和适当的精算假设，确认和计量设定受益计划所产生的义务。

4.辞退福利

（1）职工没有选择权的辞退福利。这是指在职工劳动合同尚未到期前，不论职工本人是否愿意，房地产企业都决定解除与职工的劳动关系而给予的补偿。

（2）职工有选择权的辞退福利。这是指在职工劳动合同尚未到期前，房地产企业为鼓励职工自愿接受裁减而给予的补偿，职工有权选择继续在职或接受补偿离职。

5.其他长期职工福利

其他长期职工福利，是指除短期薪酬、离职后福利、辞退福利之外所有的职工薪酬，包括长期带薪缺勤、长期残疾福利、长期利润分享计划等。

常见的房地产企业职工薪酬是短期薪酬，这也是我们讲解的内容。

（二）应付短期薪酬的确认

房地产企业应当在职工为其提供服务的会计期间，将应付短期薪酬确认为一项流动负债，并根据职工提供服务的受益对象，将应付短期薪酬计入当期损益或资产成本，具体分为以下几种情况：

（1）直接生产人员和直接提供劳务人员发生的职工薪酬，应由所生产产品、所提供劳务负担，计入开发产品成本或劳务成本。但是，非正常消耗的直接生产人员和直接提供劳务人员的职工薪酬应当在发生时确认为当期损益。

（2）开发生产管理人员的职工薪酬应计入开发间接费。

（3）自行建造固定资产和自行研究开发无形资产人员的职工薪酬，应由在建工程、无形资产或开发支出负担，计入在建工程成本或研发支出，最终按照资本化条件的规定计入固定资产、无形资产成本或管理费用。

（4）与公司总部管理人员、董事会成员、监事会成员等人员相关的职工薪酬，因难以确定直接对应的受益对象，均应当在发生时计入管理费用。

（三）应付短期薪酬的计量

1.货币性职工薪酬的计量

货币性职工薪酬包括房地产企业以货币形式支付给职工或为职工支付的工资、职工福利、各种社会保险、住房公积金、工会经费等。对货币性职工薪酬的计量，应按照国家及地方有关规定确定计提基础和计提比例。国家没有规定计提基础和计提比例的，房地产企业应当自行规定或考虑历史经验数据和实际情况，合理预计当期应付职工薪酬的金额。在实务中，职工教育经费不需要计提，企业按照《中华人民共和国企业所得税法实施条例》的相关规定，职工教育经费的支出不超过工资薪金总额8%的部分，准予在计算企业所得税应纳税所得额时扣除；超过部分，准予在以后纳税年度结转扣除。

房地产企业一般于每期期末，按照货币性职工薪酬的应付金额，贷记“应付职工薪酬”科目，同时，根据职工服务的受益对象，借记相关费用或资产科目。房地产企业在实际支付货币性职工薪酬时，应当按照实际应支付给职工的金额，借记“应付职工薪酬”科目，按照实际支付的总额，贷记“银行存款”科目，将应由职工个人负担由企业代扣代缴的职工个人所得税，贷记“应交税费——应交个人所得税”科目，将应由职工个人负担由企业代扣代缴的医疗保险费、住房公积金等，贷记“其他应付款”科目。

【例4-9】20×5年10月，锦绣房地产开发公司当月应付工资100万元，其中生产部门直接开发生产人员工资50万元、开发生产部门管理人员工资10万元、公司管理部门人员工资20万元、公司专设产品销售机构人员工资4万元、自行建造办公设施人员工资10万元、内部开发专利人员工资6万元。按照规定，分别按照工资总额的10%、12.5%、2%和10%计提医疗保险费、养老保险费、失业保险费和住房公积金。估计20×5年应承担的职工福利费金额为职工工资总额的4%，按照职工工资总额的2%计提工会经费。当期，职工教育经费发生金额为15 000元。

假定专利已处于开发阶段并符合资本化条件。不考虑其他因素。锦绣房地产开发公司会计处理如下：

借：开发成本		710 000
开发间接费用		142 000
管理费用		284 000
销售费用		56 800
在建工程		142 000
研发支出——资本化支出		85 200

贷：应付职工薪酬——工资　　1 000 000
——职工福利　　40 000
——社会保险费　　245 000
——住房公积金　　100 000
——工会经费　　20 000
——职工教育经费　　15 000

【例4-10】锦绣房地产开发公司20×5年4月发放职工工资时，应付职工工资总额为165 000元，其中应由公司代扣代缴的个人所得税为25 000元、应由职工个人负担由公司代扣代缴的各种社会保险费和住房公积金为10 000元，实发工资部分已经通过银行转账支付。该业务的账务处理为：

借：应付职工薪酬——工资　　165 000
贷：银行存款　　130 000
应交税费——应交个人所得税　　25 000
其他应付款　　10 000

2.非货币性职工薪酬

房地产企业向职工提供的非货币性职工薪酬，如果以自产产品或外购商品发放，应当按照该产品的公允价值和相关税费计量应计入成本费用的职工薪酬金额。其相关收入、成本的确认、计量和相关税费的处理，与正常商品销售相同。如果将拥有的房屋等资产无偿提供给职工使用或租赁住房等资产供职工无偿使用，应当根据受益对象，将住房每期应计提的折旧或应付租金计入相关资产成本或当期损益，同时确认应付职工薪酬；难以认定受益对象的，直接计入当期损益，并确认应付职工薪酬。如果向职工提供企业支付了补贴的商品或服务，应当将出售商品或服务的价款与成本的差额（相当于企业补贴的金额），分别情况作为长期待摊费用或者计入当期损益。

【例4-11】锦绣房地产开发公司共有职工100名，20×5年6月，该公司以银行存款购买每台不含税价格为2 000元的电视机100台，作为端午节福利发放给每名职工，增值税税率为13%。假设在100名职工中，开发生产的职工有70名、开发现场管理人员有10名、总部管理人员有20名。账务处理为：

（1）决定发放非货币性福利时：

借：开发成本　　140 000
开发间接费用　　20 000
管理费用　　40 000
贷：应付职工薪酬——非货币性福利　　200 000

（2）购买电视机时：

借：应付职工薪酬——非货币性福利　　200 000
应交税费——应交增值税（进项税额）　　26 000
贷：银行存款　　226 000

五、应交税费

房地产企业应交税费是按照规定应向国家缴纳的各种税金，包括增值税、土地增值税、企业所得税、城市维护建设税、房产税、城镇土地使用税等。应交税费在实际上缴之前，也构成房地产企业的一部分流动负债。

（一）增值税

2016年3月31日，国家税务总局发布了《房地产开发企业销售自行开发的房地产项目增值税征收管理暂行办法》，从2016年5月1日起实施。房地产企业销售自行开发的房地产项目以及房地产企业以接盘等形式购入未完工的房地产项目继续开发、以自己的名义立项销售的房地产项目，均属于增值税的纳税范围。需要注意的是，国家税务总局2016年3月31日也发布了《纳税人提供不动产经营租赁服务增值税征收管理暂行办法》，从2016年5月1日起实施。房地产企业将自有的房产出租，也应当缴纳增值税。

1.一般纳税人征收管理

（1）房地产企业销售自行开发的房地产项目。

①销售额。房地产开发企业中的增值税一般纳税人（以下简称一般纳税人）销售自行开发的房地产项目（选择简易计税方法的房地产企业开发旧项目除外），适用一般计税方法计税，按照取得的全部价款和价外费用，扣除当期销售房地产项目对应的土地价款后的余额计算销售额。销售额的计算公式如下：

销售额=（全部价款和价外费用−当期允许扣除的土地价款）÷（1+9%）

②当期允许扣除的土地价款。

当期允许扣除的土地价款的计算公式为：

$$\text{当期允许扣除的土地价款}=\left(\frac{\text{当期销售房地产}}{\text{项目建筑面积}}\div\frac{\text{房地产项目}}{\text{可供销售建筑面积}}\right)\times\text{支付的土地价款}$$

式中：当期销售房地产项目建筑面积，是指当期进行纳税申报的增值税销售额对应的建筑面积。房地产项目可供销售建筑面积，是指房地产项目可以出售的总建筑面积，不包括销售房地产项目时未单独作价结算的配套公共设施的建筑面积。支付的土地价款，是指向政府、土地管理部门或受政府委托收取土地价款的单位直接支付的土地价款。

在计算销售额时，从全部价款和价外费用中扣除的土地价款应当取得省级以上（含省级）财政部门监（印）制的财政票据。一般纳税人应建立台账登记土地价款的扣除情况，扣除的土地价款不得超过纳税人实际支付的土地价款。

房地产企业一般纳税人销售自行开发的房地产旧项目，可以选择简易计税方法，依照5%的征收率计税，以取得的全部价款和价外费用为销售额，不得扣除对应的土地价款。一经选择简易计税方法，36个月内不得变更为一般计税方法。

③预交税款。一般纳税人采取预收款方式销售自行开发的房地产项目，应在收到预收款时，按照3%的预征率预交增值税。应预交税款的计算公式为：

应预交税款=预收款÷（1+适用税率或征收率）×3%

适用一般计税方法计税的，按照9%的适用税率计算；适用简易计税方法计税的，按照5%的征收率计算。一般纳税人应在取得预收款的次月纳税申报期向主管税务机关预交税款。

预收款是指房地产企业实际取得的售房款，有两种：第一，分期取得的预收款（首付+按揭+尾款）；第二，全款取得的预收款（因为全款取得也要事后开票，确认应税收入，因此也可以叫作预收款）。

④进项税额。一般纳税人销售自行开发的房地产项目，兼有一般计税方法计税、简易计税方法计税、免征增值税的房地产项目而无法划分不得抵扣的进项税额的，应以建筑工程施工许可证注明的“建设规模”为依据进行划分。不得抵扣的进项税额的计算公式为：

$$\text{不得抵扣的进项税额}=\text{当期无法划分的全部进项税额}\times\left(\text{简易计税、免税房地产项目建设规模}\div\text{房地产项目总建设规模}\right)$$

其中：建设规模即项目建设的面积。在计算简易计税方法和免税房地产项目对应的“不得抵扣的进项税额”时，应以面积为计算依据，而不能以套、层、单元、栋等作为计算依据。

⑤纳税申报。一般纳税人销售自行开发的房地产项目适用一般计税方法计税的，以当期销售额和9%的适用税率计算当期应纳税额，抵减已预交税款后，向主管税务机关申报纳税。未抵减完的预交税款可以结转至下期继续抵减。

一般纳税人销售自行开发的房地产项目适用简易计税方法计税的，应在纳税义务发生时，以当期销售额和5%的征收率计算当期应纳税额，抵减已预交税款后，向主管税务机关申报纳税。未抵减完的预交税款可以结转至下期继续抵减。

⑥发票开具。一般纳税人销售自行开发的房地产项目，自行开具增值税发票。一般纳税人销售自行开发的房地产项目，其2016年4月30日前收取并已向主管税务机关申报缴纳营业税的预收款，未开具营业税发票的，可以开具增值税普通发票，不得开具增值税专用发票。一般纳税人向其他个人销售自行开发的房地产项目，不得开具增值税专用发票。

（2）房地产企业出租自有房产。一般纳税人出租不动产，按照以下规定缴纳增值税：

① 一般纳税人出租其2016年4月30日前取得的不动产，适用简易计税方法，按照5%的征收率计算应纳税额。不动产所在地与机构所在地不在同一县（市、区）的，纳税人应按照上述计税方法向不动产所在地主管税务机关预交税款，向机构所在地主管税务机关申报纳税；不动产所在地与机构所在地在同一县（市、区）的，纳税人向机构所在地主管税务机关申报纳税。

② 一般纳税人出租其2016年5月1日后取得的不动产，适用一般计税方法计税。不动产所在地与机构所在地不在同一县（市、区）的，纳税人应按照3%的预征率向不动产所在地主管税务机关预交税款，向机构所在地主管税务机关申报纳税；不动产所在地与机构所在地在同一县（市、区）的，纳税人应向机构所在地主管税务机关申报纳税。一般纳税人出租其2016年4月30日前取得的不动产适用一般计税方法计税的，按照上述规定执行。

（3）会计核算。

① 会计科目。一般纳税人应当在“应交税费”科目下设置“应交增值税”“未交增值税”“预交增值税”“待抵扣进项税额”等明细科目进行核算。“应交税费——应交增值税”明细科目下设置“进项税额”“销项税额抵减”“已交税金”“转出未交增值税”“减免税款”“销项税额”“出口退税”“进项税额转出”“转出多交增值税”等专栏。其中，一般纳税人发生的应税行为适用简易计税方法的，销售商品时应缴纳的增值税税额在“简易计税”明细科目核算。

② 常见的账务处理。

实现销售时：

借：银行存款

　贷：主营业务收入

　　应交税费——应交增值税（销项税额）

取得成本费用等含可抵扣的进项税额发票时：

借：开发成本等

　应交税费——应交增值税（进项税额）

　贷：银行存款

预交税款时：

借：应交税费——预交增值税

　贷：银行存款

减免税款时：

借：应交税费——应交增值税（减免税款）

　贷：其他收益

转出本月应交未交增值税时：

借：应交税费——应交增值税（转出未交增值税）

　贷：应交税费——未交增值税

转出预交税款时：

借：应交税费——未交增值税

　贷：应交税费——预交增值税

本月上交上期未交增值税时：

借：应交税费——未交增值税

　贷：银行存款

【例4-12】锦绣房地产开发公司（一般纳税人）20×5年6月购入一批钢材用于甲施工项目，共计3 000吨，不含税售价为1 000万元，增值税税率为13%，取得增值税专用发票，款项已通过银行存款付清，该批钢材已验收入库。账务处理如下：

借：原材料——钢材	10 000 000	
应交税费——应交增值税（进项税额）	1 300 000	
贷：银行存款		11 300 000

【例4-13】锦绣房地产开发公司（一般纳税人）20×5年6月出售B商住楼，当月收款并开出增值税专用发票，发票上注明价款为5 000万元、增值税为450万元，不考虑

当期允许扣除的土地价款。账务处理如下：

借：银行存款 54 500 000

贷：主营业务收入 50 000 000

应交税费——应交增值税（销项税额） 4 500 000

2.小规模纳税人征收管理

（1）房地产开发企业中的增值税小规模纳税人（以下简称小规模纳税人）采取预收款方式销售自行开发的房地产项目，应在收到预收款时，按照3%的预征率预交增值税。应预交税款的计算公式为：

应预交税款=预收款÷（1+5%）×3%

小规模纳税人销售自行开发的房地产项目，应在纳税义务发生时，以当期销售额和5%的征收率计算当期应纳税额，抵减已预交税款后，向主管税务机关申报纳税。未抵减完的预交税款可以结转至下期继续抵减。

（2）小规模纳税人出租不动产，按照5%的征收率计算应纳税额。不动产所在地与机构所在地不在同一县（市、区）的，纳税人应按照上述计税方法向不动产所在地主管税务机关预交税款，向机构所在地主管税务机关申报纳税；不动产所在地与机构所在地在同一县（市、区）的，纳税人应向机构所在地主管税务机关申报纳税。

小规模纳税人对于增值税的会计核算，是在"应交税费——应交增值税"二级明细科目下核算的，无须设置三级明细科目。

（二）城市维护建设税

城市维护建设税（以下简称城建税）是为了城市的维护建设而对缴纳消费税、增值税的纳税人征收的一种税。城建税的应纳税额以纳税人实际缴纳的消费税、增值税税额为计税依据，乘以适用税率计算。税率因纳税人所在地不同而有所不同，纳税人所在地为市区的，税率按7%计算；纳税人所在地为县、镇的，税率按5%计算；纳税人所在地在市、县、镇以外的，税率按1%计算。

（三）教育费附加

教育费附加是加快发展地方教育事业和扩大地方教育经费的资金来源。凡缴纳消费税、增值税的单位和个人，除按照《国务院关于筹措农村学校办学经费的通知》（国发〔1984〕174号）的规定，缴纳农村教育事业费附加的单位外，都应当缴纳教育费附加。教育费附加以各单位和个人实际缴纳的增值税、消费税的税额为计征依据，教育费附加率为3%，分别与增值税、消费税同时缴纳。

【例4-14】锦绣房地产开发公司（一般纳税人）20×5年6月实际缴纳增值税52万元，城建税税率为7%，教育费附加率为3%。

应交城建税=520 000×7%=36 400（元）

应交教育费附加=520 000×3%=15 600（元）

账务处理如下：

借：税金及附加 52 000

贷：应交税费——应交教育费附加 15 600

——应交城市维护建设税 36 400

（四）土地增值税

土地增值税是对转让国有土地使用权、地上建筑物及附着物（以下简称转让房地产）并取得增值收入的单位和个人征收的一种税。房地产企业出租房地产、受托代建工程等，以及以继承、赠予等方式无偿转让房地产，均不是土地增值税的征税范围。

土地增值税以纳税人转让房地产所取得的增值额为计税依据。增值额是纳税人转让房地产所取得的收入（不含增值税）减去规定的扣除项目金额后的余额。房地产开发企业转让房地产所取得的收入，是指转让房地产的全部价款及有关的经济收益（不含增值税），包括货币收入、实物收入和其他收入。扣除项目金额包括以下内容：

1.取得土地使用权所支付的金额

取得土地使用权所支付的金额包括所支付的价款和按规定缴纳的有关税费。

2.房地产开发成本

房地产开发成本包括土地取得费、前期工程费、建筑安装工程费、基础设施费、公共配套设施费和开发间接费。

3.房地产开发费用

房地产开发费用是与房地产开发项目有关的销售费用、管理费用、财务费用。房地产开发费用的计算分为以下两种情况：

（1）凡能提供金融机构贷款证明，并能按转让房地产项目分摊利息支出的，其开发费用按照利息费用加上取得土地使用权所支付的金额和房地产开发成本两项金额的5%以内计算扣除。

（2）凡不能提供金融机构贷款证明，或不能按转让房地产项目分摊利息支出的，其开发费用在取得土地使用权所支付的金额和房地产开发成本两项金额的10%以内计算扣除。

全部使用自有资金，没有利息支出的，按照以上方法扣除，具体适用比例由各省、自治区、直辖市人民政府规定。

4.旧房及建筑物成本金额

旧房及建筑物成本金额按政府批准的房地产评估机构的评估价格确定。

营改增后，纳税人转让旧房及建筑物，凡不能取得评估价格，但能提供购房发票的，《中华人民共和国土地增值税暂行条例》第六条第一、三项[①]规定的扣除项目的金额按照下列方法计算：

（1）提供的购房凭据为营改增前取得的营业税发票的，按照发票所载金额（不扣减营业税）并从购买年度起至转让年度止每年加计5%计算。

（2）提供的购房凭据为营改增后取得的增值税普通发票的，按照发票所载价税合计金额并从购买年度起至转让年度止每年加计5%计算。

（3）提供的购房发票为营改增后取得的增值税专用发票的，按照发票所载不含增值税金额加上不允许抵扣的增值税进项税额之和，并从购买年度起至转让年度止每年加计

① 《中华人民共和国土地增值税暂行条例》第六条第一、三项分别为：取得土地使用权所支付的金额；新建房及配套设施的成本、费用，或者旧房及建筑物的评估价格。

5%计算。

5.与转让房地产有关的税金

房地产企业计算土地增值税增值额的扣除项目中，“与转让房地产有关的税金”不包括增值税，实际缴纳的城建税、教育费附加，凡能够按清算项目准确计算的，允许据实扣除；凡不能按清算项目准确计算的，按该清算项目预交增值税时实际缴纳的城建税、教育费附加扣除。

6.财政部规定的其他扣除项目

财政部规定的其他扣除项目是指房地产企业可按取得土地使用权所支付的金额和房地产开发成本两项规定计算的金额之和，加计20%扣除。

应纳税额计算公式如下：

土地增值税应纳税额=$\sum$(每级距的土地增值额×适用税率)

土地增值税实行四级超率累进税率，具体规定是：增值额占扣除项目金额50%以下（含50%）的部分，税率为30%；增值额占扣除项目金额超过50%至100%（含100%）的部分，税率为40%；增值额占扣除项目金额超过100%至200%（含200%）的部分，税率为50%；增值额占扣除项目金额超过200%的部分，税率为60%。

2024年11月12日，财政部、国家税务总局、住房城乡建设部联合发布《关于促进房地产市场平稳健康发展有关税收政策的公告》，自2024年12月1日起执行。该公告对住房交易契税政策和有关城市取消普通住宅和非普通住宅标准后相关土地增值税、增值税政策等做出调整。取消普通住宅和非普通住宅标准的城市，根据《中华人民共和国土地增值税暂行条例》第八条第一项，纳税人建造普通标准住宅出售，增值额未超过扣除项目金额20%的，继续免征土地增值税。同时，本次调整将各地区土地增值税预征率下限统一降低0.5个百分点。调整后，东部地区为1.5%，中部和东北地区为1%，西部地区为0.5%。

【例4-15】锦绣房地产开发公司实现房地产转让收入25 000元，规定的扣除项目金额为10 000元，增值额为15 000元，增值额占扣除项目金额的150%。其中，占50%的部分即5 000元，按30%的税率计算；超过50%至100%的部分即5 000元，按40%的税率计算；超过100%至200%的部分即5 000元，按50%的税率计算。请计算该公司应缴纳的土地增值税。

增值额占扣除项目金额50%以下（含50%）的部分应纳税额：

10 000×50%×30%=1 500（元）

增值额超过扣除项目金额50%至100%（含100%）的部分应纳税额：

10 000×（100%−50%）×40%=2 000（元）

增值额超过扣除项目金额100%至200%的部分的应纳税额：

10 000×（150%−100%）×50%=2 500（元）

土地增值税应纳税额=1 500+2 000+2 500=6 000（元）

账务处理如下：

借：税金及附加　　6 000

　　贷：应交税费——应交土地增值税　　6 000

这种分步计算的方法比较烦琐，需汇总合计，在实务中，一般采用速算扣除法，见表4-1。

表4-1　土地增值税税率及速算扣除系数表

级次	增值额占扣除项目金额的比例	税率（%）	速算扣除系数
1	50%以下（含50%）	30	0
2	50%～100%（含100%）	40	5%
3	100%～200%（含200%）	50	15%
4	200%以上	60	35%

根据表4-1，用速算扣除法计算土地增值税应纳税额，计算公式如下：

土地增值税应纳税额=增值额×适用税率-扣除项目金额×速算扣除系数

按上例，增值额为15 000元，扣除项目金额为10 000元，增值额占扣除项目金额的150%，适用于第三级距的税率。应交土地增值税计算如下：

15 000×50%-10 000×15%=6 000（元）

（五）房产税

房产税是针对在城市、县城、建制镇和工矿区经营用房产征收的一种税。房地产开发企业建造的商品房，在出售前不征收房产税，但对出售前已使用或出租、出借的商品房，应按规定征收房产税。房地产企业计算应缴纳的房产税时，借记“税金及附加”科目，贷记“应交税费——应交房产税”科目。房产税有两种计税方式：

（1）以房产余值作为计税依据，按房产原值扣除10%~30%后的余值，并按1.2%的税率计算房产税。计算公式如下：

房产税年应纳税额=房产原值×（1-扣除比例（10%~30%））×1.2%

需要注意的是：①房产原值是纳税人按会计制度的规定，在“固定资产”账簿中记载的房产原值，包括应当缴纳房产税但未在该账户中记载的房产。②对按照房产原值计税的房产，无论会计上如何核算，房产原值均应包含地价，包括为取得土地使用权支付的价款、开发土地发生的成本费用等。宗地容积率低于0.5的，按房产建筑面积的2倍计算土地面积并据此确定计入房产原值的地价。

（2）以房产租金收入为计税依据，按12%的税率计算房产税。计算公式如下：

房产税年应纳税额=年租金收入×12%

需要注意的是：①租金收入为不含增值税收入。②房产的租金收入包括货币收入和实物收入。如果是以劳务或者其他形式为报酬抵付房租收入的，应根据当地同类房产的租金水平，确定一个标准租金额从租计征。③对出租房产，租赁双方签订的租赁合同约定了免收租金期限的，免收租金期间由产权所有人按照房产原值缴纳房产税。

（六）城镇土地使用税

城镇土地使用税是指对在城市、县城、建制镇、工矿区范围经营使用土地的单位和个人征收的一种税。其计税依据是实际占用的土地面积，执行定额税率。每平方米土地年应纳税额为：大城市为1.5~30元，中等城市为1.2~24元，小城市为0.9~18元，县城、建制镇、工矿区为0.6~12元。

房地产企业计算应缴纳的城镇土地使用税时，借记“税金及附加”科目，贷记“应交税费——应交城镇土地使用税”科目。

房地产企业按规定应缴纳的税费种类较多，应根据不同的管理要求，采用不同的方法，正确地进行应交税费的核算。

第二节 房地产企业的非流动负债

房地产企业的非流动负债是房地产企业预计将在超过一个正常营业周期清偿或者自资产负债表日起一年以上到期应予以清偿的负债。房地产企业的非流动负债包括长期借款、应付债券和长期应付款等。

一、长期借款

（一）确认与计量

房地产企业的长期借款是房地产企业从银行或其他金融机构借入的期限在一年以上（不含一年）的各种借款，一般用于固定资产的开发、改扩建工程、大修理工程、对外投资以及保持长期经营能力等方面。它是一种非常重要的筹资方式，其使用和归还关系到房地产企业的信誉和效益。

房地产企业应通过“长期借款”科目核算长期借款的借入、归还等情况。该科目可按照贷款单位和贷款种类设置明细账，分别设置“本金”“利息调整”等明细科目进行明细核算。该科目的贷方登记借入的长期借款本金和利息，借方登记归还的本金和利息，余额在贷方，反映房地产企业尚未偿还的长期借款。

（二）核算

1.借入长期借款

房地产企业借入各种长期借款，按实际收到的款项，借记“银行存款”科目，按借款本金，贷记“长期借款——本金”科目，按借贷方之间的差额，借记或贷记“长期借款——利息调整”科目。

2.长期借款利息

资产负债表日，应当按照摊余成本和实际利率计算确定长期借款利息费用，实际利率与合同利率差异较小的，也可以按照合同利率计算确定利息费用。长期借款利息费用可按以下原则确定列支渠道：属于筹建期间的，计入管理费用。属于生产经营期间的，计入财务费用。属于用来开发固定资产的，在固定资产尚未达到预定可使用状态前发生的应当资本化的利息支出，计入在建工程成本；固定资产达到预定可使用状态后发生的利息支出，以及按规定不予以资本化的利息支出，计入财务费用。属于研究开发无形资产的，计入研发支出。房地产企业应根据计算确定的长期借款利息费用，借记“在建工程”“财务费用”“研发支出”“制造费用”等科目，按合同利率计算确定的应付未付利息，贷记“应付利息”科目，按其差额，贷记或借记“长期借款——利息调整”科目。

3.归还长期借款

房地产企业归还长期借款，按归还的借款本金，借记“长期借款——本金”科目，贷记“银行存款”科目。如果有利息调整余额的，借记或贷记“在建工程”“财务费用”“研发支出”“制造费用”等科目，贷记或借记“长期借款——利息调整”科目。

【例4-16】锦绣房地产开发公司于20×5年12月31日从银行借入资金300万元，期限为2年，年利率为8%（到期一次还本，每年年末付息，不计复利）。该笔借款用于购买不需要安装的设备一台。账务处理如下：

（1）取得借款时：

借：银行存款　3 000 000

　贷：长期借款——本金　3 000 000

（2）每月月末计提利息时：

借：财务费用　20 000

　贷：应付利息　20 000

（3）每年年末支付利息时：

借：应付利息　240 000

　贷：银行存款　240 000

（4）到期偿还本金时：

借：长期借款　3 000 000

　贷：银行存款　3 000 000

二、应付债券

（一）含义和种类

公司债券是房地产企业发行的超过一年的债券，属于房地产企业的非流动负债，主要是为了筹集房地产企业的长期使用资金。债券按发行主体，分为政府债券、金融债券、公司债券、国际债券等；按偿还期限，分为短期债券、中期债券、长期债券、永久债券等；按利息的支付方式，分为分次付息债券、一次性付息债券等。

（二）发行方式

公司债券的发行方式有三种：面值发行、溢价发行、折价发行。假设其他条件不变，当债券的票面利率与同期银行存款利率相同时，可按票面价格发行，称为面值发行；当债券的票面利率高于同期银行存款利率时，可按超过债券面值的价格发行，称为溢价发行；当债券的票面利率低于同期银行存款利率时，可按低于债券面值的价格发行，称为折价发行。从以上情况可以看出，溢价是发行方以后各期多付利息而事先得到的补偿，是投资方以后各期多得利息而事先付出的代价；折价是发行方以后各期少付利息而事先付出的代价，是投资方以后各期少得利息而事先得到的补偿。溢折价的实质是发行债券的房地产企业在债券存续期内对利息费用的一种调整。

（三）账户设置

房地产企业应设置“应付债券”科目，并在该科目下设置“面值”“利息调整”

"应计利息"等明细科目，核算应付债券发行、计提利息、还本付息等情况。该科目贷方登记应付债券的本金和利息，借方登记归还的债券本金和利息，期末余额在贷方，表示房地产企业尚未偿还的应付债券。房地产企业可以设置"房地产企业债券备查簿"，详细登记房地产企业债券的票面金额、债券票面利率、还本付息期限与方式、发行总额、发行日期、编号、委托代售单位、转换股份等资料，房地产企业债券到期兑付，在备查簿中应注销。债券利息费用的列支渠道，若发行债券所筹集的资金用于生产经营，记入"财务费用"科目；若发行债券所筹集的资金用于工程建设，记入"在建工程"科目。

（四）应付债券的核算

1.发行债券的核算

（1）收到债券发行款项的处理。房地产企业发行债券时，应按实际收到的债券发行款项，借记"银行存款""库存现金"等科目，按债券票面价值，贷记"应付债券——面值"科目，按实际收到的款项与票面价值之间的差额，贷记或借记"应付债券——利息调整"科目，债券溢价部分记入"应付债券——利息调整"科目的贷方，债券折价部分记入"应付债券——利息调整"科目的借方。

（2）债券发行费用的处理。债券发行费用是债券发行方支付给有关发行中介机构、服务机构的各种费用，如支付给债券承销机构的手续费等。房地产企业发行债券时，如果发行费用大于发行期间冻结资金所产生的利息收入，按发行费用减去发行期间冻结资金所产生的利息收入后的差额，根据发行债券所筹集资金的用途，分别计入财务费用或在建工程等。如果发行费用小于发行期间冻结资金所产生的利息收入，按发行期间冻结资金所产生的利息收入减去发行费用后的差额，视同发行债券的溢价收入，在债券存续期间于计提利息时摊销，分别计入财务费用或在建工程等。

2.资产负债表日计提利息并摊销利息调整的核算

资产负债表日，发行债券的房地产企业应计提利息，确认当期实际利息费用，并对利息调整进行摊销，摊销方法采用实际利率法。实际利率法，是按照应付债券的实际利率计算其摊余成本及各期利息费用的方法。实际利率，是将应付债券在债券存续期间的未来现金流量折现为该债券当前账面价值所使用的利率。有关计算公式如下：

① 债券票面利息费用=面值×票面利率×计息期

② 债券实际利息费用=债券期初摊余成本×实际利率×计息期

③ 每期摊销的利息调整=①-②

④ 债券期末摊余成本=债券期初摊余成本+③

对于到期一次性还本付息的债券，应于资产负债表日按摊余成本和实际利率计算确定债券利息费用，借记"在建工程""制造费用""财务费用"等科目，按票面利率计算确定应付未付利息，贷记"应付债券——应计利息"科目，按其差额，借记或贷记"应付债券——利息调整"科目。

对于分期付息、到期一次还本的债券，应按应付债券的摊余成本和实际利率计算确认的债券利息费用，借记"在建工程""制造费用""财务费用"等科目，按票面利率计算确认的应付未付利息，贷记"应付利息"科目，按其差额，借记或贷记"应付债券——利息调整”科目。

3.债券偿还的核算

对于到期一次性还本付息的债券，应于债券到期支付债券本息时，借记“应付债券——面值”“应付债券——应计利息”科目，贷记“银行存款”科目。对于分期付息、到期一次还本的债券，在每期支付利息时，借记“应付利息”科目，贷记“银行存款”科目；债券到期偿还本金并支付最后一期利息时，借记“应付债券——面值”“在建工程”“财务费用”“制造费用”等科目，贷记“银行存款”科目；按借贷双方之间的差额，借记或贷记“应付债券——利息调整”科目。

【例4-17】20×3年1月1日，锦绣房地产开发公司经批准发行3年期一次还本、分期付息的公司债券10 000 000元，债券利息在每年12月31日支付，票面利率为8%。假定该债券发行时市场利率为6%。该债券的发行价格为10 534 400元，全部用于生产经营。

锦绣房地产开发公司利息费用计算和利息调整摊销见表4-2。

表4-2 利息费用计算和利息调整摊销 单位：元

付息日期	票面利息	利息费用	摊销的利息调整	应付债券摊余成本
20×3年1月1日	—	—	—	10 534 400
20×3年12月31日	800 000	632 064	167 936	10 366 464
20×4年12月31日	800 000	621 988	178 012	10 188 452
20×5年12月31日	800 000	611 548*	188 452	10 000 000
合计	2 400 000	—	534 400	—

*611 548含尾差241元。

账务处理如下：

（1）20×3年1月1日发行债券：

借：银行存款 10 534 400

　贷：应付债券——面值 10 000 000

　　　　——利息调整 534 400

（2）20×3年12月31日计提利息费用：

借：财务费用 632 064

　　应付债券——利息调整 167 936

　贷：应付利息 800 000

实际支付利息时：

借：应付利息 800 000

　贷：银行存款 800 000

（3）20×4年12月31日计提利息费用：

借：财务费用　　621 988

　　应付债券——利息调整　　178 012

　贷：应付利息　　800 000

实际支付利息时：

借：应付利息　　800 000

　贷：银行存款　　800 000

（4）20×5年12月31日计提利息费用：

借：财务费用　　611 548

　　应付债券——利息调整　　188 452

　贷：应付利息　　800 000

实际支付利息时：

借：应付利息　　800 000

　贷：银行存款　　800 000

（5）20×5年12月31日归还债券本金：

借：应付债券——面值　　10 000 000

　贷：银行存款　　10 000 000

三、长期应付款

长期应付款是指房地产企业除长期借款和应付债券以外的其他各种长期应付款项，如以分期付款方式购入固定资产发生的应付款项等。

房地产企业购买资产有可能延期支付有关价款，这是具有融资性质的延期付款购买资产。如果延期支付的购买价款超过正常信用条件，实质上具有融资性质，所购资产的成本应当以延期支付购买价款的现值为基础确定。实际支付的价款与购买价款的现值之间的差额，应当在信用期间采用实际利率法进行摊销，计入相关资产成本或当期损益。具体来说，房地产企业购入资产超过正常信用条件延期付款实质上具有融资性质时，应按购买价款的现值，借记“固定资产”“在建工程”等科目，按应支付的价款总额，贷记“长期应付款”科目，按其差额，借记“未确认融资费用”科目。

东盟财税专栏

中国—东盟税收协调应以“平等互利、自主自愿”作为基本原则，为了进一步缩小各国税收制度之间的差距，在综合考虑成员国国情的情况下，东盟各国积极主动地进行主权国家税制改革，例如为了吸引外国投资者投资，部分国家通过各种税收优惠政策来降低企业所得税，调低增值税税率；为了加大对过高收入人群的调节力度，部分国家提升了个人所得税税率。中国和东盟国家主要税改政策见表4-3。

表 4-3　　2017—2022年中国和东盟国家主要税改政策①

国家	主要税改政策
中国	2019年4月1日起增值税税率再次下调，16%的税率降为13%，10%的税率降为9%；2019年1月1日至2021年12月31日，对小型微利企业年应纳税所得额不超过100万元及超过100万元但不超过300万元的部分，减按25%和50%计入应纳税所得额，均按20%的税率缴纳企业所得税
新加坡	自2020年1月1日起，在全球年营业额超过100万新元的海外数字服务提供商，如在12个月内向新加坡客户销售价值超过10万新元的数字服务，必须缴纳7%的消费税。至2020年后，前10万新元部分享受75%的企业所得税税收减免，10万～19万新元部分享受50%的税收减免
文莱	文莱企业所得税税率至今已下调至18.5%；2021年，文莱政府对旅游、酒店、餐馆、水运和空运等行业减半征收公司所得税；先锋产业免征企业所得税5～8年
马来西亚	针对中小型居民企业所得税税率下调为17%；自2020年起，对收入超过200万马币的部分，征收30%的个人所得税。自2020年1月1日起，向为马来西亚消费者提供数字服务的外国服务供应商征收数字服务税，以年营业收入50万马币起实施6%的服务税
泰国	泰国政府允许新型材料技术、自动化数字技术、电子芯片设计等企业享受100亿泰铢的补贴及15年减免企业所得税的优惠政策；自2021年9月起，对符合条件的外国数字企业征收增值税
印度尼西亚	自2021年5月起，对8家国际公司的数字产品征收10%的增值税；从2022年4月1日起，对国内商品及服务的增值税税率从10%提高至11%；个人所得税起征点提高至6 000万印尼盾；对年收入50亿印尼盾以上的，个人所得税税率从30%提高至35%
菲律宾	自2020年1月1日起，企业所得税税率降低至29%；到2029年1月1日，企业所得税税率将逐渐降低至20%；逐步拓宽税基；提高税收优惠措施的合理化程度；建立更加简单、公平、高效的税收制度
越南	2021年6月15日，财政部发布第40号通知，明确电子商务活动和数字化业务的定义以及个人与家庭企业的相关所得税和增值税征收机制；从2022年2月1日至12月31日，将增值税税率从原来的10%调整为8%
老挝	自2020年1月1日起，财政部对一般企业利润税适用税率由24%调整为20%；个人工资薪金所得累进税率上限由24%调整为25%；2021年12月21日，颁布了《税务法律部分条款修订法》，其中对一般增值税税率由原来的10%降至7%，甚至对部分征税范围实行增值税零税率
柬埔寨	自2020年起，新增预提所得税税收优惠：调整了工资税累进税率的级距；为加强对适用税收协定的管理，税务局正式启用税收协定在线系统；从2022年起，对向本地非纳税人出售商品或提供服务的外国电商征收10%的增值税
缅甸	2020年9月，修正了《缅甸联邦税法》，该法对未披露收入来源的所得税税率以及某些特殊商品的税率进行了调整；《缅甸投资法》对属于“鼓励类投资行业”的投资项目，根据项目所在区域的发达程度不同，允许享受3年、5年或7年不等的所得税免税期优惠

① 刘卫，黄哲华．RCEP税收协调研究：现实审视、借鉴及建议［J］．财会通讯，2023（20）：136-140.

即测即评

第四章单项选择题　　第四章多项选择题　　第四章判断题

案例分析题

锦绣房地产开发公司于20×3年1月1日发行2年期、到期一次性还本付息、利率为6%、面值总额为200万元的债券，所筹资金用于厂房扩建，扩建工程延长厂房的使用寿命。该债券已按面值发行成功，款项已收存银行。该公司每半年计提一次利息。厂房扩建工程于20×3年1月1日开工建设，20×3年12月31日达到预定可使用状态。假定20×3年6月30日计提利息时，按规定实际利息支出的60%应予以资本化。20×3年12月31日计提利息时，按规定实际利息支出的90%应予以资本化。债券到期时，以银行存款偿还本息。

要求：编制锦绣房地产开发公司按面值发行债券、各期计提债券利息和债券还本付息的会计分录（“应付债券”科目需写出明细科目）。

第四章案例分析题参考答案

第五章　房地产企业的所有者权益

【教学目标】

1.价值塑造

(1) 增强对房地产企业股东权利义务的合法合规性认识。

(2) 培养合规处理股份支付计划的职业判断能力。

2.知识体系

(1) 掌握房地产企业实收资本、资本公积、盈余公积和未分配利润的核算。

(2) 熟悉房地产企业所有者权益的构成内容。

(3) 了解房地产企业所有者权益的概念和来源、所有者权益与债权人权益的区别。

3.能力培养

(1) 培养保护投资者合法权益的意识。

(2) 培养对房地产企业所有者权益的会计核算认知能力。

(3) 培养对房地产企业投入资本、其他综合收益、留存收益的分析能力。

【思政专栏】

房地产企业资本运作具有高杠杆、长周期及资产专用性强等特点，在企业经营管理中，应严格遵守《中华人民共和国公司法》(以下简称《公司法》) 和《中华人民共和国民法典》等法律规范，强化股东权利义务合规意识。在房地产企业注册资本实缴要求方面，房地产企业的股东应按照公司章程按期足额出资。在已建立项目资本金专项监管制度的地区，对未落实资本金的企业限制开发资质，倒逼股东履行出资义务。依据《公司法》第三十七条的规定，房地产企业重大事项（如土地购置、项目并购）须经股东会特别决议，禁止大股东利用控制地位损害中小股东利益。通过完善相关法律法规，可以规范股东和企业经营行为，实现房地产企业"合规创造价值"与"风险防控前置"的双重目标。

【案例引入】

GX高新2024年第三季度报表显示，所有者权益项目期末余额为833 069.6万元，较期初减少了10 120.5万元，降幅为1%。其中，实收资本项目为402 229.22万元，其他权益工具项目为15 000万元，资本公积项目为392 276.91万元，其他综合收益项目为

3 730.9 万元，盈余公积项目为 4 705.05 万元，未分配利润项目为 15 127.52 万元。

GX 高新的财务人员必须了解、熟悉和掌握房地产企业的所有者权益确认、计量、核算等内容。

房地产企业的所有者权益是房地产企业资产扣除负债后，由其所有者享有的剩余权益，包括房地产企业所有者投入资本（实收资本和资本公积的合计数）、其他综合收益和留存收益（盈余公积和未分配利润的合计数）三大类。

第一节　房地产企业的投入资本

一、实收资本确认与核算

（一）确认

房地产企业投入资本是投资者按有关规定，向房地产企业投入的资本，一般情况下无须偿还，可以长期周转使用。投资者设立房地产企业，按照我国有关法律的规定，必须投入一定数量的资本。根据《公司法》的规定，股东可以用货币资金出资，也可以用实物、知识产权、土地使用权等可以用货币估价并可以依法转让的非货币财产作价出资，但是，法律、行政法规规定不得作为出资的财产除外。《中华人民共和国公司登记管理条例》规定，除法律、行政法规或者国务院决定另有规定外，市场主体的注册资本或者出资额实行认缴登记制，以人民币表示。出资方式应当符合法律、行政法规的规定。公司股东、非公司企业法人出资人、农民专业合作社（联合社）成员不得以劳务、信用、自然人姓名、商誉、特许经营权或者设定担保的财产等作价出资。投资者投资数额的多少既是房地产企业确定其所占所有者权益份额和参与生产经营决策的基础，也是房地产企业对其进行利润或股利分配或获取房地产企业剩余权益的依据。

目前，我国实行的是注册资本制度，注册资本是房地产企业在市场监督管理部门注册登记的资本金，既是设立房地产企业的最低资金限额，也是房地产企业的法定资本。投资者既可以一次缴足，也可以分次缴足。投资者缴足全部出资额后，实收资本将等于注册资本。

（二）核算

1.设置会计科目

房地产企业收到投资者投入的资本，应通过“实收资本”科目核算；股份有限公司股东投入的资金，应通过“股本”科目核算。本科目贷方登记房地产企业收到投资者投入的资本额以及房地产企业用资本公积、盈余公积转增资本等引起房地产企业资本增加的金额，借方登记按照法定程序报经批准而减少的资本，期末余额在贷方，表示房地产企业实收资本或股本总额。本科目可按投资者进行明细核算。

2.实收资本增减变动账务处理

（1）实收资本增加的账务处理。有限责任公司增加注册资本时，股东认缴新增资本的出资，按照《公司法》设立有限责任公司缴纳出资的有关规定执行。股份有限公司为增加注册资本发行新股时，股东认购新股，按照《公司法》设立股份有限公司缴纳股款的有关规定执行。股份有限公司以公开发行新股方式或者上市公司以非公开发行新股方式增加注册资本的，还应当提交国务院证券监督管理机构的核准文件。公司以法定公积金转增注册资本的，验资证明应当载明留存的该项公积金不少于转增前公司注册资本的25%。公司增加注册资本，应当依法向公司登记机关办理变更登记，应当提交依法设立的验资机构出具的验资证明，并应当按照公司章程载明的出资时间、出资方式缴纳出资。公司应当自足额缴纳出资或者股款之日起30日内申请变更登记。

当房地产企业收到投资者投入资本时，应按实收的存款，借记“银行存款”科目，按收到投入的非货币性资产的合同或协议价，借记“原材料”“固定资产”“无形资产”等科目，按应计入的注册资本部分，记入“实收资本”（股份有限公司按面值部分记入“股本”）科目，超过注册资本的部分，记入“资本公积”科目。

按规定以资本公积或盈余公积转增资本时，应借记“资本公积”或“盈余公积”科目，贷记“实收资本”科目；以发放股票股利方式增资时，应借记“利润分配——转作普通股股利”科目，贷记“股本”科目。

【例5-1】锦绣房地产开发公司接受一外商投资房地产企业投入的80万美元，收到外币款项时的市场汇率为1：6.50。账务处理如下：

借：银行存款——美元户　　5 200 000

　贷：实收资本　　5 200 000

【例5-2】锦绣房地产开发公司收到乙公司投入的不需要安装的设备一台，该设备账面原值351 000元，累计折旧30 000元；投资各方确认的价值为300 000元，增值税专用发票上注明的税额为39 000元。账务处理如下：

借：固定资产　　300 000

　　应交税费——应交增值税（进项税额）　　39 000

　贷：实收资本——乙公司　　339 000

【例5-3】锦绣房地产开发公司收到A公司投入的专利权一项，双方确认的价值为50万元，增值税专用发票上注明的税额为3万元。

借：无形资产——专利权　　500 000

　　应交税费——应交增值税（进项税额）　　30 000

　贷：实收资本——A公司　　530 000

【例5-4】锦绣房地产开发公司收到丙公司作为资本投入的原材料一批，经双方确认的价值为600 000元，增值税专用发票上注明的税额为78 000元。账务处理如下：

借：原材料　　600 000

　　应交税费——应交增值税（进项税额）　　78 000

　贷：实收资本——丙公司　　678 000

（2）实收资本减少的账务处理。公司减少资本的原因一般是资本过剩或者房地产企业发生严重亏损。公司需要减少注册资本时，应当自做出减少注册资本决议之日起10日内通知债权人，从公告之日起45日后申请变更登记，并应当提交公司在报纸上登载公司减少注册资本公告的有关证明和公司债务清偿或者债务担保情况的说明。公司减资后的注册资本不得低于法定的最低限额。公司减少注册资本，应当依法向公司登记机关办理变更登记。公司按法定程序报经批准减少注册资本的，借记“实收资本”科目，贷记“银行存款”或“库存现金”科目。

股份有限公司由于采用的是发行股票的方式筹集股本，发还股款时，要回购发行的股票，发行股票的价格与股票面值可能不同，回购股票的价格也可能与发行价格不同，会计处理较为复杂。股份有限公司因减少注册资本而回购本公司股份的，应按实际支付的金额，借记“库存股”科目，贷记“银行存款”等科目。注销库存股时，应按股票面值和注销股数计算的股票面值总额，借记“股本”科目，按注销库存股的账面余额，贷记“库存股”科目，按其差额，冲减股票发行时原记入“资本公积”的溢价部分，借记“资本公积——股本溢价”科目，回购价格超过上述冲减“股本”及“资本公积——股本溢价”科目的部分，应依次借记“盈余公积”“利润分配——未分配利润”等科目。如果回购价格低于回购股份所对应的股本，所注销库存股的账面余额与所冲减股本的差额作为增加股本溢价处理，按回购股份所对应的股本面值，借记“股本”科目，按注销库存股的账面余额，贷记“库存股”科目，按其差额，贷记“资本公积——股本溢价”科目。

【例5-5】锦绣房地产开发公司经投资各方同意，按照法定程序报经批准，将甲、乙公司的投入资本各减少9万元。账务处理如下：

借：实收资本——甲公司	90 000	
——乙公司	90 000	
贷：银行存款		180 000

二、资本公积确认与核算

（一）确认

资本公积是房地产企业收到投资者的超出其在注册资本（或股本）中所占份额的投资，以及直接计入所有者权益的利得或损失等。资本公积包括资本溢价（或股本溢价）和其他资本公积。

资本溢价（或股本溢价）是房地产企业收到投资者超出其在企业注册资本（或股本）中所占份额的投资。形成资本溢价（或股本溢价）的原因有溢价发行股票、投资者超额缴入资本等。

资本公积一般应当设置“资本（或股本）溢价”和“其他资本公积”明细科目核算。

（二）核算

1.房地产企业资本（或股本）溢价核算

（1）有限责任公司资本溢价的核算。有限责任公司资本溢价是除股份有限公司以外的房地产企业的投资者所支付的出资额大于按投资合同或协议规定的出资比例部分。设立有限责任公司时，投资者认缴的出资额都作为资本金记入“实收资本”科目。在房地产企业正常生产经营以后，如果有新的投资者加入，为了维护原有投资者的权益，新加入的投资者的出资额往往大于按投资合同或协议规定的出资比例，产生资本溢价。主要原因是房地产企业初创阶段风险高、盈利能力弱，更重要的是房地产企业经过一段时间的生产经营，一切已走上正轨，盈利能力增强，房地产企业实现的利润按规定一部分留存在房地产企业中，由所有投资者共享。另外，货币会产生时间价值。房地产企业收到投资者出资额时，应借记“原材料”“固定资产”等科目，出资额等于按其投资比例计算的部分，贷记“实收资本”科目，大于按其投资比例计算的部分，贷记“资本公积——资本溢价”科目。

【例5-6】锦绣房地产开发公司由甲、乙、丙三位股东于20×4年3月31日共同出资设立，注册资本为900万元。出资协议规定，甲、乙、丙三位股东的出资比例分别为50%、30%、20%，资金已全部到位，有关法律手续已办妥。20×5年3月31日，吸收丁股东加入该公司，将该公司注册资本由原来的900万元增至1 200万元。丁股东以银行存款200万元、原材料100万元出资，占增资后注册资本25%的股份，有关法律手续已经办妥。锦绣房地产开发公司取得的增值税专用发票上注明的税款为13万元。

（1）20×5年3月31日收到丁股东出资，账务处理如下：

借：银行存款	2 000 000	
原材料	1 000 000	
应交税费——应交增值税（进项税额）	130 000	
贷：实收资本——丁		3 000 000
资本公积——资本溢价		130 000

（2）20×5年3月31日增资扩股后，各股东的持股比例如下：

甲持股比例=450÷1 200×100%=37.5%

乙持股比例=270÷1 200×100%=22.5%

丙持股比例=180÷1 200×100%=15%

丁持股比例=300÷1 200×100%=25%

（2）股份有限公司房地产企业股本溢价的核算。股本溢价是股份有限公司溢价发行股票产生的。目前，我国股票发行方式有面值发行和溢价发行两种，不允许折价发行。股份有限公司的股本是以发行股票的方式筹集的，如果按面值发行股票，股数乘以每股面值作为股本，不会产生股本溢价；如果按高于面值的价格发行股票，股数乘以每股面值作为股本，高于面值的部分则为股本溢价。

股票的发行费用，比如支付给证券代理发行机构的手续费、佣金等，应从股票溢价发行收入中扣除。

股份有限公司发行股票筹集股本时，按实际收到的股票发行款，借记“银行存款”科目，将相当于股票面值的部分贷记“股本”科目，其余部分在扣除发行手续费、佣金等发行费用后，贷记“资本公积——股本溢价”科目。

【例5-7】锦绣房地产开发公司委托甲证券公司代理发行普通股280万股，每股面值1元，发行价5元，按发行收入的1%向甲证券公司支付发行费用，发行费用从发行收入中抵扣。发行收入已经存入银行。

发行收入=2 800 000×5×（1-1%）=13 860 000（元）

借：银行存款　　13 860 000

　贷：股本　　2 800 000

　　资本公积——股本溢价　　11 060 000

2.房地产企业其他资本公积的核算

其他资本公积是指房地产企业除资本溢价（或股本溢价）项目以外所形成的资本公积。

（1）以权益结算的股份支付。用以权益结算的股份支付换取职工或其他方提供服务的，应按照确定的金额，记入“管理费用”等科目，同时增加资本公积（其他资本公积）。在行权日，应按实际行权的权益工具数量计算确定的金额，借记“资本公积——其他资本公积”科目，按计入实收资本或股本的金额，贷记“实收资本”或“股本”科目，将其差额记入“资本公积——资本溢价”或“资本公积——股本溢价”科目。

（2）采用权益法核算的长期股权投资。长期股权投资采用权益法核算的，被投资单位除净损益、其他综合收益和利润分配以外的所有者权益的其他变动，投资企业按持股比例计算应享有的份额，应当增加或减少长期股权投资的账面价值，同时增加或减少资本公积（其他资本公积）。当处置采用权益法核算的长期股权投资时，应当将原计入资本公积（其他资本公积）的相关金额转入投资收益（除不能转入损益的项目外）。

3.资本公积转增资本的核算

按照《公司法》的规定，将法定公积金（资本公积和盈余公积）转为资本时，所留存的该项公积金不得少于转增前公司注册资本的25%。经股东大会或类似机构决议，用资本公积转增资本时，应冲减资本公积，同时按照转增前的实收资本（或股本）的结构或比例，将转增的金额记入“实收资本”（或“股本”）科目下各所有者的明细分类账。

第二节　房地产企业的其他综合收益

一、其他综合收益的确认

其他综合收益是指房地产企业根据企业会计准则的有关规定，未在当期损益中确认的各项利得和损失，包括以后会计期间不能重分类进损益的其他综合收益和以后会计期间满足规定条件时将重分类进损益的其他综合收益两类。

（一）以后会计期间不能重分类进损益的其他综合收益项目

以后会计期间不能重分类进损益的其他综合收益项目主要包括：重新计量设定受益计划净负债或净资产导致的变动、按照权益法核算因被投资单位重新计量设定受益计划净负债或净资产变动导致的权益变动。投资企业按持股比例计算确认的该部分其他综合收益项目，以及在初始确认时，企业可以将非交易性权益工具指定为以公允价值计量且其变动计入其他综合收益的金融资产，该指定做出后不得撤销，即当该类非交易性权益工具终止确认时原计入其他综合收益的公允价值变动损益不得重分类进损益。

（二）以后会计期间满足规定条件时将重分类进损益的其他综合收益项目

以后会计期间满足规定条件时将重分类进损益的其他综合收益项目主要包括：

（1）符合《企业会计准则第22号——金融工具确认和计量》的规定，同时符合两个条件的金融资产应当分类为以公允价值计量且其变动计入其他综合收益的金融资产：第一，企业管理该金融资产的业务模式既以收取合同现金流量为目标，又以出售该金融资产为目标；第二，该金融资产的合同条款规定，在特定日期产生的现金流量，仅为对本金和以未偿付本金金额为基础的利息的支付。当该类金融资产终止确认时，之前计入其他综合收益的累计利得或损失应当从其他综合收益中转出，计入当期损益。

（2）按照《企业会计准则第22号——金融工具确认和计量》的规定，对金融资产重分类按规定可以将原计入其他综合收益的利得或损失转入当期损益的部分。

（3）采用权益法核算的长期股权投资。采用权益法核算的长期股权投资，按照被投资单位实现其他综合收益以及持股比例计算应享有或分担的金额，调整长期股权投资的账面价值，同时增加或减少其他综合收益。其会计处理为：借记（或贷记）“长期股权投资——其他综合收益”科目，贷记（或借记）“其他综合收益”科目；待该项股权投资处置时，将原计入其他综合收益的金额转入当期损益。

（4）存货或自用房地产转换为投资性房地产。房地产企业将作为存货的房地产转换为采用公允价值模式计量的投资性房地产时，应当按该房地产在转换日的公允价值，借记“投资性房地产——成本”科目，原已计提跌价准备的，借记“存货跌价准备”科目，按其账面余额，贷记“开发产品”等科目。同时，转换日的公允价值小于账面价值的，按其差额，借记“公允价值变动损益”科目；转换日的公允价值大于账面价值的，按其差额，贷记“其他综合收益”科目。

企业将自用的建筑物等转换为采用公允价值模式计量的投资性房地产时，应当按该房地产在转换日的公允价值，借记“投资性房地产——成本”科目，原已计提减值准备的，借记“固定资产减值准备”科目，按已计提的累计折旧等，借记“累计折旧”等科目，按其账面余额，贷记“固定资产”等科目。转换日的公允价值小于账面价值的，按其差额，借记“公允价值变动损益”科目；转换日的公允价值大于账面价值的，按其差额，贷记“其他综合收益”科目。

待该投资性房地产处置时，因转换计入其他综合收益的部分应转入当期损益。

（5）现金流量套期工具产生的利得或损失中属于有效套期的部分。

（6）外币财务报表折算差额。按照外币折算的要求，企业在处置境外经营的当期，将已列入合并财务报表所有者权益的外币报表折算差额中与该境外经营相关的部分，自其他综合收益项目转入处置当期损益。如果是部分处置境外经营，应当按处置的比例计算处置部分的外币报表折算差额，转入处置当期损益。

二、其他综合收益的核算

【例5-8】锦绣房地产开发公司持有的某项以公允价值计量且其变动计入其他综合收益的其他债权投资，成本为500万元；会计期末，其公允价值为600万元。会计期末确认100万元的公允价值变动时，账务处理为：

借：其他债权投资 1 000 000

贷：其他综合收益 1 000 000

第三节 房地产企业的留存收益

一、确认与核算

（一）留存收益的确认

1.盈余公积的确认

房地产企业盈余公积是房地产企业按照规定从净利润中提取的房地产企业积累资金。盈余公积包括法定盈余公积、任意盈余公积两种。

法定盈余公积是房地产企业按照规定的比例从净利润中提取的盈余公积。根据有关规定，公司制房地产企业应按照净利润的10%提取法定盈余公积，计提的法定盈余公积累计达到注册资本的50%时，可以不再提取。对于非公司制房地产企业而言，也可以按照超过净利润10%的比例提取。根据《公司法》的规定，公司的法定盈余公积不足以弥补以前年度亏损的，在提取法定盈余公积之前应当先用当年利润弥补亏损。

任意盈余公积是房地产企业经股东大会或类似权力机构批准，按照一定比例从净利润中提取的盈余公积。

两者的区别在于，任意盈余公积提取比例由股东大会或类似权力机构自行决定，而法定盈余公积的提取比例则由国家有关法规决定。

2.未分配利润的确认

房地产企业实现利润后，在按规定缴纳企业所得税、提取盈余公积和向投资者分配利润后的余额就是未分配利润。从数量上讲，未分配利润是期初未分配利润加上本期实现的净利润，减去提取的各种盈余公积和分配给投资者利润后的余额。该余额如果为负数，则为未弥补亏损。

（二）留存收益的核算

1.盈余公积的核算

房地产企业在按规定提取各项盈余公积时，应当按照提取的各项盈余公积金额，借记“利润分配——提取法定盈余公积（提取任意盈余公积）”等科目，贷记“盈余公积——法定盈余公积（任意盈余公积）”科目。

【例5-9】锦绣房地产开发公司20×5年3月31日分别按税后净利润的10%、20%提取法定盈余公积和任意盈余公积30万元、60万元。账务处理如下：

借：利润分配——提取法定盈余公积 300 000

——提取任意盈余公积 600 000

贷：盈余公积——法定盈余公积 300 000

——任意盈余公积 600 000

2.未分配利润的核算

房地产企业期末结转各损益类科目到“本年利润”科目，结转后，“本年利润”科目的贷方余额为当期实现的净利润，借方余额为当期发生的净亏损。年度终了，应将当年实现的净利润或发生的净亏损转入“利润分配——未分配利润”科目，房地产企业对净利润的分配分别记入“利润分配——提取法定盈余公积（提取任意盈余公积、应付普通股股利）”等科目的借方。到年末时，再将这些明细科目的借方发生额从其贷方转入“利润分配——未分配利润”科目的借方。如果有盈余公积补亏，应记入“利润分配——盈余公积补亏”科目的贷方，在年末从其借方转入“利润分配——未分配利润”科目的贷方。此时，“利润分配——未分配利润”明细科目的贷方期初余额（借方余额用负数计算）加上其贷方发生额减去其借方发生额之后，余额如果在贷方，是期末的未分配利润；余额如果在借方，则是期末的未弥补亏损。

二、用途及核算

（一）盈余公积的用途及核算

1.盈余公积补亏

房地产企业弥补亏损的方式主要有两种：一是利润弥补。按照规定，房地产企业发生的年度亏损，5年内可以用税前利润弥补，经过5年仍未弥补足额的，尚未弥补的亏损应用税后利润弥补。二是盈余公积弥补。房地产企业用盈余公积弥补亏损时，应由公司董事会提议，经股东大会等类似权力机构批准。

用盈余公积弥补亏损时，借记“盈余公积”科目，贷记“利润分配——盈余公积补亏”科目。

【例5-10】经批准，锦绣房地产开发公司于20×5年3月31日用法定盈余公积90万元弥补亏损。账务处理如下：

借：盈余公积——法定盈余公积	900 000	
贷：利润分配——盈余公积补亏		900 000

2.盈余公积转增资本

房地产企业以盈余公积转增资本，必须经股东大会决议批准。在实际以盈余公积转增资本时，要按照股东原有持股比例结转。盈余公积转增资本后的数额不得少于转增资本前注册资本的25%。盈余公积转增资本时，借记“盈余公积——法定盈余公积”科目，贷记“实收资本”科目。

【例5-11】经批准，锦绣房地产开发公司于20×5年3月31日将法定盈余公积35万元转增资本。账务处理如下：

借：盈余公积——法定盈余公积	350 000	
贷：实收资本		350 000

3.分派现金股利或利润

经股东大会决议批准，用盈余公积分派现金股利或利润时，借记“盈余公积——法定盈余公积”科目，贷记“应付股利”或“应付利润”科目。

【例5-12】锦绣房地产开发公司经股东大会决议批准，用法定盈余公积派送现金股利80万元。账务处理如下：

借：盈余公积——法定盈余公积　　800 000

　贷：应付股利　　800 000

（二）未分配利润的用途及核算

未分配利润是房地产企业尚未分配的利润或者是房地产企业进行利润分配后的剩余利润，是尚未指定用途的留存收益，房地产企业可依法自主使用，用来扩大生产规模、弥补亏损、分派现金股利或利润等。未分配利润使用时，借记“利润分配”科目，贷记“本年利润”“应付股利”“股本”等科目。

东盟财税专栏

企业开展境外投资税务筹划可以增加其经营收益，具体实施涉及反避税、税收抵免及饶让等方面的涉外税务规定。在反避税政策方面，柬埔寨、缅甸、老挝及文莱并未制定资本弱化政策及转让定价政策；越南、新加坡、菲律宾及泰国仅制定了转让定价政策；印度尼西亚及马来西亚制定了两方面政策，明确了两方面政策享受的具体标准，但不同国家的实际内容存在一定差异。在税收抵免及饶让政策方面，除缅甸外，东盟其他国家均与我国签署了相关协议。老挝、文莱和菲律宾并未制定税收抵免及饶让政策；柬埔寨、越南、新加坡、泰国、印度尼西亚和马来西亚制定了税收饶让及间接抵免政策，但是要求企业需持股10%以上才可享受（见表5-1）[①]。

表5-1　东盟十国反避税、税收抵免及饶让政策情况汇总

项目 国家	资本弱化政策	转让定价政策	税收抵免	税收饶让
柬埔寨	无	无	间接抵免	有
缅甸	无	无	无	无
老挝	无	无	无	无
越南	无	公平交易、转移定价条例	间接抵免	有
文莱	无	无	无	无
新加坡	无	公平交易、转移定价条例	间接抵免	有
菲律宾	无	公平交易、转移定价条例	无	无
泰国	无	公平交易、转移定价条例	间接抵免	有
印度尼西亚	权益债务的最大比率为1∶4	商业目的合理、公平交易、转移定价条例	间接抵免	有
马来西亚	收入剥离	公平交易、转移定价指南	间接抵免	有

① 孟乐之．RCEP协定下企业在东盟国家投资的税务筹划探究——以上汽通用五菱在印度尼西亚投资为例[J]．财会通讯，2023，(6)：135-138；176.

即测即评

第五章单项选择题　　第五章多项选择题　　第五章判断题

案例分析题

1.锦绣房地产开发公司由B、C、D三个公司共同投资设立。按出资协议，B公司以现金出资300万元；C公司以一套全新设备出资，价值为300万元；D公司以现金出资250万元，同时以一项专有技术出资，协商确定的价值为150万元。款项与设备均已到账。

要求：做出锦绣房地产开发公司接受投资的会计分录。

2.接上题，锦绣房地产开发公司经与B、C、D三位股东协商，一致同意E公司投资320万元并占有锦绣房地产开发公司20%的股份。

要求：做出锦绣房地产开发公司接受E公司投资的会计分录。

3.接上题，锦绣房地产开发公司将20万元资本公积转增资本，已办完增资手续。

要求：根据上述资料，编制会计分录。

4.锦绣房地产开发公司20×4年12月收入、费用类账户发生额见表5-2。

表5-2　**收入、费用类账户发生额**　单位：万元

科目名称	借方发生额	贷方发生额
主营业务收入		12 000
主营业务成本	8 000	
税金及附加	160	
销售费用	1 000	
管理费用	1 540	
财务费用	400	
投资收益		1 200
营业外收入		100
营业外支出	500	
其他业务收入		1 400
其他业务成本	1 100	

要求：根据上述资料，编制以下会计分录：

(1) 结转各收入、费用类账户余额。

（2）计算应交所得税（税率25%），并结转“所得税费用”账户。

（3）结转“本年利润”账户至“未分配利润”账户。

（4）按税后利润的10%提取法定盈余公积。

（5）经股东大会决议，提取500万元任意盈余公积。

第五章案例分析题参考答案

第六章　房地产企业的成本与费用

【教学目标】

1. 价值塑造

（1）培养全周期成本管控的可持续发展观。

（2）培养房地产企业成本核算风险防控意识。

2. 知识体系

（1）掌握房地产企业房屋开发成本、开发间接费用、土地开发成本的核算与账务处理。

（2）熟悉房地产企业代建工程开发成本和配套设施开发成本的核算与账务处理。

（3）了解房地产企业开发产品的构成内容和成本核算对象。

3. 能力培养

（1）培养对房地产企业成本与费用的管控意识。

（2）培养对房地产企业成本与费用的会计核算认知能力。

（3）培养对房地产企业开发成本与期间费用的分析能力。

【思政专栏】

《会计法》明确要求会计人员“依法进行会计核算，保证会计资料真实完整”。在房地产项目全周期成本管控中，会计人员须以法律为纲、以诚信为魂。在开发前期，对于土地获取成本的核算，应严审合同的真实性，杜绝“阴阳协议”虚增土地成本，防范通过虚构拆迁补偿款套取资金；在建设中期，对于开发间接费用的归集，须以工程进度单、监理报告等原始凭证为据，抵制人为调节资本化期间虚降当期利润的违规操作；在交付后期，对于配套设施成本分摊，必须坚守企业会计准则的受益配比原则，严禁为降低土地增值税税负而篡改成本分摊基数。

面对行业存在的“账外列支”“成本挂账”等乱象，会计人员应主动履行《会计法》赋予的监督职责，发现企业通过虚开发票虚增建安成本、伪造工程签证单转移资金等行为，须依法拒绝并保留证据，必要时向税务机关或住建部门报告。从土地开发到产品交付，每一笔成本核算都关乎行业可持续发展与社会资源公平配置。会计人员当以“全周期法治思维”守护建筑成本真实透明，在践行党的二十大“防范系统性风险”的过程中彰显职业价值。

【案例引入】

GX高新2024年度年报显示，2024年该公司共实现营业收入241 961.40万元，同比增长10.44%；实现营业利润16 184.49万元，净利润11 710.02万元。GX高新在房地产项目上的高净利，在一定程度上得益于其对开发成本的严格管控。GX高新制定了一系列制度，形成了该公司统一的成本管理方法，对成本管理的每个环节均配有相应的工作指引和模板，内容细致、全面。在设计阶段就导入对应性成本理念，建立成本控制目标。在项目进程中，通过投资估算管理、项目成本管理、动态成本预测等，对项目的投入产出关系及时进行评估；通过立项管理、项目任务分解、合约管理、工程进度确认、付款等过程，把复杂多变的项目管理过程变成可控制的过程，对成本异常变动情况及时预警并采取解决措施。

GX高新的财务人员必须了解、熟悉和掌握公司开发成本和期间费用的确认、计量与核算内容。

成本与费用控制是房地产企业不容忽视的一环。成本与费用控制得当，通常会带来较好的业绩表现以及较高的市场认同度。房地产企业的总成本既有开发成本，也有期间费用。只有科学地对房地产企业开发成本和期间费用进行预算和控制，才能有效降低房地产企业的总成本。

房地产企业的成本与费用是指房地产企业开发项目所发生的土地、配套设施、房屋、代建工程等开发产品成本以及开发产品期间所发生的销售费用、管理费用、研发费用、财务费用。

第一节　房地产企业的开发成本

房地产企业的开发成本是根据房地产企业开发的不同产品来确定的，房地产企业的开发产品包括商品土地、商品房、配套设施、代建工程等，因此，房地产企业的开发成本包括土地开发成本、房屋（商品房、出租房、周转房、代建房等）开发成本、配套设施开发成本、代建工程开发成本等。

一、确认

（一）分类

1.土地开发成本

房地产企业的土地开发成本是指房地产企业开发土地所发生的能够形成投资完成额的各项费用支出。

2.房屋开发成本

房地产企业的房屋开发成本是指房地产企业开发各种房屋（包括商品房、出租房、周转房、代建房等）所发生的能够形成投资完成额的各项费用支出。

3.配套设施开发成本

房地产企业的配套设施开发成本是指房地产企业不能直接计入开发成本的公共配套设施所发生的各项费用支出。

4.代建工程开发成本

房地产企业的代建工程开发成本是指房地产企业接受委托单位的委托，代为开发土地、房屋以外的其他工程的支出，如代建市政工程等发生的各项费用支出。

（二）成本项目

房地产企业开发产品的成本分为土地取得费、前期工程费、基础设施费、建筑安装工程费、配套设施费和开发间接费。

1.土地取得费

土地取得费是指房地产企业为取得土地开发权所发生的各项费用，包括土地买价或出让金、市政配套费、契税、耕地占用税、土地使用费、土地闲置费、农作物补偿费、危房补偿费、土地变更用途和超面积补交的地价及相关税费、拆迁补偿费、安置及动迁费用和回迁房建造费用等。在房地产企业会计实务中，通常根据管理要求进一步分为政府地价、合作款项、红线外市政配套、拆迁补偿费四类费用。

2.前期工程费

前期工程费是指房地产企业开发产品前期发生的政府许可费、招标代理费、临时设施费，以及水文地质勘察、测绘、规划、设计、可行性研究、咨询论证费，场地平整等前期费用。在房地产企业会计实务中，通常根据管理需要进一步分为勘察设计费、报批报建费、水电增容费、三通一平费、临时设施费等。

3.基础设施费

基础设施费是指房地产企业开发产品中所发生的供水、供电、供气、排污、通信、照明、绿化、环卫设施以及道路等基础设施费用。在房地产企业会计实务中，通常根据管理需要进一步分为室外给排水系统费、室外采暖系统费、室外燃气系统费、室外电气及高低压设备和安装费、室外智能化系统费、室外园林环境工程费等。

4.建筑安装工程费

建筑安装工程费是指房地产企业开发产品中按建筑安装工程施工图施工所发生的各项建筑工程费、安装工程费、设备购置费和精装修费用。在房地产企业会计实务中，通常根据管理需要进一步分为建筑工程费和安装工程费。其中，建筑工程费是指房地产项目开发过程中发生的主体内列入的土建工程预算内的各项费用，主要包括基础造价、结构及精装修造价、门窗工程、公共部位精装修费、户内精装修费；安装工程费是指房地产项目开发过程中发生的主体内列入的安装工程预算内的各项费用，主要包括室内水暖气电管线设备费、室内设备及其安装费、室内弱电系统费。

5.配套设施费

配套设施费是房地产企业在开发产品中发生的非营利性的且产权属于业主的，或者无偿赠与地方政府、政府公共事业单位的公共配套设施费用，如锅炉房、水塔、居委会、派出所、幼儿园、消防设施、自行车棚、公厕等设施的支出。在房地产企业会计实务中，配套设施费是根据有关法规，产权及收益不属于房地产企业，既不能有偿转让也不能转作房地产企业自留固定资产的公共基础设施的支出。

6.开发间接费

开发间接费是房地产企业为直接组织和管理开发产品所发生的且不能将其直接归属于成本核算对象的工程监理费、造价审核费、结算审核费、工程保险费等。房地产企业为业主代扣代缴的开发产品公共维修基金等，不得计入开发产品成本。在房地产企业会计实务中，通常根据管理需要进一步分为工程管理费、营销设施建造费、物业管理完善费、房地产企业内部独立核算单位及开发现场管理机构为开发产品而发生的各项间接费用等。

二、核算

（一）核算对象

成本核算对象是房地产企业在进行成本核算时，为归集和分配费用而确定的费用承担者。合理确定成本核算对象，是正确组织房地产企业开发成本核算的重要条件。一般来说，房地产企业应结合开发产品的规模、工期及结构类型等因素，确定成本核算对象。

（1）一般的房屋或土地开发产品，应以每一独立编制的设计概算或每一独立的施工图预算所列的单项工程为一个成本核算对象。

（2）同一开发地点、结构类型相同的群体开发产品，如果开工、竣工时间相近，又由同一施工队伍施工，可以合并为一个成本核算对象。

（3）对规模较大、工期较长的开发产品，可以结合经济责任制的要求，按开发产品的一定区域或部位划分成本核算对象。

成本核算对象应在开发产品开工之前确定，一经确定，不得随意改变。

（二）核算原则

首先，分清是否应计入成本费用，对于不应计入成本费用的固定资产开发支出、营业外支出等，应记入各相关账户；其次，对于应计入成本费用的支出，应进一步分清计入各个月份的成本费用界限，以及计入开发成本和期间费用的界限；最后，对于应计入开发成本的支出，还应分清各成本核算对象的界限，进而确认应计入开发产品的成本项目。各成本核算对象之间分配费用应贯彻受益原则，哪个开发产品受益，费用就应计入哪个开发产品成本，各开发产品负担费用的多少应与其受益的大小成正比。直接费用应计入受益对象开发产品成本中；间接费用应先归集，再按合理的分配标准计入各受益对象开发产品成本中。

（三）账户设置

为了归集房地产企业开发产品而发生的各项费用，正确反映各开发产品的实际成本，房地产企业应设置如下两个主要账户：

1.“开发成本”账户

“开发成本”账户核算房地产企业在土地、房屋、配套设施和代建工程的开发过程中所发生的各项费用，以及房地产企业对出租房进行装饰及增补室内设施而发生的出租房工程支出。借方登记房地产企业在开发过程中发生的各项费用，其中属于直接费用的土地取得费、前期工程费、基础设施费和建筑安装工程费等，于发生时直接计入有关的开发成本；属于应由开发成本负担的开发间接费，应先在“开发间接费用”账户归集，月末再按一定的分配标准分配计入有关的开发成本。“开发成本”账户贷方登记结转房地产企业已经开发完成并验收合格的商品土地、商品房、配套设施和代建工程的实际成本，期末借方余额反映房地产企业在建开发产品的实际成本。该账户应按开发产品的种类，如“商品土地开发成本”“商品房开发成本”“配套设施开发成本”“代建工程开发成本”等设置明细账，并在明细账下按成本核算对象和成本项目进行明细核算。

2.“开发间接费用”账户

“开发间接费用”账户核算房地产企业内部独立核算单位及开发现场管理机构为开发产品而发生的各项间接费用。借方登记房地产企业发生的各项间接费用，贷方登记分配转入有关成本核算对象的各项间接费用，期末应无余额。该账户应按房地产企业内部不同的单位、部门（分公司）及开发现场设置明细账进行核算。房地产企业所属各内部独立核算单位发生的各项开发间接费，自“应付职工薪酬”“累计折旧”“长期待摊费用”“银行存款”“周转房——周转房摊销”等账户的贷方转入“开发间接费用”账户的借方。每月终了，应对开发间接费用进行分配，按实际发生数计入有关开发产品成本。关于开发间接费用的分配方法，房地产企业可根据开发经营的特点自行确定。不论是商品土地开发、商品房开发、配套设施开发还是代建工程开发，均应分配开发间接费用。其计算公式为：

$$\frac{\text{某项开发产品成本}}{\text{分配的开发间接费用}}=\frac{\text{月份内该项开发产品}}{\text{实际发生的直接成本}}\times\left(\frac{\text{本月实际发生的}}{\text{开发间接费用}}\div\frac{\text{应分配开发间接费用的各开发}}{\text{产品实际发生的直接成本总额}}\right)$$

【例 6-1】锦绣房地产开发公司下设开发现场管理部门，该部门20×5年4月发生各项费用合计59 640元。其中，工资16 800元，职工福利费2 352元，折旧费21 000元，修理费7 350元，办公费4 410元，水电费2 478元，劳动保护费5 250元。修理费、办公费、水电费和劳动保护费已用银行存款支付。该公司安置拆迁居民周转使用的房屋计提摊销费22 050元。另外，开发房地产专项借款本月利息支出4 200元，发生其他间接费用合计1 470元，已用银行存款支付。开发间接费用归集的会计分录如下：

借：开发间接费用	87 360	
贷：应付职工薪酬——工资		16 800
——福利费		2 352
累计折旧		21 000
银行存款		25 158
周转房——周转房摊销		22 050

开发间接费用的明细分类核算，一般要按所属内部独立核算单位设置“开发间接费用明细分类账”，将发生的开发间接费用按明细项目分栏登记。

【例6-2】锦绣房地产开发公司某内部独立核算单位20×5年3月共发生开发间接费用83 200元，应分配开发间接费用的各开发产品实际发生的直接成本见表6-1。

表6-1 各开发产品实际发生的直接成本 单位：元

开发产品编号名称	金额
101商品房	100 000
102商品房	240 000
151出租房	150 000
181周转房	140 000
201配套设施	160 000
301商品土地	250 000
合计	1 040 000

根据前面的公式，可为各开发产品计算当月应分配的开发间接费用：

101商品房=100 000×（83 200÷1 040 000）×100%=100 000×8%=8 000（元）

102商品房=240 000×8%=19 200（元）

151出租房=150 000×8%=12 000（元）

181周转房=140 000×8%=11 200（元）

201配套设施=160 000×8%=12 800（元）

301商品土地=250 000×8%=20 000（元）

根据上述计算，可编制开发间接费用分配表，见表6-2。

表6-2 开发间接费用分配表 单位：元

开发产品编号名称	直接成本	分配的开发间接费用
101商品房	100 000	8 000
102商品房	240 000	19 200
151出租房	150 000	12 000
181周转房	140 000	11 200
201配套设施	160 000	12 800
301商品土地	250 000	20 000
合计	1 040 000	83 200

根据开发间接费用分配表，可将各开发产品成本分配的开发间接费用计入各开发产品成本核算对象的“开发间接费用”成本项目，并将其记入“开发成本”二级账户的借方和“开发间接费用”账户的贷方。账务处理如下：

借：开发成本——房屋开发成本 50 400

——配套设施开发成本 12 800

——商品土地开发成本 20 000

贷：开发间接费用 83 200

第二节　房地产企业的土地开发成本

一、成本确认

房地产企业开发的土地按用途可分为两种：一是为转让、出租而开发的商品土地，也叫商品性建设场地；二是为开发商品房、出租房等房屋而开发的自用建设场地。

房地产企业因开发土地而发生的各项费用称为土地开发成本，对于商品性建设场地和自用建设场地的会计核算要求是不同的。

（一）商品土地

房地产企业开发的商品性建设场地属于房地产企业的商品，也就是最终产品，需要单独计算土地开发成本。

（二）自用土地

房地产企业开发的自用建设场地属于房地产企业的中间产品，在计算土地开发成本时，应区别情况，采用不同的归集方法。

（1）开发自用建设场地的费用，能分清费用负担对象的，直接计入有关房屋及配套设施建设成本。

（2）自用建设场地用于多个房屋及配套设施开发项目建设的，应单独计算土地开发成本，待土地开发完成交付使用时，再按一定标准分配计入有关房屋及配套设施的开发成本。

（3）拟作为自用建设场地的土地开发，如果土地开发项目动工时尚无房屋开发建设的规划，也应单独计算土地开发成本。

（4）综合性建设场地以及未明确具体用途的场地的开发，应视同商品性建设场地，单独计算土地开发成本。

二、成本核算

（一）土地开发成本核算对象的确定

为了既有利于土地开发支出的归集，又有利于土地开发成本的结转，对需要单独核算土地开发成本的开发项目，可按下列原则确定土地开发成本的核算对象：

（1）对开发面积不大、开发工期较短的土地，每一个独立的开发项目都可作为成本核算对象。

（2）对开发面积较大、开发工期较长、分区域开发的土地，可以将一定区域作为土地开发成本核算对象。

成本核算对象应在开工之前确定，一经确定就不能随意改变，更不能相互混淆。

（二）具体核算

房地产企业在土地开发过程中发生的各项开发建设费用，除将直接计入房屋开发成本的自用土地开发支出在“开发成本——房屋开发成本”科目核算外，其他土地开发支出均通过“开发成本——土地开发成本”科目进行核算。

1.土地开发成本归集

土地开发成本的核算，应按确定的成本核算对象和规定的成本项目进行归集。其中，能够分清受益对象的费用，如土地取得费、前期工程费、基础设施费、建筑安装工程费等，直接记入“开发成本——土地开发成本”明细账的相应成本项目；不能分清受益对象的费用，如开发间接费用，先通过“开发间接费用”科目归集，再采用一定的方法分配计入土地开发成本。

【例6-3】20×5年4月，锦绣房地产开发公司发生的土地开发支出见表6-3。

表6-3 4月土地开发支出 单位：元

支出项目名称	商品土地	自用土地
支付征地拆迁费	156 000	144 000
支付承包设计单位前期工程款	40 000	36 000
应付承包施工单位基础设施款	50 000	36 000
分配开发间接费用	20 000	
合计	266 000	216 000

用银行存款支付征地拆迁费时，账务处理如下：

借：开发成本——商品土地开发成本　156 000
　　　　　　——自用土地开发成本　144 000
　贷：银行存款　300 000

用银行存款支付承包设计单位前期工程款时，账务处理如下：

借：开发成本——商品土地开发成本　40 000
　　　　　　——自用土地开发成本　36 000
　贷：银行存款　76 000

将应付承包施工单位基础设施款入账时，账务处理如下：

借：开发成本——商品土地开发成本　50 000
　　　　　　——自用土地开发成本　36 000
　贷：应付账款——应付工程款　86 000

分配应计入商品土地开发成本的“开发间接费用”时，账务处理如下：

借：开发成本——商品土地开发成本　20 000
　贷：开发间接费用　20 000

同时，应将各项土地开发支出分别记入商品土地开发成本明细分类账和自用土地开发成本明细分类账（略）。

2.土地开发成本结转

土地开发成本的核算通常采取按月结账、完工后结转成本的方法，已完工土地开发项目应将其实际成本从“开发成本——土地开发成本”科目的贷方转出。

（1）为销售或有偿转让而开发的商品性建设场地，开发完成后将其实际成本转入“开发产品”科目。

（2）房地产企业自用建设场地，开发完成后近期投入使用的，其实际成本转入“开发成本——房屋开发成本”科目，计入有关商品房、周转房或出租房等开发产品成本。

（3）房地产企业自用建设场地，开发完成后近期暂不使用的，视同房地产企业最终产品，在竣工验收时，将其实际成本转入“开发产品——自用土地”科目。

（4）房地产企业改变土地使用权的用途，将其用于出租或增值目的时，将其转为投资性房地产。

对于自用建设场地的开发成本，不论其结转到“开发产品”科目还是“房屋开发成本”明细科目，一般应按成本项目分项平行结转，即将土地开发成本按成本项目分别平行转入房屋开发成本和自用土地产品的对应成本项目，而不能仅结转土地开发成本总额。

假如【例6-3】中锦绣房地产开发公司商品土地经开发完成并验收，加上以前月份开发支出共3 004 000元，账务处理如下：

借：开发产品——土地　　　　3 004 000

　贷：开发成本——商品土地开发成本　　　　3 004 000

第三节　房地产企业的配套设施开发成本

一、成本确认

（一）配套设施的种类

房地产企业开发的配套设施可以分为两类：一类是在开发小区内开发、不能有偿转让的公共配套设施，如水塔、锅炉房、居委会、派出所、消防设施、幼儿园、自行车棚等。另一类是能有偿转让的城市规划中规定的配套设施项目，包括：①开发小区内营业性公共配套设施，如商店、银行、邮局等。②开发小区内非营业性配套设施，如中小学、文化站、医院等。③开发项目之外的、为居民服务的给排水、供电、供气设施及交通道路等。如果这些配套设施没有投资来源，不能有偿转让，也将其归入第一类中，计入商品房开发成本内。

（二）配套设施支出的归集原则

为了正确核算和反映房地产企业开发建设中各种配套设施所发生的支出，并准确计算开发产品的开发成本和各种配套设施的开发成本，配套设施支出的归集原则如下：

（1）对能分清并直接计入某种开发产品成本核算对象的第一类配套设施支出，可直接计入有关开发产品的开发成本，并在“开发成本——配套设施开发成本”科目中归集其发生的支出。

（2）对不能直接计入某种开发产品成本核算对象的第一类配套设施支出，先在“开发成本——配套设施开发成本”科目中归集，于开发完成后再按一定标准分配计入有关开发产品等开发成本。

二、成本核算

房地产企业发生的各项配套设施支出，应在“开发成本——配套设施”科目进行核算，并按成本核算对象和成本项目进行明细分类核算。

已发生的土地取得费、前期工程费、基础设施费、建筑安装工程费等支出，可直接计入配套设施开发成本明细分类账的相应成本项目，借记“开发成本——配套设施”科目，贷记“银行存款”“应付账款——应付工程款”等科目。

对能有偿转让配套设施分配的其他配套设施支出，应计入各开发产品开发成本明细分类账的“配套设施费”项目，借记“开发成本——配套设施”科目，贷记“开发成本——配套设施费”科目。

对能有偿转让配套设施分配的开发间接费用，应计入各开发产品开发成本明细分类账的“开发间接费用”项目，借记“开发成本——配套设施”科目，贷记“开发间接费用”科目。

对配套设施与房屋等开发产品不同步开发，或房屋等开发完成等待出售或出租，而配套设施尚未全部完成的，经批准后可按配套设施的预算成本，预提配套设施费，将它计入开发成本明细分类账的“配套设施费”项目，借记“开发成本——房屋开发成本”科目，贷记“应付账款”科目。因为一个小区的开发时间较长，有的需要几年，房地产企业在开发进度安排上，有时先建房屋，后建配套设施。这样，往往出现房屋已经建成而有的配套设施可能尚未完成，或者商品房已经销售，而幼儿园、消防设施等尚未完工的情况。这种房屋开发与配套设施建设的时间差，使得那些已具备使用条件并已出售的房屋应负担的配套设施费无法按配套设施的实际开发成本进行结转和分配，只能以未完成配套设施的预算成本或计划成本为基数，计算已出售房屋应负担的数额，用预提方式计入出售房屋等的开发成本。开发产品预提的配套设施费的计算，一般可按以下公式进行：

某房屋预提的配套设施费=该房屋预算成本（或计划成本）×配套设施费预提率

配套设施费预提率=该配套设施的预算成本÷应负担该配套设施费的开发产品预算成本合计×100%

式中：应负担该配套设施费的开发产品是指能有偿转让的、在小区内开发的配套设施。

【例 6-4】某小区内幼儿园的开发成本应由101商品房、102商品房、151出租房、181周转房和201配套设施负担。由于幼儿园在商品房等完工出售、出租时尚未完工，为了及时结转完工的商品房等成本，应先将幼儿园的配套设施费预提计入商品房等的开发成本。各项开发产品和幼儿园的预算成本见表6-4。

表6-4　**开发产品和幼儿园的预算成本**　单位：元

开发产品编号名称	金额
101商品房	4 000 000
102商品房	3 600 000
151出租房	3 200 000
181周转房	3 200 000
201配套设施	2 000 000
251幼儿园	1 280 000

幼儿园的配套设施费预提率 =1 280 000÷（4 000 000+3 600 000+3 200 000+3 200 000+2 000 000）×100%=8%

各开发产品预提幼儿园的配套设施费为：

101 商品房=4 000 000×8%=320 000（元）

102 商品房=3 600 000×8%=288 000（元）

151 出租房=3 200 000×8%=256 000（元）

181 周转房=3 200 000×8%=256 000（元）

201 配套设施=2 000 000×8%=160 000（元）

按预提率计算各开发产品的配套设施费时，其与实际支出数的差额，应在配套设施完工时，按预提数的比例，调整增加或减少有关开发产品的成本。

【例 6-5】锦绣房地产开发公司根据建设规划的要求，在小区内建设一个超市、一座水塔和一所幼儿园。上述配套设施均发包给施工企业施工，超市建成后将有偿转让给商户。水塔和幼儿园的开发支出按规定计入有关开发产品的成本。水塔与商品房等同步开发，幼儿园与商品房等不同步开发，其支出经批准采用预提办法。上述配套设施发生的有关支出见表 6-5。

表 6-5　**超市、水塔、幼儿园成本明细表**　单位：元

成本项目	201 超市	251 水塔	252 幼儿园
支付征地拆迁费	200 000	20 000	200 000
支付承包设计单位前期工程款	120 000	80 000	120 000
应付承包施工房地产企业基础设施工程款	200 000	120 000	200 000
应付承包施工房地产企业建筑安装工程款	800 000	980 000	760 000
分配水塔配套设施费	140 000		
分配开发间接费用	220 000		
预提幼儿园配套设施费	160 000		

（1）用银行存款支付征地拆迁费时，账务处理如下：

借：开发成本——配套设施　　420 000

　贷：银行存款　　420 000

（2）用银行存款支付承包设计单位前期工程款时，账务处理如下：

借：开发成本——配套设施　　320 000

　贷：银行存款　　320 000

（3）提取应付承包施工房地产企业基础设施工程款和建筑安装工程款时，账务处理如下：

借：开发成本——配套设施　　3 060 000

　贷：应付账款——应付工程款　　3 060 000

（4）分配应计入超市配套设施开发成本的水塔设施支出时，账务处理如下：

借：开发成本——配套设施（超市）　　140 000

贷：开发成本——配套设施（水塔） 140 000

（5）分配应计入超市配套设施开发成本的开发间接费用时，账务处理如下：

借：开发成本——配套设施（超市） 220 000

贷：开发间接费用 220 000

（6）预提应由超市开发成本负担的幼儿园设施支出时，账务处理如下：

借：开发成本——配套设施（超市） 160 000

贷：应付账款——预提配套设施费（幼儿园） 160 000

三、成本结转

已完成全部开发工程并经验收的配套设施，应按不同情况和用途结转其开发成本。沿用【例6-5】的资料：

（1）对能够有偿转让的配套设施（如超市），在完工验收后将其实际成本自“开发成本——配套设施”科目的贷方转入“开发产品——配套设施”科目的借方，编制会计分录如下：

借：开发产品——配套设施（超市） 1 840 000

贷：开发成本——配套设施（超市） 1 840 000

（2）按规定将开发成本分配计入商品房等开发产品成本的公共配套设施（如水塔），在完工验收后，将其发生的实际开发成本按一定的标准（有关开发产品的实际成本、预算成本或计划成本）分配计入有关房屋和配套设施的开发成本，做会计分录如下：

借：开发成本——房屋开发成本 1 060 000

——配套设施开发成本 140 000

贷：开发成本——配套设施（水塔） 1 200 000

（3）对用预提方式将配套设施支出计入有关开发产品成本的公共配套设施（如幼儿园），在完工验收后，将其实际发生的开发成本冲减预提的配套设施费用，做会计分录如下：

借：应付账款——预提配套设施费 1 280 000

贷：开发成本——配套设施（幼儿园） 1 280 000

如预提配套设施费大于或小于实际开发成本，可将其多提数或少提数冲减有关开发产品成本或作追加分配。如果有关开发产品已完工并办理竣工决算，可将其差额冲减或追加分配于尚未办理竣工决算的开发产品的成本之中。

第四节 房地产企业的房屋与代建工程开发成本

一、房地产企业的房屋开发成本

（一）成本确认

1.房地产企业开发房屋的种类

房地产企业开发的房屋，按其用途可分为三类：一是为销售而开发的商品房；二是为出租经营而开发的出租房；三是为安置被拆迁居民周转使用而开发的周转房。

2.房屋开发成本核算对象的确定

房地产企业的房屋开发成本核算对象，应结合项目开发地点、房屋用途、结构、装修、层高、施工队伍等因素确定。

(1)一般房屋开发项目，以每一独立编制设计概（预）算，或每一独立施工图预算所列的单项开发工程为成本核算对象。

(2)同一开发地点、结构类型相同的群体开发项目，开工、竣工时间相近，属于同一施工队伍施工的，可以合并为一个成本核算对象，于开发完成、算得实际开发成本后，再按各个单项工程概（预）算数的比例，计算各幢房屋的开发成本。

(3)对于个别规模较大、工期较长的房屋开发项目，可以结合经济责任制的需要，按房屋开发项目的位置划分成本核算对象。

3.房屋开发成本的核算项目

房地产企业对房屋开发成本的核算，应设置六个成本项目：一是土地取得费；二是前期工程费；三是基础设施费；四是建筑安装工程费；五是配套设施费；六是开发间接费。

(二)成本核算

为了既能总括反映房地产企业对房屋开发所发生的全部支出，又能分门别类地反映房地产企业各类房屋的开发成本，并便于核算房地产企业的房屋开发成本，在房地产企业会计实务中，除设置“开发成本——房屋开发成本”科目外，还应按开发房屋的性质和用途，分别设置“商品房”“出租房”“周转房”等三级科目，并按各成本核算对象和成本项目进行明细分类核算。

1.土地取得费的核算

(1)房屋开发过程中发生的土地取得费，能分清成本核算对象的，直接计入有关房屋开发成本核算对象的土地取得费成本项目，借记“开发成本——房屋开发成本”科目，贷记“银行存款”科目。

(2)房屋开发过程中发生的自用土地取得费，如分不清成本核算对象，应将其支出先通过“开发成本——自用土地开发成本”科目归集，待土地开发完成投入使用时，再按一定标准分配计入有关房屋开发成本核算对象，借记“无形资产”科目，贷记“开发成本——自用土地开发成本”科目。

(3)房屋开发占用的土地，如果属于房地产企业综合开发的商品土地的一部分，应将其发生的土地取得费，先在“开发成本——商品土地开发成本”科目归集，待土地开发完成投入使用时，再按一定标准分配计入有关房屋开发成本核算对象，借记“开发成本——房屋开发成本”科目，贷记“开发成本——商品土地开发成本”科目。如果开发完成的商品土地已经转入开发产品或库存商品账户，则将建造房屋时其负担的土地取得费计入有关房屋开发成本核算对象，借记“开发成本——房屋开发成本”科目，贷记“开发产品”科目。

2.前期工程费的核算

(1)房屋开发过程中各项前期工程支出，能分清成本核算对象的，直接计入有关房屋开发成本核算对象的前期工程费成本项目，借记“开发成本——房屋开发成本”科目，贷记“银行存款”等科目。

（2）应由两个或两个以上成本核算对象负担的前期工程费，按一定标准将其分配计入有关房屋开发成本核算对象的前期工程费成本项目，借记“开发成本——房屋开发成本”科目，贷记“银行存款”科目。

3.基础设施费的核算

房屋开发过程中发生的供水、供电、供气、排污、排洪、通信、绿化、环卫设施以及道路等基础设施支出，一般直接或分配计入有关房屋开发成本核算对象的基础设施费成本项目，借记“开发成本——房屋开发成本”科目，贷记“银行存款”等科目。如果开发完成商品土地已转入开发产品账户，则将建造房屋时其负担的基础设施费（按类集中结转的还应包括负担的前期工程费和开发间接费）计入有关房屋开发成本核算对象，借记“开发成本——房屋开发成本”科目，贷记“开发产品”科目。

4.建筑安装工程费的核算

房屋开发过程中发生的建筑安装工程支出，应根据工程的不同施工方式，采用不同核算方法。采用发包方式进行建筑安装工程施工的房屋开发项目，其建筑安装工程支出应根据房地产企业承付的已完工程价款确定，直接计入有关房屋开发成本核算对象的建筑安装工程费成本项目，借记“开发成本——房屋开发成本”科目，贷记“应付账款——应付工程款”科目。如果房地产企业对建筑安装工程采用招标方式发包，并将几个工程一并招标发包，则在工程完工、结算工程价款时，按各工程预算造价的比例，计算它们的标价，即实际建筑安装工程费。

【例6-6】锦绣房地产开发公司将两幢商品房的建筑安装工程招标，标价为256万元，两幢商品房的预算造价见表6-6。

表6-6　**两幢商品房的预算造价**　单位：元

产品编号名称	金额
101商品房	1 360 000
102商品房	908 000
合计	2 268 000

在工程完工、结算工程价款时，计算各幢商品房的实际建筑安装工程费如下：

某工程实际建筑安装工程费=工程造价×（该工程预算造价÷各工程预算造价合计）

101商品房实际建筑工程费=2 560 000×（1 360 000÷2 268 000）=1 535 097（元）

102商品房实际建筑工程费=2 560 000×（908 000÷2 268 000）=1 024 903（元）

采用自营方式进行建筑安装工程施工的房屋开发项目，其发生的各项建筑安装工程支出，一般可直接计入有关房屋开发成本核算对象的建筑安装工程费成本项目，借记“开发成本——房屋开发成本”科目，贷记“原材料”“应付职工薪酬”“银行存款”等科目。如果房地产企业自行施工大型建筑安装工程，可以设置“工程施工”等科目，用来核算和归集各建筑安装工程支出，月末将其实际成本转入“开发成本——房屋开发成本”科目，并计入有关房屋开发成本核算对象的建筑安装工程费成本项目。

房地产企业用于房屋开发的各种设备，即附属于房屋工程主体的各种设备，应在出库交付安装时，计入有关房屋开发成本核算对象的建筑安装工程费成本项目，借记“开发成本——房屋开发成本”科目，贷记“原材料”科目。

5.配套设施费的核算

房屋开发成本应负担的配套设施费，是开发小区内不能有偿转让的公共配套设施支出。具体核算时，应根据配套设施的建设情况，采用不同的费用归集、核算方法。

（1）配套设施与房屋同步开发，发生的公共配套设施支出能够分清并可直接计入有关成本核算对象的，直接计入有关房屋开发成本核算对象的配套设施费成本项目，借记“开发成本——房屋开发成本”科目，贷记“应付账款——应付工程费”等科目。如果发生的配套设施支出应由两个或两个以上成本核算对象负担，应先在“开发成本——配套设施开发成本”科目归集，待配套设施完工时，再按一定标准（如有关项目的预算成本或计划成本）分配计入有关房屋开发成本核算对象的配套设施费成本项目，借记“开发成本——房屋开发成本”科目，贷记“开发成本——配套设施开发成本”科目。

（2）配套设施与房屋不同步开发，即先开发房屋，后建配套设施，或房屋已开发，等待出售或出租，而配套设施尚未全部完成，在结算完工房屋的开发成本时，对应负担的配套设施费可采取预提的办法，即根据配套设施的预算成本（或计划成本）和采用的分配标准，计算完工房屋应负担的配套设施支出，计入有关房屋开发成本核算对象的配套设施费成本项目，借记“开发成本——房屋开发成本”科目，贷记“应付账款”科目。预提数与实际支出数的差额，在配套设施完工时调整有关房屋开发成本。

6.开发间接费的核算

房地产企业内部独立核算单位为开发各种产品而发生的各项间接费用，应先通过“开发间接费用”科目核算，每月终了，按一定标准分配计入各有关开发产品成本。应由房屋开发成本负担的开发间接费，借记“开发成本——房屋开发成本”科目，贷记“开发间接费用”科目，并计入有关房屋开发成本核算对象的开发间接费成本项目。

【例6-7】锦绣房地产开发公司对出租房甲公寓，商品房1号楼、2号楼进行开发，发生与房屋开发有关的经济业务如下：

（1）用银行存款支付出租房甲公寓拆迁补偿费1 000 000元、设计费200 000元。账务处理如下：

借：开发成本——房屋开发成本（甲公寓）	1 200 000	
贷：银行存款		1 200 000

（2）按照合同规定，预付承建商品房1号楼的某施工房地产企业工程款600 000元，并拨付材料一批，预算价格为960 000元，材料计划成本为1 040 000元，应分摊的材料成本差异（节约）为8 800元。账务处理如下：

借：预付账款——预付承包单位款	1 560 000	
开发成本——房屋开发成本（商品房1号楼）	71 200	
材料成本差异	8 800	
贷：原材料		1 040 000
银行存款		600 000

(3) 支付甲公寓承包施工房地产企业基础设施工程款480 000元。账务处理如下：

借：开发成本——房屋开发成本（甲公寓） 480 000

贷：银行存款 480 000

(4) 收到承包单位工程价款结算账单，承付甲公寓建筑安装工程进度款1 200 000元，但款项尚未支付。账务处理如下：

借：开发成本——房屋开发成本（甲公寓） 1 200 000

贷：应付账款——应付工程款 1 200 000

(5) 收到承包单位工程价款结算单，要求支付商品房1号楼基础设施工程进度款800 000元，经审核应扣除预付工程款240 000元、预付材料款360 000元，余款200 000元用银行存款支付。账务处理如下：

结算工程款时：

借：开发成本——房屋开发成本（商品房1号楼） 800 000

贷：应付账款——应付工程款 800 000

支付应付工程余款时：

借：应付账款——应付工程款 200 000

贷：银行存款 200 000

(6) 分配开发间接费用共120 000元，其中甲公寓分配32 000元，商品房1号楼分配48 000元、2号楼分配40 000元。账务处理如下：

借：开发成本——房屋开发成本（甲公寓） 32 000

——房屋开发成本（商品房1号楼） 48 000

——房屋开发成本（商品房2号楼） 40 000

贷：开发间接费用 120 000

(7) 甲公寓已经建设完工，但配套设施尚未竣工，经报主管部门批准后，同意用其预算成本360 000元预提计入成本。账务处理如下：

借：开发成本——房屋开发成本（甲公寓） 360 000

贷：预提费用——预提配套设施费 360 000

（三）成本结转

凡在“开发成本——房屋开发成本”明细科目中核算的房屋开发费用，应采取按月结算、竣工后及时结转成本的方法。

(1) 对于已竣工验收的商品房、代建房，将其实际成本转入“开发产品”科目，借记“开发产品——商品房（或代建工程）”科目，贷记“开发成本——房屋开发成本”科目。

(2) 对于开发完工的出租经营用房，竣工验收后直接投入使用的，将其实际成本转入“投资性房地产”科目，借记“投资性房地产”科目，贷记“开发成本——房屋开发成本”科目；竣工验收后不直接使用的，应将其实际成本先转入“开发产品——房屋”科目，待投入使用时，再从“开发产品——房屋”科目转入“出租开发产品”科目。

(3) 对于开发完工的周转房，竣工验收后直接投入使用的，将其实际成本转入“周转房”科目，借记“周转房”科目，贷记“开发成本——房屋开发成本”科目；竣工验收后不直接投入使用的，将其实际成本先转入“开发产品——房屋”科目，待投入使用时再从“开发产品——房屋”科目转入“周转房”科目。

如在【例6-7】中，假设甲公寓完工后直接投入出租使用，结转其实际成本3 272 000元，应做如下账务处理：

借：投资性房地产——甲公寓　　3 272 000

　贷：开发成本——房屋开发成本（甲公寓）　　3 272 000

二、房地产企业的代建工程开发成本

房地产企业的代建工程开发成本是指房地产企业接受委托单位的委托，代为开发土地、房屋、市政工程和行政事业单位危旧房改造项目而发生的全部费用支出。

房地产企业代委托单位开发的土地、各种房屋所发生的各项支出，应分别通过“开发成本——商品土地开发成本”和“开发成本——房屋开发成本”科目核算，在这两个科目下，分别按土地、房屋成本核算对象和成本项目归集各项支出，进行代建工程项目开发成本的明细分类核算。除土地、房屋以外，房地产企业代委托单位开发的其他工程，如市政工程等，其所发生的支出，应通过“开发成本——代建工程开发成本”科目核算。因此，房地产企业在“开发成本——代建工程开发成本”科目核算的仅限房地产企业接受委托单位委托，代为开发的除土地、房屋以外的其他工程发生的支出。

代建工程开发成本的核算可设置如下五个成本项目：土地取得费、前期工程费、基础设施费、建筑安装工程费、开发间接费。在房地产企业会计实务中，应根据代建工程支出内容设置不同的明细分类账。

房地产企业发生的各项代建工程支出和对代建工程分配的开发间接费用，借记“开发成本——代建工程开发成本”科目，贷记“银行存款”“应付账款——应付工程款”“原材料”“应付职工薪酬”“开发间接费用”等科目。同时，按成本核算对象和成本项目分别归类记入各代建工程开发成本明细分类账，代建工程开发成本明细分类账的格式和房屋开发成本明细分类账基本相同。

完成全部开发过程并经验收的代建工程，按其实际开发成本借记“开发产品”科目，贷记“开发成本——代建工程开发成本”科目；在将代建工程移交委托代建单位，并办妥工程价款结算手续后，按代建工程开发成本，贷记“开发产品”科目，借记“主营业务成本”科目。

【例6-8】锦绣房地产开发公司接受市政工程管理部门的委托，代为扩建某小区旁边的一条道路。在扩建过程中，用银行存款支付土地取得费120万元和前期工程费64万元，应付基础设施工程款216万元，分配开发间接费用32万元。发生上述各项扩建工程开发支出和分配开发间接费用时，应做会计分录如下：

借：开发成本——代建工程开发成本　　4 320 000

　贷：银行存款　　1 840 000

　　　应付账款——应付工程款　　2 160 000

　　　开发间接费用　　320 000

道路扩建工程完工并验收后，结转已完成工程成本时，应做会计分录如下：

借：开发产品——代建工程　　4 320 000

　贷：开发成本——代建工程开发成本　　4 320 000

第五节　房地产企业的期间费用

房地产企业的期间费用是指房地产企业当期发生的，必须从当期收入中得到补偿的费用。房地产企业发生的期间费用主要包括销售费用、管理费用、研发费用、财务费用。期间费用直接计入当期损益，并在利润表中分项目列示。

一、销售费用核算

房地产企业销售费用是房地产企业在销售、转让、出租开发产品过程中发生的各项费用。在房地产企业会计实务中，销售费用不包括开发产品营销设施建造费用。

（1）开发产品销售以前的改装修复费、看护费、水电费、采暖费等。

（2）开发产品销售、转让、出租过程中发生的广告宣传费、展览费、代销手续费、销售服务费。

（3）为销售、转让、出租房地产企业开发产品而专设的销售机构员工工资、福利费、折旧费、修理费、差旅费以及其他经费。

上述各项销售费用须在计算房地产经营利润时扣除。在房地产企业会计实务中，房地产企业设置的销售机构往往也为其他经营业务服务，将其作为营业利润的扣除项目，也是比较合理的。

房地产企业发生上述各项费用时，借记“销售费用”科目，贷记“库存现金”“银行存款”“原材料”“周转材料”“应付职工薪酬”“累计折旧”等科目。

房地产企业发生的销售费用直接计入当期损益，期末将其余额全部转入“本年利润”科目的借方。会计分录如下：

借：本年利润

　贷：销售费用

【例6-9】锦绣房地产开发公司销售部本月发生如下业务支出：

（1）支付水电费10 565元，会计分录如下：

借：销售费用　　10 565

　贷：银行存款　　10 565

（2）领用维修材料56 000元、低值易耗品4 000元，会计分录如下：

借：销售费用　　60 000

　贷：原材料　　56 000

　　低值易耗品　　4 000

（3）支付销售部人员工资20 000元及福利费2 800元，会计分录如下：

借：销售费用　　22 800

　贷：应付职工薪酬　　22 800

（4）计提固定资产折旧费5 400元，会计分录如下：

借：销售费用　　5 400

　贷：累计折旧　　5 400

将本月销售费用98 765元（10 565+60 000+22 800+5 400）结转至“本年利润”科目，会计分录如下：

借：本年利润　　98 765

　贷：销售费用　　98 765

二、管理费用核算

房地产企业管理费用是房地产企业行政管理部门（公司总部）为组织和管理房地产企业开发经营活动而发生的各项费用。为了划清开发单位与房地产企业行政管理部门的责任，房地产企业发生的管理费用不计入开发成本，而是作为期间费用直接由房地产企业当期利润补偿。房地产企业管理费用的内容包括：行政管理人员工资、福利费、办公费、差旅费、折旧费、修理费、低值易耗品摊销、工会经费、职工教育经费、劳动保险费、失业保险费、咨询费，在“管理费用”科目列支的诉讼费、技术转让费、无形资产摊销、业务招待费、房地产企业开办费、计提的坏账准备、计提的存货跌价准备，存货盘亏、毁损、报废（或盘盈）损失（或收益），以及绿化费等。

在房地产企业会计实务中，通常根据企业管理的要求，在“管理费用”科目下进行明细分类核算。房地产企业发生各项管理费用时，借记“管理费用”科目，贷记“库存现金”“银行存款”“应付职工薪酬”“低值易耗品”“累计折旧”“无形资产”“长期待摊费用”“应交税费”“坏账准备”等科目。

房地产企业发生的管理费用直接计入当期损益，期末将其余额全部转入“本年利润”科目的借方。会计分录如下：

借：本年利润

　贷：管理费用

三、研发费用核算

房地产企业研发费用是房地产企业在开发产品、技术、材料、工艺、标准的研究开发过程中发生的各项费用。它包括：房地产企业的研发活动直接消耗的材料、燃料和动力费用；在职研发人员的工资、奖金、津贴、补贴、社会保险费、住房公积金等人工费用，以及外聘研发人员的劳务费用；用于研发活动的仪器、设备、房屋等固定资产的折旧费或租赁费，以及相关固定资产的运行维护、维修等费用；用于研发活动的软件、专利权、非专利技术等摊销费用；用于中间试验和产品试制的模具、工艺装备开发及制造费，设备调整及检验费，样品、样机及一般测试手段购置费，试制产品的检验费等；研发成果的论证、评审、验收、评估，以及知识产权的申请费、注册费、代理费等费用；通过外包、合作研发等方式，委托其他单位、个人或者与之合作进行研发而支付的费用；与研发活动直接相关的其他费用，包括技术图书资料费、资料翻译费、会议费、差旅费、办公费、外事费，研发人员培训费、培养费，专家咨询费、高新科技研发保险费用等。

《财政部 国家税务总局 科技部关于完善研究开发费用税前加计扣除政策的通知》(财税〔2015〕119号)规定，房地产业属于不可以享受研发费用加计扣除政策的行业。若房地产企业在研发费用发生当年的房地产业务收入占收入总额减除不征税收入和投资收益的余额50%(不含)以上，不得享受研发费用加计扣除优惠。

房地产企业发生的研发费用，符合费用化条件的，可以直接计入当期损益，期末将其余额全部转入“本年利润”科目的借方。会计分录如下：

借：本年利润

　贷：研发费用

四、财务费用核算

房地产企业财务费用是房地产企业为筹集开发经营所需资金而发生的各项费用，包括利息净支出、汇兑净损失，以及相关的手续费等。其总分类核算应在“财务费用”科目进行。

房地产企业因开发产品所发生的借款利息及相关手续费，在开发产品完工以前，借记“开发间接费用”科目，贷记“长期借款”“银行存款”科目，计入有关开发产品成本。房地产企业因开发固定资产而发生的长期借款利息支出及相关的手续费，在固定资产达到预定可使用状态以前，借记“固定资产”“在建工程”科目，贷记“长期借款”“银行存款”等科目，计入有关固定资产的价值。

开发产品完工以后发生的长期借款利息支出和固定资产开发工程达到预定可使用状态后发生的长期借款的利息支出，应计入财务费用。会计分录如下：

借：财务费用

　贷：长期借款

　　银行存款

与开发产品和开发固定资产直接有关的长期借款，在使用以前暂存银行而发生的利息收入，在开发产品完工以前和固定资产开发工程达到预定可使用状态以前发生的，应与相应计入开发产品成本和固定资产价值的利息支出冲抵，借记“银行存款”科目，贷记“开发间接费用”“在建工程”科目。在开发产品完工和固定资产开发工程达到预定可使用状态以后发生的利息收入，应冲减财务费用。会计分录如下：

借：银行存款

　贷：财务费用

房地产企业由于汇率变动等原因，在开发经营期间发生的汇兑损失，以及在达到预定可使用状态以后发生的与开发固定资产直接相关的汇兑损失，借记“财务费用”科目，贷记有关科目。在开发经营期间发生的汇兑收益，以及在达到预定可使用状态后发生的与开发固定资产直接相关的汇兑收益，贷记“财务费用”科目，借记有关科目。与开发固定资产直接相关的汇兑损益，在达到预定可使用状态之前发生的，应计入或冲减有关资产的价值。若为汇兑损失，借记“固定资产”“在建工程”科目，贷记“财务费用”科目；若为汇兑收益，做相反的会计分录。

【例6-10】锦绣房地产开发公司20×5年3月末支付第一季度流动资金借款利息53 800元。会计分录如下：

借：财务费用——利息支出　　53 800

　贷：银行存款　　53 800

假如该公司存款户本季度银行利息收入为2 800元，会计分录如下：

借：银行存款　　2 800

　贷：财务费用　　2 800

假如本月发生银行手续费680元，会计分录如下：

借：财务费用　　680

　贷：银行存款　　680

根据以上资料，计算出财务费用月末余额为51 680元，将其结转至"本年利润"科目。会计分录如下：

借：本年利润　　51 680

　贷：财务费用　　51 680

东盟财税专栏

会计计量属性是会计要素金额的确定基础，由于经济发展水平影响会计信息使用者对会计信息的需求，因此，国家经济发展水平和国情差异会影响会计计量属性选择。表6-7对中国和泰国会计计量属性进行了比较，反映两国对于会计信息要求的差异。

表6-7　中国和泰国会计计量属性比较①

会计计量属性	中国	泰国
历史成本	非指定的资产、负债、所有者权益项目	不动产、厂房、设备、投资性房地产初始计量
一般选择历史成本，符合条件的可选择公允价值	投资性房地产	无
现行成本	无	有价证券、非货币性资产
重置成本	固定资产盘盈	无
成本与可收回金额孰低	固定资产、无形资产等资产的期末再计价	固定资产、无形资产等资产的期末再计价
成本与可变现净值孰低	存货	存货
历史成本或可变现净值	无	无形资产的初始计量
现值	取得的非流动资产（含生产期一年以上的存货），具有融资性质的收入和费用	退休金负债
公允价值	债务重组、具有商业实质且公允价值可计量的非货币资产交换、权益性质的金融资产、金融负债、衍生金融工具、非同一控制下的企业合并	无

① 甘翔翀，刘卫. 中国与泰国会计计量模式比较研究［J］. 商业会计，2021，(2)：94-98.

即测即评

第六章单项选择题　　第六章多项选择题　　第六章判断题

案例分析题

1. 某房地产开发企业20×5年10月共发生开发间接费用87 360元，其中现场管理人员工资30 000元、计提折旧17 360元、支付购买办公用品费20 000元、支付水电费10 000元、支付电话费10 000元。应分配该费用的各开发项目的本月直接费用（即实际成本）分别为：A商品房100 000元、B商品房240 000元、出租房150 000元、周转房140 000元、配套设施商店160 000元、商品土地250 000元，合计1 040 000元。

要求：（1）计算开发间接费用分配率。

（2）为各项经济业务编制会计分录。

2. 锦绣房地产开发公司开发甲小区，在开发过程中，共建造三项配套设施：501商店、502水塔、503幼儿园。其中，501商店有偿转让给个人，502水塔与商品房同步开发，503幼儿园在商品房完工以后建造。为了及时计算出售商品房等的开发成本，对503幼儿园以各项开发产品的预算成本为基数，采用预提方式计入有关开发产品成本。

甲小区各项开发产品的预算成本见表6-8。

表6-8　　**甲小区各开发产品的预算成本**　　单位：元

开发产品名称编号	金额
201商品房	2 600 000
202商品房	2 500 000
301出租房	1 350 000
501商店	550 000
503幼儿园	420 000

20×5年，商店、水塔、幼儿园等配套设施发生的各项支出见表6-9。

表6-9　　**配套设施发生的各项支出**　　单位：元

支出项目名称	501商店	502水塔	503幼儿园
（1）用银行存款支付征地拆迁费	50 000	6 000	50 000
（2）用银行存款支付前期工程费	20 000	14 000	20 000
（3）应付建筑公司基础设施费	50 000	30 000	50 000
（4）用银行存款支付建安工程费	300 000	250 000	
（5）分配水塔配套设施费	30 000		
（6）分配开发间接费用	40 000		

预提应由商品房、出租房和商店开发成本负担的幼儿园配套设施费。

501商店完工验收，结转其实际开发成本，准备有偿转让。

20×5年，用银行存款支付幼儿园建筑安装工程款305 000元。

503幼儿园完工验收，计算其实际开发成本，并将其成本冲减预提的配套设施费。如实际开发成本大于预提配套设施费，将少提数追加分配给301出租房开发成本。

要求：(1) 计算503幼儿园配套设施费预提率。

(2) 计算各商品房、出租房、商店应预提的幼儿园配套设施费。

(3) 为各项经济业务做会计分录。

3.20×5年，锦绣房地产开发公司为开发甲小区发生的开发建设费用如下：

(1) 土地取得费。土地补偿费600万元，青苗补偿费20万元，耕地占用税120万元，粮油差价补偿费45万元，菜地建设费220万元，农村设施补偿费300万元，养老安置用房费2 500万元，单位拆迁补偿费250万元，共计4 055万元；扣除出售拆迁回收材料费55万元，共计支出4 000万元。

(2) 前期工程费。水文地质勘查费15万元，测绘费2万元，钻探打桩费20万元，场地平整费1万元，共计38万元。

(3) 基础设施费和建筑安装工程费。按照合同规定，经过验收，应付南方建筑公司地下水管、排污等设施费用80万元，建筑安装费50万元。

(4) 开发间接费。通过分配，应由土地开发负担的居住区综合开发中心现场管理组织费40万元。

要求：为各项经济业务编制会计分录。

4.某房地产公司开发乙小区，以银行存款支付土地取得费1 500万元、前期工程费200万元、基础设施费300万元，土地开发完毕。现准备建造A、B两栋商品房及配套设施锅炉房一座。

A商品房分摊的土地开发成本为1 200万元（其中，土地取得费900万元、前期工程费120万元、基础设施费180万元），B商品房分摊的土地开发成本为800万元（其中，土地取得费600万元、前期工程费80万元、基础设施费120万元），锅炉房不分配土地开发成本。该公司将A、B商品房一并招标发包给某市第二建筑公司建造，合同总标价5 000万元。A、B商品房的预算造价分别为2 800万元、2 400万元，锅炉房与商品房同时施工。在建造中发生下列业务：

(1) 按合同陆续预付备料款2 500万元、工程款1 000万元。

(2) 采用工程竣工后一次结算方法，某市第二建筑公司在工程完工时开来工程价款结算账单，列明应结算价款5 000万元，扣除预付款3 500万元和工程质量保证金500万元后，余款在房屋验收合格后支付完毕。

(3) A、B商品房负担的开发间接费用分别为120万元、80万元。

(4) A、B商品房负担配套设施锅炉房的开发费用分别为100万元、60万元。

要求：编制A、B商品房开发全过程成本核算的会计分录。

5.锦绣房地产开发公司受市政府委托，代为扩建某开发小区旁一条道路。在扩建过程中，用银行存款支付拆迁补偿费300万元、前期工程费16万元，应付南通建筑工程公司基础设施工程款54万元，分配开发间接费用8万元。

要求：为各项经济业务编制会计分录。

第六章案例分析题参考答案

第七章　房地产企业的收入与利润

【教学目标】

1. 价值塑造

（1）培养房地产企业收入确认的合规操作与风险防控能力。

（2）培养利润分配中的社会责任践行与公平分配意识。

2. 知识体系

（1）掌握房地产企业收入的确认条件。

（2）掌握开发产品销售、转让收入，周转房投入使用和销售的账务处理、利润结转及利润分配的核算。

（3）熟悉房地产企业税金及附加的核算和所得税的账务处理。

（4）了解房地产企业提供劳务、让渡资产使用权和建造合同收入的核算内容。

3. 能力培养

（1）培养对房地产企业收入与利润的管理意识。

（2）培养对房地产企业收入与利润的会计核算认知能力。

（3）培养对房地产企业收入与利润的分析能力。

【思政专栏】

《会计法》明确要求会计人员依法进行会计核算，保证会计资料真实、完整。在房地产企业收入确认环节，会计人员须严守《会计法》第二十四条第（一）款不得“虚列或者隐瞒收入，推迟或者提前确认收入”的规定，要重点规范预售房款核算，预售资金必须全额纳入监管账户，严格按工程进度结转收入，杜绝“虚假网签”“提前确收”等违规行为。在利润分配环节，会计人员须严守《会计法》第二十四条第（四）款不得“随意调整利润的计算、分配方法，编造虚假利润或者隐瞒利润”的规定，针对房地产企业“高杠杆、高周转”模式下的利润分配乱象，需建立“股东分红与项目竣工交付”的平衡机制，将保障性住房配建成本核算、存量资产盘活等社会责任纳入利润分配考量，以《会计法》为准则，维护股东权益与公共利益的平衡，筑牢社会再分配公平与经济秩序稳定的制度根基。

【案例引入】

GX高新2024年财务报告披露，该公司收入取得一定增长，主要源于房屋出租收入、资产管理使用费收入、销售产品收入、贸易收入、服务收入、工程及附加收入、售房收入和零星收入，提取法定盈余公积5 975 167.85元，应付普通股股利38 836 217.31元。

GX高新的财务人员必须了解、熟悉和掌握收入来源、收入确认条件，租金收入、预售收入的会计核算，利润核算及利润分配的理论和实务操作技能。

第一节 房地产企业的收入

一、房地产企业收入的含义

房地产企业收入是房地产企业在日常活动中形成的、会导致所有者权益增加的、与所有者投入资本无关的经济利益的总流入。收入是房地产企业在销售商品、提供劳务及让渡资产使用权等日常活动中形成的经济利益的总流入。

房地产企业收入具有以下特点：第一，收入是房地产企业在日常活动中形成的经济利益的总流入；第二，收入会导致房地产企业所有者权益增加；第三，收入与所有者投入资本无关。

二、收入分类

（一）按房地产企业从事日常活动的性质分类

收入按房地产企业从事日常活动的性质不同，分为销售商品收入、提供劳务收入、让渡资产使用权收入和建造合同收入。

1.销售商品收入

销售商品收入是房地产企业通过销售商品实现的收入。这里的商品包括房地产企业为销售而生产的产品和为转售而购进的商品。房地产企业销售的其他存货，如原材料、包装物等，也视同商品。

2.提供劳务收入

提供劳务收入是房地产企业通过提供劳务实现的收入。比如，房地产企业通过提供旅游、运输、咨询、代理、培训、产品安装等劳务来实现收入。

3.让渡资产使用权收入

让渡资产使用权收入是房地产企业通过让渡资产使用权实现的收入。让渡资产使用权收入主要是金融房地产企业对外贷款形成的利息收入，以及房地产企业转让无形资产

（如商标权、专利权、专营权、版权）等资产的使用权形成的使用费收入。

4.建造合同收入

建造合同收入是房地产企业承包工程所获得的收入，包括合同中规定的初始收入和因合同变更、索赔、奖励等形成的收入。

（二）按房地产企业经营业务的主次分类

收入按房地产企业经营业务的主次不同，分为主营业务收入和其他业务收入。

1.主营业务收入

主营业务收入是房地产企业为完成经营目标所从事的房地产经常性活动实现的收入。主营业务收入一般占房地产企业总收入的比重较大，对房地产企业的经济效益产生较大影响。

房地产企业实现的主营业务收入通过“主营业务收入”科目核算，并通过“主营业务成本”科目核算为取得主营业务收入发生的相关成本。房地产企业的主营业务收入是从事土地开发、房屋开发、配套设施开发和代建工程开发等开发产品对外转让、销售、结算和出租所取得的收入，包括土地使用权转让收入、商品房销售收入、配套设施销售收入、代建工程结算收入等。

2.其他业务收入

其他业务收入是房地产企业为完成经营目标从事其他业务活动而实现的收入。其他业务收入属于房地产企业日常活动中的次要收入，一般占房地产企业总收入的比重较小。

房地产企业从事其他多种经营取得的收入，如商品房售后服务收入、饮食服务收入，销售材料、转让无形资产、出租固定资产等形成的收入，均属于其他业务收入，通过“其他业务收入”科目核算，并通过“其他业务成本”科目结转为取得其他业务收入发生的相关成本。

三、收入的确认

（一）收入确认的原则

房地产企业应当在履行了合同中的义务，即在客户取得相关商品控制权时，确认收入。取得相关商品控制权，是指能够主导该商品的使用并从中获得几乎全部经济利益，也包括有能力阻止其他方主导该商品的使用并从中获得经济利益。取得商品控制权包括以下三个方面：

（1）能力。客户必须拥有现时权利，能够主导该商品的使用并从中获得几乎全部经济利益。如果客户只能在未来某一期间主导该商品的使用并从中获益，则表明其尚未取得该商品的控制权。

（2）主导该商品的使用。客户有能力主导该商品的使用，是指客户有权使用该商品，或者能够允许或阻止其他方使用该商品。

（3）能够获得几乎全部经济利益。商品的经济利益是指该商品的潜在现金流量，既包括现金流入的增加，也包括现金流出的减少。客户可以通过很多方式直接或间接地获得商品的经济利益。例如，使用、消耗、出售或持有该商品，使用该商品提升其他资产的价值，以及将该商品用于清偿债务、支付费用或抵押等。

（二）收入确认的前提条件

房地产企业与客户之间的合同同时满足下列条件的，房地产企业应当在客户取得相关商品控制权时确认收入：

（1）合同各方已批准该合同并承诺将履行各自的义务。

（2）该合同明确了合同各方与所转让的商品或提供的服务（以下简称转让的商品）相关的权利和义务。

（3）该合同有明确的与所转让的商品相关的支付条款。

（4）该合同具有商业实质，即履行该合同将改变企业未来现金流量的风险、时间分布或金额。

（5）房地产企业因向客户转让商品而有权取得的对价很可能收回。

在进行上述判断时，需要注意以下三点：

（1）合同约定的权利和义务是否具有法律约束力，需要根据房地产企业所处的法律环境和实务操作进行判断，包括合同订立的方式和流程、具有法律约束力的权利和义务的时间等。对于合同各方均有权单方面终止完全未执行的合同，且无须对合同其他方做出补偿的，应当视为该合同不存在。其中，完全未执行的合同是指企业尚未向客户转让任何合同中承诺的商品，也尚未收取且尚未有权收取已承诺商品的任何对价的合同。

（2）合同具有商业实质，是指履行该合同将改变企业未来现金流量的风险、时间分布或金额。关于商业实质，应按照非货币性资产交换中有关商业实质的说明进行判断。

（3）房地产企业在评估其因向客户转让商品而有权取得的对价是否很可能收回时，仅应考虑客户到期时支付对价的能力和意图（即客户的信用风险）。房地产企业在进行判断时，应当考虑是否存在价格折让。存在价格折让的，应当在估计交易价格时进行考虑。房地产企业预期很可能无法收回全部合同对价时，应当判断其原因是客户的信用风险还是企业向客户提供了价格折让。

【例 7-1】锦绣房地产开发公司与乙公司签订合同，向其销售一栋建筑物，合同价款为100万元。该建筑物的成本为60万元，乙公司在合同开始日即取得了该建筑物的控制权。根据合同的约定，乙公司在合同开始日支付了5%的保证金（5万元），并就剩余95%的价款与锦绣房地产开发公司签订了不附追索权的长期融资协议。如果乙公司违约，锦绣房地产开发公司可以重新拥有该建筑物，即使收回的建筑物不能涵盖所欠款项的总额，锦绣房地产开发公司也不能向乙公司索取进一步的赔偿。乙公司计划在该建筑物内开设一家餐馆。在该建筑物所在的地区，餐饮行业面临激烈的竞争，但是乙公司缺乏餐饮行业的经营经验。

本例中，乙公司计划以餐馆产生的收益偿还对锦绣房地产开发公司的欠款，除此之外并无其他经济来源，乙公司也未对该笔欠款设定任何担保。如果乙公司违约，锦绣房地产开发公司虽然可以重新拥有该建筑物，但即使收回的建筑物不能涵盖所欠款项的总额，锦绣房地产开发公司也不能向乙公司索取进一步的赔偿。锦绣房地产开发公司对乙公司的还款能力和意图存在疑虑，认为该合同不满足合同价款很可能收回的条件。锦绣房地产开发公司应当将收到的5万元确认为一项负债。

对于不能同时满足上述收入确认的五个条件的合同，房地产企业只有在不再负有向客户转让商品的剩余义务（如合同已完成或取消），且已向客户收取的对价（包括全部或部分对价）无须退回时，才能将已收取的对价确认为收入；否则，应当将已收取的对价作为负债进行会计处理。其中，房地产企业向客户收取无须退回的对价，应当在已经将该部分对价所对应的商品的控制权转移给客户，并且不再负有向客户转让额外商品的义务时，将该部分对价确认为收入；或者在相关合同已经终止时，将该部分对价确认为收入。

（三）收入确认与计量的程序

房地产企业收入确认和计量大致分为五步：第一步，识别与客户订立的合同；第二步，识别合同中的单项履约义务；第三步，确定交易价格；第四步，将交易价格分摊至各单项履约义务；第五步，在履行了各单项履约义务时确认收入。其中，第一步、第二步和第五步主要与收入的确认有关，第三步和第四步主要与收入的计量有关。

四、不同形式的收入确认

（一）转让、销售开发产品收入的确认

房地产企业对外转让、销售开发产品，在满足产品控制权转移的情况下才能确认收入。在房地产会计实务中，房地产企业开发的土地、商品房在移交后，将结算账单提交买方并得到认可时，确认为营业收入的实现。

值得注意的是，在房地产销售中，房地产的法定所有权转移给买方，通常表明其控制权已转移，房地产企业应确认销售收入。但是，以下三种情况属于法定所有权转移后，控制权尚未转移：

（1）卖方根据合同的规定，仍有责任实施重大行动，如工程尚未完工，在这种情况下，房地产企业应在所实施的重大行动完成时确认收入。

（2）合同存在重大不确定因素，如买方有退货选择权的销售，房地产企业应在这些不确定因素消失后确认收入。

（3）房地产销售后，卖方仍有某种程度的继续涉入，如销售回购协议、卖方保证买方在特定时期内获得投资报酬的协议等，在这些情况下，卖方在继续涉入的期间一般不应确认收入。

房地产企业的一切收入，包括主营业务收入和其他业务收入，都必须在规定的确认时间按实际发生金额入账。房地产企业销售商品的收入，应按房地产企业与购货方签订的合同或协议金额或双方接受的金额确定。现金折扣在实际发生时作为当期费用，销售折让在实际发生时冲减当期收入。

房地产企业销售其他商品、产品，提供劳务等取得的营业收入，应在商品、产品已经销售，劳务已经提供，已将结算账单提交买方并收到价款或得到买方的付款认可时确认收入。

（二）分期收款销售收入的确认

房地产企业对土地和商品房采取分期收款销售办法的，由于其产品价值较大、收款期限较长、应收款项较多，通常可按合同规定的收款时间分次转入收入。

（三）出租开发产品租金收入的确认

房地产企业出租房屋等开发产品获得的收入属于让渡资产使用权收入，此项收入同时满足下列条件的，才能予以确认：一是相关的经济利益很可能流入房地产企业；二是收入的金额能够可靠地计量。

房地产企业出租开发产品，应在出租合同（或协议）规定日期收取租金后作为收入实现；合同规定的收款日期已到，租用方未付租金的，仍应视为收入实现。

（四）代建房及代建工程结算收入的确认

房地产企业为委托单位代建的房屋和工程，应在房屋和工程竣工验收、办妥财产交接手续，并已将代建房屋和工程的工程价款结算账单提交委托单位时，确认销售实现。如果符合建造合同的条件，并且有不可撤销的建造合同，也可根据建造合同收入确认的原则，按照完工百分比法确认房地产开发业务的收入。

（五）开发产品预售收入的确认

房地产企业采取预售方式销售开发产品的，其当期取得的预售收入先按规定的利润率计算出预计营业利润额，再并入当期应纳税所得额，统一计算缴纳房地产企业所得税，待开发产品完工时再进行结算调整。预计营业利润额的计算公式为：

预计营业利润额=预售开发产品收入×利润率

预售开发产品完工后，房地产企业应及时按照上述收入确认的原则计算已实现的销售收入，同时按规定结转其对应的销售成本，计算出已实现的利润（或亏损）额，经纳税调整后计算出其与该项开发产品全部预计营业利润额之间的差额，再将此差额并入当期应纳税所得额。

（六）视同销售收入的确认

1.视同销售的主要经济业务

（1）将开发产品转作经营性资产。

（2）将开发产品用作对外投资以及分配给股东或投资者。

（3）将开发产品用以抵偿债务。

（4）将开发产品用于本房地产企业自用、捐赠、赞助、广告、样品、职工福利、奖励等。

（5）将开发产品用于换取其他企事业单位、个人的非货币性资产。

2.视同销售收入的确认时间

视同销售应于开发产品所有权或使用权转移，或于实际取得利益权利时确认收入的实现。

3.视同销售收入的确认方法和顺序

（1）按本房地产企业近期或本年度最近月份同类开发产品市场销售价格确定。

（2）由主管税务机关参照同类开发产品市场公允价值确定。

（3）按成本利润率确定，具体由主管税务机关确定。

五、收入计量

房地产企业开发建设完成的商品房，有的是整幢出售，有的是分套（单元）出售，商品房的销售价款一般根据房屋建筑面积和单位面积（平方米）价格确定。

整幢商品房出售时，可以直接计算其全部价款，于收入实现时确认为商品房销售收入。如果分套出售，则以各套房屋应计建筑面积来计算每套房屋的价格并结转房屋成本。各套房屋的应计建筑面积包括自用建筑面积和公用建筑面积（即公摊面积）。各套房屋的自用建筑面积包括各套房屋分门户以内的起居室（厅）、卧室、书房、厨房、卫生间、储藏室、过道和阳台等面积。各套房屋的公用建筑面积包括其应按比例分摊的公共使用的门厅、楼梯、电梯井（厅）、公共通道、垃圾管道以及突出屋面的有围护结构的楼梯间、水箱间、电梯机房等面积。

分套出售房屋时，其售价和成本结转应按各套房屋自用建筑面积和应分摊的公用建筑面积计算确定，计算公式如下：

$$\text{某套出售房屋建筑面积}=\text{该套房屋的自用建筑面积}\times\left(1+\text{各套房屋自用建筑面积应分摊的公用建筑面积的分摊率}\right)$$

$$\text{各套房屋自用建筑面积应分摊的公用建筑面积的分摊率}=\text{该幢房屋公用建筑面积}\div\text{该幢房屋自用建筑面积总和}\times 100\%$$

【例 7-2】某幢商品房出售房屋的建筑面积为 10 000 平方米，其中各套房屋自用建筑面积总和为 8 000 平方米，公用建筑面积为 2 000 平方米，则：

各套房屋自用建筑面积应分摊的公用建筑面积的分摊率=2 000÷8 000×100%=25%

【例 7-3】沿用【例 7-2】的数据，假如某套出售房屋的自用建筑面积为 60 平方米，则：

该套出售房屋建筑面积=60×（1+25%）=75（平方米）

第二节　房地产企业的产品销售收入

一、科目设置

房地产企业在销售开发产品过程中，需要确认收入，同时也需要结转成本。在会计核算中，主要涉及“主营业务收入”“主营业务成本”“税金及附加”“长期应收款”“未实现融资收益”等科目。

（一）主营业务收入

房地产企业销售、转让开发产品的收入通过“主营业务收入”科目核算，一般可按开发产品的种类进行明细核算。房地产企业销售开发产品的收入，按实际收到或应收的金额，借记“银行存款”“应收账款”“应收票据”等科目，按确认的营业收入，贷记“主营业务收入”科目。期末，将“主营业务收入”科目的余额转入“本年利润”科目，结转后“主营业务收入”科目应无余额。

（二）主营业务成本

房地产企业在确认销售、转让开发产品的收入时，必须同时结转相应的开发成本，这要通过“主营业务成本”科目核算，该科目可按开发产品的种类进行明细核算。房地产企业根据本期销售的开发产品的实际成本，计算应结转的主营业务成本，借记“主营业务成本”科目，贷记“开发产品”等科目。会计期末，将本科目的余额转入“本年利润”科目，结转后“主营业务成本”科目应无余额。

（三）税金及附加

“税金及附加”科目核算应由当月经营业务负担的各种税金及附加，包括应缴纳的城建税、教育费附加和土地增值税等。月份终了，房地产企业按规定计算的各种税金及附加，借记该科目，贷记“应交税费”科目。

（四）长期应收款

当房地产企业按照分期收款方式销售开发产品时，产生的应收款项通过“长期应收款”科目进行核算，该科目可按债务人进行明细核算。

房地产企业采用分期收款方式销售开发产品等经营活动中产生的长期应收款，满足收入确认条件的，按应收的合同或协议价款，借记“长期应收款”科目，按应收合同或协议价款的公允价值（折现值），贷记“主营业务收入”等科目，按其差额，贷记“未实现融资收益”科目。

（五）未实现融资收益

当房地产企业按照分期收款方式销售开发产品时，未收取的款项部分相当于房地产企业向购买人提供的贷款。“未实现融资收益”科目核算房地产企业分期计入利息收入的未实现融资收益，该科目可按未实现融资收益的项目进行明细核算。

房地产企业采用分期收款方式销售开发产品时，分期收款满足收入确认条件的，按应收的合同或协议价款，借记“长期应收款”科目，按应收的合同或协议价款的公允价值（折现值），贷记“主营业务收入”等科目，按其差额，贷记“未实现融资收益”科目。涉及增值税的，还应进行相应的处理。该科目期末贷方余额，反映房地产企业尚未转入当期收益的未实现融资收益。

二、销售核算

房地产企业开发产品的主要用途有以下四个：对外销售，有偿转让或移交，对外出租，移交本房地产企业经营使用。我们主要分析已完工开发产品对外销售和有偿转让或移交的核算。

（一）房屋销售核算

房地产企业开发完成的房屋，在竣工验收取得验收合格证书并办理登记手续后，即可出售。房屋可以整幢出售，也可以分套出售。整幢房屋分套出售前，房地产企业应明确各套房屋的建筑面积及相应的土地使用权比例。房屋出售的价格可由买卖双方确定，但必须将出售价格报当地房产管理机关备案。房屋买卖双方达成协议后，应签订“房屋买卖合同”。

整幢房屋分套出售时，应以建筑面积作为计算房屋价格的基本单位。各套房屋的建筑面积除了各套房屋自用建筑面积外，还要合理分摊公用建筑面积。

（1）对外销售的房屋，应在移交商品房并将发票、账单提交买主时，将其销售收入记入“银行存款”“应收账款”等科目的借方和“主营业务收入——商品房销售收入”“应交税费——应交增值税（销项税额）”科目的贷方。会计分录如下：

借：银行存款（或应收账款）

　　贷：主营业务收入——商品房销售收入

　　　　应交税费——应交增值税（销项税额）

（2）月份终了，应将销售房屋的实际开发成本自“开发产品——商品房”科目的贷方结转至“主营业务成本——商品房销售成本”科目的借方。会计分录如下：

借：主营业务成本——商品房销售成本

　　贷：开发产品——商品房

【例7-4】某栋房屋的建筑面积为6 000平方米（100套房屋），其中房屋的公用建筑面积为1 000平方米（有100平方米属于可以单独出售的地下车位），各套房屋“套内”建筑面积为50平方米，出售价格为3 000元/平方米。20×5年12月出售10套房屋，已办妥产权移交手续并收到价款。

（1）计算每套房屋的出售面积：

公用面积分摊率=（1 000-100）÷5 000×100%=18%

每套房屋出售面积=50×（1+18%）=59（平方米）

（2）会计分录：

出售收入=10×59×3 000=1 770 000（元）

借：银行存款	1 929 300	
贷：主营业务收入——商品房销售收入		1 770 000
应交税费——应交增值税（销项税额）		159 300

【例7-5】锦绣房地产开发公司（一般纳税人）20×5年3月发生如下经济业务，假定全部销售业务均已在当月开具了增值税专用发票：

（1）对外一次收款销售甲商品房六套，建筑面积600平方米，每平方米不含税售价6 000元，合计3 600 000元。增值税税率为9%。房屋已移交，并将发票、账单提交买主，价款收讫存入银行。账务处理如下：

借：银行存款	3 924 000	
贷：主营业务收入——商品房销售收入		3 600 000
应交税费——应交增值税（销项税额）		324 000

（2）销售配套设施商店用房一套，不含税价款1 500 000元。房屋已移交，发票已提交买主，同时收到买主开具并承兑的商业汇票。账务处理如下：

借：应收票据	1 635 000	
贷：主营业务收入——配套设施销售收入		1 500 000
应交税费——应交增值税（销项税额）		135 000

（3）锦绣房地产企业开发的商品性建设场地竣工验收合格，根据转让协议，将该土地5 000平方米移交甲商城，协议规定的转让价格为每平方米1 200元（不含税），交接手续已办妥，款项尚未收到。账务处理如下：

借：应收账款	6 540 000	
贷：主营业务收入——土地使用权转让收入		6 000 000
应交税费——应交增值税（销项税额）		540 000

（4）取得商品房预售许可证，并取得含税预售销售额1 090 000元。账务处理如下：

借：银行存款　　1 090 000

　贷：合同负债　　1 090 000

借：应交税费——预交增值税（1 090 000÷1.09×0.03）　　30 000

　贷：银行存款　　30 000

（5）购入一批钢材用于甲施工项目，共计300吨，价税合计113万元，增值税税率为13%，取得增值税专用发票，款项已通过银行存款付清，该批钢材已验收入库。账务处理如下：

借：原材料——钢材　　1 000 000

　　应交税费——应交增值税（进项税额）　　130 000

　贷：银行存款　　1 130 000

（6）月末，结转本期已售开发产品成本9 650 000元。其中，甲商品房2 180 000元，商店900 000元，土地使用权转让3 270 000元，高级公寓3 300 000元。账务处理如下：

借：主营业务成本——商品房销售成本　　5 480 000

　　　　　　　　——配套设施销售成本　　900 000

　　　　　　　　——土地使用权转让成本　　3 270 000

　贷：开发产品——甲商品房　　2 180 000

　　　　　　　——商品房（高级公寓）　　3 300 000

　　　　　　　——配套设施（商店）　　900 000

　　　　　　　——商品土地　　3 270 000

按销售面积比例进行销项税额抵减（100%），假设土地出让金可以抵减的税额为270 000元，账务处理如下：

借：应交税费——应交增值税（销项税额抵减）　　270 000

　贷：主营业务成本　　270 000

（7）月末，计算应缴纳的城建税、教育费附加。

本月应申报的增值税=324 000+135 000+540 000−30 000−130 000−270 000=569 000（元）

应交城建税= 569 000×7%=39 830（元）

应交教育费附加=569 000×3%=17 070（元）

账务处理如下：

借：税金及附加　　56 900

　贷：应交税费——应交城市维护建设税　　39 830

　　　　　　　——应交教育费附加　　17 070

（二）土地使用权转让核算

房地产企业开发的商品土地，可以将土地使用权进行转让。在向其他单位转让时，必须按照法律和合同的规定，投入相当的资金，完成相应的开发。

土地使用权的转让应签订转让合同，在合同中载明土地的位置、四周边界和面积、地上附着物、土地用途、建筑物高度、绿化面积、土地使用权转让期限、土地使用权转让金的支付方式和违约责任等。

土地使用权转让交易可以采用协议、招标、拍卖等方式。土地使用权转让价格根据地理位置、经济环境、土地用途、土地使用权转让期限、房地产市场供求等因素确定，并报当地土地管理机关备案。

(1) 向其他单位转让土地使用权，应在移交转让土地使用权，并将发票、账单提交买主时，将其转让价格记入“银行存款”“应收账款”等科目的借方和“主营业务收入——土地使用权转让收入”“应交税费——应交增值税（销项税额）”科目的贷方。账务处理如下：

借：银行存款（或应收账款）

　贷：主营业务收入——土地使用权转让收入

　　应交税费——应交增值税（销项税额）

(2) 月份终了，应将转让土地使用权的土地的实际开发成本自“开发产品——商品土地”科目的贷方结转至“主营业务成本——土地使用权转让成本”科目的借方。账务处理如下：

借：主营业务成本——土地使用权转让成本

　贷：开发产品——商品土地

（三）配套设施转让核算

房地产企业在房地产开发过程中按照城市建设规划开发的配套设施，如商店、邮局、银行储蓄所等，可以有偿转让。向有关单位有偿转让配套设施，应在办理财产交接手续，并将配套设施工程价款账单提交有关单位时，按其转让价格记入“银行存款”“应收账款”等科目的借方和“主营业务收入——配套设施销售收入”“应交税费——应交增值税（销项税额）”科目的贷方。账务处理如下：

借：银行存款（或应收账款）

　贷：主营业务收入——配套设施销售收入

　　应交税费——应交增值税（销项税额）

月份终了，应将转让配套设施的实际开发成本自“开发产品——配套设施”科目的贷方转入“主营业务成本——配套设施销售成本”科目的借方。账务处理如下：

借：主营业务成本——配套设施销售成本

　贷：开发产品——配套设施

房地产企业如将开发的配套设施，如商店，用于本房地产企业从事第三产业经营用房，应视同自用固定资产处理，并将用于经营的配套设施的实际开发成本自“开发产品——配套设施”科目的贷方转入“固定资产”科目的借方。账务处理如下：

借：固定资产

　贷：开发产品——配套设施

（四）代建工程移交核算

房地产企业代委托单位开发代建工程，应在工程竣工验收、办理财产交接手续，并将代建工程价款结算账单提交委托单位时，将其工程价款记入“银行存款”“应收账款”科目的借方和“主营业务收入——代建工程结算收入”“应交税费——应交增值税

（销项税额）”科目的贷方。账务处理如下：

借：银行存款（或应收账款）

　贷：主营业务收入——代建工程结算收入

　　应交税费——应交增值税（销项税额）

月份终了，应将移交代建工程的实际开发成本自“开发产品——代建工程”科目的贷方转入“主营业务成本——代建工程结算成本”科目的借方。账务处理如下：

借：主营业务成本——代建工程结算成本

　贷：开发产品——代建工程

对于已经办理销售、转让和交付手续，而产权尚未移交出去的开发产品，如商品房、配套设施等，房地产企业应设置“代管房产备查簿”，进行实物管理，但不得将这部分财产入账。房地产企业在代管房产过程中取得的收入和发生的各项支出，应作为其他业务收入和其他业务成本处理。

（五）开发产品分期收款销售收入核算

由于商品房等开发产品具有单位价值高的特点，所以用分期收款形式销售的情形是比较多的。需要说明的是，这和平常所讲的通过银行按揭贷款是不同的。在银行按揭情况下，购房人从银行取得贷款，房地产企业可以得到全部售房款，购房者向贷款银行支付每月的款项，这种销售模式并不属于分期收款销售。

1.开发产品分期收款销售收入核算原则

房地产企业在核算分期收款开发产品时，要注意分期收款开发产品销售成本的结转时间和结转数额。

（1）分期收款开发产品销售成本的结转时间。根据会计配比原则，房地产企业营业收入与其相对应的成本、费用应当相互配比，以便正确计算和考核房地产企业的经营成本。因此，分期收款销售的开发产品，其销售成本结转应与分期收款销售收入实现的时间相一致。分期收款开发产品的应收价款，应按合同规定的收款时间分次转作收入，它的销售成本也应于销售实现时分次进行结转。

（2）分期收款开发产品销售成本的结转数额。由于分期收款开发产品的销售收入是分次实现的，因此与销售收入相关联的销售成本也应分次结转。房地产企业当期结转销售成本的数额，一般可根据当期收回的价款（即合同规定当期应收价款数额）占分期收款产品应收价款总额（即全部售价）的比例计算。

2.开发产品分期收款销售收入账务处理

房地产企业采用分期收款方式销售开发产品，实质上具有融资性质，在满足收入确认条件时，按应收合同或协议价税合计金额，借记“长期应收款”科目，按应收合同或协议价款的公允价值，贷记“主营业务收入”科目，按增值税专用发票税金贷记“应交税费——应交增值税（销项税额）”科目，按其差额，贷记“未实现融资收益”科目。每期收到价款时，借记“银行存款”科目，贷记“长期应收款”科目，月末一并计算并结转销售开发产品成本。按期采用实际利率法计算确定利息收入，借记“未实现融资收益”科目，贷记“财务费用”科目。

【例7-6】锦绣房地产开发公司20×5年3月1日采用分期收款方式销售商品房一幢，

成本为2 000万元。合同约定，价格为3 000万元（不含税），款项分5年于每年年末等额收取。假定有关增值税纳税义务在合同约定的收款日期发生。该商品房不采用分期收款方式时的销售价格为2 400万元。

该应收款项的收取时间较长，相当于向客户提供信贷，具有融资性质，应按2 400万元确认收入，合同价格3 000万元与2 400万元的差额应当作为未实现融资收益，在5年内采用实际利率法进行摊销，冲减财务费用。根据年金现值系数表，该公司计算得出年金600万元、期数5年、现值2 400万元的折现率为7.93%，这是该笔应收款项的实际利率。该笔应收款项账面余额减去未实现融资收益账面余额后的差额，就是应收款项的摊余成本；摊余成本和实际利率7.93%的乘积就是当期应冲减的财务费用。该公司的账务处理如下：

（1）20×5年3月1日采用分期收款方式销售时：

借：长期应收款　　30 000 000

　贷：主营业务收入——商品房销售收入　　24 000 000

　　　未实现融资收益　　6 000 000

借：主营业务成本——商品房销售成本　　20 000 000

　贷：开发产品——商品房　　20 000 000

（2）各年分期收款及摊销未实现融资收益计算见表7-1。

表7-1　**分期收款及摊销未实现融资收益计算表**　单位：元

日期	分期收款额	摊销未实现融资收益	摊余成本减少额	摊余成本
①	②	③=期初⑤×7.93%	④=②-③	⑤=期初⑤-④
20×5.3.1				24 000 000.00
20×5.12.31	6 000 000.00	1 903 200.00	4 096 800.00	19 903 200.00
20×6.12.31	6 000 000.00	1 578 323.76	4 421 676.24	15 481 523.76
20×7.12.31	6 000 000.00	1 227 684.83	4 772 315.17	10 709 208.59
20×8.12.31	6 000 000.00	849 240.24	5 150 759.76	5 558 448.83
20×9.12.31	6 000 000.00	441 551.17	5 558 448.83	0
合计	30 000 000.00	6 000 000.00	24 000 000.00	

根据表7-1的计算结果，做会计分录如下：

①20×5年12月31日，收到款项及摊销未实现融资收益时：

借：银行存款　　6 540 000

　贷：长期应收款　　6 000 000

　　　应交税费——应交增值税（销项税额）　　540 000

借：未实现融资收益　　1 903 200

　贷：财务费用　　1 903 200

②20×6年12月31日，收到款项及摊销未实现融资收益时：

借：银行存款　　6 540 000

　贷：长期应收款　　6 000 000

　　　应交税费——应交增值税（销项税额）　　540 000

借：未实现融资收益　　1 578 323.76

　贷：财务费用　　1 578 323.76

以后年度会计分录略。

（六）期房销售核算

房地产企业为筹集开发资金而预先向客户收取一定数额的订金，待开发完毕交付房屋时结清销售房屋的价款，这种销售方式称为预售。房地产企业在预收订金时，通过“合同负债”科目核算，签订正式合同后，在办理房屋产权移交时确认收入。从2016年5月1日起，房地产企业采取预收款方式销售所开发的房地产项目，在收到预收款时按照3%的预征率预交增值税，待产权发生转移时，再清算应纳税款，并扣除已预交的增值税税款。

【例7-7】锦绣房地产开发公司（一般纳税人）在开发建设某商品房时，为筹集建设资金，20×5年6月通过预售方式向客户收取售价的10%作为订金，7月向客户收取房价的20%作为订金，8月向客户收取房价的30%作为订金；余下的40%在10月房屋竣工决算、产权移交时向客户收取，并开具增值税专用发票。该商品房建筑面积4 000平方米，售价为2 500元/平方米（不含税）。10月房屋竣工决算的实际总成本为6 000 000元。账务处理如下：

（1）6月预售时，签订认购书收取订金10%，并按期预交增值税：

借：银行存款　　1 000 000

　贷：合同负债　　1 000 000

借：应交税费——预交增值税　　27 522.94

　贷：银行存款　　27 522.94

（2）7月收取20%订金：

借：银行存款　　2 000 000

　贷：合同负债　　2 000 000

借：应交税费——预交增值税　　55 045.87

　贷：银行存款　　55 045.87

（3）8月收取30%订金：

借：银行存款　　3 000 000

　贷：合同负债　　3 000 000

借：应交税费——预交增值税　　82 568.81

　贷：银行存款　　82 568.81

（4）签订正式销售合同、办理产权移交时确认收入：

借：合同负债　　10 900 000

　贷：主营业务收入——商品房销售收入　　10 000 000

　　　应交税费——应交增值税（销项税额）　　900 000

同时冲抵预收账款、结清价款：

借：银行存款　　4 900 000

　贷：合同负债　　4 900 000

结转成本：

借：主营业务成本——商品房销售成本　　6 000 000

　贷：开发产品　　6 000 000

第三节　房地产企业的其他业务与营业外收支

一、其他业务收支确认与核算

（一）其他业务收入确认与核算

房地产企业除了开发经营业务外，还有物业管理、材料销售、无形资产转让、固定资产出租等业务，其相关收入应在“其他业务收入”科目下，按业务种类设置“物业管理收入”“材料销售收入”“无形资产转让收入”“固定资产出租收入”等明细科目进行核算。

1.其他业务收入实现的确认

房地产企业取得的其他业务收入应于收入实现时及时入账。

（1）物业管理收入，应按与业主签订的合同规定的付款日期，在提供劳务同时收讫价款或者取得索取价款的凭证时，确认收入实现。

（2）材料销售收入，应在发出材料，同时收讫材料款或者取得索取材料款凭证时，确认收入实现。

（3）无形资产转让收入，应在签订转让合同或协议，同时收讫转让价款或取得索取转让价款凭证时，确认收入实现。

（4）固定资产出租收入，应按出租方与承租方签订的合同或协议规定的承租方付款日期和金额，确认租金收入实现。合同或协议规定的收款日期已到，承租方未付租金的，仍应视为租金收入实现。

2.其他业务收入的核算

房地产企业实现的其他业务收入，按实际收到的价款或取得的相关凭证，借记“银行存款”“应收账款”科目，贷记“其他业务收入”和“应交税费——应交增值税（销项税额）”科目。

对于实现的各种其他业务收入，借记“银行存款”“应收账款”科目，贷记“其他业务收入”的“物业管理收入”“材料销售收入”“无形资产转让收入”“固定资产出租收入”等明细科目。

（二）其他业务成本确认与核算

房地产企业其他业务成本是房地产企业除营业成本以外其他业务发生的成本费用，应在“其他业务成本”科目下设置“物业管理支出”“材料销售支出”“无形资产转让支出”“固定资产出租支出”等明细科目进行核算。除主营业务活动以外的其他经营活动发生的相关税费，在“税金及附加”科目核算。如果是取得增值税专用发票并符合进项税额抵扣的业务，还应将允许抵扣的增值税记入“应交税费——应交增值税（进项税额）”科目。

根据其他业务收入应与其相关的成本配比的原则，房地产企业在将各月份实现的其他业务收入入账时，应同时将与其相关的其他业务成本和税金及附加登记入账。

对于物业管理业务发生的支出（包括服务人员工资、福利费、耗用物料等），借记“其他业务成本——物业管理支出”科目，贷记“应付职工薪酬”“原材料”“银行存款”等科目。

对于销售的材料，将其成本借记“其他业务成本——材料销售支出”科目，贷记“原材料”“材料成本差异”等科目。

对于转让无形资产使用权而发生的费用（如派出技术服务人员的费用等），借记“其他业务成本——无形资产转让支出”科目，贷记“应付职工薪酬”“银行存款”等科目。

对于向其他单位出租固定资产（非房地产）而发生的成本（如折旧费等），借记“其他业务成本——固定资产出租支出”科目，贷记“累计折旧”等科目。

根据其他业务收入和其他业务成本科目的余额，可以计算其他业务利润。

【例7-8】锦绣房地产开发公司兼营材料销售，20×5年6月出售积压库存装饰材料一批，处理价为780 000元，成本为666 700万元，应交增值税为101 400元。根据应交增值税税额计算应交城建税和教育费附加分别为7 098元和3 042元。材料按实际价结算。

根据上述资料，做会计分录如下：

借：银行存款	881 400	
贷：其他业务收入		780 000
应交税费——应交增值税（销项税额）		101 400
借：其他业务成本——销售材料	666 700	
税金及附加	10 140	
贷：原材料		666 700
应交税费——应交城市维护建设税		7 098
——应交教育费附加		3 042

二、营业外收支确认与核算

房地产企业营业外收支是房地产企业在日常经营活动之外发生的除主营业务收支及其他业务收支之外的营业外收入和支出。

（一）营业外收入确认与核算

房地产企业的营业外收入是相对于房地产企业主营业务收入和其他业务收入而言的，虽与房地产企业经营活动没有直接因果关系，但与房地产企业又有一定联系。按照企业会计准则的规定，列入营业外收入的项目主要有处置固定资产净收益、非货币性资产交易收益、转让无形资产收益、罚款收入、因债权人原因确实无法支付的应付款项、教育费附加返还款等。

发生处置固定资产净收益、非货币性资产交易收益、转让无形资产收益、罚款收入，以及教育费附加返还的经济业务时，做会计分录如下：

借：待处理财产损溢——待处理固定资产损溢（或固定资产清理、应付账款、银行存款等）

　贷：营业外收入

（二）营业外支出确认与核算

房地产企业营业外支出是相对于房地产企业主营业务成本和其他业务成本而言的，虽与房地产企业经营活动没有直接因果关系，但与房地产企业又有一定联系。按照企业会计准则的规定，列入营业外支出的项目主要有固定资产盘亏、处理固定资产净损失、转让无形资产损失、债务重组损失、非常损失、罚款支出、捐赠支出等。

发生固定资产盘亏、处理固定资产净损失、转让无形资产损失、债务重组损失、非常损失、捐赠支出和罚款支出时，做会计分录如下：

借：营业外支出——固定资产盘亏
　　　　　　——处理固定资产净损失
　　　　　　——转让无形资产损失
　　　　　　——债务重组损失
　　　　　　——非常损失
　　　　　　——捐赠支出
　　　　　　——罚款支出

　贷：待处理财产损溢——待处理固定资产损溢（或待处理财产损溢——待处理流动资产损溢、固定资产清理、银行存款、应付职工薪酬等）

【例 7-9】20×5 年 3 月 1 日，锦绣房地产开发公司取得一项价值为 100 万元的非专利技术；20×5 年 6 月 1 日出售时，已累计摊销 8 万元，未计提减值准备，出售时不含税售价为 90 万元，增值税税率为 6%，已经开出增值税专用发票。不考虑其他因素，出售时应做如下账务处理：

借：银行存款	954 000	
累计摊销	80 000	
营业外支出	20 000	
贷：无形资产		1 000 000
应交税费——应交增值税（销项税额）		54 000

第四节　房地产企业的本年利润与所得税费用

一、本年利润的核算方法

房地产企业应设置“本年利润”科目，以核算实现的利润总额（或亏损）。进行本年利润核算时，有以下两种方法：

（一）账结法

账结法是在每月月末将所有损益类科目的余额转入“本年利润”科目，借记所有收入类科目，贷记“本年利润”科目；借记“本年利润”科目，贷记所有成本、费用类科目。结转后，损益类科目月末无余额。“本年利润”科目的贷方余额，表示年度内累计实现的净利润，借方余额则表示年度内累计发生的净亏损。

（二）表结法

表结法是各月月末不结转本年利润，只在年末时，才将各损益类科目余额转入“本年利润”科目。在表结法中，各损益类科目的月末余额表示自年初累计实现的收入或发生的费用，“本年利润”科目自1月至11月不做记录，12月末结转本年利润，借记所有收入类科目，贷记“本年利润”科目；借记“本年利润”科目，贷记所有成本、费用类科目。年末损益类科目没有余额。“本年利润”科目为贷方余额，表示全年累计实现的利润；若为借方余额，则表示全年累计发生的净亏损。

一般来说，房地产企业所得税费用若采用分月结转方式，本年利润的结转既可以采用账结法，也可以采用表结法；如果所得税费用采用年末一次结转方式，由于平时不结转所得税费用，费用构成不完整，只宜采用表结法。

二、本年利润核算示例

【例7-10】20×5年12月31日，锦绣房地产开发公司各损益类科目余额见表7-2。

表7-2 各损益类科目余额 单位：元

科目名称	科目余额	余额方向
主营业务收入	123 000	贷
其他业务收入	101 000	贷
投资收益	20 000	贷
营业外收入	120 000	贷
主营业务成本	85 180	借
税金及附加	1 000	借
销售费用	1 700	借
管理费用	7 700	借
财务费用	1 400	借
其他业务成本	85 750	借
营业外支出	10 000	借
所得税费用	43 000	借

会计分录如下：

借：主营业务收入	123 000	
其他业务收入	101 000	
投资收益	20 000	
营业外收入	120 000	
贷：本年利润		364 000
借：本年利润	235 730	
贷：主营业务成本		85 180
税金及附加		1 000
销售费用		1 700
管理费用		7 700
财务费用		1 400
其他业务成本		85 750
营业外支出		10 000
所得税费用		43 000

三、所得税费用核算内容

房地产企业的利润要根据《中华人民共和国企业所得税法》的规定，按照应税所得计算上缴房地产企业所得税。应税所得与会计利润不同。应税所得又称应税利润纳税所得，是根据税法的规定所确认的收入总额，减去准予扣除项目金额（即可扣除的费用）后的余额。会计利润又称税前利润，是依据企业会计准则所确认的收入，减去成本费用后的余额。税法与企业会计准则的规定由于各自目的不同，应税所得与会计利润也就不一致。税法是依据公平税负、促进竞争的原则来确定应税所得的，其目的在于保证国家机构正常运转所需的财政收入。会计利润是依据权责发生制、配比原则等来确定的，其目的在于公允、客观地反映房地产企业的财务状况和经营成果。因此，分清房地产企业应纳税所得额与房地产企业所得税前会计利润之间的关系，是房地产企业所得税费用会计核算的关键环节。这项工作主要针对税收调整项目，即确定税收调整项目的金额，再按以下公式进行计算：

应纳税所得额=收入总额-不征税收入-免税收入-各项扣除-允许弥补的以前年度亏损

通过调整，确定应纳税所得额后，就可以按规定的税率计算应纳所得税税额，计算公式如下：

应纳所得税税额=应纳税所得额×适用税率

基于税法与企业会计准则的目的不同，应税所得与会计利润两者之间产生了永久性差异和暂时性差异。

“递延所得税资产”科目核算房地产企业确认的可抵扣暂时性差异产生的递延所得税资产，应按可抵扣暂时性差异等项目进行明细核算。根据税法规定可用以后年度税前利润弥补的亏损及税款抵减产生的所得税资产，也在“递延所得税资产”科目核算。该科目期末为借方余额，反映房地产企业确认的递延所得税资产。“递延所得税负债”科目核算房地产企业确认的应纳税暂时性差异产生的所得税负债，可以按应纳税暂时性差异等项目进行明细核算。该科目期末为贷方余额，反映房地产企业已确认的递延所得税负债。

（一）递延所得税资产的主要账务处理

（1）资产负债表日，房地产企业确认递延所得税资产，借记“递延所得税资产”科目，贷记“所得税费用——递延所得税费用”科目。资产负债表日递延所得税资产的应有余额大于其账面余额的，应按其差额确认，借记“递延所得税资产”科目，贷记“所得税费用——递延所得税费用”等科目；资产负债表日递延所得税资产的应有余额小于其账面余额的，按其差额做相反的会计分录。

房地产企业合并中取得资产、负债的入账价值与其计税基础不同形成可抵扣暂时性差异的，应于购买日确认为递延所得税资产，借记“递延所得税资产”科目，贷记“商誉”科目。

与直接计入所有者权益的交易或事项相关的递延所得税资产，借记“递延所得税资产”科目，贷记“资本公积——其他资本公积”科目。

（2）资产负债表日，预计未来期间很可能无法获得足够的应纳税所得额用以抵扣可抵扣暂时性差异的，按原已确认的递延所得税资产中应减记的金额，借记“所得税费用——递延所得税费用”“资本公积——其他资本公积”等科目，贷记“递延所得税资产”科目。

（二）递延所得税负债的主要账务处理

（1）资产负债表日，房地产企业确认递延所得税负债，借记“所得税费用——递延所得税费用”科目，贷记“递延所得税负债”科目。资产负债表日递延所得税负债的应有余额大于其账面余额的，应按其差额确认，借记“所得税费用——递延所得税费用”科目，贷记“递延所得税负债”科目；资产负债表日递延所得税负债的应有余额小于其账面余额的，按其差额做相反的会计分录。

与直接计入所有者权益的交易或事项相关的递延所得税负债，借记“资本公积——其他资本公积”科目，贷记“递延所得税负债”科目。

（2）房地产企业合并中取得资产、负债的入账价值与其计税基础不同形成应纳税暂时性差异的，应于购买日确认为递延所得税负债，同时调整商誉，借记“商誉”等科目，贷记“递延所得税负债”科目。

四、所得税费用核算示例

根据企业会计准则的规定，所得税会计采用资产负债表债务法，房地产企业要从资产负债表出发，通过比较资产负债表上列示的资产、负债按照企业会计准则确定的账面价值与按照税法确定的计税基础，对于两者之间的差异，分别应纳税暂时性差异与可抵扣暂时性差异，确认相关的递延所得税负债与递延所得税资产，在综合考虑当期应交所得税的基础上，确定每一会计期间利润表中的所得税费用。

由于会计利润与应税所得存在暂时性差异，按会计利润计算的应交所得税可能小于或大于按应税所得计算的应交所得税，这样就产生了差额，并需要在以后各期转销。房地产企业采用资产负债表债务法核算所得税费用时，应设置“递延所得税资产”及“递延所得税负债”科目，用以核算由于暂时性差异造成的会计利润与应税所得之间的差异所产生的影响所得税费用的金额。

房地产企业按会计利润计算的所得税费用，借记“所得税费用”科目，按应税所得计算的应交所得税，贷记“应交税费——应交所得税”科目，借记或贷记“递延所得税资产”“递延所得税负债”科目。

【例7-11】锦绣房地产开发公司某年度按会计利润计算的所得税费用为709 236元，按应税所得计算的应交所得税为724 250元，差异15 014元为房地产企业固定资产折旧额与税法规定的折旧额之差，可在次年转回。会计分录如下：

借：所得税费用	709 236	
递延所得税资产	15 014	
贷：应交税费——应交所得税		724 250

本期发生的递延所得税资产到次年确认转销时，如为借方余额，记入“所得税费用”科目的借方和“递延所得税资产”科目的贷方。会计分录如下：

借：所得税费用	15 014	
贷：递延所得税资产		15 014

第五节 房地产企业的税后利润

一、税后利润确认

在分配房地产企业利润时，既要理顺产权关系，充分保障投资者的权益，又要便于加强宏观调控以及对财产进行监督和约束。

房地产企业实现的利润总额应先按国家规定作相应的调整，然后依法缴纳所得税。这里所说的“调整”主要是指所得税前弥补亏损、投资收益中已纳税的项目或按照规定只要补交所得税的项目。按照企业会计准则的规定，房地产企业发生的年度亏损，可以用下一年度的税前利润来弥补；下一年度利润不足弥补的，可以在5年内延续弥补；5年内不足弥补的，才用税后利润来弥补。房地产企业实现的年度利润要先弥补以前5年内发生的亏损，然后计算应纳税所得额。投资收益如为税后利润，应从房地产企业利润总额中扣除后再计算应纳税所得额；否则，纳税时不扣除，就会出现重复纳税的现象。

房地产企业缴纳所得税后的利润，一般按照下列顺序分配：

（1）弥补被没收的财物损失，支付各项税收的滞纳金和罚款。

（2）弥补以前年度亏损。

（3）提取法定盈余公积。法定盈余公积按照税后利润扣除前两项后的10%提取，法定盈余公积已达到注册资本50%时可不再提取。

（4）提取任意盈余公积。任意盈余公积的提取比例由房地产企业自行决定。

（5）向投资者分配利润。房地产企业以前年度未分配利润可以并入本年度向投资者分配。房地产企业当年无利润时，一般不得向投资者分配利润。

房地产企业盈余公积包括法定盈余公积和任意盈余公积，可用于弥补亏损或用于转增资本金，但转增资本金后，房地产企业的法定盈余公积一般不得低于注册资本的25%。

二、税后利润核算

为了反映房地产企业的利润分配，应设置“利润分配”账户，并分设如下明细项目进行明细核算：

（1）应付现金股利或利润，核算股份制房地产企业应分配给股东的现金股利或非股份制房地产企业应分配给投资者的利润。

（2）转作股本的股利，核算股份制房地产企业应分配给股东的股票股利等。

（3）提取法定盈余公积，核算房地产企业按照规定提取的法定盈余公积。

（4）盈余公积补亏，核算房地产企业用盈余公积弥补亏损的金额。

（5）提取任意盈余公积，核算房地产企业提取的任意盈余公积。

（6）未分配利润，核算房地产企业全年实现的净利润及历年积存的未分配利润或未弥补亏损。

年度终了，房地产企业应将“本年利润”账户结转至“利润分配”账户，借记“本年利润”科目，贷记“利润分配——未分配利润”科目。

【例7-12】锦绣房地产开发公司20×5年年终将“本年利润”科目中的310万元净利润转至“利润分配——未分配利润”科目。会计分录如下：

借：本年利润　　　　3 100 000

　贷：利润分配——未分配利润　　　　3 100 000

如果该公司20×5年亏损310万元，结转的亏损总额应记入“利润分配——未分配利润”科目的借方和“本年利润”科目的贷方，做相反的会计分录。

用盈余公积弥补亏损时，借记“盈余公积——法定盈余公积”“盈余公积——任意盈余公积”科目，贷记“利润分配——盈余公积补亏”科目。

按规定从净利润中提取法定盈余公积、任意盈余公积时，借记“利润分配——提取法定盈余公积”“利润分配——提取任意盈余公积”科目，贷记“盈余公积——法定盈余公积”“盈余公积——任意盈余公积”科目。

核算应分配给优先股和普通股股东的现金股利时，借记“利润分配——应付现金股利或利润”科目，贷记“应付股利”等科目。

核算分配给普通股股东的股票股利时，借记“利润分配——转作股本的股利”科目，贷记“股本”科目。

年度终了，应将“利润分配”科目所属“提取法定盈余公积”“提取任意盈余公积”“应付现金股利或利润”“转作股本的股利”等的余额转入“未分配利润”明细科目的借方；将“利润分配”科目所属“盈余公积补亏”明细科目的余额转入“未分配利润”科目的贷方。会计分录如下：

借：利润分配——未分配利润

贷：利润分配——提取法定盈余公积

——提取任意盈余公积

——应付现金股利或利润

——转作股本的股利

借：利润分配——盈余公积补亏

贷：利润分配——未分配利润

结转后，“利润分配——未分配利润”明细科目如有余额，贷方为历年积存的未分配利润，借方为历年积存的未弥补亏损。

股份制房地产企业股东大会批准的利润分配方案与已入账的向董事会提请批准的财务报告年度利润分配方案不一致时，其差额应当调整批准年度财务报表有关项目的年初数。调整增加的利润分配数，借记“利润分配——未分配利润”科目，贷记“盈余公积”等科目；调整减少的利润分配数，做相反的会计分录。

三、税后利润调整的核算

房地产企业税后利润调整是房地产企业本年度发生的调整以前年度损益的事项。引起以前年度损益调整的原因主要包括：

（1）以前年度发生的会计差错，如计算错误、选用会计科目不当、编制会计分录有误等。

（2）以前年度采用了不恰当的会计方法，如根据企业会计准则，房地产企业应当采用权责发生制，但房地产企业用收付实现制来处理收入或费用事项，于本年度被查出。

以前年度损益是与以前年度经营活动有关，而与本年度经营活动无关的事项。因会计估计所引起的误差，不属于以前年度损益调整事项。在会计实务中，有些数据需要估计，如未来可能发生的坏账损失、存货跌价损失、长期股权投资减值损失等。以前年度估计的坏账损失、存货跌价损失、长期股权投资减值损失与以后年度实际发生的损失可能不一致，但这种误差是不可避免的。

有两种情况不属于以前年度损益调整事项：一是在年度财务报告以前，有确凿证据证实某项资产已发生损失或永久性减值，并在年度财务报告中作了相应调整，该事项不属于以前年度损益调整事项。二是由内部审计或外部审计发现的本年度发生的各项会计差错以及采用企业会计准则不允许的会计方法，由于只涉及本年度损失，可在本年度账上进行更正或调整，也不属于以前年度损益调整事项。

房地产企业发生影响以前年度损益调整的事项时，可通过“利润分配——未分配利润”科目进行调整。为了反映以前年度损益调整的数额，也可另行设置“以前年度损益调整”科目进行调整。通过“以前年度损益调整”科目调整时，对房地产企业调整增加的以前年度利润或调整减少的以前年度亏损，应记入有关科目的借方和“以前年度损益调整”科目的贷方。对房地产企业调整减少的以前年度利润或调整增加的以前年度亏损，应记入“以前年度损益调整”科目的借方和有关科目的贷方。

房地产企业以前年度损益的调整可能涉及以前年度所得税的调整，所以在调整以前年度损益的同时，符合税法规定的，要相应调整应缴纳的房地产企业所得税。由于调整增加以前年度利润或调整减少以前年度亏损而相应增加的房地产企业所得税，应记入“以前年度损益调整”科目的借方和“应交税费——应交所得税”科目的贷方。由于调整减少以前年度利润或调整增加以前年度亏损而相应减少的房地产企业所得税，应记入“应交税费——应交所得税”科目的借方和“以前年度损益调整”科目的贷方。

经过上述调整后，应同时将“以前年度损益调整”科目的余额转入“利润分配——未分配利润”科目。

房地产企业本年度发生的调整以前年度损益的事项，应调整本年度财务报表相关项目的年初数或上年实际数。房地产企业在资产负债表日后、财务报表报出前发生的调整报告年度损益的事项，应调整报告年度财务报表相关项目的数据。

东盟财税专栏

2020年11月15日，《区域全面经济伙伴关系协定》(RCEP) 正式签署，我国与东盟国家之间的经贸往来和投资交流日渐频繁，不断深化、扩展的市场合作为构建国内国际双循环相互促进的新发展格局提供了重要支撑。这给企业带来了机遇，也使企业面临着较高的税务风险。因此，比较我国与东盟国家的企业所得税政策有助于帮助我国企业更好地“走出去”。东盟各国实行不同的企业所得税标准税率，并且在设置具体税率时考虑了不同的业务活动和应纳税所得[①]，具体见表7-3。

表7-3 东盟十国企业所得税税率比较

国家	标准税率	业务活动门槛	收入门槛
文莱	18.5%	石油及天然气业务公司须按55%的税率缴纳企业所得税	首个100 000文莱元应税所得的25%将按18.5%税率征税，下一个150 000文莱元应税所得的50%将按18.5%税率征税，剩余应课税收入将按18.5%税率征税
柬埔寨	20%	从事石油、天然气等生产、开采自然资源的企业，按30%税率征税；在免税期间，合格投资项目的税率为0；从一般保险和再保险业务中取得应税利润的保险公司，其税率为5%	无
印度尼西亚	25%	无	某些居民企业纳税人在一个财政年度的收入总额不超过48亿印尼盾的，应按收入总额的0.5%缴纳企业所得税；总收入在48亿印尼盾至500亿印尼盾之间的居民企业纳税人，可就总收入中48亿印尼盾的部分，按标准税率50%的优惠征收

① 张邓．我国与东盟国家企业所得税税制比较研究［J］．现代商业，2021（12）：168-170.

续表

国家	标准税率	业务活动门槛	收入门槛
老挝	24%	在股票市场上注册的上市公司，从注册之日起的前4年，暂时降低5%税率；26%的税率适用于生产、进口和销售烟草制品的实体	一次性税适用于未注册增值税的小型企业，税率为3%~7%。收入低于1 200万老挝基普的实体，可豁免一次性税
马来西亚	24%	无	中小型居民企业取得的第一个50万林吉特以内的所得适用税率为17%，超过部分的所得适用税率为24%
缅甸	25%	根据《缅甸公司法》注册成立的公司和获得特别许可从事国家资助项目、企业或事业的外国组织，税率为25%；外国公司的分支机构对来源于缅甸的收入适用的税率为25%；在仰光证券交易所上市的公司按净利润总额的20%征税；对进口货物征收2%的企业所得税	无
菲律宾	30%	区域运营总部（ROHQ）的税率为10%	无
新加坡	17%	无	应纳税所得额在10 000新加坡元以下的部分，75%可免于征税；10 000~290 000新加坡元的部分，50%可免于征税。符合特定条件的新设私营公司在第一个连续的3个纳税年度内，应纳税所得额在100 000新加坡元以下的部分，可免于征税；下一个200 000新加坡元的部分，50%可免于征税
泰国	20%	某些中小企业根据净利润可以享有较低的累进税率，通过国际银行设施获取利润的银行，其“境外至境外”存款利息收入须按10%征税；从事国际运输业务且在泰国设有办事处的外国公司，按总收益的3%税率征税，并对利润汇出免征	无
越南	20%	从事石油、天然气及自然资源等企业须按其项目类别缴纳32%~50%的企业所得税	无

即测即评

第七章单项选择题

第七章多项选择题

第七章判断题

案例分析题

1.锦绣房地产开发公司20×5年度发生有关经济业务如下：

（1）6月，销售某小区住宅共2 000平方米，每平方米售价2 500元、成本2 000元。按照合同的规定，已预收订金200万元，现房屋已竣工并办理了交接手续，余额已全部收讫并已开出增值税专用发票。

（2）1月1日，采用分期收款结算方式出售高级公寓一幢。合同规定总价款6 000万元，分三次收取价款：第一年年末收取总价款的50%，第二年年末收取总价款的30%，第三年年末收取总价款的20%。该高级公寓的实际开发成本为4 000万元。第一次价款已收到。假定该应收款项的实际利率为6%。

（3）开发的代建工程已竣工并办妥交接手续，合同造价40万元，实际开发成本28万元，已提交结算账单，委托方同意付款，但款项尚未收到。

要求：根据上述业务编制会计分录。

2.20×5年6月，锦绣房地产开发公司有如下业务：

（1）将多余材料一批对外出售，价款2 000元；该材料计划成本1 800元，应负担的材料成本差异为节约100元。

（2）出租一台设备，取得租金收入5 000元。该设备应计提折旧3 200元。

（3）转让一项专利使用权，取得使用费收入150 000元，已存入银行。

要求：根据上述业务编制会计分录。

3.锦绣房地产开发公司20×5年12月有关损益类账户的余额如下：主营业务收入100万元，主营业务成本50万元，税金及附加10万元，销售费用10万元，管理费用4万元，财务费用3万元，其他业务收入10万元，其他业务成本5万元，营业外收入8万元，营业外支出16万元。

要求：（1）计算本月营业利润、利润总额和净利润（企业所得税税率为25%），并结转损益类各账户。

（2）12月31日，一次结转全年实现的净利润（1—11月累计净利润为85万元）。

（3）12月31日，确定的全年净利润分配方案为：计提10%的法定盈余公积，按净利润的50%向股东发放现金股利。

（4）计算年末未分配利润额。

第七章案例分析题参考答案

第八章　房地产企业的财务报告

【教学目标】

1. 价值塑造

（1）深入理解房地产企业社会责任的内涵，清晰认知房地产企业在环境保护、社会公益、员工权益保障等方面的社会责任履行情况，树立正确的企业价值观和社会责任感。

（2）全面熟悉《企业会计准则第30号——财务报表列报》的各项规定，准确把握财务报表列报的原则、方法和披露要求，增强对企业会计准则的理解和应用能力，提升财务信息质量和透明度。

（3）强化信息披露意识，深刻认识财务信息披露的重要性。

2. 知识体系

（1）掌握房地产企业资产负债表、利润表、现金流量表的具体编制方法。

（2）熟悉房地产企业各种财务报表的内容及格式、结构。

（3）了解房地产企业财务报告的组成和列报的基本要求。

3. 能力培养

（1）培养对房地产企业财务报表编制的认知能力。

（2）培养对房地产企业财务报表项目的分析能力。

【思政专栏】

企业社会责任报告是企业将自身在经济、环境、社会等领域的履责行动与成果，向社会公众及利益相关方进行披露的重要文件。它彰显了企业的价值观与使命担当，也是社会衡量企业综合贡献的关键依据。党的二十大报告指出“健全共建共治共享的社会治理制度，提升社会治理效能”，为新时代社会治理锚定了清晰的方向。在这一时代语境下，企业社会责任被赋予了更为深刻的内涵与使命。房地产企业作为经济发展的中流砥柱，在社会治理进程中扮演着举足轻重的角色。其社会责任报告不仅映射出企业自身的可持续发展理念，更是对社会治理体系建设的积极呼应与深度融入。

2025年1月17日，我国深圳、上海、北京三大证券交易所发布《可持续发展报告编制指南》，这一举措意义非凡。对于房地产企业而言，严格遵循此类指南意义重大。准确规范地披露可持续发展信息，能够清晰地呈现企业在环境保护方面的努力，如节能减排、绿色建筑推广等举措；在社会层面，能展现企业对员工权益的保障、对社区建设的投入以及对消费者权益的维护；在治理维度，能体现企业完善的治理结构、有效的风险防控和良好的信息披露机制。这不仅有助于投资者、债权人等利益相关方精准洞察企业的真实状况，从而做出科学合理的投资、信贷决策，还能提高企业的美誉度，改善企业的市场形象，促进房地产行业健康、可持续发展，维护市场秩序与投资者信心。

【案例引入】

GX高新每年都会按照要求发布年度财务报告，2023年和2024年主要报表数据见表8-1。

表8-1 GX高新2023年和2024年主要报表数据 币种：人民币

项目	2023年	2024年	2024年比2023年增减
总资产（万元）	2 554 985.04	2 747 886.89	7.55%
营业收入（万元）	219 085.63	241 961.40	10.44%
归属于母公司所有者的净利润（万元）	13 759.78	11 612.17	-15.61%
归属于母公司所有者权益合计（万元）	843 523.96	925 048.89	9.66%
经营活动产生的现金流量净额（万元）	27 539.95	27 170.05	-1.34%
期末总股本（万元）	402 229.22	402 229.22	0

GX高新的财务人员必须了解、熟悉和掌握房地产企业财务报告的主要内容、编报要求、报表勾稽关系和附注披露内容等理论知识和实务操作技能。

第一节 房地产企业的财务报告概述

财务报告是企业对外提供的反映企业某一特定日期的财务状况和某一会计期间的经营成果、现金流量等会计信息的文件。财务报告包括财务报表及其他应当在财务报告中披露的相关信息和资料。

一、财务报表的定义和构成

财务报表是对企业财务状况、经营成果和现金流量的结构性表述，至少包含资产负债表、利润表、现金流量表、所有者权益（或股东权益，下同）变动表和附注五个组成部分，且各部分重要程度等同。其中，资产负债表展现企业在特定日期的资产、负债和所有者权益状况，利润表反映一定期间的经营收支与盈亏，现金流量表揭示现金的流入、流出情况，所有者权益变动表记录权益的增减变动，附注则对报表项目进行详细解释和补充说明。

财务报表可以按照不同的标准进行分类：

（1）按财务报表编报期间的不同，可以分为中期财务报表和年度财务报表。中期财务报表是以短于一个完整会计年度的报告期间为基础编制的财务报表，包括月报、季报和半年报等。

（2）按财务报表编报主体的不同，可以分为个别财务报表和合并财务报表。个别财务报表是企业在自身会计核算基础上，对账簿记录进行加工而编制的财务报表。它主要反映企业自身的财务状况、经营成果和现金流量情况。合并财务报表是以母公司和子公司组成的企业集团为会计主体，根据母公司和所属子公司的财务报表，由母公司编制的综合反映企业集团财务状况、经营成果及现金流量的财务报表。

二、财务报表列报的基本要求

（一）依据各项企业会计准则确认和计量的结果编制财务报表

企业应当根据实际发生的交易和事项，遵循《企业会计准则——基本准则》、各项具体会计准则的规定进行确认和计量，并在此基础上编制财务报表。企业应当在附注中对这一情况做出声明，只有遵循了企业会计准则的所有规定，财务报表才被称为“遵循了企业会计准则”。同时，企业不应以在附注中披露代替对交易和事项的确认和计量，不恰当的确认和计量也不能通过充分披露相关会计政策而纠正。

此外，如果按照各项企业会计准则的规定披露的信息不足以让报表使用者了解特定交易或事项对企业财务状况和经营成果的影响，企业还应当披露其他必要信息。

（二）列报基础

持续经营是会计的基本前提，也是会计确认、计量及编制财务报表的基础。在编制财务报表的过程中，企业管理层应当利用其所有可获得信息来评价企业自报告期末起至少12个月的持续经营能力。评价时，需要考虑的因素包括宏观政策风险、市场经营风险、企业目前或长期的盈利能力、偿债能力、财务弹性以及企业管理层改变经营政策的意向等。评价结果表明对持续经营能力产生重大怀疑的，企业应当在附注中披露导致对持续经营能力产生重大怀疑的因素以及企业拟采取的改善措施。

企业在评估持续经营能力时，应当综合考虑企业的具体情况。通常情况下，企业过去每年都有可观的净利润，并且易于获取所需的财务资源，就表明以持续经营为基础编制财务报表是合理的，无须进行详细的分析就可以得出企业持续经营的结论。反之，如果企业过去多年有亏损记录，则需要通过考虑更加广泛的相关因素来做出评价，比如目前和预期未来的获利能力、债务清偿计划、替代融资的潜在来源等。

非持续经营是企业在极端情况下呈现出的一种状态。企业存在以下情况之一的，通常表明企业处于非持续经营状态：

（1）企业已在当期进行清算或停止营业；

（2）企业已经正式决定在下一个会计期间进行清算或停止营业；

（3）企业已确定在当期或下一个会计期间没有其他可供选择的方案而将被迫进行清算或停止营业。

企业处于非持续经营状态时，应当采用其他基础编制财务报表。比如，企业处于破产状态时，其资产应当采用可变现净值计量，负债应当按照其预计的结算金额计量等。在非持续经营情况下，企业应当在附注中声明财务报表未以持续经营为基础列报，披露未以持续经营为基础的原因以及财务报表的编制基础。

（三）权责发生制

除现金流量表按照收付实现制编制外，企业应当按照权责发生制编制其他财务报表。

（四）列报的一致性

可比性是会计信息质量的一个重要要求，目的是使同一企业不同期间和同一期间不同企业的财务报表相互可比。为此，财务报表项目的列报应当在各个会计期间保持一致，不得随意变更。这一要求不仅针对财务报表中的项目名称，还包括财务报表项目的分类、排列顺序等。

在以下特殊情况下，财务报表项目的列报是可以改变的：第一，企业会计准则要求改变；第二，企业经营业务的性质发生重大变化或对企业经营影响较大的交易或事项发生后，变更财务报表项目的列报能够提供更可靠、更相关的会计信息。

（五）依据重要性原则单独或汇总列报项目

项目在财务报表中是单独列报还是汇总列报，应当依据重要性原则来判断。总的原则是：如果某项目单个看不具有重要性，可将其与其他项目汇总列报；如果某项目单个看具有重要性，则应当单独列报。企业在进行重要性判断时，应当根据企业所处的具体环境，从项目的性质和金额两方面进行。一方面，应当考虑项目的性质是否属于企业日常活动，是否显著影响企业的财务状况、经营成果和现金流量等；另一方面，判断项目金额大小的重要性，应当通过单项金额占资产总额、负债总额、所有者权益总额、营业收入总额、营业成本总额、净利润、综合收益总额等直接相关项目金额的比重或所属报表单列项目金额的比重来确定。企业对于各个项目重要性的判断标准一经确定，不得随意变更。

（1）性质或功能不同的项目，一般应当在财务报表中单独列报。比如，存货和固定资产在性质和功能上都有本质差别，应分别在资产负债表上单独列报。但是，不具有重要性的项目可以汇总列报。

（2）性质或功能类似的项目，一般可以汇总列报，但是，具有重要性的类别应该单独列报。比如，原材料、在产品等项目在性质上类似，均通过生产过程形成企业的产品存货，因此可以汇总列报，汇总之后的类别统称为“存货”，在资产负债表上列报。

（3）项目单独列报的原则不仅适用于财务报表，还适用于附注。某些项目的重要性程度不足以在资产负债表、利润表、现金流量表或所有者权益变动表中单独列报，但是，可能对附注而言具有重要性，在这种情况下，应当在附注中单独披露。

（4）无论是《企业会计准则第30号——财务报表列报》规定单独列报的项目，还是其他具体会计准则规定单独列报的项目，企业都应当单独列报。

（六）财务报表项目金额间的相互抵消

财务报表项目应当以总额列报，资产和负债、收入和费用、直接计入当期利润的利得和损失项目的金额不能相互抵消，即不得以净额列报，但是，企业会计准则另有规定的除外。比如，企业欠客户的应付款不得与其他客户欠企业的应收款相抵消，如果相互抵消就掩盖了交易的实质。

下列三种情况不属于抵消，可以用净额列示：

（1）一组类似交易形成的利得和损失以净额列示的，不属于抵消。比如，汇兑损益应当以净额列报，为交易目的而持有的金融工具形成的利得和损失应当以净额列报等。但是，如果相关利得和损失具有重要性，则应当单独列报。

（2）资产或负债项目按扣除备抵项目后的净额列示，不属于抵消。比如，对资产计提减值准备，表明资产的价值确实已经发生减损，按扣除减值准备后的净额列示，才反映了资产当时的真实价值。

（3）非日常活动产生的利得和损失，以同一交易形成的收益扣减相关费用后的净额列示更能反映交易实质的，不属于抵消。非日常活动并非企业的主要业务，非日常活动产生的损益以收入扣减费用后的净额列示，更有利于报表使用者理解这些活动。比如，非流动资产处置形成的利得或损失，应当按处置收入扣除该资产的账面金额和相关销售费用后的净额列报。

（七）比较信息的列报

企业在列报当期财务报表时，至少应当提供所有列报项目上一个可比会计期间的比较数据，以及与理解当期财务报表相关的说明。目的是向财务报表使用者提供对比数据，提高信息在会计期间的可比性，反映企业财务状况、经营成果和现金流量的发展趋势，提高财务报表使用者的判断与决策能力。这一要求适用于财务报表的所有组成部分，也就是说，既适用于四张报表，也适用于附注。

通常情况下，企业列报所有项目上一个可比会计期间的比较数据，至少包括两期各报表及相关附注。当企业追溯应用会计政策或追溯重述，或者重新分类财务报表项目时，按照《企业会计准则第28号——会计政策、会计估计变更和差错更正》等的规定，企业应当在一套完整的财务报表中列报最早可比期间期初的财务报表，即应当至少列报三期资产负债表、两期其他报表（利润表、现金流量表和所有者权益变动表）及相关附注。其中，列报的三期资产负债表分别指当期期末的资产负债表、上期期末（即当期期初）的资产负债表，以及上期期初的资产负债表。

在财务报表项目的列报确需发生变更的情况下，应当至少对可比期间的数据按照当期的列报要求进行调整，并在附注中披露调整的原因和性质以及调整的各项目金额。但是，在某些情况下，对可比期间比较数据进行调整不是切实可行的，那就应当在附注中披露不能调整的原因，以及假设金额重新分类可能进行的调整的性质。关于企业变更会计政策或更正差错时对比较信息的调整，还应遵循《企业会计准则第28号——会计政策、会计估计变更和差错更正》的规定。

（八）财务报表表首的列报要求

财务报表通常与其他信息（如企业年度报告等）一起公布，企业应当将按照企业会计准则编制的财务报告与一起公布的同一文件中的其他信息相区分。

财务报表一般分为表首、正表两部分。其中，企业应当在表首概括地说明下列基本信息：

（1）编报企业的名称，如企业名称在所属当期发生变更的，还应明确标明。

（2）对资产负债表而言，应当披露资产负债表日；对利润表、现金流量表、所有者权益变动表而言，应当披露报表涵盖的会计期间。

（3）货币名称和单位，按照企业会计准则的规定，企业应当以人民币作为记账本位币，并标明金额单位，如人民币元、人民币万元等。

（4）财务报表是合并财务报表的，应当标明。

（九）报告期间

企业至少应当按年编制财务报表。根据《会计法》的规定，会计年度自公历1月1日起至12月31日止。因此，在编制年度财务报表时，可能存在年度财务报表涵盖的期间短于一年的情况，比如企业在年度中间（如3月1日）开始设立等。在这种情况下，企业应当披露年度财务报表的实际涵盖期间及短于一年的原因，并说明由此引起财务报表项目与比较数据不具可比性这一事实。

第二节　房地产企业的资产负债表

一、内容及结构

（一）资产负债表的内容

房地产企业的资产负债表是反映企业在某一特定日期财务状况的报表。它反映企业在某一特定日期所拥有或控制的经济资源、所承担的现时义务和所有者对净资产的要求权。资产负债表可以提供某一日期资产的总额及结构，表明企业拥有或控制的资源及分布情况，报表使用者可以一目了然地从资产负债表中了解企业在某一特定日期所拥有的资产总量及结构；可以提供某一日期的负债总额及结构，表明企业未来需要用多少资产或劳务清偿债务以及清偿的时间；可以反映所有者所拥有的权益，据以判断资本保值增值的情况以及对负债的保障程度。此外，资产负债表还可以提供进行财务分析的基本资料，如将流动资产与流动负债进行比较，计算出流动比率；将速动资产与流动负债进行比较，计算出速动比率等。这些指标可以表明企业的变现能力、偿债能力和资金周转能力，从而有助于报表使用者做出经济决策。

（二）资产负债表的结构

在我国，资产负债表采用账户式结构，报表分为左右两方。左方列示资产各项目，反映全部资产的分布及存在形态；右方列示负债和所有者权益各项目，反映全部负债和所有者权益的内容及构成情况。资产负债表左右双方平衡，资产总计等于负债和所有者权益总计，即“资产=负债+所有者权益”。此外，为了使报表使用者通过比较不同时点资产负债表的数据，掌握企业财务状况的变动情况及发展趋势，企业需要提供比较资产负债表，将各项目再分为“年初余额”和“期末余额”两栏分别填列。资产负债表的格式见表8-2。

表8-2 资产负债表 会企01表

编制单位： 年 月 日 单位：元

资产	期末余额	年初余额	负债和所有者权益（或股东权益）	期末余额	年初余额
流动资产：			流动负债：		
货币资金			短期借款		
交易性金融资产			交易性金融负债		
衍生金融资产			衍生金融负债		
应收票据			应付票据		
应收账款			应付账款		
应收账款融资			预收款项		
预付款项			合同负债		
其他应收款			应付职工薪酬		
存货			应交税费		
合同资产			其他应付款		
持有待售资产			持有待售负债		
一年内到期的非流动资产			一年内到期的非流动负债		
其他流动资产			其他流动负债		
流动资产合计			流动负债合计		
非流动资产：			非流动负债：		
债权投资			长期借款		
其他债权投资			应付债券		
长期应收款			其中：优先股		
长期股权投资			永续债		
其他权益工具投资			租赁负债		
其他非流动金融资产			长期应付款		
投资性房地产			预计负债		
固定资产			递延收益		
在建工程			递延所得税负债		
生产性生物资产			其他非流动负债		

续表

资产	期末余额	年初余额	负债和所有者权益（或股东权益）	期末余额	年初余额
油气资产			非流动负债合计		
使用权资产			负债合计		
无形资产			所有者权益（或股东权益）：		
开发支出			实收资本（或股本）		
商誉			其他权益工具		
长期待摊费用			其中：优先股		
递延所得税资产			永续债		
其他非流动资产			资本公积		
非流动资产合计			减：库存股		
			其他综合收益		
			专项储备		
			盈余公积		
			未分配利润		
			所有者权益合计		
资产总计			负债和所有者权益（或股东权益）总计		

二、填列方法

资产负债表属于静态报表，反映的是房地产企业在某一特定时点（如月末、年末）的资产、负债、所有者权益状况，其数据主要根据同一时点有关账户的余额填列。一般来说，资产负债表的各项目均需填列“年初余额”和“期末余额”两栏。

（一）“年初余额”的填列

在资产负债表中，“年初余额”栏内各项数字应根据上年年末资产负债表“期末余额”栏内所列数字填列。上年决算报告经审查需要修改的，应填列经修改后的上年年末资产负债表所列的期末余额。如果本年度资产负债表规定的各个项目的名称和内容同上年度不相一致，应对上年年末资产负债表各项目有关数字，按照本年度的规定进行调整后，填入本年度资产负债表“年初余额”栏内，以便与“期末余额”栏内所列的数字相互比较，正确反映各项资产和负债及所有者权益（或股东权益）的增减情况。

（二）“期末余额”的填列

在资产负债表中，“期末余额”栏内各项数字应根据账簿记录中各科目的余额填列。由于资产负债表中的项目与会计科目并不完全一致，所以不能根据各会计科目的期末余额简单转录。对于有些项目的金额，必须根据会计科目的记录进行必要的分析计算和调整。我们将有关项目的内容和填列方法列示于表8-3。

表8-3　　资产负债表的内容和填列方法

项目	内容	填列方法
货币资金	反映房地产企业库存现金、银行存款、其他货币资金（如外埠存款、银行汇票存款等）的合计数	根据“库存现金”“银行存款”“其他货币资金”科目的期末余额合计填列
交易性金融资产	反映房地产企业资产负债表日分类为以公允价值计量且其变动计入当期损益的金融资产，以及持有的指定为以公允价值计量且其变动计入当期损益的金融资产的期末账面价值	根据“交易性金融资产”科目相关明细科目的期末余额分析填列。自资产负债表日起超过一年到期且预期持有超过一年的以公允价值计量且其变动计入当期损益的非流动金融资产的期末账面价值，在“其他非流动金融资产”项目反映
应收票据	反映房地产企业因销售商品、提供服务等收到的、以摊余成本计量的商业汇票，包括银行承兑汇票和商业承兑汇票	根据“应收票据”科目的期末余额减去“坏账准备”科目中相关坏账准备期末余额后的金额分析填列
应收账款	反映房地产企业资产负债表日以摊余成本计量的，企业因销售商品、提供服务等经营活动应收取的款项	根据“应收账款”科目的期末余额减去“坏账准备”科目中相关坏账准备期末余额后的金额分析填列
预付款项	反映房地产企业预付给承包单位和供应单位的款项	根据“预付账款”“应付账款”科目所属各明细科目的期末借方余额加总填列。如“预付账款”科目所属各明细科目期末有贷方余额，应在“应付账款”项目填列
其他应收款	反映房地产企业对其他单位或个人的应收和暂付款项的实际价值	根据“应收利息”“应收股利”和“其他应收款”科目的期末余额合计数，减去“坏账准备”科目中相关坏账准备期末余额后的金额填列。其中，“应收利息”科目仅反映相关金融工具已到期可收取但于资产负债表日尚未收到的利息。基于实际利率法计提的金融工具的利息应包含在相应金融工具的账面余额中
存货	反映房地产企业期末在库、在用、在途、在开发、在加工中的各项存货的实际成本或可变现净值，包括各种材料、开发产品用的设备、周转材料、低值易耗品、未完开发产品、完工开发产品等	根据“材料采购”“原材料”“库存设备”“周转材料”“委托加工物资”“开发成本”“生产成本”“开发产品”“库存商品”“分期收款开发产品”“出租开发产品”“周转房”“材料成本差异”等科目借方期末余额合计减“材料成本差异”科目贷方期末余额后的金额填列。如已计提跌价准备，应按存货成本减去“存货跌价准备”科目期末余额后的金额，即可变现净值填列

续表

项目	内容	填列方法
合同资产	企业应按照《企业会计准则第14号——收入》（财会〔2017〕22号）的相关规定，根据本企业履行履约义务与客户付款之间的关系在资产负债表中列示合同资产	根据“合同资产”科目相关明细科目的期末余额分析填列，同一合同下的合同资产和合同负债应当以净额列示。其中，净额为借方余额的，应当根据其流动性在“合同资产”或“其他非流动资产”项目中填列；已计提减值准备的，应按减去“合同资产减值准备”科目中相关的期末余额后的金额填列
持有待售资产	反映房地产企业资产负债表日划分为持有待售类别的非流动资产及划分为持有待售类别的处置组中的流动资产和非流动资产的期末账面价值	根据“持有待售资产”科目的期末余额减去“持有待售资产减值准备”科目的期末余额后的金额填列
一年内到期的非流动资产	反映房地产企业预计自资产负债表日起一年内变现的非流动资产	对于按照相关会计准则采用折旧（或摊销、折耗）方法进行后续计量的固定资产、使用权资产、无形资产和长期待摊费用等非流动资产，折旧（或摊销、折耗）年限（或期限）只剩一年或不足一年的，或预计在一年内（含一年）进行折旧（或摊销、折耗）的部分，不得归类为流动资产，仍在各非流动资产项目中填列，不转入“一年内到期的非流动资产”项目
其他流动资产	反映房地产企业除表中列示的各项流动资产以外的其他流动资产的期末价值	根据有关科目的期末余额填列
债权投资	反映房地产企业资产负债表日以摊余成本计量的长期债权投资的期末账面价值	根据“债权投资”科目相关明细科目期末余额减去“债权投资减值准备”科目中相关减值准备的期末余额后的金额分析填列。自资产负债表日起一年内到期的长期债权投资的期末账面价值，在“一年内到期的非流动资产”项目反映。企业购入的以摊余成本计量的一年内到期的债权投资的期末账面价值，在“其他流动资产”项目反映
其他债权投资	反映房地产企业资产负债表日分类为以公允价值计量且其变动计入其他综合收益的长期债权投资的期末账面价值	根据“其他债权投资”科目相关明细科目的期末余额分析填列。自资产负债表日起一年内到期的长期债权投资的期末账面价值，在“一年内到期的非流动资产”项目反映。企业购入的以公允价值计量且其变动计入其他综合收益的一年内到期的债权投资的期末账面价值，在“其他流动资产”项目反映

续表

项目	内容	填列方法
长期股权投资	反映房地产企业持有的对子公司、联营房地产企业和合营房地产企业的长期股权投资的实际价值	根据“长期股权投资”科目的期末余额减去“长期股权投资减值准备”科目的期末余额后的金额填列
其他权益工具投资	反映房地产企业资产负债表日指定为以公允价值计量且其变动计入其他综合收益的非交易性权益工具投资的期末账面价值	根据“其他权益工具投资”科目的期末余额填列
固定资产	反映房地产企业资产负债表日固定资产的期末账面价值和尚未清理完毕的固定资产清理净损益	根据“固定资产”科目的期末余额减去“累计折旧”和“固定资产减值准备”科目的期末余额后的金额，以及“固定资产清理”科目的期末余额填列
在建工程	反映房地产企业资产负债表日尚未达到预定可使用状态的在建工程的期末账面价值和为在建工程准备的各种物资的期末账面价值	根据“在建工程”科目的期末余额减去“在建工程减值准备”科目的期末余额后的金额，以及“工程物资”科目的期末余额减去“工程物资减值准备”科目的期末余额后的金额填列
使用权资产	反映资产负债表日承租房地产企业持有的使用权资产的期末账面价值	根据“使用权资产”科目的期末余额减去“使用权资产累计折旧”和“使用权资产减值准备”科目的期末余额后的金额填列
无形资产	反映房地产企业各项无形资产的摊销余值	根据“无形资产”科目的期末余额减去“累计摊销”“无形资产减值准备”科目期末余额后的金额填列
开发支出	反映房地产企业开发无形资产过程中能够资本化形成无形资产的成本	根据“研发支出”科目中所属的资本化支出明细科目的期末余额填列
长期待摊费用	反映房地产企业尚未摊销的摊销期限在一年以上的各项费用支出，包括固定资产改良工程支出、大修理工程支出以及摊销期限在一年以上的其他待摊费用支出	根据“长期待摊费用”科目的期末余额减去一年内（含一年）摊销的数额后的金额填列
其他非流动资产	反映除以上资产以外的其他非流动资产，如其他长期资产价值较大，应在财务报表附注中披露其内容和金额	根据有关科目的期末余额填列
短期借款	反映房地产企业向银行或其他金融机构借入的尚未归还的一年以内的借款	根据“短期借款”科目的期末余额填列

续表

项目	内容	填列方法
交易性金融负债	反映资产负债表日房地产企业承担的交易性金融负债，以及持有的指定为以公允价值计量且其变动计入当期损益的金融负债的期末账面价值	根据“交易性金融负债”科目相关明细科目的期末余额填列
应付票据	反映房地产企业为了抵付货款和工程款等而开出、承兑的尚未到期付款的银行承兑汇票和商业承兑汇票	根据“应付票据”科目的期末余额填列
应付账款	反映房地产企业购买材料物资或接受劳务供应而应付给供应单位的款项，以及因发包工程应付给承包单位的工程价款	根据“应付账款”“预付账款”科目所属各有关明细科目的期末贷方余额合计数填列。如“应付账款”科目所属各明细科目期末有借方余额，应在“预付款项”项目内反映
预收款项	反映房地产企业预收的购房订金和代建工程款	根据“预收账款”“应收账款”科目所属各明细科目的期末贷方余额合计数填列。如“预收账款”科目所属各明细科目有借方余额，应在“应收账款”项目内填列
合同负债	企业应按照《企业会计准则第14号——收入》（财会〔2017〕22号）的相关规定，根据本企业履行履约义务与客户付款之间的关系在资产负债表中列示合同负债	根据“合同负债”科目相关明细科目的期末余额分析填列，同一合同下的合同资产和合同负债应当以净额列示。其中，净额为贷方余额的，应当根据其流动性在“合同负债”或“其他非流动负债”项目中填列
应交税费	反映房地产企业根据税法的规定计算的应缴纳的各种税费	根据“应交税费”科目的期末贷方余额填列。如“应交税费”科目期末为借方余额，以“-”号填列
应付职工薪酬	反映房地产企业根据有关规定应付给职工的工资、福利费、社会保险金、住房公积金、辞退福利等薪酬	根据“应付职工薪酬”科目的期末贷方余额填列。如“应付职工薪酬”科目期末为借方余额，以“-”号填列
其他应付款	反映房地产企业所有应付或暂收其他单位和个人的款项	根据“应付利息”“应付股利”“其他应付款”科目的期末余额合计数填列。其中，“应付利息”仅反映相关金融工具已到期应支付但于资产负债表日尚未支付的利息。基于实际利率法计提的金融工具的利息应包含在相应金融工具的账面余额中
其他非流动负债	反映房地产企业除长期借款、应付债券等项目以外的其他非流动负债	根据有关科目的期末余额减去将于一年内（含一年）到期偿还数后的余额填列

续表

项目	内容	填列方法
一年内到期的非流动负债	反映房地产企业非流动负债中将于资产负债表日后一年内到期部分的金额	根据有关科目的期末余额填列
长期借款	反映房地产企业向银行或其他金融机构借入尚未归还的一年以上的各种借款	根据“长期借款”科目的期末余额减去将于一年内到期偿还的借款后的余额填列
持有待售负债	反映房地产企业资产负债表日处置组中与划分为持有待售类别的资产直接相关的负债的期末账面价值	根据“持有待售负债”科目的期末余额填列
租赁负债	反映资产负债表日承租房地产企业尚未支付的租赁付款额的期末账面价值	根据“租赁负债”科目的期末余额填列。自资产负债表日起一年内到期应予以清偿的租赁负债的期末账面价值，在“一年内到期的非流动负债”项目反映
长期应付款	反映房地产企业资产负债表日除长期借款和应付债券以外的其他各种长期应付款项的期末账面价值	根据“长期应付款”科目的期末余额减去相关的“未确认融资费用”科目的期末余额后的金额，以及“专项应付款”科目的期末余额填列
预计负债	反映房地产企业对外提供担保、商业承兑票据贴现、未决诉讼、产品质量保证等确认很可能产生的负债	根据“预计负债”科目的期末余额填列
递延收益	反映房地产企业的递延收益金额	递延收益摊销期限只剩一年或不足一年的，或预计在一年内（含一年）进行摊销的部分，不得归类为流动负债，仍在该项目中填列，不转入“一年内到期的非流动负债”项目
其他非流动负债	反映房地产企业除表中列示的非流动负债项目以外的其他非流动负债	根据有关科目的期末余额填列。如其他非流动负债价值较大，应在财务报表附注中披露其内容和金额
实收资本或股本	反映房地产企业实际收到的资本或股本总额	根据“实收资本”或“股本”科目的期末余额填列
其他权益工具	反映房地产企业资产负债表日发行在外的除普通股以外分类为权益工具的金融工具的期末账面价值	对于房地产企业资产负债表日发行的金融工具，分类为金融负债的，应在“应付债券”项目填列，对于优先股和永续债，还应在“应付债券”项目下的“优先股”项目和“永续债”项目分别填列；分类为权益工具的，应在“其他权益工具”项目填列，对于优先股和永续债，还应在“其他权益工具”项目下的“优先股”项目和“永续债”项目分别填列

续表

项目	内容	填列方法
资本公积	反映房地产企业资本公积的期末余额	根据“资本公积”科目的期末余额填列
盈余公积	反映房地产企业按规定从实现的税后利润中提取的盈余公积的期末余额	根据“盈余公积”科目的期末余额填列
未分配利润	反映房地产企业尚未分配的利润	根据“本年利润”科目和“利润分配”科目的余额计算填列。对未弥补亏损，应在本项目内用“-”号填列
专项储备	反映房地产企业按国家规定提取的安全生产费的期末账面价值	根据“专项储备”科目的期末余额填列

第三节　房地产企业的利润表

一、内涵及作用

（一）利润表的内涵

房地产企业利润表是反映房地产企业在一定会计期间的经营成果的报表。利润表的列报应当充分反映企业经营业绩的主要来源和构成，有助于报表使用者判断净利润的质量及风险，预测净利润的持续性，从而做出正确的决策。利润表可以反映企业一定会计期间的收入实现情况，如实现的营业收入、实现的投资收益、实现的营业外收入各有多少；可以反映一定会计期间的费用耗费情况，如耗费的营业成本、税金及附加、销售费用、管理费用、研发费用、财务费用、营业外支出各有多少；可以反映企业生产经营活动的成果，即净利润的实现，据以判断资本保值增值情况等。将利润表中的信息与资产负债表中的信息相结合，可以提供进行财务分析的基本资料，如将销货成本与存货平均余额进行比较，计算出存货周转率；将净利润与资产总额进行比较，计算出资产收益率等。这些指标可以体现企业资金周转情况以及企业的盈利能力和水平，便于报表使用者判断企业未来的发展趋势，做出经济决策。

（二）利润表的作用

房地产企业利润表可以从总体上了解房地产企业收入、成本和费用及净利润（或亏损）的实现及构成情况；同时，通过房地产企业利润表提供的不同时期的比较数字（本期金额、上期金额），可以分析房地产企业的获利能力及利润的未来发展趋势，了解投资者投入资本的保值增值情况。由于利润既是房地产企业经营业绩的综合体现，又是房地产企业进行利润分配的主要依据，因此，房地产企业的利润表是房地产企业财务报表中的一张重要报表。

（三）利润表的内容

利润表主要反映以下几方面的内容：

（1）营业收入，由主营业务收入和其他业务收入组成。

（2）营业利润，营业收入减去营业成本（主营业务成本、其他业务成本）、税金及附加、销售费用、管理费用、研发费用、财务费用、资产减值损失、信用减值损失，加上其他收益、投资收益、净敞口套期收益、公允价值变动收益、资产处置收益，就是营业利润。

（3）利润总额，营业利润加上营业外收入，减去营业外支出，就是利润总额。

（4）净利润，利润总额减去所得税费用，就是净利润，按照经营可持续性具体分为“持续经营净利润”和“终止经营净利润”两项。

（5）其他综合收益的税后净额，具体分为“不能重分类进损益的其他综合收益”和“将重分类进损益的其他综合收益”两类，并以扣除相关所得税影响后的净额列报。

（6）综合收益总额，净利润加上其他综合收益税后净额，就是综合收益总额。

（7）每股收益，包括“基本每股收益”和“稀释每股收益”两项指标。

二、结构与格式

房地产企业利润表由表头、表身和表尾等部分组成。表头应列明报表名称、编表单位名称、编制期间和金额计量单位，表身反映利润的构成内容，表尾为补充说明。其中，表身部分为利润表的主体和核心。

房地产企业利润表的格式采用多步式。多步式利润表是通过对当期收入、费用按性质加以归类，按利润形成的主要环节列示一些中间性利润指标，分步计算当期净损益。多步式利润表的好处是能直观地反映净收益的形成过程以及营业收益与非营业收益对利润总额的影响，从而可以发现房地产企业经营管理的薄弱环节。我国房地产企业的利润表格式见表8-4。

表8-4　　利润表　　会企02表

编制单位：　　年　月　　单位：元

项目	本期金额	上期金额
一、营业收入		
减：营业成本		
税金及附加		
销售费用		
管理费用		
研发费用		
财务费用		
其中：利息费用		

续表

项目	本期金额	上期金额
利息收入		
加：其他收益		
投资收益（损失以“-”号填列）		
其中：对联营企业和合营企业的投资收益		
净敞口套期收益（损失以“-”号填列）		
公允价值变动收益（损失以“-”号填列）		
信用减值损失（损失以“-”号填列）		
资产减值损失（损失以“-”号填列）		
资产处置收益（损失以“-”号填列）		
二、营业利润（亏损以“-”号填列）		
加：营业外收入		
减：营业外支出		
三、利润总额（亏损总额以“-”号填列）		
减：所得税费用		
四、净利润（净亏损以“-”号填列）		
（一）持续经营净利润（净亏损以“-”号填列）		
（二）终止经营净利润（净亏损以“-”号填列）		
五、其他综合收益的税后净额		
（一）不能重分类进损益的其他综合收益		
1.重新计量设定受益计划变动额		
2.权益法下不能重分类转损益的其他综合收益		
3.其他权益工具投资公允价值变动		
4.企业自身信用风险公允价值变动		
⋮		
（二）将重分类进损益的其他综合收益		
1.权益法下可转损益的其他综合收益		
2.其他债权投资公允价值变动		
3.金融资产重分类计入其他综合收益的金额		

续表

项目	本期金额	上期金额
4.其他债权投资信用减值准备		
5.现金流量套期储备		
6.外币财务报表折算差额		
⋮		
六、综合收益总额		
七、每股收益：		
（一）基本每股收益		
（二）稀释每股收益		

三、填列方法

房地产企业的利润表属于动态报表，提供的是时期数，分别设置“本期金额”和“上期金额”两栏。

（一）“上期金额”栏的填列方法

利润表中“上期金额”栏应根据上年该期利润表的“本期金额”栏所列数字填列。如果上年该期利润表规定的各个项目的名称和内容同本期不一致，应对上年该期利润表各个项目的名称和数字按本期的规定进行调整，填入利润表“上期金额”栏内。

（二）“本期金额”栏的填列方法

“本期金额”栏内各数字，除“基本每股收益”和“稀释每股收益”项目外，应当按照相关科目的发生额分析填列。“本期金额”栏常见项目的内容和填列方法见表8-5。

表8-5　**利润表常见项目的内容和填列方法**

项目	内容	填列方法
营业收入	反映房地产企业转让、销售、结算和出租开发产品等房地产经营业务取得的收入总额	根据“主营业务收入”“其他业务收入”科目的发生额分析填列
营业成本	反映房地产企业转让、销售、结算和出租开发产品等房地产经营业务的实际成本	根据“主营业务成本”“其他业务成本”科目的发生额分析填列
税金及附加	反映房地产企业转让、销售、结算和出租开发产品等房地产经营业务应负担上缴的土地增值税、城建税和教育费附加等	根据“税金及附加”科目的借方发生额分析填列
销售费用	反映房地产企业转让、销售、结算和出租开发产品等房地产经营业务过程中所发生的各项销售费用	根据“销售费用”科目借方发生额分析填列

续表

项目	内容	填列方法
管理费用	反映房地产企业发生的管理费用	根据“管理费用”科目的借方发生额分析填列
研发费用	反映房地产企业进行研究与开发过程中发生的费用化支出，以及计入管理费用的自行开发无形资产的摊销	根据“管理费用”科目下的“研发费用”明细科目的发生额，以及“管理费用”科目下的“无形资产摊销”明细科目的发生额分析填列
财务费用	反映房地产企业发生的财务费用	“财务费用”项目下的“利息费用”项目，反映企业为筹集生产经营所需资金等而发生的应予以费用化的利息支出。该项目应根据“财务费用”科目相关明细科目的发生额分析填列。该项目作为“财务费用”项目的其中项，以正数填列。 “财务费用”项目下的“利息收入”项目，反映企业按照相关会计准则确认的应冲减财务费用的利息收入。根据“财务费用”科目相关明细科目的发生额分析填列。该项目作为“财务费用”项目的其中项，以正数填列
其他收益	反映房地产企业计入其他收益的政府补助，以及其他与日常活动相关且计入其他收益的项目	根据“其他收益”科目的发生额分析填列。企业作为个人所得税的扣缴义务人，根据《中华人民共和国个人所得税法》收到的扣缴税款手续费，应作为其他与日常活动相关的收益在该项目中填列
信用减值损失	反映房地产企业按照《企业会计准则第22号——金融工具确认和计量》的要求计提的各项金融工具信用减值准备所确认的信用损失	根据“信用减值损失”科目的发生额分析填列
资产处置收益	反映房地产企业出售划分为持有待售的非流动资产（金融工具、长期股权投资和投资性房地产除外）或处置组（子公司和业务除外）时确认的处置利得或损失，以及处置未划分为持有待售的固定资产、在建工程、生产性生物资产及无形资产而产生的处置利得或损失。债务重组中因处置非流动资产（金融工具、长期股权投资和投资性房地产除外）产生的利得或损失及非货币性资产交换中换出非流动资产（金融工具、长期股权投资和投资性房地产除外）产生的利得或损失也包括在本项目内	根据“资产处置损益”科目的发生额分析填列；如为处置损失，以“-”号填列

续表

项目	内容	填列方法
营业外收入	反映房地产企业发生的除营业利润以外的收益，主要包括与企业日常活动无关的政府补助、盘盈利得、捐赠利得（企业接受股东或股东的子公司直接或间接的捐赠，经济实质属于股东对企业的资本性投入的除外）等	根据“营业外收入”科目发生额分析填列
营业外支出	反映房地产企业发生的除营业利润以外的支出，主要包括公益性捐赠支出、非常损失、盘亏损失、非流动资产毁损报废损失等	根据“营业外支出”科目发生额分析填列
利润总额	反映房地产企业实现的利润总额	如为亏损，应以“-”号填列
所得税费用	反映房地产企业年度内按照利润总额和《中华人民共和国企业所得税法》规定的企业所得税税率计算的应交企业所得税	根据“所得税费用”科目的发生额分析填列
净利润	反映房地产企业年度内缴纳所得税后的利润	根据“利润总额”项目数减“所得税费用”项目数后的余额填列；如为亏损，应以“-”号填列
（一）持续经营净利润 （二）终止经营净利润	分别反映净利润中与持续经营相关的净利润和与终止经营相关的净利润	按照《企业会计准则第42号——持有待售的非流动资产、处置组和终止经营》的相关规定分别列报；如为净亏损，以“-”号填列
其他权益工具投资公允价值变动	反映房地产企业指定为以公允价值计量且其变动计入其他综合收益的非交易性权益工具投资发生的公允价值变动	根据“其他综合收益”科目相关明细科目的发生额分析填列
企业自身信用风险公允价值变动	反映房地产企业指定为以公允价值计量且其变动计入当期损益的金融负债，由企业自身信用风险变动引起的公允价值变动而计入其他综合收益的金额	根据“其他综合收益”科目相关明细科目的发生额分析填列
其他债权投资公允价值变动	反映房地产企业分类为以公允价值计量且其变动计入其他综合收益的债权投资发生的公允价值变动。企业将一项以公允价值计量且其变动计入其他综合收益的金融资产重分类为以摊余成本计量的金融资产，或重分类为以公允价值计量且其变动计入当期损益的金融资产时，之前计入其他综合收益的累计利得或损失从其他综合收益中转出的金额作为该项目的减项	根据“其他综合收益”科目相关明细科目的发生额分析填列

续表

项目	内容	填列方法
金融资产重分类计入其他综合收益的金额	反映房地产企业将一项以摊余成本计量的金融资产重分类为以公允价值计量且其变动计入其他综合收益的金融资产时，计入其他综合收益的原账面价值与公允价值之间的差额	根据“其他综合收益”科目相关明细科目的发生额分析填列
其他债权投资信用减值准备	反映房地产企业按照《企业会计准则第22号——金融工具确认和计量》分类为以公允价值计量且其变动计入其他综合收益的金融资产的损失准备	根据“其他综合收益”科目的“信用减值准备”明细科目的发生额分析填列
现金流量套期储备	反映房地产企业套期工具产生的利得或损失中属于套期有效的部分	根据“其他综合收益”科目的“套期储备”明细科目的发生额分析填列

第四节　房地产企业的现金流量表

一、内涵及作用

房地产企业现金流量表是反映企业在一定会计期间内有关现金和现金等价物流入、流出信息的财务报表。

编制房地产企业现金流量表的主要目的是为财务报表使用者提供房地产企业一定会计期间内现金和现金等价物流入和流出的信息，以便财务报表使用者了解和评价房地产企业获取现金和现金等价物的能力，并据以预测房地产企业未来的现金流量。

现金流量表的作用主要体现在以下几个方面：一是有助于评价房地产企业的支付能力、偿债能力和周转能力；二是有助于预测房地产企业未来现金流量；三是有助于分析房地产企业收益质量及影响现金净流量的因素，掌握房地产企业经营活动、投资活动和筹资活动的现金流量，可以从现金流量的角度了解净利润的质量，为分析和判断房地产企业的财务前景提供信息。

二、编制基础

房地产企业现金流量表以现金及现金等价物为基础，划分为经营活动现金流量、投资活动现金流量和筹资活动现金流量，按照收付实现制原则，将权责发生制下的盈利信息调整为收付实现制下的现金流量信息。

（一）现金

房地产企业的现金是房地产企业库存现金以及可以随时用于支付的存款。不能随时用于支付的存款不属于现金。现金主要包括：

1.库存现金

库存现金是房地产企业持有的可随时用于支付的现金，与“库存现金”科目的核算内容一致。

2.银行存款

银行存款是房地产企业存入金融机构、可以随时支取的存款，与“银行存款”科目核算内容基本一致，但不包括不能随时用于支付的存款。例如，不能随时支取的定期存款等不应作为现金，提前通知金融机构便可支取的定期存款则应包括在现金范围内。

3.其他货币资金

其他货币资金是房地产企业存放在金融机构的外埠存款、银行汇票存款、银行本票存款、信用卡存款、信用证保证金存款和存出投资款等，与“其他货币资金”科目核算内容一致。

（二）现金等价物

房地产企业现金等价物是企业持有的期限短、流动性强、易于转换为已知金额现金、价值变动风险很小的投资。其中，期限短一般是指从购买日起3个月内到期，如可在证券市场上流通的3个月内到期的短期债券等。

现金等价物虽然不是现金，但其支付能力与现金的差别不大，可视为现金。例如，房地产企业为了保证支付能力，就要持有必要的现金；为了不使现金闲置，可以购买短期债券，在需要现金时，随时可以变现。

现金等价物的定义本身包含了判断一项投资是否属于现金等价物的四个条件：一是期限短；二是流动性强；三是易于转换为已知金额的现金；四是价值变动风险很小。其中，期限短、流动性强，强调了变现能力；易于转换为已知金额的现金、价值变动风险很小，则强调了支付能力。权益性投资变现的金额通常不确定，因而不属于现金等价物。

（三）现金及现金等价物范围的确定和变更

不同房地产企业现金及现金等价物的范围可能不同。房地产企业应当根据经营特点等具体情况，确定现金及现金等价物的范围。房地产企业与一般企业的现金及现金等价物的范围可能不同。根据《企业会计准则第31号——现金流量表》及其应用指南的规定，房地产企业应当根据具体情况，确定现金及现金等价物的范围。一经确定，不得随意变更。如果发生变更，应当按照会计政策变更处理。

三、内容与结构

（一）现金流量表的内容

房地产企业现金流量是某一时期内房地产企业现金（包括现金等价物，下同）流入和流出的数量。例如，房地产企业销售商品房屋、转让土地使用权、提供劳务、出租房屋、出售固定资产、向银行借款等取得现金，形成房地产企业的现金流入；发包工程、购买设备材料、接受劳务、购买固定资产、对外投资、偿还债务等支付现金，形成房地产企业的现金流出。现金流量信息能表明房地产企业经营状况是否良好、资金是否紧缺，房地产企业偿付能力大小，从而为房地产企业管理者、投资者、债权人等报表使用者提供非常有用的信息。需要指出的是，房地产企业现金形式的转换并不构成现金的流入和流出，如房地产企业从银行提取现金，房地产企业用现金购买将于3个月内到期的国库券等。

房地产企业的现金流量可分为经营活动产生的现金流量、投资活动产生的现金流量和筹资活动产生的现金流量三类。

1.经营活动产生的现金流量

经营活动，是房地产企业投资活动和筹资活动以外的所有交易和事项。就房地产企业来说，经营活动主要包括销售商品房屋、转让土地使用权、提供劳务、出租房屋、发包工程、征用和批租土地、购买设备材料、接受劳务、缴纳税款等。

经营活动产生的现金流入有：销售商品、转让土地使用权、提供劳务收到的现金，收到的税费返还，收到其他与经营活动有关的现金等。

经营活动产生的现金流出有：发包工程、征用和批租土地、购买商品、接受劳务支付的现金，支付给职工以及为职工支付的现金，支付的税金，支付其他与经营活动有关的现金等。

通过现金流量表反映的经营活动产生的现金流入和现金流出，可以说明房地产企业经营活动对现金流量净额的影响程度。

2.投资活动产生的现金流量

投资活动，是房地产企业非流动资产的开发和不包括在现金等价物范围内的投资及处置活动。这里所指的非流动资产是固定资产、无形资产、其他资产等持有期限在一年或一个营业周期以上的资产。这里所讲的投资活动，既包括实物资产投资，也包括非实物资产投资。这里之所以将"包括在现金等价物范围内的投资"排除在投资活动外，是因为已经将其视同现金。不同企业由于行业特点不同，对投资活动的认定也存在差异。

投资活动产生的现金流入有：收回投资收到的现金，取得投资收益收到的现金，处置固定资产、无形资产和其他长期资产收到的现金净额，收到其他与投资活动有关的现金等。

投资活动产生的现金流出有：开发固定资产、无形资产和其他长期资产支付的现金，投资支付的现金，支付其他与投资活动有关的现金。

通过现金流量表反映的投资活动产生的现金流入和现金流出，可以分析房地产企业通过投资活动获取现金流量的能力，以及投资活动产生的现金流量对房地产企业现金流量净额的影响程度。

3.筹资活动产生的现金流量

筹资活动，是导致房地产企业资本及债务规模和构成发生变化的活动。这里所说的资本，是实收资本（或股本）、资本溢价（或股本溢价）及与资本有关的现金流入和流出项目，包括吸收投资、发行股票、分配利润等；这里所说的债务，是房地产企业对外举债所借入的款项，包括向银行借款、发行债券以及偿还债务等。通常情况下，应付账款、应付票据等属于经营活动，不属于筹资活动。

对于房地产企业日常活动之外特殊的、不经常发生的特殊项目，如自然灾害损失、保险赔款、捐赠等，应当归并到相关类别中，并单独反映。比如，对于自然灾害损失和保险赔款，如果能够确指属于流动资产损失，应当列入经营活动产生的现金流量；如果属于固定资产损失，应当列入投资活动产生的现金流量。如果不能确指，则可以列入经营活动产生的现金流量。捐赠收入和支出可以列入经营活动。如果特殊项目的现金流量金额不大，可以列入现金流量类别下的“其他”项目，不单列项目。

筹资活动产生的现金流入有：吸收投资收到的现金、借款收到的现金、收到其他与筹资活动有关的现金等。

筹资活动产生的现金流出有：偿还债务支付的现金，发生筹资费用支付的现金，分配股利、利润或偿付利息支付的现金，融资租赁支付的现金，减少注册资本支付的现金，支付其他与筹资活动有关的现金。

通过现金流量表反映的筹资活动产生的现金流入和现金流出，可以分析房地产企业的筹资能力，以及筹资活动产生的现金流量对房地产企业现金流量净额的影响程度。

4.汇率变动对现金及现金等价物的影响

编制现金流量表时，应当将企业外币现金流量以及境外子公司的现金流量折算成记账本位币。外币现金流量以及境外子公司的现金流量，应当采用现金流量发生日的即期汇率或按照系统合理的方法确定的、与现金流量发生日即期汇率近似的汇率折算。

（二）现金流量表的结构

房地产企业现金流量表包括正表和补充资料两大部分。正表反映房地产企业经营活动、投资活动以及筹资活动产生的现金流入和流出情况；补充资料反映将净利润调节为经营活动的现金流量，不涉及现金收支的投资和筹资活动以及现金及现金等价物净变动情况。现金流量表的格式见表8-6。

表8-6　　**现金流量表**　　会企03表

编制单位：　　年　月　　单位：元

项目	本期金额	上期金额
一、经营活动产生的现金流量：		
销售商品、提供劳务收到的现金		
收到的税费返还		
收到其他与经营活动有关的现金		
经营活动现金流入小计		
购买商品、接受劳务支付的现金		
支付给职工以及为职工支付的现金		
支付的各项税费		
支付其他与经营活动有关的现金		
经营活动现金流出小计		
经营活动产生的现金流量净额		

续表

项目	本期金额	上期金额
二、投资活动产生的现金流量：		
收回投资收到的现金		
取得投资收益收到的现金		
处置固定资产、无形资产和其他长期资产收回的现金净额		
处置子公司及其他营业单位收到的现金净额		
收到其他与投资活动有关的现金		
投资活动现金流入小计		
购建固定资产、无形资产和其他长期资产支付的现金		
投资支付的现金		
取得子公司及其他营业单位支付的现金净额		
支付其他与投资活动有关的现金		
投资活动现金流出小计		
投资活动产生的现金流量净额		
三、筹资活动产生的现金流量：		
吸收投资收到的现金		
取得借款收到的现金		
收到其他与筹资活动有关的现金		
筹资活动现金流入小计		
偿还债务支付的现金		
分配股利、利润或偿付利息支付的现金		
支付其他与筹资活动有关的现金		
筹资活动现金流出小计		
筹资活动产生的现金流量净额		
四、汇率变动对现金及现金等价物的影响		
五、现金及现金等价物净增加额		
加：期初现金及现金等价物余额		
六、期末现金及现金等价物余额		

（三）现金流量表的补充资料

除现金流量表反映的信息外，企业还应在附注中披露将净利润调节为经营活动现金流量、不涉及现金收支的重大投资和筹资活动、现金及现金等价物净变动情况等信息，即现金流量表补充资料。其格式见表8-7。

表8-7　　现金流量表补充资料　　单位：元

项目	本期金额	上期金额
1.将净利润调节为经营活动现金流量：		
净利润		
加：资产减值准备		
信用损失准备		
固定资产折旧、油气资产折耗、生产性生物资产折旧		
无形资产摊销		
长期待摊费用摊销		
处置固定资产、无形资产和其他长期资产的损失（收益以“-”号填列）		
固定资产报废损失（收益以“-”号填列）		
净敞口套期损失（收益以“-”号填列）		
公允价值变动损失（收益以“-”号填列）		
财务费用（收益以“-”号填列）		
投资损失（收益以“-”号填列）		
递延所得税资产减少（增加以“-”号填列）		
递延所得税负债增加（减少以“-”号填列）		
存货的减少（增加以“-”号填列）		
经营性应收项目的减少（增加以“-”号填列）		
经营性应付项目的增加（减少以“-”号填列）		
其他		
经营活动产生的现金流量净额		
2.不涉及现金收支的重大投资和筹资活动：		
债务转为资本		
一年内到期的可转换公司债券		
融资租入固定资产		
3.现金及现金等价物净变动情况：		
现金的期末余额		
减：现金的期初余额		
加：现金等价物的期末余额		
减：现金等价物的期初余额		
现金及现金等价物净增加额		

（1）将净利润调节为经营活动现金流量。现金流量表采用直接法反映经营活动产生的现金流量，同时，企业还应采用间接法反映经营活动产生的现金流量。间接法，是指以本期净利润为起点，通过调整不涉及现金的收入、费用、营业外收支以及经营性应收应付等项目的增减变动，调整不属于经营活动的现金收支项目，据此计算并列报经营活动产生的现金流量的方法。在我国，现金流量表补充资料应采用间接法反映经营活动产生的现金流量情况，以对现金流量表中采用直接法反映的经营活动现金流量进行核对和补充说明。

采用间接法列报经营活动产生的现金流量时，需要对四大类项目进行调整：①实际没有支付现金的费用；②实际没有收到现金的收益；③不属于经营活动的损益；④经营性应收应付项目的增减变动。

（2）不涉及现金收支的重大投资和筹资活动。不涉及现金收支的重大投资和筹资活动反映企业一定期间内影响资产或负债但不形成该期现金收支的所有投资和筹资活动的信息。这些投资和筹资活动虽然不涉及现金收支，但对以后各期的现金流量有重大影响。例如，房地产企业融资租入设备，将形成的负债记入“长期应付款”科目，当期并不支付设备款及租金，但以后各期必须为此支付现金，从而在一定期间内形成了一项固定的现金支出。

企业应当在附注中披露不涉及当期现金收支但影响企业财务状况或在未来可能影响企业现金流量的重大投资和筹资活动，主要包括：①债务转为资本，反映企业本期转为资本的债务金额；②一年内到期的可转换公司债券，反映企业一年内到期的可转换公司债券的本息；③融资租入固定资产，反映企业本期融资租入的固定资产。

（3）现金及现金等价物的构成。企业应当在附注中披露与现金及现金等价物有关的下列信息：①现金及现金等价物的构成及在资产负债表中的相应金额；②企业持有但不能由母公司或集团内其他子公司使用的大额现金及现金等价物金额。企业持有现金及现金等价物余额但不能被集团使用的情形多种多样，如国外子公司由于受当地外汇管制或其他立法的限制，其持有的现金及现金等价物不能由母公司或其他子公司正常使用。

第五节 房地产企业的所有者权益变动表

一、内涵及作用

房地产企业所有者权益变动表是反映构成企业所有者权益的各组成部分在当期增减变动情况的报表。所有者权益变动表应当全面反映一定时期所有者权益变动的情况，不仅包括所有者权益总量的增减变动，还包括所有者权益增减变动的重要结构性信息，特别是要反映直接计入所有者权益的利得和损失，让报表使用者准确理解所有者权益增减变动的根源。

编制房地产企业所有者权益变动表的主要目的表现在以下两方面：第一，可以详细提供房地产企业所有者权益的各组成部分及其增减变动情况，以便了解房地产企业所有者权益的构成及合理性；第二，可以用来分析房地产企业所有者权益增减变动的原因，以此作为报表使用者进行经济决策的依据。

二、内容和格式

（一）所有者权益变动表的内容

在所有者权益变动表中，综合收益和与所有者（或股东）的资本交易导致的所有者权益的变动，应当分别列示。企业至少应当单独列示反映下列信息的项目：①综合收益总额；②会计政策变更和前期差错更正的累积影响金额；③所有者投入资本和向所有者分配利润等；④提取的盈余公积；⑤所有者权益各组成部分的期初和期末余额及调节情况。

（二）所有者权益变动表的格式

1.以矩阵的形式列报

为了清楚地表明构成所有者权益的各组成部分当期的增减变动情况，所有者权益变动表应以矩阵的形式列示。一方面，列示导致所有者权益变动的交易或事项改变了以往仅仅按照所有者权益的各组成部分反映所有者权益变动情况，代之以按所有者权益变动的来源对一定时期所有者权益变动情况进行全面反映；另一方面，按照所有者权益各组成部分（包括实收资本、其他权益工具、资本公积、盈余公积、其他综合收益、未分配利润和库存股）及总额列示交易或事项对所有者权益的影响。

2.列示所有者权益变动的比较信息

根据《企业会计准则第30号——财务报表列报》的规定，房地产企业需要提供比较所有者权益变动表，因此，所有者权益变动表还就各项目再分为“本年金额”和“上年金额”两栏分别填列。所有者权益变动表的具体格式参见表8-8。

三、填列方法

（一）“上年金额”栏的填列方法

所有者权益变动表“上年金额”栏内各项数字，应根据上年度所有者权益变动表“本年金额”栏内所列数字填列。如果上年度所有者权益变动表规定的项目的名称和内容同本年度不一致，应对上年度所有者权益变动表各项目的名称和金额按本年度的规定进行调整，填入所有者权益变动表“上年金额”栏内。

（二）“本年金额”栏的填列方法

所有者权益变动表“本年金额”栏内各项数字一般应根据“实收资本（或股本）”“其他权益工具”“资本公积”“盈余公积”“专项储备”“其他综合收益”“利润分配”“库存股”“以前年度损益调整”等科目及其明细科目的发生额分析填列。

（三）有关项目说明

（1）“其他权益工具持有者投入资本”项目，反映企业发行的除普通股以外分类为权益工具的金融工具的持有者投入资本的金额，该项目应根据金融工具类科目相关明细科目的发生额分析填列。

表 8-8　　所有者权益变动表　　会企 04 表

编制单位：　　年度　　单位：元

项　目	本年金额										上年金额									
	实收资本（或股本）	其他权益工具			资本公积	减：库存股	其他综合收益	盈余公积	未分配利润	所有者权益合计	实收资本（或股本）	其他权益工具			资本公积	减：库存股	其他综合收益	盈余公积	未分配利润	所有者权益合计
		优先股	永续债	其他								优先股	永续债	其他						
一、上年年末余额																				
加：会计政策变更																				
前期差错更正																				
其他																				
二、本年年初余额																				
三、本年增减变动金额（减少以“-”号填列）																				
（一）综合收益总额																				
（二）所有者投入和减少资本																				
1.所有者投入的普通股																				
2.其他权益工具持有者投入资本																				
3.股份支付计入所有者权益的金额																				
4.其他																				
（三）利润分配																				
1.提取盈余公积																				
2.对所有者（或股东）的分配																				
3.其他																				
（四）所有者权益内部结转																				
1.资本公积转增资本（或股术）																				
2.盈余公积转增资本（或股本）																				
3.盈余公积弥补亏损																				
4.设定受益计划变动额结转留存收益																				
5.其他综合收益结转留存收益																				
6.其他																				
四、本年年末余额																				

（2）“其他综合收益结转留存收益”项目，主要反映：①企业指定为以公允价值计量且其变动计入其他综合收益的非交易性权益工具投资终止确认时，之前计入其他综合收益的累计利得或损失从其他综合收益中转入留存收益的金额；②企业指定为以公允价值计量且其变动计入当期损益的金融负债终止确认时，之前由企业自身信用风险变动引起而计入其他综合收益的累计利得或损失从其他综合收益中转入留存收益的金额等。该项目应根据“其他综合收益”科目相关明细科目的发生额分析填列。

第六节　房地产企业的报表附注

一、内涵及要求

（一）财务报表附注的内涵

房地产企业财务报表附注是财务报告不可或缺的组成部分，是对在资产负债表、利润表、现金流量表和所有者权益变动表等财务报表中列示项目的文字描述或明细资料，以及对未能在这些财务报表中列示项目的说明等。

房地产企业财务报表中的数字是经过分类与汇总后的结果，是对房地产企业发生的经济业务的高度简化和浓缩，如果没有形成这些数字所使用的会计政策、理解这些数字所必需的披露，财务报表就不可能充分发挥其效用。因此，附注与资产负债表、利润表、现金流量表、所有者权益变动表等具有同等的重要性，是房地产企业财务报告的重要组成部分。报表使用者要了解房地产企业的财务状况、经营成果和现金流量，应当全面阅读财务报表附注。

（二）附注的披露要求

（1）房地产企业财务报表附注披露的信息应是定量、定性信息的结合，能从量和质两个角度对房地产企业经济事项进行完整的反映，也能满足信息使用者的决策需求。

（2）房地产企业财务报表附注应当按照一定的结构进行系统合理的排列和分类，有顺序地披露信息。附注的内容繁多，应按逻辑顺序排列、分类披露、条理清晰、具有一定的组织结构，方便使用者理解和掌握，也能更好地实现财务报表的可比性。

（3）房地产企业财务报表附注的相关信息应当与资产负债表、利润表、现金流量表和所有者权益变动表等报表中列示的项目相互参照，以便使用者综合考虑相关信息，并由此从整体上更好地理解财务报表。

二、附注披露

房地产企业财务报表附注应当按照如下顺序披露有关内容：

（一）房地产企业的基本情况

（1）房地产企业注册地、组织形式和总部地址。

（2）房地产企业的业务性质和主要经营活动，如房地产企业所处的行业、所提供的主要产品或服务、客户的性质、销售策略、监管环境的性质等。

（3）母公司以及集团最终母公司的名称。

（4）财务报告的批准报出者和财务报告批准报出日。

（二）财务报表的编制基础

财务报表的编制基础包括会计年度、记账本位币、会计计量所运用的计量基础、现金和现金等价物的构成。

（三）遵循企业会计准则的声明

房地产企业应当声明其编制的财务报表符合企业会计准则的要求，真实、完整地反映了房地产企业的财务状况、经营成果和现金流量等有关信息，以此明确房地产企业编制财务报表所依据的制度基础。

如果房地产企业编制的财务报表只是部分地遵循了企业会计准则，附注中不得做出这种表述。

（四）重要会计政策和会计估计

根据《企业会计准则第30号——财务报表列报》的规定，房地产企业应当披露采用的重要会计政策和会计估计，不重要的会计政策和会计估计可以不披露。

1.重要会计政策的说明

房地产企业在发生某项交易或事项允许选用不同的账务处理方法时，应当根据企业会计准则的规定，从允许的账务处理方法中选择适合本房地产企业特点的会计政策。比如，存货的计价可以选择先进先出法、加权平均法、个别计价法等。为了有助于报表使用者理解，有必要对这些会计政策加以披露，主要包括：

（1）财务报表项目的计量基础。会计计量属性包括历史成本、重置成本、可变现净值、现值和公允价值，它们直接影响报表使用者的分析。这项披露要求便于使用者了解房地产企业财务报表中的项目是按何种计量基础进行计量的，如存货是按成本还是可变现净值计量等。

（2）会计政策的确定依据，主要是房地产企业在运用会计政策过程中所进行的对报表中确认的项目金额最具影响的判断。例如，房地产企业应当根据本房地产企业的实际情况说明确定金融资产分类的判断标准等，这些判断对在报表中确认的项目金额具有重要影响。这项披露要求有助于使用者理解房地产企业选择和运用会计政策的背景，增强财务报表的可理解性。

2.重要会计估计的说明

《企业会计准则第30号——财务报表列报》强调对会计估计不确定因素的披露要求，房地产企业应当披露会计估计中所采用的关键假设和不确定因素的确定依据，这些关键假设和不确定因素在下一会计期间内很可能导致企业对资产、负债账面价值进行重大调整。

在确定报表中确认的资产和负债的账面金额过程中，房地产企业有时需要对不确定的未来事项在资产负债表日对这些资产和负债的影响加以估计。例如，固定资产可收回金额的计算需要根据其公允价值减去处置费用后的净额与预计未来现金流量的现值两者的较高者确定，在计算资产预计未来现金流量的现值时，需要对未来现金流量进行预测，并选择适当的折现率，应当在附注中披露未来现金流量预测所采用的假设及依据、所选择的折现率为什么是合理的等。又如，为正在进行中的诉讼确认预计负债时，最佳估计数的确定依据是什么。这些假设的变动对这些资产和负债项目金额的确定影响很大，有可能会在下一个会计年度内做出重大调整。强调这一披露要求，有助于提高财务报表的可理解性。

（五）会计政策和会计估计变更以及差错更正的说明

房地产企业应当按照《企业会计准则第28号——会计政策、会计估计变更和差错更正》及其应用指南的规定，披露会计政策和会计估计变更以及差错更正的有关情况。

（六）报表重要项目的说明

房地产企业应当以文字和数字描述相结合、尽可能以列表形式披露报表重要项目的构成或当期增减变动情况，报表重要项目的明细金额合计应当与报表项目金额相衔接。在披露时，一般应当按照资产负债表、利润表、现金流量表、所有者权益变动表的顺序及项目列示的顺序。

（七）其他需要说明的重要事项

其他需要说明的重要事项主要包括或有和承诺事项、资产负债表日后非调整事项、关联方关系及交易等，具体的披露要求须遵循相关会计准则的规定。

东盟财税专栏

财务报告是企业对外提供财务信息的重要手段，也是企业与外界进行信息交流的重要途径，这种交流对财务信息提供者、财务信息使用者及其他利益相关者都十分重要。表8-9对中国和泰国的财务报告进行了比较。

表8-9　　**中国和泰国财务报告比较**[①]

财务报告	中国	泰国
目标	向财务报告使用者提供与企业财务状况、经营成果和现金流量等有关的会计信息，反映企业管理层受托责任履行情况，有助于财务报告使用者做出经济决策	为现有和潜在的投资者、债权人以及其他信贷者提供资源决策有用的财务信息
资产负债表	采用“账户式”结构，列报分为左右两部分，左侧反映企业所拥有资产的去向，右侧反映资产的来源	采用“报告式”结构，分为上下两部分列报，上半部分为资产，下半部分 为负债和所有者权益
利润表	采用“多步式”结构，具体内容包含营业利润、利润总额、净利润和每股收益等内容	采用“多步式”结构，具体内容包含营业利润、利润总额、净利润和每股收益等内容
现金流量表	采用以现金流入减去现金流出为依据的直接法编制；“现金流量表补充资料”采用间接法编制，以本期净利润为起点，调整不涉及经营活动的现金收支项目来列报经营活动产生的现金流量，再调整不涉及现金收支的重大投资和筹资活动项目，以此来检验现金 流量表正表编制的正确性	同时采用直接法与间接法编制现金流量表，大大降低了会计信息的理解成本，提高了经济效率

① 刘卫，杨寰，甘翔翀．经济环境视阈下中国与泰国财务报告比较研究［J］．商业会计，2023，（9）：17-22.

续表

财务报告	中国	泰国
所有者权益变动表	分别列示“盈余公积”和“未分配利润”。其中，“盈余公积”由“法定盈余公积”和“任意盈余公积”合计而得，“留存收益”项目未在表中列示	在“Retained earnings”中体现“Appropriated-legal reserve”和“Unappropriated”，即“留存收益”细分为“法定准备金”和“未占用的留存收益”。“法定准备金”相当于我国的“法定盈余公积”，“未占用的留存收益”相当于我国的“未分配利润”
附注	包括：企业基本情况，财务报表的编制基础，遵循企业会计准则的声明，重要会计政策和会计估计，会计政策和会计估计变更以及差错更正的说明，报表重要项目的说明，其他需要说明的重要事项，有助于财务报表使用者评价企业管理资本的目标、政策及程序的信息等	除提供与我国财务报表附注相同的信息外，鼓励企业自愿披露对国内修订准则的发布和使用情况、公司之间的投资情况、关联方公司的具体信息、金融风险和财务风险管理、关键的会计估计和判断、员工福利计划、产生的诉讼问题等信息
披露频度	至少应当按年编制财务报表。年度财务报表涵盖的期间短于一年的，应当披露年度财务报表的涵盖期间、短于一年的原因以及报表数据不具可比性的事实	至少应每年列报一套完整的财务报表（包括比较信息），且应一贯地编制涵盖一年期的财务报表，但出于现实的原因，有些会计主体倾向于披露52周的期间报告，会计准则不排除这种做法
披露模式	上市公司的半年报应当于每个会计年度上半年结束之日起2个月内披露，年报则应当于每个会计年度结束之日起4个月内披露	企业必须在每个会计期间结束之日起150日内披露财务报告

即测即评

第八章单项选择题　　第八章多项选择题　　第八章判断题

案例分析题

1.锦绣房地产开发公司20×5年9月末相关账户余额见表8-10。

表 8-10　　20×5年9月末相关账户余额　　单位：元

账户	借方余额	贷方余额
库存现金	1 000	
银行存款	200 000	
应收账款	20 000	
其中：应收甲	25 000	
应收乙		5 000
坏账准备		100
材料采购	10 000	
原材料	90 000	
库存商品	20 000	
生产成本	8 000	
周转材料	2 000	
固定资产	300 000	
累计折旧		30 000
应付账款		30 900
长期借款		50 000
其中：当年到期的借款		20 000
实收资本		500 000
本年利润		100 000
利润分配	60 000	

要求：填制资产负债表相关项目：货币资金、应收账款、存货、流动资产合计、固定资产、资产总计、应付账款、预收款项、一年内到期的非流动负债、流动负债合计、长期借款、非流动负债合计、负债合计、实收资本、未分配利润、所有者权益合计、负债和所有者权益总计。

2. 锦绣房地产开发公司20×5年11月末有关损益类账户结账前的资料见表8-11。

表 8-11　　20×5 年 11 月末有关损益类账户结账前的资料　　单位：万元

账户名称	本期发生额		账户名称	本期发生额	
	借方	贷方		借方	贷方
主营业务收入	2	54	主营业务成本	25	1
其他业务收入		13	销售费用	6	
营业外收入		2	税金及附加	4.2	
投资收益	14	10	其他业务成本	5	
			营业外支出	1.2	
			管理费用	9	0.4
			财务费用	2.5	0.5
			所得税费用	2.6	

要求：根据上述资料编制利润表。

第八章案例分析题参考答案

第九章　房地产企业的财务评价

【教学目标】

1.价值塑造

（1）培养运用偿债能力指标优化资本结构的战略思维，精准防控杠杆风险。

（2）培养运用盈利能力指标优化运营效能的战略思维，科学提升项目收益质量。

2.知识体系

（1）掌握房地产企业财务评价目标、基本思路、基本指标和评价原则。

（2）熟悉房地产企业财务评价中的比较分析法、比率分析法和因素分析法。

（3）了解房地产企业综合财务评价方法、一般程序和局限性。

3.能力培养

（1）培养对房地产企业财务评价程序和方法的认知能力。

（2）培养对房地产企业财务评价指标的分析能力。

【思政专栏】

2020年8月，住房和城乡建设部、中国人民银行联合召开重点房地产企业座谈会，明确提出了“三道红线”政策，即剔除预收款后的资产负债率大于70%、净负债率大于100%、现金短债比小于1.0倍。这一政策旨在约束房企杠杆水平，防范金融风险，推动房地产行业从过去的“高负债、高杠杆、高周转”模式向更加稳健、可持续的方向发展。这项政策的实施，对部分房地产企业产生了剧烈冲击。一些长期依赖高负债扩张的企业，在“三道红线”的约束下，融资渠道受阻，资金链紧张，面临巨大的资金压力和经营困境。为了谋求生存和发展，众多房地产企业纷纷开启转型之路，积极拓展新的业务领域，并不断提升产品品质与服务水平。在企业内部管理方面，众多房地产企业也在积极探索内部管理优化。一方面，加强成本控制，从土地获取、项目开发到销售运营等各个环节，严格把控成本，提高资金使用效率；另一方面，提升运营效率，通过优化组织架构、简化业务流程、加强信息化建设等方式，提高企业的决策速度和执行能力。

“三道红线”政策虽然给房地产企业带来了巨大挑战，但也为行业的健康发展提供了机遇。通过转型，房地产企业将逐渐摆脱对“高负债、高杠杆、高周转”模式的依赖，实现可持续发展。

【案例引入】

依据GX高新2023年和2022年的年度财务报表，其主要财务指标见表9-1。

表9-1　GX高新主要财务指标

项目	2023年	2022年
流动比率	1.05	1.47
速动比率	0.61	0.94
资产负债率	55.41%	54.40%
应收账款周转率	0.16	0.20
存货周转率	0.08	0.08
固定资产周转率	7.39	0.01
总资产周转率	0.01	0.01
总资产报酬率	0.42%	0.44%
净资产收益率	1.12%	2.41%
资本保值增值率	2.59%	-1.12%
每股收益	-1.10	1.39
销售增长率	1.13%	6.27%
资本积累率	1.05	1.47
总资产增长率	0.61	0.94

GX高新的财务人员必须了解、熟悉和掌握财务报告分析的内容、财务评价主要指标和评价方法等理论知识和实务操作技能。

第一节　房地产企业的财务评价程序、内容与方法

一、财务评价程序

（一）财务评价的作用

财务评价以会计核算和报告资料及其他相关资料为依据，采用一系列专门的分析技术和方法，对房地产企业过去和现在的筹资活动、投资活动、经营活动的盈利能力、营

运能力、偿债能力和增长能力进行分析与评价，为房地产企业的投资者、债权人、经营者及其他关心房地产企业的组织或个人了解房地产企业的过去、评价房地产企业的现状、预测房地产企业的未来，做出正确决策与估价提供准确的信息。

对房地产企业而言，财务评价就是以房地产企业的财务报表和其他资料为依据和起点，采用专门方法，系统分析和评价房地产企业的财务状况、经营成果和现金流量状况的过程。其目的是评价房地产企业过去的经营业绩，衡量现在的财务状况，预测未来的发展趋势。财务评价既是财务预测的前提，也是对过去经营活动的总结，对房地产企业具有重要的现实意义。

1.财务评价是评价财务状况及经营业绩的重要依据

通过财务评价，可以了解房地产企业的偿债能力、营运能力、盈利能力和现金流量状况；将财务指标进行比较分析，了解其变动趋势，可以合理评价经营者的经营业绩，以奖优罚劣，促进企业管理水平的提高。

2.财务评价是实现财务管理目标的重要手段

房地产企业财务管理的目标是实现房地产企业价值最大化。通过财务评价，不断挖掘潜力，从各方面揭露矛盾，找出差距，充分认识未被利用的人力、物力资源，找出利用不当的原因，促使房地产企业经营活动向企业价值最大化目标运行。

3.财务评价是实施正确投资决策的重要步骤

通过财务评价，投资者可以了解房地产企业的盈利能力、营运能力、偿债能力和发展能力，从而进一步预测投资后的收益水平和风险程度，做出正确的投资决策。

（二）财务评价的流程

1.明确财务评价的目的

不同的信息使用者，基于自身利益诉求的考虑，其关注的侧重点会有所差异。分析的目的不同，分析的内容与重点也有所差异。在进行财务报告分析时，应确定分析的目的，确定分析的内容与重点，这样才能有针对性地收集相关资料、选择分析方法、确定相关的分析指标。

2.收集财务评价资料

由财务评价的概念可以看出，财务评价以房地产企业的财务报表和其他资料为依据和起点，因此，应当围绕分析目的收集系统、完整和准确的财务报表和其他资料。所谓系统、完整和准确，是指既要收集历史和现在的财务资料，也要收集反映未来发展趋势的资料；既要有定量的资料，也要有定性的资料；既要尽可能收集多方面的资料，也要保证所收集数据的相关性。一般来说，财务评价需要收集的资料主要包括：房地产企业的财务报告；有关房地产企业经营环境的资料，如反映房地产企业外部宏观经济形势的统计信息、行业情况信息、其他同类房地产企业的经营情况，以及有关分析比较标准的资料等。

3.整理财务评价资料

财务评价结论正确与否，取决于所用分析资料的真实性和可靠性，因此，对所收集的资料要加以整理，去伪存真，保证资料的真实性。首先，要明确各类分析资料是否真实完整，比如，财务报表是否经过注册会计师审计等；其次，要注意各类分析资料的来源是否权威有效，比如，获取的房地产企业外部宏观经济形势统计信息是否为权威部门所发布等；最后，要利用分析人员的专业知识和经验对资料进行分析鉴别，比如，发现资料存在异常情况时，应深入分析，查明原因并排除非正常因素对资料数据的影响等。

4.选定财务评价方法

财务评价是由不同的信息使用者进行的，他们有不同的分析重点，因而使用的分析方法也有所差异，这会直接影响最后的分析结果。因此，分析人员在进行财务评价时，应该根据财务评价的目的以及收集、整理的财务评价资料的实际情况，合理选择恰当的财务评价方法。比如，一个投资者要进行是否继续投资的决策，他必然会关注房地产企业过去有关盈利能力的变动趋势，并据此对未来进行预测。因此，他选择趋势分析法是比较合理的。

5.计算相关财务指标

选定财务评价方法后，下一步就要进行各项财务指标值的计算。首先，在选择一种财务评价方法的前提下，需要确定使用哪些财务指标；其次，要对各财务指标的构成进行合理的界定；最后，运用现代信息技术手段，计算相关的财务评价指标值。需要注意的是，在计算相关财务指标值的过程中，可能会发现部分财务资料数据存在明显的勾稽关系错误，这时应先回过头去核对所收集资料的正确性。

6.进行指标分析评价

各财务指标值计算出来以后，在对单个财务指标进行分析评价的基础上，应运用因素分析法、比较分析法等，将同一房地产企业不同时期、不同房地产企业同一时期的财务指标进行比较分析。同时，还可以运用杜邦分析法等评价方法，将房地产企业各财务指标进行综合分析，总体把握、综合反映房地产企业的财务状况、经营成果和现金流量等情况。

7.撰写财务评价报告

撰写高质量的财务评价报告，是财务评价流程的最后一个环节。所谓财务评价报告，就是将前面六个步骤以书面形式表示出来，是一份专业性非常强的书面报告。撰写财务评价报告，一要清楚地知道财务评价报告阅读的对象（是内部管理者还是外部投资者或债权人）及财务评价报告分析的范围；二要了解使用者对信息的需求，充分理解其所需要的信息是什么；三要在财务评价报告写作前有一个清晰的框架和分析思路；四要与企业经营业务紧密结合，深刻领会财务数据背后的业务背景，切实揭示业务过程中存在的问题。

（三）财务评价的局限性

财务评价在房地产企业经营管理和经济决策中具有十分重要的意义，但是，由于财务评价所取得会计信息的有限性、失真性、差异性和分析主体的限制性等因素，财务评价的结果有时并不是很准确，可能出现不可预料的后果。

1.会计信息的有限性

会计信息只是房地产企业诸多经营信息中的一种，虽然分析人员在收集分析资料时，已经有意识地收集其他相关资料，但是由于经济决策的时效性要求，往往不能收集足够多的资料；或者即使有足够的时间，但是相关财务评价方法对资料的利用情况不一，收集的资料往往缺乏详尽的人力资源信息、环境资源信息等。

2.会计信息的失真性

会计信息的失真性表现在两个方面：一方面，有的房地产企业为了使报表显示良好的财务状况甚至经营成果，会在会计核算方法上打主意或者采取其他手段来调整财务报表，基于这类报表进行的财务评价往往会误入歧途；另一方面，财务评价涉及对未来的预测，而预测未来的数据需要相关人员进行经验判断，对企业的未来发展是否持乐观态度以及个人经验等因素都会导致对预测数据的不同，从而导致财务评价偏离正常的发展方向。

3.会计信息的差异性

会计信息的差异性表现在两个方面：一方面，同一房地产企业不同时期的会计信息存在差异，由于会计政策或账务处理方法变更，不同时期同一指标数据的实际含义可能是不一样的，而在进行财务评价时，分析人员很少或未必能够关注这类差异；另一方面，在将一个房地产企业的相关指标值与其他房地产企业进行比较时，也存在会计政策或账务处理方法的差异，而在进行财务评价时，分析人员也很少或未必能够关注这类差异。这会导致财务评价的结果不一定具有可比性。

4.分析主体的限制性

不管是账务处理还是财务评价，最终都要由人来完成相关工作。财务评价是融汇会计学、经济学、管理学、统计学、金融学，甚至数学为一体的综合性极强的经济管理学科。分析人员不一定具备这样的素质，加之不同分析人员的经验和对同一事物的看法有差异，以及不同财务评价目的关注的侧重点不一致，最终可能导致依据同一套财务资料得出的财务评价结论千差万别，这会降低财务评价报告的权威性。

二、财务评价的内容

对于房地产企业来说，不同的财务信息使用者需要进行的财务评价内容也不尽相同。房地产企业的财务信息使用者一般包括投资者、债权人、政府及有关部门、房地产企业的内部管理者和房地产企业职工等。

（一）投资者

投资者作为财务信息的主要使用者，其投资房地产企业的目的在于获取投资回报，因此他们高度关注房地产企业的盈利能力以及资本的保值增值。当然，由于房地产企业偿债能力、营运能力等会直接影响其投资回报水平，因此，投资者进行财务评价的内容是最全面的。另外，投资者的侧重点也会有所区别。一般来说，对房地产企业实现控股的投资者更看重房地产企业的持续发展能力，会着重分析房地产企业在房地产市场上的竞争力。对一般投资者而言，他们会侧重于分析房地产企业短期的盈利能力以及股利分配情况和股票的市场表现。

（二）债权人

债权人将资金借给房地产企业以赚取利息，其提供借贷资金的目的就是按照约定的条件到期收回本金和利息。因此，债权人在进行财务评价时，最关心的是房地产企业近期能否还本付息，即房地产企业的偿债能力。据此，债权人需要分析房地产企业资产和负债的总体结构，分析房地产企业资产的流动性、房地产企业的获利能力以及产生现金流的能力，从而做出是否向房地产企业借贷或改变信用条件等决策。当然，短期债权人和长期债权人对财务评价的侧重点也会有所差异。短期债权人更关注房地产企业的资产流动性、产生现金流的能力等短期偿债能力指标，长期债权人更关注房地产企业资产负债率和盈利能力等长期偿债能力指标。

（三）政府及有关部门

政府及有关部门需要对整个经济进行宏观调控和监督，在财务评价过程中必然要关注房地产企业对社会的贡献。比如，国家税务部门税收征管以财务会计数据为基础进行分析，从而确定房地产企业是否依法纳税，是否存在违法乱纪行为。需要注意的是，目前国有房地产企业所占比重大，在对国有房地产企业进行监管时，国资委、国家金融监督管理总局等有关部门不仅要关注房地产企业的盈利能力，还要着重对房地产企业国有资产保值增值能力和社会贡献能力进行分析。

（四）房地产企业的内部管理者

在房地产企业所有权和经营权分离的情况下，房地产企业内部管理者接受所有者的委托，对房地产企业进行经营管理，他们是站在投资者的角度进行财务评价的。内部管理者要像投资者一样关注房地产企业经营管理的方方面面，同时，他们可以通过其他途径获取外部信息使用者无法掌握的内部信息，开展有关成本控制分析等。

（五）房地产企业的职工

按照有关法律规定，房地产企业在研究决定生产经营的重大问题、制定重要的规章制度时，应当听取工会和职工的意见和建议；房地产企业在决定有关职工工资、福利、劳动保险等涉及职工切身利益的问题时，也应当事先听取工会和职工的意见。职工在享受上述参与房地产企业管理的权利和履行相关义务时，必然要对相关财务信息进行分析。

三、财务评价方法

开展财务评价需要运用一定的方法，常用的方法主要有比较分析法、比率分析法和因素分析法。

（一）比较分析法

比较分析法是对两个或几个有关的可比数据进行对比，揭示差异和矛盾的一种方法，是财务评价中最基本的分析方法。按照比较对象，比较分析法可以进一步分类。

1.趋势分析

将某房地产企业历史上连续数年的财务报表中的某个重要项目数据进行对比，即将不同时期（如20×2—20×5年）的指标对比，称为趋势分析，又称纵向比较。其中，以定基发展速度或环比发展速度进行趋势分析最为常见。

定基发展速度=分析期指标值÷固定基期指标值

环比发展速度=分析期指标值÷上期指标值

在房地产企业的财务评价中，通常对销售收入、总资产、净利润等进行趋势分析，以评价房地产企业规模和获利能力的发展趋势。

【例9-1】锦绣房地产开发公司的利润表中反映20×2年的净利润为80万元，20×3年的净利润为120万元，20×4年的净利润为170万元。

通过绝对值分析，20×3年与20×2年相比，净利润增长了40万元（120–80）；20×4年与20×3年相比，净利润增长了50万元（170–120），说明20×4年的效益增长好于20×3年。

但是，通过相对值分析，20×3年与20×2年相比，净利润增长率为：

（120–80）÷80×100%=50%

20×4年与20×3年相比，净利润增长率为：

（170–120）÷120×100%=41.67%

这说明，20×4年的效益不如20×3年。

2.横向比较

与同类房地产企业的数据进行对比，即与行业平均数或国内外同行业先进水平进行比较，称为横向比较。该方法能够找出某房地产企业与行业平均水平或先进水平的差距，从而了解该房地产企业的竞争地位，推动该房地产企业赶超先进水平。

【例9–2】锦绣房地产开发公司20×4年的净资产收益率为6%，这个收益水平是高还是低呢？如果只与该公司过去相比，显然难以看出其在同行业中的竞争态势，可以将该指标值与行业平均数或国内外同行业先进水平进行比较。相关房地产公司净资产收益率横向比较见表9–2。

表9–2 锦绣房地产开发公司净资产收益率横向比较

锦绣房地产开发公司	A房地产公司	B房地产公司	C房地产公司	同行业平均水平
6%	9%	5.5%	6.8%	4.9%

由表9–2可以看出，该公司净资产收益率高于同行业平均水平，说明其资产获利能力较强；但低于同行业先进水平，说明还有需要改进的地方。

3.差异分析

将实际执行结果与某房地产企业计划或预算数据进行对比，称为差异分析。该方法能够揭示实际指标与计划或预算指标之间的差异，掌握生产计划的完成程度，进而查找产生差异的原因。

（二）比率分析法

比率分析法是通过计算各种比率指标来确定财务活动变动程度的方法，实际上是以同一期财务报表上若干重要项目的相关数据相互比较，求出比率，用来分析和评价房地产企业的经营活动以及房地产企业目前和历史状况的一种方法，是财务评价最基本的工具。比率指标的类型主要有以下三种：

1.构成比率

构成比率又称结构比率，是某个财务指标的各组成部分数值占总体数值的百分比，反映部分与总体的关系。这种比率分析方法可以考查总体中某个部分的形成和安排是否合理，以便协调各项财务活动。

【例9–3】A房地产公司20×4年的利润表基本数据见表9–3，采用结构百分比法分析各成本费用项目占营业收入的百分比。

表 9-3　　A房地产公司20×4年利润表基本数据

项目	报表金额（万元）	占营业收入百分比（%）
营业总收入	12 342 878.42	100.00
营业收入	12 342 878.42	100.00
营业总成本	10 070 437.57	81.59
营业成本	8 245 330.57	66.80
税金及附加	1 215 691.03	9.85
销售费用	273 115.08	2.21
管理费用	187 151.65	1.52
财务费用	232 779.57	1.89
资产减值损失	15 625.55	0.13
投资净收益	99 255.88	0.80
营业利润	2 272 440.85	18.41
加：营业外收入	25 903.79	0.21
减：营业外支出	8 268.71	0.07
其中：非流动资产处置净损失	40.51	0.00
利润总额	2 290 075.93	18.55
减：所得税费用	607 304.13	4.92
加：未确认的投资损失		
净利润	1 682 771.80	13.63
（一）持续经营净利润（净亏损以“-”号填列）	1 682 771.80	13.63
（二）终止经营净利润（净亏损以“-”号填列）		
减：少数股东损益	448 013.88	3.63
归属于母公司所有者的净利润	1 234 757.92	10.00
加：其他综合收益	1 978.46	0.02
综合收益总额	1 684 750.26	13.65
减：归属于少数股东的综合收益总额	448 062.21	3.63
归属于母公司普通股东综合收益总额	1 236 688.05	10.02
每股收益（元/股）		
基本每股收益	1.1500	
稀释每股收益	1.1500	

从表9-3可以看出，A房地产公司20×4年营业成本占营业收入的比例为66.80%，税金及附加为9.85%，其他费用占4.94%，三项合计达81.59%。这时需要结合A房地产公司历史数据和同行业水平进行进一步分析，从而确定各构成项目是否合理，以及该从哪个项目入手改进。

2.效率比率

效率比率是某经济活动所费与所得的比率，反映投入与产出的关系，可以进行得失比较，考查经营成果，评价经济效益。比如主营业务利润率，通过比较净利润与主营业务收入之间的关系，反映每一元主营业务收入能够带来的净利润，从而评价房地产企业的获利能力。

3.相关比率

相关比率是以某个项目和与其有关但又不同的项目加以对比所得的比率，反映有关经济活动的相互关系。这种比率分析方法可以考查房地产企业的相关业务安排是否合理，以保障运营活动顺畅进行。比如流动比率，通过将流动资产与流动负债进行对比，考查房地产企业每一元短期债务中有多少流动资产做保障。

（三）因素分析法

因素分析法又称指数因素分析法，是利用统计指数体系分析现象总变动中各个因素影响程度的一种统计分析方法，包括连环替代法、差额分析法、指标分解法、定基替代法。因素分析法既可以全面分析各因素对某一财务指标的影响，又可以单独分析某个因素对财务指标的影响，在财务评价中应用颇为广泛。下面简要介绍因素分析法中常用的连环替代法和差额分析法。

1.连环替代法

连环替代法是根据因素之间的内在依存关系，依次测定各因素变动对财务指标差异影响的一种分析方法。连环替代法的主要作用在于分析计算综合财务指标变动的原因及各因素的影响程度。应用连环替代法的前提条件是：财务指标与它的构成因素之间有因果关系，能够形成一个代数式。这个代数式不一定是乘积关系，加减乘除都可以。

连环替代法的程序如下：

（1）找到与财务指标有因果关系的构成因素。

（2）将各因素排序，也就是确定在后面步骤计算中因素替换的顺序。替换的顺序不一样，计算结果就不一样。因素替换顺序的确定遵循以下原则：先数量指标，后质量指标；先基础指标，后派生指标；先实物指标，后货币指标。

（3）在基期的水平上进行连续替换，每次只替换一个因素，而且这个过程要严格地按照刚才已经确定好的替换顺序进行。这里有一个重要的假定：在整个替换过程中，当替换某个因素时，排在它前面的因素要保持实际期的水平，排在它后面的因素要保持基期的水平。

（4）计算每个因素单独变动对差额的影响。每一次替换都会产生一个新的财务指标和新的代数式。在计算每个因素单独变动对差额的影响时，这个新的代数式要与它前面的相邻的代数式相减，比较差额，而不是去减基期的代数式。

（5）将各因素单独变动对差额的影响数汇总相加，将相加以后的合计数与“实际期-基期”的差额进行验证，若相等则结束工作。

【例9-4】锦绣房地产开发公司20×4年12月某种原材料费用的实际值是972 000元，而其计划值是960 000元，实际值比计划值增加了12 000元。由于原材料费用是由产品产量、单位产品材料消耗用量和材料单价三个因素的乘积构成的，因此，可以将原材料费用这一指标分解为三个因素，然后逐个分析它们对原材料费用总额的影响方向和程度。现假定这三个因素的数值见表9-4。

表9-4　　锦绣房地产开发公司原材料费用的影响因素及数值

项目	单位	计划值	实际值	差异
产品产量	件	8 000	8 100	+100
单位产品材料消耗量	千克	15	12	−3
材料单价	元	8	10	+2
原材料费用总额	元	960 000	972 000	+12 000

根据表9-4的资料，原材料费用总额实际值较计划值增加了12 000元，运用连环替代法，可以计算各因素变动对原材料费用总额的影响方向和程度。

计划值=8 000×15×8=960 000（元）　①

第一次替代（产品产量因素）=8 100×15×8=972 000（元）　②

第二次替代（单位产品材料消耗量因素）=8 100×12×8=777 600（元）　③

第三次替代（材料单价因素）=8 100×12×10=972 000（元）　④

由于产品产量增加对原材料费用总额的影响为：

②-①=972 000-960 000=12 000（元）

由于单位产品材料消耗量节约对原材料费用总额的影响为：

③-②=777 600-972 000=-194 400（元）

由于材料单价提高对原材料费用总额的影响为：

④-③=972 000-777 600=194 400（元）

综合这三个因素对原材料费用总额的影响为：

④-①=972 000-960 000=12 000-194 400+194 400=12 000（元）

由计算结果可以看出，锦绣房地产开发公司原材料费用总额增加了12 000元，主要原因是材料单价的提高。抛开价格上涨因素，其原材料费用控制效果很明显，由于单耗的下降，原材料费用总额节约了194 400元。该公司需结合市场价格变动进一步分析，材料单价上涨是由于外部不可控的市场因素影响还是该公司内部控制出现了问题。

2.差额分析法

差额分析法就是直接利用各因素的预算（计划）与实际的差异按顺序计算，确定其变动对分析对象的影响程度。这是由连环替代法简化而成的一种分析方法，就是利用各个因素的比较值与基准值之间的差额，来计算各因素对分析指标的影响。

【例9-5】接【例9-4】，以差额分析法计算各因素变动对材料费用总额的影响方向和程度。

由于产品产量增加对原材料费用总额的影响为：

（8 100-8 000）×15×8=12 000（元）

由于单位产品材料消耗量节约对原材料费用总额的影响为：

8 100×（12-15）×8=-194 400（元）

由于材料单价提高对原材料费用总额的影响为：

8 100×12×（10-8）=194 400（元）

综合这三个因素对原材料费用总额的影响为：

12 000-194 400+194 400=12 000（元）

差额分析法的结果与连环替代法的结果是一致的。

第二节 房地产企业的财务评价指标

房地产企业的财务评价往往是通过计算和分析主要财务指标来完成的。财务评价指标是以房地产企业的资产负债表、利润表、现金流量表及其他相关资料为主要依据，对房地产企业的财务状况和经营成果进行评价和剖析的指标，反映房地产企业在运营过程中的利弊得失和发展趋势，为改进房地产企业财务管理工作和优化经济决策提供重要财务信息。房地产企业常用的财务评价指标主要包括偿债能力指标、营运能力指标、盈利能力指标和发展能力指标。

一、偿债能力指标

房地产企业偿债能力是反映房地产企业财务状况和经营能力的重要标志。偿债能力是房地产企业用其资产偿还长期债务与短期债务的能力，即房地产企业偿还到期债务的承受能力或保证程度。房地产企业有无支付现金的能力和偿还债务的能力，是房地产企业能否生存和健康发展的关键。从静态来看，偿债能力就是房地产企业是否有足够资产清偿房地产企业债务；从动态来看，偿债能力就是房地产企业能否以资产和在经营过程中创造的收益偿还债务。因此，房地产企业偿债能力分析是房地产企业财务评价的重要组成部分，所有者、债权人和经营者都十分关心该指标。其基本指标分为短期偿债能力指标和长期偿债能力指标两种。

（一）短期偿债能力指标

短期偿债能力是指房地产企业以流动资产偿还流动负债的能力，反映房地产企业偿付日常到期债务的能力。对债权人来说，房地产企业要具有充分的偿还能力才能保证其债权的安全，他们才能按期取得利息，到期取回本金；对投资者来说，如果房地产企业的短期偿债能力出现问题，就会使房地产企业的经营管理人员耗费大量精力去筹集资金，以应付还债，还会增加房地产企业筹资的难度，或加大临时紧急筹资的成本，影响房地产企业的盈利能力。短期偿债能力指标包括流动比率、速动比率和现金比率。

1.流动比率

流动比率反映房地产企业流动资产偿付流动负债的能力。其计算公式如下：

流动比率=流动资产÷流动负债

流动比率是衡量房地产企业短期偿债能力的一个重要财务指标。流动比率越高，房地产企业偿还短期负债的能力越强，流动负债得到偿还的保障越大。但是，流动比率过高也并非好事，因为流动比率高，可能是房地产企业滞留在流动资产上的资金过多，未能有效加以利用，这可能影响房地产企业的获利能力。经验表明，流动比率在2∶1左右比较合适，但是，对流动比率的分析应该结合不同的行业特点和房地产企业流动资产结构等因素进行。有的行业流动比率较高，有的行业流动比率较低，不能用统一的标准来评价各房地产企业流动比率合理与否。只有和同行业平均流动比率、本企业历史上的流动比率进行比较，才能知道这个比率是高还是低。

2.速动比率

速动比率反映房地产企业即刻偿债能力。其计算公式如下：

速动比率=速动资产÷流动负债 =（流动资产-存货）÷流动负债

使用流动比率评价房地产企业的短期偿债能力，存在一定的局限性。如果流动比率较高，但流动资产的流动性较差，房地产企业的短期偿债能力仍然不强。在流动资产中，存货需经过销售，才能转变为现金，若存货滞销，其变现就成了问题。流动资产扣除存货后称为速动资产，通常认为正常的速动比率为1，低于1的速动比率被认为是短期偿债能力偏低。但这仅是一般的看法，因为行业不同，速动比率会有很大差别，没有统一标准的速动比率。

3.现金比率

现金比率反映房地产企业用货币资金偿还流动负债的能力。其计算公式如下：

$$\text{现金比率}=\text{现金类资产}\div\text{流动负债}=\left(\text{货币资金}+\text{有价证券或短期投资}\right)\div\text{流动负债}=\left(\text{速动资产}-\text{应收账款}\right)\div\text{流动负债}$$

现金类资产包括房地产企业所拥有的货币资金和持有的有价证券（即资产负债表中的短期投资）。它是速动资产扣除应收账款后的余额，由于应收账款存在发生坏账损失的可能，某些到期的应收账款也不一定能按时收回，因此速动资产扣除应收账款后计算出来的金额，最能反映房地产企业直接偿付流动负债的能力。现金比率越高，房地产企业的偿债能力越强。但是，如果房地产企业持有过多的现金类资产，现金比率过高，就意味着房地产企业的流动负债未能合理地运用。现金类资产的获利能力较低，这会导致房地产企业机会成本增加。一般来说，现金比率保持在30%左右为宜。

（二）长期偿债能力指标

长期偿债能力是房地产企业对债务的承担能力和对偿还债务的保障能力。长期偿债能力是房地产企业债权人、投资者、经营者和与房地产企业有关联的各方都十分关注的问题。

1.资产负债率

资产负债率又称负债比率，表示公司总资产中有多少是通过负债筹集的。该指标考查房地产企业长期债务趋势，是反映房地产企业长期偿债能力的晴雨表，同时也反映了债权人发放贷款的安全程度。其计算公式如下：

资产负债率（负债比率）=负债总额÷资产总额×100%

要判断资产负债率是否合理，要看你站在谁的立场上。从债权人的角度看，这个比率越低越好，因为公司的所有者（股东）一般只承担有限责任，而一旦公司破产清算，资产变现所得很可能低于其账面价值。如果该指标过高，债权人可能遭受损失。若资产负债率大于100%，表明公司已经资不抵债，对于债权人来说风险非常大。但从股东的立场看，在全部资本利润率高于借款利率时，负债比例越高越好，否则反之。房地产企业股东常常采用举债经营的方式，以有限的资本、付出有限的代价而取得对房地产企业的控制权，并且得到举债经营的杠杆利益。

2.产权比率

产权比率是负债总额与所有者权益（或股东权益）总额的比率，反映债权人与股东提供资本的相对比例，反映房地产企业的资本结构是否合理、稳定，同时也表明债权人投入的资本受到股东权益的保障程度。其计算公式如下：

产权比率=负债总额÷所有者权益（或股东权益）总额×100%

一般来说，产权比率高是高风险、高报酬的财务结构，产权比率低是低风险、低报酬的财务结构。从股东角度来说，在通货膨胀时期，房地产企业举债，可以将损失和风险转移给债权人；在经济繁荣时期，举债经营可以获得额外利润；在经济萎缩时期，少借债可以减少利息负担和财务风险。

3.长期资产适合率

长期资产适合率是房地产企业所有者权益总额和长期负债总额之和与固定资产总额和长期投资总额之和的比率，从房地产企业资源配置结构方面反映房地产企业的偿债能力。其计算公式如下：

长期资产适合率=（所有者权益总额+长期负债总额）÷（固定资产总额+长期投资总额）×100%

从维护房地产企业财务结构稳定和长期安全性的角度出发，该指标数值高些比较好，但是过高也会带来融资成本增加的问题。一般来说，长期资产适合率指标为100%较好，但是该指标究竟多高合适，应根据房地产企业的具体情况，参照行业平均水平确定。

4.利息保障倍数

利息保障倍数又称已获利息倍数，是房地产企业生产经营所获得的息税前利润与利息费用的比率。该指标衡量房地产企业偿付借款利息的能力，没有足够多的息税前利润，利息的支付就会发生困难。其计算公式如下：

利息保障倍数=（利润总额+利息费用）÷利息费用

利息保障倍数不仅反映房地产企业获利能力的强弱，而且反映获利能力对偿还到期债务的保障程度。它既是房地产企业举债经营的前提依据，也是衡量房地产企业长期偿债能力强弱的重要标志。要维持正常的偿债能力，利息保障倍数至少应大于1，且比值越高，房地产企业长期偿债能力越强。如果利息保障倍数过低，房地产企业将面临亏损、偿债安全性与稳定性下降的风险。

5.或有负债比率

或有负债比率是房地产企业或有负债余额与股东权益总额的比率，反映房地产企业股东权益对可能发生的或有负债的保障程度。其计算公式为：

或有负债比率=或有负债余额÷股东权益总额×100%

$$\text{或有负债余额}=\text{已贴现商业承兑汇票余额}+\text{对外担保金额}+\text{未决诉讼、未决仲裁金额(除贴现与担保引起的诉讼与仲裁)}+\text{其他或有负债余额}$$

一般情况下，或有负债比率越低，房地产企业的长期偿债能力越强，股东权益对或有负债的保障程度越高；或有负债比率越高，房地产企业承担的相关风险越大。

6.带息负债比率

带息负债比率是房地产企业某一时点的带息负债总额与负债总额的比率，反映房地产企业负债中带息负债的比重，在一定程度上体现了房地产企业未来的偿债（尤其是偿还利息）压力。其计算公式如下：

带息负债比率=带息负债总额÷负债总额×100%

带息负债总额=短期借款+一年内到期的长期负债+长期借款+应付债券+应付利息

一般来说，带息负债比率越低，房地产企业的偿债压力越小，尤其是偿还利息的压力越小。反之，带息负债比率越高，房地产企业承担的偿债风险和偿还利息的风险越高。

二、营运能力指标

营运能力分析是对房地产企业资金周转状况进行的分析，资金周转得越快，资金利用效率就越高，房地产企业的经营管理水平也越高。营运能力指标包括应收账款周转率、存货周转率、流动资产周转率、固定资产周转率和总资产周转率等。

（一）应收账款周转率

应收账款周转率是反映应收账款周转速度的指标，具体有应收账款周转率（次数）和应收账款周转天数。应收账款周转率（次数）是销售收入与应收账款平均余额的比值，反映年度内应收账款转为现金的平均次数；用时间表示的周转速度是应收账款周转天数，又称为平均应收账款回收期或平均收现期，表示房地产企业从取得应收账款的权利到收回款项所需的时间。其计算公式如下：

（1）理论公式：

应收账款周转率（次数）=赊销收入净额÷应收账款平均余额×100%

赊销收入净额=当期销售净收入–当期现销收入

应收账款平均余额=（期初应收账款余额+期末应收账款余额）÷2

应收账款周转天数=计算期天数÷应收账款周转率（次数）

计算期天数通常为一年，根据惯例，常用360天来计算。

（2）运用公式：

应收账款周转率（次数）=当期销售净收入÷应收账款平均余额×100%

应收账款周转天数=计算期天数÷应收账款周转率（次数）

两者的区别仅在于销售收入是否包括现销收入。一般来说，房地产企业内部管理者进行财务评价常用理论公式，因为具体的赊销收入数据是可以得到的。而对于外部投资者而言，由于具体的赊销收入数据往往是房地产企业的机密信息，所以常用运用公式。

一般来说，应收账款周转率越高，平均收账期越短，应收账款的收回越快；否则，房地产企业的营运资金过多地停留在应收账款上，会影响房地产企业资金的正常周转。在运用这个指标时，要注意季节性经营、大量使用分期付款结算方式、大量销售使用现金结算、年末大量销售或年末销售大幅度下降等因素，它们可能影响该指标的正确计算。

（二）存货周转率

存货周转率是衡量和评价房地产企业购入存货、投入生产、销售收回等各环节管理状况的综合性指标。它是销货成本被平均存货所除而得到的比率，也叫存货周转次数；用时间表示的存货周转率就是存货周转天数。其计算公式如下：

存货周转率（次数）=主营业务成本÷平均存货余额×100%

平均存货余额 =（期初存货余额+期末存货余额）÷2

存货周转天数=计算期天数÷存货周转率（次数）

存货周转率指标的高低反映房地产企业存货管理水平的高低，它影响房地产企业的短期偿债能力，是房地产企业管理的一项重要内容。一般来讲，存货周转速度越快，存货的占用水平越低、流动性越强，存货转换为现金或应收账款的速度越快。因此，提高存货周转率可以提高房地产企业的变现能力。

（三）流动资产周转率

流动资产周转率反映房地产企业流动资产的周转速度，是从房地产企业全部资产中流动性最强的资产角度对房地产企业资产的利用效率进行分析，以进一步揭示影响房地产企业资产质量的主要因素。要使该指标良性变动，应以主营业务收入增幅高于流动资产增幅做保证。通过对该指标进行分析，可以促进房地产企业加强内部管理，充分、有效地利用流动资产，如降低成本、将暂时闲置的货币资金用于短期投资创造收益等；还可以促使房地产企业采取措施，扩大销售，提高流动资产的综合使用效率。其计算公式如下：

流动资产周转率（次数）=主营业务收入净额÷平均流动资产总额×100%

平均流动资产总额=（流动资产年初数+流动资产年末数）÷2

流动资产周转天数=计算期天数÷流动资产周转率（次数）

在一定时期内，流动资产周转次数越多，以相同的流动资产完成的周转额越多，流动资产利用效果越好。流动资产周转率用周转天数表示时，周转一次所需要的天数越少，流动资产在经历生产和销售各阶段时占用的时间越短，周转越快。生产经营任何一个环节的工作得到改善，都会反映到流动资产周转天数的缩短上来。按天数表示的流动资产周转率能更直接地反映生产经营状况的改善，便于比较不同时期的流动资产周转率，应用较为普遍。

（四）固定资产周转率

固定资产周转率也称固定资产利用率，是房地产企业销售收入与固定资产平均净值的比率。其计算公式如下：

固定资产周转率=销售收入÷固定资产平均净值×100%

固定资产平均净值=（固定资产期初净值+固定资产期末净值）÷2

固定资产周转天数=计算期天数÷固定资产周转率

固定资产周转率主要用于分析厂房、设备等固定资产的利用效率。固定资产周转率越高，其利用率越高，企业管理水平越高。如果固定资产周转率与同行业平均水平相比偏低，说明房地产企业对固定资产的利用率较低，可能影响房地产企业的获利能力。它反映了房地产企业资产的利用程度。

（五）总资产周转率

总资产周转率是房地产企业在一定时期营业收入净额同平均资产总额的比率。其计算公式如下：

总资产周转率（次数）=营业收入净额÷平均资产总额×100%

总资产周转天数=计算期天数÷总资产周转率（次数）

式中：营业收入净额是减去销售折扣及折让等后的净额。平均资产总额是指房地产企业资产总额年初数与年末数的平均值。

总资产周转率综合反映房地产企业整体资产的营运能力，一般来说，总资产周转次数越多或周转天数越少，其周转速度越快，企业的营运能力就越强。在此基础上，应进一步对各个构成要素进行分析，以便查明总资产周转率升降的原因。房地产企业可以通过薄利多销的办法，加快总资产周转，从而带来利润绝对额的增加。

三、盈利能力指标

盈利能力是房地产企业获取利润的能力。利润是房地产企业内外有关各方都关心的中心问题，是投资者取得投资收益、债权人收取本息的资金来源，是经营者经营业绩的体现，也是职工集体福利设施不断完善的重要保障。因此，无论是房地产企业的经理人员、债权人还是股东（投资人），都非常关心房地产企业的盈利能力，并重视对利润率及其变动趋势的分析与预测。盈利能力指标包括一般指标和社会贡献能力指标。

（一）盈利能力一般指标

1.主营业务利润率

主营业务利润率是房地产企业一定时期主营业务利润同主营业务收入净额的比率。它表明房地产企业每单位主营业务收入能带来多少主营业务利润，反映房地产企业主营业务的获利能力，是评价房地产企业经营效益的主要指标。其计算公式如下：

主营业务利润率=主营业务利润÷主营业务收入×100%

该指标体现了房地产企业经营活动最基本的获利能力，没有足够高的主营业务利润率，就无法形成房地产企业的最终利润。只有当房地产企业主营业务突出时，即在主营业务利润率较高的情况下，才能在竞争中占据优势地位。结合房地产企业的主营业务收入和主营业务成本进行分析，能够充分反映房地产企业成本控制、费用管理、产品营销、经营策略等方面的不足与成绩。

2.成本费用利润率

成本费用利润率是房地产企业一定期间利润总额与成本费用总额的比率。成本费用利润率指标表明每付出1元成本费用可获得多少利润，体现了经营耗费所带来的经营成果。其计算公式如下：

成本费用利润率=利润总额÷成本费用总额×100%

式中：利润总额是房地产企业实现的全部利润，包括房地产企业当年的营业利润、投资收益、补贴收入、营业外支出净额等；如为亏损，则用“-”号表示。成本费用总额一般指主营业务成本和期间费用。成本费用利润率表明为取得收益而付出的代价，体现了经营耗费所带来的经营成果。该指标越大，利润就越多，房地产企业的经济效益就越好。

3.总资产报酬率

总资产报酬率是房地产企业一定时期获得的报酬总额与平均资产总额的比率。它表示房地产企业包括净资产和负债在内的全部资产的总体获利能力，用来评价房地产企业运用全部资产的总体获利能力，是评价房地产企业资产运营效益的重要指标。其计算公式如下：

总资产报酬率=（利润总额+利息支出）÷平均资产总额×100%

平均资产总额=（资产总额年初数+资产总额年末数）÷2

式中：利息支出是房地产企业在生产经营过程中实际支出的借款利息、债券利息等。

利润总额与利息支出之和为息税前利润，是房地产企业当年实现的全部利润与利息支出的合计数。

该指标表示房地产企业全部资产获取收益的水平，全面反映房地产企业的获利能力和投入产出状况。通过对该指标的深入分析，可以增强各方对房地产企业资产经营的关注，促使房地产企业提高单位资产的收益水平。一般情况下，房地产企业可将该指标与市场资本利率进行比较，如果该指标大于市场资本利率，表明房地产企业可以充分利用财务杠杆进行负债经营，获取尽可能多的收益。该指标越大，房地产企业投入产出的水平越高，房地产企业的资产运营越有效。

4.净资产收益率

净资产收益率又称股东权益收益率，是净利润与平均股东权益的百分比，是房地产企业税后利润除以净资产得到的百分比。该指标反映股东权益的收益水平，用来衡量房地产企业运用自有资本的效率。其计算公式如下：

净资产收益率=税后净利润÷净资产×100%

净资产可以是期末净资产，这时计算得到的是全面摊薄净资产收益率，说明期末单位净资产对经营净利润的分享；净资产也可以是平均净资产，这时计算得到的是加权平均净资产收益率，说明单位净资产创造净利润的一般水平。

净资产收益率反映所有者投资的获利能力，该比率越高，所有者投资的收益越多。净资产收益率是从所有者角度来考查房地产企业盈利水平高低的，而总资产报酬率则是从所有者和债权人的角度来考查整个房地产企业盈利水平的。在相同的总资产报酬率水平下，由于房地产企业采用不同的资本结构，即不同负债与所有者权益比例，会造成不同的净资产收益率。

5.资本保值增值率

资本保值增值率是房地产企业本年年末所有者权益扣除客观增减因素后同年初所有者权益的比率。该指标表示房地产企业当年资本在房地产企业自身的努力下的实际增减变动情况，是评价房地产企业财务效益状况的辅助指标。其计算公式如下：

资本保值增值率=（年初所有者权益+年末利润）÷年初所有者权益×100%

或 资本保值增值率=扣除客观因素后的年末所有者权益÷年初所有者权益×100%

扣除客观因素后的年末所有者权益是剔除以下因素的影响后的年末所有者权益：一是本期投资者追加的投资，这会使房地产企业的实收资本增加，还可能产生资本溢价、资本折算差额，从而引起资本公积变动；二是本期接受的外来捐赠、资产评估增值导致资本公积增加。

该指标反映投资者投入房地产企业资本的保全性和增长性。该指标越高，房地产企业的资本保全状况越好，所有者权益增长越快，债权人的债务越有保障，房地产企业的发展后劲越强。

6.盈余现金保障倍数

盈余现金保障倍数是房地产企业一定时期经营现金净流量同净利润的比值，反映房地产企业当期净利润中现金收益的保障程度，真实地反映了房地产企业的盈余质量。其计算公式如下：

盈余现金保障倍数=经营现金净流量÷净利润

盈余现金保障倍数是从现金流入和流出的动态角度，对房地产企业收益的质量进行评价，对房地产企业的实际收益能力进行再次修正。一般而言，当房地产企业当期净利润大于0时，该指标应当大于1。该指标越大，房地产企业经营活动产生的净利润对现金的贡献越大。但是，由于净利润变动较大，所以该指标的数值变动也比较大，应根据房地产企业的实际效益状况有针对性地对该指标进行分析。

7.资本收益率

资本收益率又称资本利润率，是房地产企业净利润（即税后利润）与平均资本（即资本性投入及资本溢价）的比率，用来反映房地产企业运用资本获得收益的能力。其计算公式如下：

资本收益率=净利润÷平均资本×100%

平均资本=［（实收资本年初数+资本公积年初数）+（实收资本年末数+资本公积年末数）］÷2

上述资本公积仅指资本溢价（或股本溢价）。

资本收益率越高，房地产企业自有投资的经济效益越好，投资者的风险越小，越值得投资和继续投资，对房地产上市公司来说就意味着股票升值。因此，该指标是投资者和潜在投资者进行投资决策的重要依据。对房地产企业经营者来说，如果资本收益率高于债务资本成本，适度负债经营对投资者来说是有利的；反之，如果资本收益率低于债务资本成本，过高的负债经营就将损害投资者的利益。

8.每股收益

每股收益即每股盈利（EPS），又称每股税后利润、每股盈余，指税后利润与股本总数的比率。它是普通股股东每持有一股股票所能享有的房地产企业净利润或需承担的房地产企业净亏损。每股收益反映房地产企业的经营成果，衡量普通股的获利水平及投资风险，是投资者等信息使用者据以评价房地产企业盈利能力、预测房地产企业成长潜力，进而做出相关经济决策的重要财务指标之一。其计算公式如下：

基本每股收益=归属于普通股股东的当期净利润÷当期发行在外普通股的加权平均数

每股收益是衡量上市公司盈利能力最重要的财务指标，反映普通股的获利水平。在分析时，可以进行公司间的比较，以评价该公司的相对盈利能力；可以进行不同时期的比较，以了解该公司盈利能力的变化趋势；可以进行经营实绩和盈利预测的比较，以掌握该公司的管理能力。

需要注意的是，上市公司常常存在一些潜在的可能转化成上市公司股权的工具，如可转债、认股期权或股票期权等。这些工具有可能在将来的某一时点转化成普通股，从而减少上市公司的每股收益，这时需要计算稀释每股收益。稀释每股收益即假设公司存在的上述可能转化为上市公司股权的工具都在当期全部转换为普通股股份后计算的每股收益。相对于基本每股收益来说，稀释每股收益充分考虑了潜在普通股对每股收益的稀释作用，可以反映公司在未来股本结构下的资本盈利水平。

9.每股股利

每股股利是股利总额与流通股股数的比值，即每一股股票一定期间所分得的现金股利。其计算公式如下：

每股股利=股利总额÷普通股股数

式中：股利总额是用于对普通股进行分配的现金股利的总额。普通股股数是房地产企业发行在外的普通股股数（不是加权平均数）。

每股股利是反映股份公司每一股普通股获得股利多少的一个指标，该指标值越大，表明企业的获利能力越强。影响每股股利的因素主要是房地产企业股利发放政策与利润分配政策。如果房地产企业为了扩大再生产、增强房地产企业后劲而多留利润，每股股利就少，反之则多。

（二）社会贡献能力指标

房地产企业社会贡献能力的主要评价指标有两个：社会贡献率和社会积累率。

1.社会贡献率

社会贡献率是房地产企业社会贡献总额与平均资产总额的比率，它反映房地产企业运用全部资产为国家或社会创造或支付价值的能力。其计算公式如下：

社会贡献率=社会贡献总额÷平均资产总额×100%

式中：社会贡献总额是房地产企业为国家或社会创造或支付的价值总额，包括工资、劳保退休统筹及其他社会福利支出，利息支出净额，增值税、消费税、税金及附加，所得税及有关费用和净利润等。

社会贡献率表示房地产企业每一单位资产对国家和社会所做的贡献，社会贡献率大，房地产企业对国家的贡献就大。

2.社会积累率

社会积累率用于衡量房地产企业社会贡献总额中多少用于上缴国家财政和支持社会公益事业，从而直接或间接反映房地产企业的社会责任。其计算公式如下：

社会积累率=上缴国家财政总额÷房地产企业社会贡献总额×100%

式中：上缴国家财政总额包括房地产企业依法向国家财政缴纳的各项税款，如增值税、所得税、税金及附加、其他税款等。

该指标越大，房地产企业在生产经营过程创造的价值中用于满足全社会需要的积累就越多，房地产企业的社会效益越好；反之，则越差。

四、发展能力指标

房地产企业的发展能力也称房地产企业的成长性，是房地产企业通过自身的生产经营活动，不断扩大积累而形成的发展潜能。房地产企业能否健康发展取决于多种因素，包括外部经营环境、房地产企业内在素质及资源条件等。一般来说，衡量房地产企业发展能力的指标主要有销售增长率、资本积累率、总资产增长率、三年利润平均增长率和技术投入比率。

（一）销售增长率

销售增长率是房地产企业本年销售增长额与上年销售额之间的比率，反映销售的增减变动情况，是评价房地产企业成长状况和发展能力的重要指标。其计算公式如下：

销售增长率=本年销售增长额÷上年销售额×100%

=（本年销售额-上年销售额）÷上年销售额×100%

销售增长率是衡量房地产企业经营状况和市场占有能力、预测房地产企业经营业务拓展趋势的重要指标，也是房地产企业扩张增量资本和存量资本的重要前提。该指标越大，销售增长速度越快，房地产企业的市场前景越好。此外，要根据房地产企业的实际情况进行销售增长率的趋势分析和同业分析。

（二）资本积累率

资本积累率即股东权益增长率，是房地产企业本年所有者权益增长额同年初所有者权益的比率。它反映房地产企业当年资本积累能力，是评价房地产企业发展潜力的重要指标。其计算公式如下：

资本积累率=本年所有者权益增长额÷年初所有者权益×100%

或 $$资本积累率=\frac{本年归属于母公司的所有者权益增长额}{年初归属于母公司的所有者权益}\times100\%$$

式中：本年所有者权益增长额是房地产企业本年所有者权益与上年所有者权益的差额。

资本积累率是房地产企业当年所有者权益总的增长率，反映房地产企业所有者权益在当年的变动水平。资本积累率反映投资者投入房地产企业资本的保全性和增长性，该指标越大，房地产企业的资本积累越多，房地产企业资本的保全性越强，应对风险、持续发展的能力也越强。该指标如为负值，表明房地产企业的资本受到侵蚀，所有者利益受到损害，应给予充分重视。

（三）总资产增长率

总资产增长率又称总资产扩张率，是房地产企业本年总资产增长额同年初资产总额的比率，反映房地产企业本期资产规模的增长情况。资产是房地产企业用来取得收入的资源，也是房地产企业偿还债务的保障。资产增长是房地产企业发展的一个重要方面，发展良好的房地产企业一般能保持资产的稳定增长。其计算公式如下：

总资产增长率=本年总资产增长额÷年初资产总额×100%

本年总资产增长额=年末资产总额-年初资产总额

总资产增长率越高，房地产企业一定时期资产经营规模扩张的速度越快，但是在分析时，需要关注资产规模扩张的质和量的关系以及房地产企业的后续发展能力，避免盲目扩张。

（四）三年利润平均增长率

三年利润平均增长率表明房地产企业利润连续三年的增长情况，体现房地产企业的发展潜力。三年利润平均增长率设计的原意是均衡计算房地产企业的三年平均利润增长水平，从而客观评价房地产企业的发展能力。其计算公式如下：

三年利润平均增长率=［（本年年末利润总额÷三年前年末利润总额）$^{1/3}$-1］×100%

利润是房地产企业积累和发展的基础，该指标越高，房地产企业的积累越多，可持续发展能力越强，发展的潜力越大。三年利润平均增长率能够反映房地产企业的利润增长趋势和效益稳定程度，较好地体现房地产企业的发展状况和发展能力，避免因少数年份利润不正常增长而对房地产企业发展潜力判断错误。

（五）技术投入比率

技术投入比率是房地产企业本年科技支出（包括用于研究开发、技术改造、科技创新等方面的支出）与本年营业收入的比率，反映房地产企业在科技进步方面的投入，在一定程度上可以体现房地产企业的发展潜力。其计算公式如下：

技术投入比率=本年科技支出合计÷本年营业收入×100%

技术创新是房地产企业在市场竞争中保持竞争优势、不断发展壮大的前提。技术投入比率集中体现房地产企业对技术创新的重视程度和投入情况，是评价房地产企业持续发展能力的重要指标。该指标越大，房地产企业对新技术的投入越多，房地产企业对市场的适应能力越强，未来竞争优势越明显，生存发展的空间越大，发展前景越好。

五、财务评价应用

（一）搜集数据资料

（1）锦绣房地产开发公司20×2—20×4年资产负债表简表见表9-5。

表9-5　锦绣房地产开发公司20×2—20×4年资产负债表简表　单位：万元

资产	20×4年12月31日	20×3年12月31日	20×2年12月31日
货币资金	3 423 951.43	3 781 693.29	2 300 192.38
交易性金融资产	0	0	74.05
应收账款	151 481.38	159 402.46	71 319.19
预付款项	2 011 621.90	1 783 800.35	873 631.95
其他应收款	1 844 061.42	1 493 831.32	778 580.94
存货	20 833 549.36	13 333 345.80	9 008 529.43
流动资产合计	28 264 665.49	20 552 073.22	13 032 327.94
债权投资	44 126.16	40 476.36	16 362.95
长期股权投资	642 649.45	449 375.16	356 538.30

续表

资产	20×4年12月31日	20×3年12月31日	20×2年12月31日
投资性房地产	112 610.55	12 917.62	22 814.32
固定资产	159 586.27	121 958.19	135 597.70
在建工程	70 555.26	76 428.21	59 320.82
无形资产	43 547.43	37 395.19	8 196.63
长期待摊费用	4 099.94	3 216.14	3 131.87
递延所得税资产	232 624.19	164 315.80	126 564.95
其他非流动资产	46 379.28	105 599.27	0
非流动资产合计	1 356 178.53	1 011 681.94	728 527.54
资产总计	29 620 844.02	21 563 755.16	13 760 855.48
负债及所有者权益（或股东权益）	20×4年12月31日	20×3年12月31日	20×2年12月31日
短期借款	172 444.65	147 800.00	118 825.61
交易性金融负债	1 704.18	1 505.45	0
应付票据	3 125.00	0	3 000.00
应付账款	2 974 581.34	1 692 377.78	1 630 004.79
合同负债	11 110 171.81	7 440 519.73	3 173 480.12
应付职工薪酬	169 035.17	141 575.88	80 650.45
应交税费	407 861.82	316 547.64	117 687.76
应付利息	27 229.88	12 780.65	12 264.37
其他应付款	3 021 679.26	1 681 402.93	925 873.45
一年内到期的非流动负债	2 184 582.93	1 530 569.08	744 041.44
流动负债合计	20 072 416.04	12 965 079.14	6 805 827.99
长期借款	2 097 196.20	2 479 049.93	1 750 279.83
应付债券	585 039.70	582 114.45	579 373.58
预计负债	3 867.79	4 110.73	3 435.58
递延所得税负债	77 890.61	73 899.34	80 246.45
其他非流动负债	1 179.82	881.61	840.81
非流动负债合计	2 765 174.12	3 140 056.06	2 414 176.25
负债合计	22 837 590.16	16 105 135.20	9 220 004.24
实收资本（或股本）	1 099 521.02	1 099 521.02	1 099 521.02
资本公积	884 346.41	878 934.40	855 771.66

续表

资产	20×4年12月31日	20×3年12月31日	20×2年12月31日
盈余公积	1 364 872.75	1 058 770.63	873 784.14
未分配利润	1 893 461.74	1 347 028.43	880 839.87
其他权益工具	1 541 051.90	1 074 365.50	830 934.60
所有者权益（或股东权益）合计	6 783 253.85	5 458 619.96	4 540 851.24
负债及所有者权益（或股东权益）总计	29 620 844.01	21 563 755.17	13 760 855.48

（2）锦绣房地产开发公司20×2—20×4年利润表简表见表9-6。

表9-6　**锦绣房地产开发公司20×2—20×4年利润表简表**　单位：万元

项目	20×4年度	20×3年度	20×2年度
一、营业收入	7 178 274.98	5 071 385.14	4 888 101.31
减：营业成本	4 322 816.36	3 007 349.52	3 451 471.77
税金及附加	777 878.61	562 410.88	360 258.04
销售费用	255 677.51	207 909.28	151 371.69
管理费用	257 821.46	184 636.93	144 198.68
研发费用	0	0	0
财务费用	50 981.30	50 422.77	57 368.04
资产减值损失	6 462.72	−54 545.10	−52 423.96
加：其他收益	0	0	0
公允价值变动收益	−286.86	−1 505.45	243.54
投资收益	69 971.50	77 793.12	92 407.68
其中：对联营企业和合营企业的投资收益	64 398.78	29 170.30	54 186.09
二、营业利润	1 576 321.66	1 189 488.53	868 508.27
加：营业外收入	7 618.67	7 172.72	7 067.88
减：营业外支出	3 352.10	2 585.99	13 833.38
其中：非流动资产处置净损失	114.43	121.18	157.76
三、利润总额	1 580 588.23	1 194 075.26	861 742.78
减：所得税费用	420 627.62	310 114.21	218 742.03
四、净利润	1 159 960.61	883 961.05	643 000.75
归属于母公司所有者的净利润	962 487.53	728 312.70	532 973.77
少数股东权益	197 473.08	155 648.35	110 026.98

（3）锦绣房地产开发公司20×2—20×4年现金流量表见表9-7。

表9-7　　锦绣房地产开发公司20×2—20×4年现金流量表　　单位：万元

项目	20×4年度	20×3年度	20×2年度
一、经营活动产生的现金流量			
销售商品、提供劳务收到的现金	10 364 887.30	8 811 969.45	5 759 533.35
收到其他与经营活动有关的现金	689 466.80	297 604.72	188 979.22
经营活动现金流入小计	11 054 354.10	9 109 574.17	5 948 512.57
购买商品、接受劳务支付的现金	8 491 824.36	6 664 589.53	3 456 021.26
支付给职工以及为职工支付的现金	0	184 882.78	119 752.12
支付的各项税费	1 469 812.73	938 158.53	653 731.25
支付其他与经营活动有关的现金	505 689.75	1 098 217.79	793 672.82
经营活动现金流出小计	10 467 326.84	8 885 848.63	5 023 177.45
经营活动产生的现金流量净额	587 027.26	223 725.54	925 335.12
二、投资活动产生的现金流量			
收回投资收到的现金	20 789.45	28 245.43	21 042.19
取得投资收益收到的现金	1 875.80	36 776.93	39 206.04
处置固定资产、无形资产和其他长期资产收回的现金净额	111.58	46.22	14 245.05
处置子公司及其他营业单位收到的现金净额	0	1 717.92	11 916.48
收到其他与投资活动有关的现金	63 760.16	203 285.73	30 471.44
投资活动现金流入小计	86 536.99	270 072.23	116 881.20
购建固定资产、无形资产和其他长期资产支付的现金	26 156.09	26 193.86	80 606.22
投资支付的现金	119 506.81	218 384.81	157 746.75
取得子公司及其他营业单位支付的现金净额	407 584.23	136 405.62	297 594.29
支付其他与投资活动有关的现金	98 546.64	108 253.88	0
投资活动现金流出小计	651 793.77	489 238.17	535 947.26
投资活动产生的现金流量净额	−565 256.78	−219 165.93	−419 066.06
三、筹资活动产生的现金流量			
吸收投资收到的现金	390 494.40	197 902.14	82 908.47
其中：子公司吸收少数股东投资收到的现金	390 494.40	197 902.14	82 908.47

续表

项目	20×4年度	20×3年度	20×2年度
取得借款收到的现金	2 357 457.63	2 707 009.06	2 073 151.67
筹资活动现金流入小计	2 747 952.03	2 904 911.20	2 156 060.14
偿还债务支付的现金	1 997 461.34	1 198 537.47	2 164 051.10
分配股利、利润或偿还利息支付的现金	669 804.85	403 920.76	294 874.57
筹资活动现金流出小计	2 667 266.19	1 602 458.23	2 458 925.67
筹资活动产生的现金流量净额	80 685.84	1 302 452.97	−302 865.53
四、汇率变动对现金及现金等价物的影响	−2 653.90	2 403.46	−954.65
五、现金及现金等价物净增加额	−148 282.39	1 309 416.05	202 448.90
加：期初现金及现金等价物余额	3 509 693.54	2 200 277.49	1 997 828.59
六、期末现金及现金等价物余额	3 361 411.15	3 509 693.54	2 200 277.49

（二）相关指标计算及分析

1.相关指标计算

（1）历史比较（见表9-8）。

表9-8　锦绣房地产开发公司20×2—20×4年基本财务指标

财务指标	20×4年	20×3年	20×2年
偿债能力指标			
流动比率	1.41	1.59	1.91
速动比率	0.37	0.56	0.59
现金比率	0.17	0.29	0.34
资产负债率	77.10%	74.69%	67.00%
产权比率	4.31	3.64	2.47
长期资产适合率	9.87	13.64	12.93
利息保障倍数	32.00	24.68	16.02
或有负债比率	0	0	0
带息负债比率	0.22	0.30	0.35
营运能力指标			
应收账款周转率①	46.18	43.96	59.76
应收账款周转天数	7.80	8.19	6.02
存货周转率	0.42	0.45	0.56

续表

财务指标	20×4年	20×3年	20×2年
存货周转天数	856.76	792.99	648.05
流动资产周转率	0.29	0.30	0.40
流动资产周转天数	1 254.71	1 221.82	920.14
固定资产周转率	50.99	39.38	37.30
固定资产周转天数	7.06	9.14	9.65
总资产周转率	0.28	0.29	0.38
总资产周转天数	1 283.49	1 253.79	945.81
盈利能力指标			
主营业务利润率	28.94%	29.61%	22.02%
成本费用利润率	32.34%	34.61%	22.65%
总资产报酬率	6.38%	7.05%	7.16%
所有者权益报酬率	19.79%	17.85%	15.39%
资本保值增值率	118.17%	116.47%	114.26%
盈余现金保障倍数	0.29	0.25	1.44
资本收益率	58.55%	44.94%	65.77%
基本每股收益②（元/股）	0.88	0.66	0.48
稀释每股收益（元/股）	0.88	0.66	0.48
每股股利（元/股）③	0.13	0.10	0.07
发展能力指标			
销售增长率	41.54%	3.75%	19.25%
资本积累率	19.75%	18.35%	17.20%
总资产增长率	37.36%	56.70%	15.41%
技术投入比率④	—	—	—

注：①锦绣房地产开发公司20×1年年末应收账款为92 277.5万元，存货为8 589 869.65万元，流动资产合计为11 345 637.32万元，固定资产为126 533.28万元，资产总计为11 923 657.97万元，少数股东权益为692 662.42万元，所有者权益合计为3 881 854.95万元，营业收入为4 099 177.92万元。

②锦绣房地产开发公司20×2—20×4年总股本稳定在1 099 521万股，没有出现稀释的情形。这里计算用的净利润指标为归属于母公司所有者的净利润。

③锦绣房地产开发公司20×2—20×4年分红分别为：每10股分红0.70元（税前），每10股分红1.00元（税前），每10股分红1.30元（税前）。

④锦绣房地产开发公司20×2—20×4年没有发生研究开发、技术改造和科技创新等方面的支出，因此，技术投入比率为零。

（2）行业比较（见表9-9）。

表9-9　房地产行业主要上市公司20×4年基本财务指标比较①　金额单位：万元

财务指标	锦绣房地产开发公司	A地产	B地产	C地产	D地产	E地产	平均值②
总资产	29 620 844	7 966 649	6 276 182	19 501 457	6 179 243	9 050 005	13 099 063
主营业务收入	7 178 275	1 511 137	1 732 417	4 703 622	904 248	2 391 851	3 070 258
每股收益（元/股）	0.88	1.51	0.57	1.10	1.26	0.67	0.89③
总股本（万股）	1 099 521	171 730	559 346	594 833	149 467	447 151	503 675
净资产	5 296 780	2 041 821	1 628 962	3 525 766	1 203 178	2 064 690	2 626 866
净利润④	962 488	259 178	317 716	653 095	187 668	301 723	446 978
所有者权益报酬率（%）	19.79	13.39	21.58	20.20	16.69	15.78	17.91

注：①因篇幅所限，这里仅进行了部分指标的横向比较。

②平均值为六家公司的算术平均值。

③每股收益平均值=净利润合计÷总股本合计。

④归属于母公司所有者的净利润。

2.具体分析

（1）偿债能力分析。从短期偿债能力来看，锦绣房地产开发公司在20×2—20×4年这三年时间里，流动比率从1.91降到1.41，速动比率也从0.59降到0.37。按照国际惯例，这两项数据分别保持在2∶1和1∶1时，房地产企业的短期偿债能力和策略是比较适宜的。锦绣房地产开发公司的流动比率和速动比率略低，而且衡量短期偿债能力的三个指标都呈现逐年下降的趋势，结合近几年国家对房地产行业的调控力度日益加强，在一定程度上影响了该公司的资产流动性，从而影响了其短期偿债能力。

从长期偿债能力来看，锦绣房地产开发公司的资产负债率从20×2年的67.00%增长到20×4年的77.10%，增幅很大。资产负债率的提高和其决策有关，由于该公司20×3年四处购买土地，借款急剧扩大；此外，销售势头良好导致预收账款急剧上升，使得20×3年的资产负债率增幅较大。当然，这也说明该公司充分利用了财务杠杆效应。

从产权比率来看，该指标从20×2年的2.47增长到20×4年的4.31，说明该公司长期采用高负债筹资策略，这符合房地产行业的特点，还有利于锦绣房地产开发公司降低财务成本、资本成本。虽然该公司采用了高负债筹资策略，但它依然有强大的还债能力。从20×2年到20×4年，该公司举债不断攀高，但是利息保障倍数从16.02提高到32.00，这么高的数据得益于该公司的盈利能力。通过利润表可以知道，该公司20×2—20×4年归属于母公司所有者的净利润分别为532 973.77万元、728 312.70万元和962 487.53万元，三年内增加了近1倍。正因为有良好的盈利能力作为后盾，该公司才敢采用扩张性筹资方式。但是，较高的负债也给该公司带来了较高的财务风险，因此应充分考虑潜在的财务风险，尤其是在遭遇经济波动时，更应该采取措施，保证偿债能力。

（2）营运能力分析。营运能力体现房地产企业运用资产的能力，资产运用效率高，可以用较少的投入获取较多的收益。从各营运能力指标值的变动趋势来看，锦绣房地产开发公司的营运效率总体上呈逐年下降趋势。由于较严格的信用政策和收账政策有效实施，应收账款周转率虽然也呈现下降趋势，但并不明显。由于近几年锦绣房地产开发公司的业务规模扩大，存货规模增长速度大于销售增长速度，因此存货周转率、总资产周转率都逐年下降。若存货周转率指标过小，发生跌价损失的风险就较大。因此，应提高存货管理水平和资产利用效率，注重获取优质项目，加快项目的开发速度，提高资金利用效率，充分发挥规模效应，保持适度的增长速度。

（3）盈利能力分析。虽然受到政府调控房地产行业的不利影响，但总体来看，锦绣房地产开发公司拥有较强的获利能力，且有很高的稳定性。从主营业务利润率、成本费用利润率来看，20×3年有较大幅度提高，20×4年较20×3年有所回落。虽然总资产报酬率小幅逐年下降，但所有者权益报酬率处于逐年上升的通道。其基本每股收益20×2—20×4年分别为0.48元、0.66元和0.88元，每股股利分别为0.07元、0.10元和0.13元，不仅说明该公司盈利能力逐年提高，也说明给股东带来了实实在在的回报（现金股利）。

（4）发展能力分析。从近三年锦绣房地产开发公司的发展能力指标来看，该公司保持了快速稳定的增长，具有较强且持续的发展能力。虽然20×3年销售增长率仅为个位数，但20×4年销售增长率高达41.54%；资本积累率连续三年接近20%且逐年提高；总资产增长率由于20×3年的货币资金、存货大幅增长，出现了超过50%的高增长率，但20×4年恢复正常。由此可以看出，该公司在已领先的竞争领域和扩张的经营环境中始终保持持续的快速增长能力，保证该公司在相当长的时间内长盛不衰。

（5）行业比较分析。从表9-9可以看出，锦绣房地产开发公司的总资产、主营业务收入、总股本、净利润指标均为行业领先水平。自上市以来，该公司多次实行配股、送股、转增股本等，致使总股本巨大，所以每股收益和所有者权益报酬率略低于行业先进值。

第三节　房地产企业的财务综合评价

一、财务综合评价的内涵与要求

我们从偿债能力、营运能力、盈利能力和发展能力等方面对房地产企业的财务状况进行基本分析，实际上，这些财务指标相互联系，孤立地进行分析并不能完全反映房地产企业的财务状况，这时，我们往往需要进行财务综合评价。

（一）财务综合评价的含义

所谓房地产企业财务综合评价，就是将房地产企业营运能力、偿债能力和盈利能力等方面的分析纳入一个有机的评价系统之中，全面地对房地产企业的财务状况、经营状况进行解剖和分析，对房地产企业经济效益做出较为准确的评价与判断。这里我们介绍财务综合评价方法之一的杜邦财务评价体系。

（二）财务综合评价的要求

（1）评价指标要全面。房地产企业财务综合评价所设置的指标要尽可能涵盖偿债能力、营运能力和盈利能力的考核要求。

（2）主辅指标功能要匹配。在房地产企业财务综合评价中要做到：明确房地产企业分析指标的主辅地位；能从不同侧面、不同层次反映房地产企业财务状况，揭示房地产企业经营业绩。

（3）满足各方面的需求。房地产企业财务综合评价所设置的指标体系既要满足房地产企业内部管理者决策的需要，也要满足外部投资者和政府管理机构决策及实施宏观调控的要求。

二、杜邦财务评价体系

（一）杜邦财务评价体系概述

1.杜邦财务评价体系的概念

这种方法首先由美国杜邦公司的经理创立，并在杜邦公司率先成功运用。杜邦财务评价体系是利用财务指标之间的内在联系，对房地产企业综合经营能力及经济效益进行系统分析的方法。其基本思想是将房地产企业所有者权益报酬率逐级分解为多项财务比率的乘积，这样有助于深入分析和比较房地产企业的经营业绩。

杜邦财务评价体系各主要指标之间的关系如下：

所有者权益报酬率=销售净利率×总资产周转率×权益乘数

其中：

销售净利率=净利润÷营业收入净额

总资产周转率=营业收入净额÷平均资产总额

权益乘数=资产总额÷所有者权益总额=1÷（1-资产负债率）

杜邦财务评价体系最显著的特点是将若干个用来评价房地产企业经营效率和财务状况的比率按其内在联系有机地结合起来，形成一个完整的指标体系，并最终通过所有者权益报酬率来综合反映。采用这一方法，可以使财务比率分析的层次更清晰、条理更突出，为报表使用者全面、仔细地了解房地产企业的经营和盈利状况提供方便。

杜邦财务评价体系有助于房地产企业管理者更加清晰地看到权益资本收益率的决定因素，以及销售净利率与总资产周转率、债务比率之间的关系，给管理者提供了一份考查公司资产管理效率和能否最大化股东投资回报的路线图。

2.杜邦财务评价体系的基本思路

（1）所有者权益报酬率是一个综合性最强的财务评价指标，是杜邦财务评价体系的核心。

（2）总资产报酬率是影响所有者权益报酬率的最重要的指标，具有很强的综合性，而所有者权益报酬率又取决于销售净利率和总资产周转率的高低。总资产周转率反映总资产的周转速度。要了解总资产周转率，需要对影响总资产周转的各因素进行分析，以判明影响房地产企业总资产周转的主要问题在哪里。销售净利率反映营业收入的收益水平。增加营业收入、降低成本费用是提高房地产企业主营业务净利率的根本途径，扩大销售也是提高总资产周转率的必要条件和途径。

（3）权益乘数表示房地产企业的负债程度，反映房地产企业利用财务杠杆进行经营活动的程度。资产负债率高，权益乘数大，负债程度高，房地产企业会有较多的杠杆利益，但风险也高；反之，资产负债率低，权益乘数小，负债程度低，房地产企业会有较少的杠杆利益，但所承担的风险也低。

3.杜邦财务评价体系分析图（如图9-1所示）

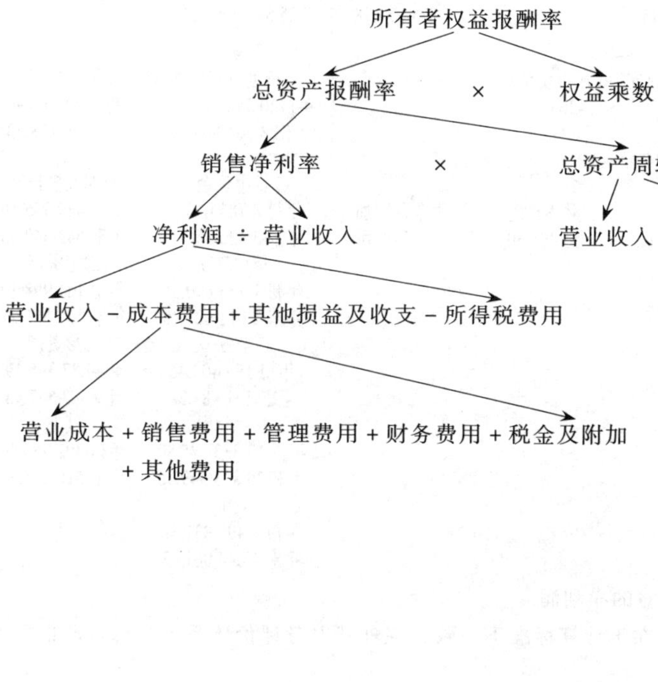

图9-1　杜邦财务评价体系分析图

（二）杜邦财务评价体系的应用

我们以锦绣房地产开发公司20×4年的数据为例，说明杜邦财务评价体系的应用。

1.相关指标数据获取

基本数据见锦绣房地产开发公司20×2—20×4年资产负债表简表、利润表简表和现金流量表。

2.制作杜邦财务评价体系分析图（如图9-2所示）

3.形成评价结果

通过锦绣房地产开发公司20×4年杜邦财务评价体系分析图可以看出，虽然该公司20×4年总资产周转率仅为28.05%，但由于销售净利率为16.16%，权益乘数高达4.3668，所以所有者权益报酬率达到了19.79%。再深入分析，总资产周转率稍低的主要原因是该公司存货占用资金较多，20×4年较20×3年增长幅度超过50%；进一步的原因可能与当时严格的房贷政策、城市住房限购等国家房地产调控政策有关。

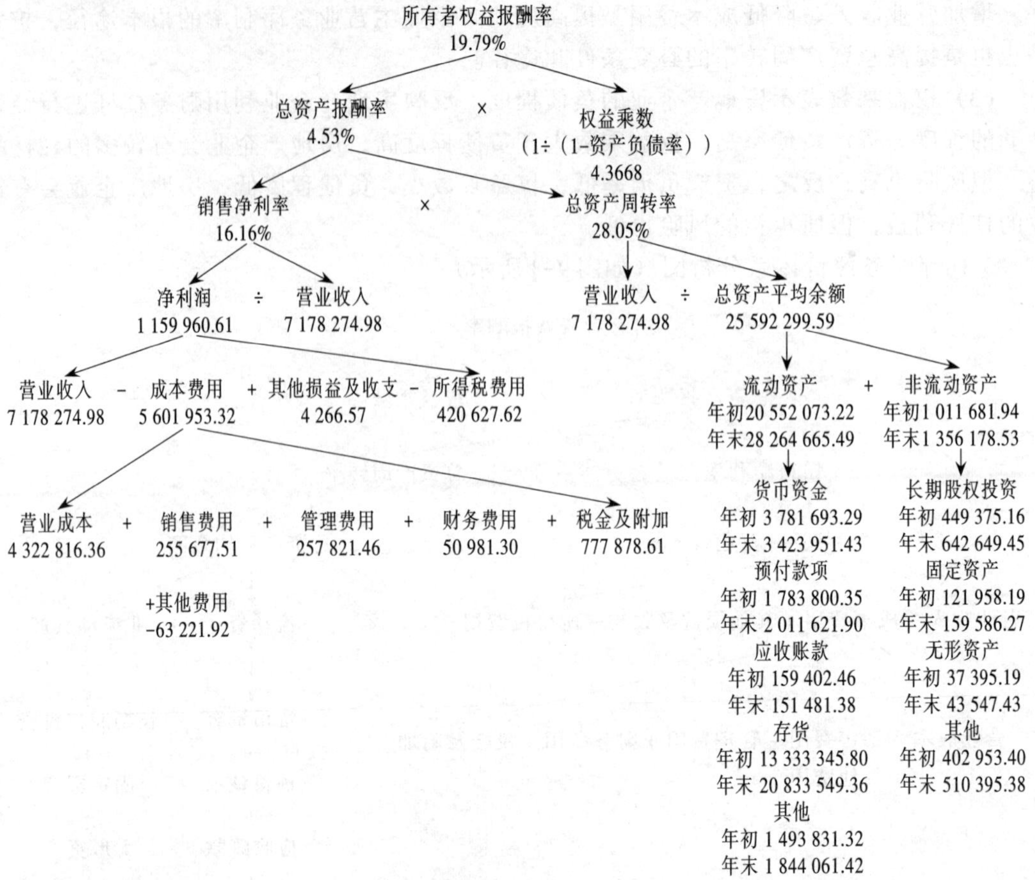

注：①净利润为包括少数股东权益的净利润。

②总资产报酬率与表9-8的差异在于计算标准不一致，在杜邦财务评价体系中，总资产报酬率=净利润÷总资产平均余额。

图9-2 锦绣房地产开发公司20×4年杜邦财务评价体系分析图（金额单位：万元）

通过以上分析，我们仅了解了该公司20×4年的总体情况，究竟哪一个因素对所有者权益报酬率影响最大？锦绣房地产开发公司应该将首要精力放在哪里？我们可以通过因素分析法分析各因素对所有者权益报酬率的影响程度。要进行因素分析，需要该公司20×4年销售净利率、总资产周转率和权益乘数的计划数（预算数），或者有行业先进企业的销售净利率、总资产周转率和权益乘数，然后参照第一节因素分析法的基本步骤进行。

东盟财税专栏

东盟与中国山水相连，凭借其优越的地理位置、安全稳定的政治经济环境、开放的市场条件和颇具潜力的市场容量，成为共建“一带一路”的重点和优先地区。中国和东盟互为重要的投资目的地。据中国商务部统计，截至2023年，中国与东盟累计双向投资总额超过3 800亿美元。东盟已成为中国最主要的对外投资目的地之一和外商直接投资来源地之一。双方在制造业、农业、基础设施、高新技术、数字经济、绿色经济等领域的投资合作稳步拓展。

据中国商务部统计，截至2023年年底，中国对东盟全行业直接投资存量1 756.2亿美元，占存量总额的5.9%，占对亚洲投资存量的8.7%。中国对外直接投资存量前20位的国家（地区）中，东盟成员占六席，依次为：新加坡，864.5亿美元，位列第四；印度尼西亚，263.5亿美元，位列第九；越南，135.9亿美元，位列第十四；马来西亚，134.8亿美元，位列第十五；泰国，126.7亿美元，位列第十七；老挝，100.1亿美元，位列第二十。2023年，中国对东盟投资173.1亿美元，是东盟域外第三大投资来源地，占比7.5%。其中，投资的前五大行业分别为制造业，批发零售及汽车摩托车维修，房地产，金融保险，电力、气、蒸汽和空调供应。

2023年，东盟是中国第二大外资来源地，中国实际利用东盟投资102.9亿美元，同比下降13.6%，占当年中国实际利用外资的6.3%。截至2023年年底，东盟在华累计投资1 653.4亿美元，占中国吸收外资存量的5.8%。2023年，东盟在华投资金额前五个行业分别是制造业、租赁和商务服务业、房地产业、科学研究和技术服务业、批发和零售业；这五个行业新设企业数占比为80.8%，实际投资金额占比为80.4%。

资料来源　商务部对外投资和经济合作司，商务部国际贸易经济合作研究院，中国驻东盟使团经济商务处. 对外投资合作国别（地区）指南：东盟（2024年版）[R/OL]. [2024-07-16] .https://www.mofcom.gov.cn/dl/gbdqzn/upload/dongmeng.pdf.

即测即评

第九章单项选择题　　第九章多项选择题　　第九章判断题

案例分析题

请登录中国货币网（https://www.chinamoney.com.cn/chinese/），获取南宁高新产业建设开发集团有限公司2022—2024年的财务报表数据及相关资料，运用杜邦财务评价体系对其进行综合财务评价。

第九章案例分析题参考答案

参考文献

[1] 蔡昌. 房地产企业全程会计核算与税务处理 [M]. 6版. 北京：中国市场出版社，2022.

[2] 陈晟. 房地产财务管控全方案 [M]. 广州：广东经济出版社，2025.

[3] 樊剑英. 房地产开发企业税收与会计实务大全 [M]. 3版. 北京：中国市场出版社，2022.

[4] 李曙亮. 房地产开发企业会计与纳税实务 [M]. 2版. 大连：大连出版社，2022.

[5] 伍刚. 从零开始学房地产会计 [M]. 北京：电子工业出版社，2025.

[6] 武玉荣. 房地产会计 [M]. 9版. 北京：首都经济贸易大学出版社，2024.

[7] 邢铭强. 房地产企业会计与税务实务操作全书 [M]. 北京：人民邮电出版社，2022.

[8] 钟晓思，崔爱丽. 房地产企业会计真账实操 [M]. 北京：中国铁道出版社，2025.